한국인의 탄생

한국인의 탄생

한국사를 넘어선 한국인의 역사

홍대선 지음

메디치

개정증보판에 붙여

내가 오랫동안 천착해온 주제 중 하나는 '나는 누구인가?' '우리는 누구인가?'라는 질문이었다. 나는 한국인이다. 나를 알기 위해서는 한국인을 이해해야 한다. 한국인은 매우 독특한데도 스스로 그 사실을 모르는 경향이 있다. 한국인은 결과의 차원에서는 '숭고한 속물'이며, 과정의 차원에서는 '서양화된 조선인' 혹은 '조선인의 무덤에서 자라난 현대인'이다. 그러므로 조선인을 포함한 선조들이 지금의 한국인으로 진화된 과정을 썼다.

한국인은 왜 이런가? 어떤 점에서 외국인과 다른가? 다른 점들을 추려 목록을 작성해 암기하는 방식은 빠르고 확실해 보인다. 한국인은 암기를 맹신하는 경향이 있다. 그런데 암기는 시험 성적을 위해선 좋겠지만, 이해 자체에는 매우 비효율적이다. 원인을 파악하면 결과는 저절로 알게 된다. 가령 중세 유럽 각국의 신분제와 법령, 신분을 부르는 단어를 읽고 외우면 유럽의 중세 봉건제를 잘 이해할 수 있을까? 아니다. 봉건제가 자리잡히는 과정을 따라가며 역사를 구경하는 거야말로 좋은 방법이다. 그러자면 (서)로마 제국이 해체되면서 무정부 상태가 전 유럽을 덮친 시점부터 이야기를 시작해야 한다. 느리고 장황해 보이지만, 실은 가장 빠르고 쉬운 길이다.

한국인의 역사도 마찬가지다. 쌀농사의 결과를 논하기 전에 왜 선조들이 생존을 위한 도박에서 쌀농사에 모든 판돈을 걸었는지 알아야 한다. 한국인과 사격의 상관관계를 이해하려면 과거에 선조들이 전투에서 그토록 활에 의존할 수밖에 없었던 사정을 보아야 한다. 조선왕조의 수많은 사건과 연도를 외우는 일이 무가치하지는 않다. 하지만 조선이 건국될 수밖에 없었던 까닭 앞에서 고개를 끄덕이면 이미 조선인을 반쯤 이해하게 된 셈이다.

이 책을 어떻게 해석하면 좋겠냐는 질문을 여러 번 받았다. 한국인을 칭송하는 내용인지, 아니면 비난하는지 모르겠다는 반응이었다. 말하자면 '국뽕'인지 '국까'인지 헷갈린다는 뜻이다. 나는 가치판단에는 관심이 없다. 한국인은 지극히 자기중심적이어서 국가와 이웃을 일회용품으로 남용하려 하지만, 집단적 위기 앞에 결집하고 희생하는 동력의 근원 역시도 자기중심성이다. 천박함과 숭고함, 극렬한 이기심과 이타심의 공존이라고 하는 한국인의 모순이, 실은 모순처럼 보이는 한 몸이라는 사실을 드러내는 것까지가 나의 작업이다. 그리하여 한국인임을 자랑스레 여기든, 그 반대이든 어디까지나 독자의 자유이며 내 손을 떠난 일이다.

닭이 먼저인가 달걀이 먼저인가? 둘 다. 한국인과 한국사의 관계도 마찬가지다. 서로가 서로를 만들었다. 나는 일전에 반쯤 재미로 '어린이를 위한 공룡 백과'를 작업한 적이 있다. 그때

5

했던 고생물학 공부가 이 책을 쓰는 데 있어 유용한 표지판이 되었다. 무서운 육식공룡의 조상은 육식공룡이 되려는 계획 같은 건 가져본 적이 없다. 살아남다 보니 하나의 새로운 종이 되어 있었다. 마찬가지로 한민족은 처음부터 산성을 쌓고 외적을 맞아 고도로 결집하며, 활을 잘 쏘는 민족으로 태어나지 않았다. 생존 과정에서 그러한 기질이 고착되어 민족성이 된 것이다. 종(種)이 유전자를 공유하는 생물 집단이듯 문화적 유전자를 공유하면 민족이 된다.

한민족은 아예 탄생하지 못할 수도 있었고, 존재했다가 사라질 수도 있었다. 21세기인 지금까지 생존할 것으로 예정되지 않았다! 나당전쟁에서 패했다면, 거란의 2차 침공에서 현종이 대칸에게 사로잡혔다면, 귀주대첩이 실패로 끝났다면… 지금의 대한민국, 한국인, 한국어는 존재하지 않을지도 모른다. 이 책이 '국뽕'인지 '국까'인지 헷갈린다고 하지만, 아무래도 국뽕으로 느끼는 독자들이 많다. 책의 내용이 한민족이 생존에 성공한 과정이기에 그럴 것이다. 나의 의도와는 무관하다.

"모든 건물은 외력과 내력의 싸움이야. (…) 인생도 어떻게 보면 외력과 내력의 싸움이고. 무슨 일이 있어도 내력이 세면 버티는 거야."

드라마 〈나의 아저씨〉에 나오는 대사다. 민족은 의도에 의해서가 아니라 어디까지나 '결과적으로' 탄생하지만, 탄생한 이후에는 존속하려는 의지를 가진다. 척박한 자연환경, 빈번한 재해, 외세의 침공 등은 외력이다. 반면 조선 건국과 같은 사건은 내력을 보강하려는 건물의 구조변경이라고 할 수 있다. 내력과 외력은 숙명적으로 맞닿은 힘이며, 하나로 합쳐진 문제다.

하나의 민족을 이해하기 위해서는 그들이 어떻게 먹고사는지뿐 아니라 어떻게 싸워왔는지까지 함께 보아야 한다. 유라시아 대륙에 존재했던 모든 민족의 숫자를 알지는 못한다. 하지만 살아남은 민족이 극소수라는 사실은 잘 안다. 현존하는 다른 주요 민족처럼 한국인 역시도 전쟁민족이다. 민족을 알려면 그들이 치러온 전투를 알아야 한다. 한국인의 기질은 상당 부분 한반도의 산성 전투에서 기인할 것이다.

여러 경험이 이 책에 반영된 것은 나의 작은 행운이랄 수 있다. 군대도 그중 하나다. 아버지는 월남전 상이 유공자이시고, 나는 태어나면서부터 B형 간염 보균자였으니 이중으로 군 면제자였다. 하지만 아버지의 권유에 따라 군에 자원입대했고, 간염으로 인한 훈련소 퇴소를 거부했다. 당당한 기분은 거기까지였다. 전방 보병부대로 배치된 후 깊게 후회했다. 우리 대대는 유난히 훈련이 많고 힘들기로 악명 높았다. 나는 1년이 넘도록 분대장으로 복무했는데, 분대장으로 쉴 새 없이 크고 작은 훈련에 임하다 보니 문득 머리가 맑아졌다. 전투의 구조가 머릿속에 들어와 자리를 틀면서 동서고금의 모든 전투는 기본 원리가 같다는 심증을 가지게 됐다.

전역 후 역사에 기록된 다양한 전투를 독학하면서 심증은 확증이 되었다. 특히 동료 작가이자 선배인 '펜더' 이성주 작가의 저술에서 많은 도움을 받았다. 군 생활에서부터 시작된 군사학에 대한 관심 덕에 전국의 산성을 답사하면서 성의 설계 의도를 파악할 수 있었고, 귀주대첩을 비롯한 여러 전투를 상세히 분석할 수 있었다.

대학 전공인 철학의 도움도 빼놓을 수 없다. 조선은 신진사대부 집단이 세운 이념 국가다. 조선 사회의 본질은 그들의 철학적 고민으로부터 유래한다. 전공 덕에 멀리 돌아가지 않을 수 있었다. 은사님들과 철학자들, 특히 국가가 어떻게 인위적으로 탄생할 수 있는지 알려준 바뤼흐 스피노자에 감사한다.

책을 낸 지 1년도 안 되어 개정증보판을 내게 되었다. 독자여러분의 과분한 관심 덕이다. 아마도 많은 독자분께 한국인이란 무엇인가에 대한 궁금증, 알 듯하지만 설명하기는 힘든 갑갑함에 갈증이 있었던 모양이다. 감사하는 한편 사과드린다. 권말 특별 부록인 〈귀주대첩' 전투에 관한 하나의 주장〉은 원래 전자책의 부록이었다. 그런데 정작 전자책을 출간하고 나니 상대적으로 종이책 독자들이 손해를 본 셈이 되었다. 개정증보판이 나온 가장 큰 이유다. 이 부록을 기존 독자들과 공유할 방법을 고민해 보도록 하겠다. 마지막으로 줄곧 지난한 작업을 함께해주고 계신 책의 담당 편집자 진용주 팀장께 깊은 감사의 인사를 전한다.

개정증보판에 붙여

들어가는 글

한국인이라는 미스터리

한국인은 모순적으로 보인다. 한국인에게 "이놈의 나라는 망해야 정신을 차린다."는 말은 수없이 듣고 내뱉는 흔하디흔한 저주다. 나는 어릴 때 어른들에게 이 말을 들었고, 요즘은 친구들에게서 듣는다. 그런데 어째서인지 한국은 지난 80여 년간 계속해서 발전해 2차 세계대전 이후 신생 독립국 중 유일하게 열강의 반열에 오르고 말았다.

　　나는 어려서부터 "한국은 끝났다." "한국인은 틀렸다."는 말을 하도 들은 나머지 이제는 들어도 아무런 느낌이 없다. 한국인에 따르면 한국만큼 타락하고 무능한 나라는 없어서 지금 당장 망해도 이상하지 않다. 안타깝게도 한국은 망할 시능만 할 뿐, 진짜로 망하는 과업에는 오래도록 실패하는 중이다. 사악한 의료종사자들과 무능한 관련 기관에도 불구하고 한국의 의료보험은 세계 최고 수준이고, 경찰은 썩어 문드러졌는데도 치안은 현재 세계 최상위급으로 평가된다. 한국의 일반적인 서민들이 내뱉는 탄식과 분노에 따르면 이들은 한국의 부당한 현실에 짓눌려 매일 고통 받고 신음하고 있다. 세계적인 기준에서는 신뢰성 높은 수도, 전기, 치안, 교통, 복지, 의료, 그리고 대기업 가전제품으로 둘러싸인 부러운 생활을 누리고 있지만 어쨌든 그들은 하루하루가 **부도덕한 남들 때문에** 고통스럽다. 한국인은 외국인이 자기 나라와 민족에 대해 평생에 걸쳐 하는 욕을 단 하루에,

해야 할 모든 일을 마치고 휴식까지 취하면서 할 수 있다.

한국인은 한국과 한국인을 저주한다. 시민은 공무원을 저주하고, 공무원은 시민을 저주한다. 학생과 교사는 서로를 증오하며, 남녀가 갈라져 양측을 비난하고, 진보와 보수는 상대편 유권자들이 몰락하고 사라지기를 바란다. 법정에 선 피의자는 이미 검사와 판사를 혐오할 준비가 되어 있다. 한국에서는 범죄자조차 자신보다 나쁜 범죄자가 존재하는 현실에 한숨을 쉬며 "이래서야 나라꼴이 어떻게 되겠느냐."고 개탄한다.

한국인은 그러면서도 한국을 비하하는 외국인을 용서하지 않는다. 그토록 저질적인 민족성을 지닌 한국인이 외국에 나가 성공하기라도 하면 전 국민이 응원한다. 한국인은 술자리에서 한국인의 한심함에 열변을 토하지만 혼자 있을 때는 역사 속 애국자들의 헌신에 가슴이 뜨거워진 채 자신의 부족함을 반성한다. 자수성가한 부자는 밖에서는 "이 나라는 돈이면 다 돼."라고 떠들고 집에서는 조용히 불우이웃을 위해 기부한다.

애국심과 희생정신은 보편적으로 타인에게 존경받는 조건이다. 그러므로 애국심이 없어도 있는 척하는 편이 유리하다. 한국인은 반대로 행동한다. 애국심과 희생정신이 강하지만, 없는 척한다. 인간성 따위 믿지 않는 냉혈한으로 보이도록 연기하면서 행여나 자신의 선량함이 들킬까 봐 전전긍긍한다.

11

이 모든 모순, 현재 한국이 발전한 과정, 그리고 한반도의 역사까지도 국제적인 차원에서는 매우 이례적이고 내적으로는 지극히 한국적이다. 이유 없는 결과는 없다. 그리고 인과(因果, 원인과 결과)란 논리적인 법이다. 한국인은 겉으로 이중성을 띠지만 본질은 이중적이지 않다. 모순은 한국인을 이해하기 위한 최적의 도구이자 목표물이다. 어떤 현상을 이해하는 데 모순을 풀어내는 것, **모순처럼 보이는 일이 사실은 모순이 아니었음**을 알게 되는 것만큼 빠른 길은 없다. 이 책의 목표는 한국인을 이해하는 것이니만큼 독자 여러분과 나는 함께 바로 이 한국인의 모순을 공략할 것이다.

　그래서 한국인은 누구인가? 한국인은 불운한 운명의 자식이자 혁명의 후손이다. 한국인(대한민국 국민, 남한인)과 북한인, 재일교포, 조선족(재중동포), 카레이스키(고려인), 재미교포에 이르기까지 이들 모두를 한국인이라 부르기로 해보자. 누가 이 한국인들을 만들었는가? 첫 번째로 지목할 우리 한국인의 공통 조상은 신화적 영역에 있는 단군 할아버지다. 역사적인, 실체를 가진 조상은 두 분이 더 계신다. 먼저 고려 임금 현종이다. 현종은 거란과의 전면전쟁을 통해 한반도 주민을 처음으로 하나의 민족이라는 틀 안에 그러모았다. 다음은 유학자이자 신국가 조선의 설계자 삼봉 정도전이다. 정도전은 한국인의 구체적인 특질을 창조해냈다.

역사는 우연과 필연이 나선처럼 교차를 거듭하며 이어진 줄 기다. 수많은 이들과 사건, 투쟁의 성취와 좌절이 거듭된 결과 다. 그러므로 단 세 명을 중심으로 한국과 한국인을 말하려는 시 도는 심한 압축이며 비약이다. 하지만 이 책의 내용은 '한국사의 모든 것'이 아니라 '한국인에 대한 이해'다. 이해에는 지름길이 있으며, 굳이 먼 길을 돌아갈 필요가 없다. 이제 우리의 이야기 는 창세기, 즉 단군께서 한국인의 조상이 되기로 한 좋지 못한 사건으로부터 시작한다.

1부 한반도에 사로잡히다

2부 민족의 탄생

3부 민족성의 탄생

1부

한반도에 사로잡히다

1장

창세기

초대받지 않은 손님

한국인이 알고 있는 단군신화는 단순하다. 하늘의 지배자 환인
(桓因)*은 아내에게 그다지 충실한 분이 아니어서 바깥 살림을
하다가 서자인 환웅을 낳았다. 환인은 자식들을 확실하게 차별
하는 분이어서 하늘에 있는 건 서자에게 물려줄 생각이 없었다.
환웅(桓雄)은 자신의 통치영역을 스스로 개척해야 했는데, 인간
의 의사는 묻지도 않고 지상의 인간을 다스리고 싶다고 했다. 환
인은 천부인(天符印) 세 개와 신하 세 명(풍백, 우사, 운사)**을 붙
여주는 것으로 간단하게 상속 문제를 끝냈다. 서자의 삶이란 이
렇게 불공평한 것이지만, 어쨌든 환웅은 지상에 내려왔다.

    하늘에서 내려온 환웅에게 곰과 호랑이가 찾아와 사람이 되

---

*   혹은 단인(檀因)이라고도 한다. 인(因)은 근본, 모든 일의 시작인 인과율의
     주인을 뜻한다. 환은 '굳세다', '굳센 나무'를 뜻하며 단은 박달나무다. 바
     달나무는 단단하기로 이름난 나무이니 환과 단은 결국 같은 뜻이다. 여기
     서 박달나무는 하늘과 땅을 연결하는 토템인 신수(神樹)라 할 수 있다.
**   風伯(바람의 신), 雨師(비의 신), 雲師(구름의 신). 그러나 나는 여기서 '신'을
     '정령'으로 해석할 것을 제안한다. 백(伯)과 사(師)는 일정 수준 이상의 능
     력을 지닌 인격으로, 초월적인 신격을 뜻하지 않는다. 이는 환웅이 강력하
     긴 하지만 결코 절대적인 힘을 가지고 지상에 내려오지 않았음을 의미한
     다.

18

게 해달라고 부탁했다. 굳이 사람이 되고 싶어 한 걸 보면 아마도 정치적으로 올바르지 못한 인간들에게 차별을 받았던 모양이다. 환웅은 지금 기준으로 문화상대주의에 대한 소양이 부족했다. 인간과 식성이 다른 두 동물에게 100일간 동굴 속에서 쑥과 마늘만 먹는 채식을 강요했다. 공정하지 못한 경쟁이었다. 곰은 잡식인 반면 호랑이는 철저한 육식동물이기 때문이다. 호랑이가 견디다 못해 동굴을 뛰쳐나가자 그때껏 버티고 있던 곰이 승리자가 됐다. 신화적 시간으로는 허무하게도 삼칠일, 즉 21일이 걸렸을 뿐이다. 시험에 합격한 곰은 여인으로 변했는데, 환웅은 기다렸다는 듯 그녀와 관계를 맺었다. 그리하여 환웅과 웅녀 사이에서 단군이 태어나 한국인의 시조가 되었다는 게 널리 통용되는 단군신화다.

지금은 위와 같은 내용의 단군신화로 통일됐지만, 본래 단군신화는 단일하지 않았다. 20세기 중반에 대한민국 정부가 수립된 후 국민교육을 위해 각 지방, 사료, 구전에 따라 제각각인 단군신화 중 하나를 인위적으로 선택할 필요가 있었다. 그 결과 《삼국유사(三國遺事)》의 내용을 표준으로 삼은 것일 뿐, 이야기가 다르게 전개되는 여러 종류의 판본이 있다. 환웅이 선택한 동물이 호랑이나 여우라는 이야기도 있고, 하늘의 혈통이 단군의 부계가 아니라 모계로 내려왔다는 이야기도 있다. 매우 성적인 이야기가 강조되는 판본도 있다. 환웅이 하늘에서 떨어졌는데, 성기가 너무나 커서 사람과 동물이 모두 도망갔다. 그런데 암컷 곰 한 마리가 그를 자기 굴로 데려갔다. 특정한 신체적 재능이 너무 강력해 그때껏 욕구를 풀 상대가 없었던 암곰이 환웅을 점찍은 것이다. 환웅이 암곰과의 관계에 동의했는지, 아니면 강제로 끌려갔는지는 불확실하지만 환웅이 행복했기를 바란다. 여하

튼 대부분의 판본에서 환웅과 '현지 동물'은 단군을 낳았고, 단군은 곧 정치력을 발휘해 인간 세상의 통치자가 되었다.

사실 단군이 어떻게 태어났는지는 그렇게 중요하지 않다. 어떤 출생의 비밀을 가졌는지 상관없이 민주공화국 수립 이전부터 한반도 문명의 시조로 숭배되었기 때문이다. 그리고 현대인이 그렇듯 조선의 사대부 역시 단군이 실존 인물이라고 진지하게 믿는 경우는 거의 없었다. 어차피 단군은 상징이었다. 그는 한반도에 있었던 모든 임금의 조상이었다가, 지금은 모든 한국인의 조상이라는 보다 보편적 존재가 되었다. 공화국의 주권은 국민에게 있으니 논리적으로 맞는 일이다.

단군신화가 구체적으로 어떤 사건들을 함축하고 있는지 정확히 알 방법은 없다. 다만 큰 스케치를 그려보는 일은 가능하다. 정설처럼 정리된 이야기에 따르면 환웅은 세련된 문명의 혜택을 받은 외부세력이며, 곰과 호랑이는 토착세력을 암시한다. 여기서 어디까지가 외부 유입 문명인 예맥(濊貊)이고, 토착민인 한인(韓人)인지는 불분명하다. 중요한 것은 한반도 문명이 어떤 의미로든 '혼합 민족'의 '혼합 문명'이라는 사실이다. 곰과 호랑이는 원주민이 모시는 토템이었을 수도 있다. 그러나 원주민 세력 자체를 상징할 수도 있으며, 혹은 자연일 수도 있다. 사실 단군신화에는 현재의 기준에서는 말도 안 될 정도의 폭력이 숨겨져 있었을 것이다. 외부인이 현대적인 계약서를 들고 찾아오지는 않았을 테니까. 그들은 평화협정 대신 칼을 들고 찾아왔을 것이다. 그러나 결국에는 토착세력과 타협하지 않을 수 없었다고 할 수 있다. 곰이든 호랑이이든, 아니면 둘 모두이든 말이다. 토착세력은 원주민, 산짐승 그리고 자연 중 하나일 수 있지만 아마도 그 모두였으리라.

아버지들의 아버지들

단군신화가 창세신화가 아니라 건국신화라는 점은 매우 의미심장하다. 환웅이 내려올 때 사람들은 **이미** 살고 있었다. 곰으로 표현된 **무언가**와 타협하는 과정을 거쳐 외부세력과 토착세력이 **결합**한 결과인 단군이 태어났다. 단군신화 중에는 마고할미*가 등장하는 이야기도 있다. 마고할미는 한반도의 창세신으로, 한반도의 자연 그 자체이기도 하다. 이 이야기 속에서 단군이 거느리는 박달족은 마고할미가 통치하는 마고족을 공격해 승리했다. 마고할미는 일단 도망쳐 단군의 행동을 훔쳐봤는데, 단군이 자신의 부족을 통치하는 방식이 아주 관대하고 훌륭하다는 사실을 확인한다. 마고할미는 단군에게 투항했다. 단군은 마고할미와 그녀의 장수들을 극진히 대접했다. 이 이야기는 무력 충돌이 결국엔 타협과 결합으로 끝나는 결말을 보여준다.

여기서 한국인의 유전자에 평화가 새겨져 있다는 식의 헛소리는 필요 없다. 한반도의 자연은 2차 산업혁명 이전에는 **정복할 수 없다**. 거칠고 척박하며 위험하고, 많은 인내와 지혜가 필요하다. 외부세력에 저항하는 토착민의 인내력은 대단했을 것이며, 침략자에게 역시 대단한 인내력을 강요했을 터다. 또 외부인들에게는 토착민이 현지에서 갈고 닦은 생존기술이 필요했으리라. 외부세력은 애초에 유목민이었을 가능성이 높다. 한반도 북부와 만주에 진입하는 과정에서 반유목, 반농경 상태가 되었을 수도 있다. 어쨌거나 단군으로 상징되는 한국사 최초의 국가적 정치체계는 문명과 원시가 뒤섞인 상태로 출범했다. 이 최초의 국가

---

* 할미는 할머니다. 마고할매, 마고할망이라고도 한다. 이때 할머니는 여성 노인이 아니라 위대한 여성성을 뜻한다.

에시는 문명적 생산방식인 유목과 농경, 원시적 생산방식인 수렵과 채집이 공존했다. 한반도는 척박해서 유목만으로는 육식을, 농경만으로는 채식을 배불리 누릴 수 없다. 배고픔에서 벗어나기 위해 한반도 사람들은 끊임없이 뭔가를 채집하고 수렵해 먹었다. 현대적인 한국 도시에서 아직도 봄이면 쑥을 뜯는 사람들을 아무렇지 않게 발견할 수 있다. 감과 대추, 은행은 쉬운 채집 대상이다. 강이나 바다, 갯벌에 들어가 살아있는 식재료를 잡아먹는 일도 흔하다.

유럽 역사에서 흔히 나타나는 **순수한 폭력과 완전한 정복**은 한반도에서 불가능했다. 일본과도 다르다. 일본 문명은 한반도에서 도래한 야마토(大和)인이 원주민인 에조(蝦夷)인을 '인종 청소'하는 과정에서 형성됐다. 에조에 쓰인 한자 '蝦'는 새우를 뜻하는데, 에조인의 수염이 긴 것을 새우에 빗대어 붙였다는 설이 있다. 에미시(毛人)라고도 하는데, 한자 그대로 털 많은 원시인이라는 뜻이다. 마치 동물원에 있는 고릴라나 침팬지를 연상케 하는 표현인데, 실제로도 딱 그렇게 대했다. 일본은 중국에 '사냥한 동물'이자 '볼거리'로 에조인을 조공한 적이 있다. 여기서 에조인을 가리키는 이(夷)는 한자에서 오랑캐 중에서도 동쪽 오랑캐를 뜻한다. 오랫동안 상징적 존재였던 천황(天皇)을 대신해 일본을 통치한 쇼군(將軍)의 정식 명칭은 정이대장군(征夷大將軍), 즉 '동쪽 오랑캐 정벌군 총사령관'이다. 일본의 야마토 문명은 일본 열도의 서남쪽에서 시작해 동북쪽으로 진격하며 에조인의 영토와 생명을 빼앗고, 마침내 멸종시키는 과정에서 정체성을 확립했다. 에조인 다음 차례로 잘못 걸린 사람들은 지금의 홋카이도(北海道)에 살던 선주민 아이누족이었다. 그나마 이들은 불행 중 다행으로 절멸되지 않고 극소수지만 아직 생존해 있다.

일본의 자연 역시 유럽과 중동, 남미 등 여타 문명권과 비교해 매우 척박하고 거친 편이지만 한반도만큼은 아니다. 일본 열도에서는 외부세력이 환경에 적응하는 과정에서 원주민과 **결합**할 필요성을 느끼지 못했다. 반대로 한반도 문명에서 외부와 토착세력의 타협은 단군뿐 아니라 고구려 신화에서도 나타난다. 고구려의 시조 추모왕(鄒牟王)*은 광개토대왕릉비**에서 이렇게 묘사된다.

> 我是皇天之子 母河伯女郎
> 나는 하늘의 아들이요, 내 어머니는 하백(河伯, 강물의 신)의 딸이시다.

단군처럼 부모의 혈통 중 하나는 외부세력(하늘)이며, 다른 하나는 토착세력(하천)이다. 그리고 순수하지 못한 혼혈이자 '잡종'이라는 사실을 자랑스럽게 자기 권위의 근거로 삼고 있다. 만약 원래의 주인과 허락받지 않은 방문자 둘 중 어느 한쪽이 확실한 우세를 점했다면 혈통이 공평하게 섞인 것이 통치의 근거가 되지 못했을 것이다. 동명성왕은 단군과 마고할미가 싸우고 화해한 설화와 놀랍도록 똑같은 상황을 실제 역사에서 연출했다. 그가 군주가 되고 난 다음 해, 다음과 같은 사건이 있었다.

---

* 보통 주몽(朱蒙)과 혼용되는 이름이자 고구려의 제1대 왕. 재위는 기원전 37년부터 기원전 19년까지다. 다른 익숙한 호칭은 동명성왕(東明聖王)이다.

** 분명히 말하지만 **결과적 평화**는 한순간에 평화적으로 이루어지는 것은 아니라서, 광개토대왕릉비의 내용은 매우 배타적이다. 비문 내용을 살피면 광개토대왕이 한인과 예인을 납치하거나 포로로 삼고 무시했으며, 그들을 도구로 **사용**했음을 알 수 있다. 당연히 광개토대왕 본인은 예-맥, 한 중에서 맥에 속한다. 중국 고대 사료도 고구려를 맥으로 지칭한다.

二年 夏六月 松讓以國来降 以其地為多勿都 封松讓為主 麗語謂復舊土
為多勿 故以名焉

2년(기원전 36년) 여름 6월에 송양이 나라를 들어 항복해 오므로 그
땅을 다물도(多勿都)로 삼고 송양을 봉하여 우두머리로 삼았다. 고구
려 말에 옛 땅을 회복하는 것을 다물이라 하였으므로 그렇게 이름한
것이다.[*]

물론 송양은 한인일 수도, 예맥인일 수도 있다. 그리고 예맥
인일 가능성이 훨씬 높다. 그러나 여기서 중요한 점은 자신이 관
할하는 영역의 주민과 자연에 더 익숙한 인물이었을 수밖에 없
었다는 사실이다. 한반도는 척박하기에 생존을 위한 생산물이
적고, 생산물을 빼앗기면 죽는다. 어차피 죽을 거라면 죽을 때까
지 저항하고 만다. 한반도의 거친 지형 역시 인내력이라는 조건
을 갖고 있다면 방어자에게 유리한데, 애초에 인내력 없이는 한
반도에서 생존할 수 없다. 한반도인은 악조건을 참고 견디며 우
월한 침략자를 좌절시키는 일을 정말로 잘한다. 그러면 외부 침
입세력의 입장에서도 손해가 이만저만이 아니기에 토착민과 손
을 잡고 운명공동체가 되는 길을 택할 수밖에 없다. 물론 단군신
화는 한반도 북부와 만주 그리고 넓게 보면 중국 요동 일부까지
포함되는 지역에서 생겨난 게 아니냐고 되물을 수 있다. 하지만
결국 이 신화를 끝까지 유지한 건 압록강 이남의 한반도다.

[*]   《삼국사기》고구려 본기 동명왕 조 참조. 국사편찬위원회, 우리역사넷.
      http://contents.history.go.kr/mobile/ht/view.do?levelId=ht_001_0030_0020_0030

순결한 잡종

고조선뿐 아니라 고구려, 백제, 신라 역시 원주민과 이방인의 **평화적** 결합체다. 분명히 말하지만 어디까지나 **결과적** 평화다. 고대에는 인권이라는 개념이 희박했으니 결과가 도출되기까지의 증오와 폭력의 수위는 대단했을 것이다. 그러나 결과적으로 융합이 이루어진 후부터는 강한 결속력을 발휘하는 운명공동체가 되어 외세에 맞섰다는 점이 한반도 문명의 특수성이다. 즉 한반도 문명에서 출현한 집단을 다음과 같이 설명할 수 있다.

> 한국인은 이질적인 외부인과 토착민의 융합을 통해 생성되었다. 그러나 융합을 마친 후부터는 그다음에 쳐들어오는 외부세력을 강력하게 거부했다.

처음에 예맥과 한은 달랐다. 한반도 남부에서 농경 문명을 세운 고대 한인들의 세 나라를 마한(馬韓), 진한(辰韓), 변한(弁韓)이라고 한다. 이를 합치면 삼한(三韓)이다. 고구려, 백제, 신라 삼국(三國)은 원래 삼한과는 전혀 다른 개념이다. 고구려는 예맥인이 지배층과 중간층을 구성한 나라이며, 백제와 신라 그리고 신라에 흡수 통합된 가야는 예맥인과 한인이 혼합된 나라이기 때문이다. 그런데 삼국시대에 이르러 고구려, 백제, 신라의 지배층은 삼국을 삼한이라고 일컬었다. 즉 어느 시점부터 스스로를 한반도의 토착민인 한(韓)으로 인식한 것이다. 이는 정복민과 피정복민이 철저히 불평등한 관계로 나뉜 세계관에서는 이루어질 수 없는 일이다.

천하(天下)를 '하늘 아래 인간의 땅'이라고 해보자. 중국인에게 친하통일은 한족 문명이 중심이 된 중원의 통일이다. 칭기즈 칸에게 천하통일은 동아시아에서 중앙아시아에 이르는 유목민 세계의 통합이다. 일본에 있어 천하통일은 종교적 존재인 천황을 모시고 열도의 최고지도자가 되는 일이다. 한반도의 고대인과 중세인에게 천하통일이란 삼한의 통일을 의미한다. 그래서 통일신라는 최초로 삼한을 일통(一統)했고 고구려의 후손인 고려는 삼한을 재통일했다. 한국인에게 삼한은 '우리가 속한 세계'이며 천하다. 세 한이 통일되면 큰 한이 된다. 대한(大韓)이다. 대한제국이거나 대한민국인 것이다.

그러므로 한국인은 혼혈민족이되, **배타적 혼혈**이라는 이중적인 속성을 갖는다. **혼혈이 완료된 시점부터는 더 이상의 혼혈을 거부해왔다.** 어디서부터 어디까지가 유전적 혼혈이고, 문화적 혼혈인지는 복잡한 문제다. 예맥인과 한인은 유전적으로 차이가 없거나 적을 수도 있고 아닐 수도 있다. 분명한 사실은 문화적으로는 확실히 달랐다는 점이다. 어쨌거나 한국인은 한 번 형성된 후로 현재까지 거의 변하지 않았는데, 전혀 변하지 않았다고 우겨도 될 정도로 변화가 적은 사람들이다. 한국인의 지역별 유전자 차이는 너무나 적어서, 세계적인 기준에서 유전적 동질성이 가장 강한 민족이라고 할 수 있다. 민족의 기준이 적어도 수십만 명 이상이라면 말이다. 막연하지만 확고한 어조로 '우리야말로 세계 유일의 단일민족'이라고 가르치는 대한민국과 조선민주주의인민공화국의 교육은 틀렸다. 설사 단일민족이라 한들 그게 어째서 자랑거리가 되는지도 모르겠다. 그러나 동시에, 단일민족이라고 우길 여지가 가장 많은 민족이기도 하다.

한국인은 신체 성장이 느리고 오랫동안 동안(童顔)을 유지해 세계 어디를 가도 나이보다 어려 보인다. 체취(암내)가 세계에서 가장 약하며 피부색은 아시아에서 제일 밝고, 신장은 가장 큰 편에 속한다.* 그러나 이 책에서 이러한 신체적 특징은 중요하지 않다. 한국인이라는 존재가 한반도에 자리 잡았다는 사실이 중요하다. 문화적 특성이란 인간과 자연의 관계에서부터 만들어진다. 한국인은 성격이 나쁘며, 놀랍도록 이기적인 동시에 이타적이다. 천박함과 숭고함을 동시에 지닌 민족성의 비밀을 푸는 일은, 겉으로만 복잡해 보일 뿐 비밀의 구조를 알면 매우 쉽다.

쑥과 마늘의 민족

단군신화에 대한 한국인의 두 가지 농담이 있다. 하나는 마늘이다. 건국신화부터 포식동물 두 마리가 마늘을 퍼먹고 있으니 한국인이 마늘을 좋아하는 건 당연하다는 얘기다. 물론 옛날에 마늘이라고 불린 식물은 지금의 마늘이 아니긴 하다. '마늘'은 원래 산마늘이나 달래를 부르는 이름이었는데, 개량된 농작물에 이름을 빼앗긴 것이다. 하지만 지금의 마늘과 원래의 마늘은 가까운 친척 사이다. 한국인이 원하는 핵심 성분이 알리신(Allicin)이라는 점에선 변함이 없다.

다른 하나는 이 책에서 중요하게 다룰 내용이다. 단군이 부동산 투자에 실패했다는 한국인들 사이의 농담이다. 단군은 두 가지 차원에서 실패했다. 첫째는 자연환경이다. 한국의 뚜렷한

*   한국인의 신장이 아시아에서 가장 크다는 통계자료가 다수 존재하지만 이스라엘, 레바논, 이란 다음이라는 통계 역시 신빙성이 높다. 확실한 사실은 비(非)서구 인종, 혹은 통상적인 표현으로 '동양인' 중에서 가장 크다는 점이다.

27

사계절은 눈으로 보기엔 아름답지만 몸으로 견디기엔 매우 고통스럽다. 한국보다 더운 곳도 있고, 추운 곳도 있다. 하지만 1년이라는 시간 안에 한국처럼 극단적인 사계절의 **차이**가 강요되는 곳은 별로 없다. 한국인은 차이에 고통 받지 절대적인 온도에 고통 받는 게 아니다. 여름에 덥기로는 대만이나 그 남쪽의 아시아가 더 덥다. 겨울에 춥기로는 중국이나 러시아의 일부 지역이 더 춥다. 가까운 일본만 해도 우리처럼 사계절이 뚜렷하고 1년 시간 안에 더위와 추위가 함께 있지만, 그 차이는 한반도에 비해 훨씬 온화하다. 한국은 한반도의 거의 대부분이 비슷한 조건에 노출돼 있다. 여름엔 정말 덥고 겨울엔 정말 춥다. 한국인은 고대부터 현재까지 기후의 **극단적인 변화**에 매년, 반드시 정기적으로 노출돼왔다. 한반도는 생산력도 절망적이다. 70% 이상이 거칠고 변화무쌍한 산악지형이다. 그렇다고 평지가 풍요로운 것도 아니다. 좁디좁은 평지는 산악지형보다 **조금 더** 풍요로울 뿐이다. 한반도의 겨울은 **추운 사막**이라고 해야 할 정도로 척박하다.

현재까지 발견된 고고학적 증거에 의하면 한국 문명은 세계 최초로 조직적이고 인공적인 쌀농사에 성공했다. 즉 야생 쌀이 아니라 **곡물로 개량된 쌀**을 재배하는 게 '벼농사'라면, 아마도 한반도 주민이 그걸 최초로 시작했을 가능성이 상당히 높다고 할 수 있다.[*] 조금만 생각해보면 아주 자연스러운 일이다. 쌀은 단위면적당 인구부양력이 가장 높은 작물이다. 어째서 쌀농사를 경험한 모든 국가, 모든 문명 중에서 가장 척박한 한반도가 처음 쌀농사에 성공했는가? 이 질문에 우리는 거꾸로 접근할 필요가

---

[*] 세계에서 가장 오래된 쌀 유물은 한국에서 출토되었다. 한국인의 선조를 벼농사의 창시자라고 특정하는 일이 부담스럽다면, 적어도 벼농사에 기반한 문명과 쌀의 역사에 지대한 영향을 끼쳤음은 인정해야 한다.

있다. 가장 척박하기 **때문에** 문명을 유지하기 위해서 쌀농사에 성공하지 않을 수 없었다고 할 수 있다. 한반도는 단연코 전 세계에서 쌀농사를 짓기에 가장 어려운 지역이다. 바로 그 때문에 쌀농사가 전 세계에 퍼졌다고 보는 편이 논리적이다. 가장 어려운 곳에서 성공했으니, 다른 지역에서는 상대적으로 쉬운 만큼이나 빠르고 넓게 퍼질 수 있었다고 보아야 한다. 그러나 역시 한반도의 척박한 땅이 생산력을 가로막는다. 한국인에게 쌀은 **가장 중요**하지만 동시에 **가장 부족**한 작물이었다.

올바른 표현인지는 모르겠지만, 한국인은 '세계에서 가장 길다란 황인종'이다. 그런 주제에 가장 척박한 환경에 놓였다. 나는 여기서 한 가지 과감한 주장을 해보겠다. 마늘에 대한 집착은 무엇이든 **식재료**로 발견하고 개조해야 했던 한국인의 현실과 맞닿아 있다고 본다. 한국인은 먹을 수 있는 모든 것을 먹어야 했다. 흔히 식재료의 종류가 가장 많은 나라로 중국을 꼽는다. 중국 전체로 보면 그럴 수도 있겠다. 그러나 중국의 식재료 종류의 수는 각기 다른 전통과 자연환경을 지닌 여러 지방을 합친 결과다. 현재 중국의 인구는 한국의 약 28배고 면적은 남한의 거의 100배에 달한다. 중국의 한 성(省)이 대부분 한국보다 큰데, 한 성의 평균적인 중국인이 소비하는 식재료와 평균적인 한국인 한 명이 소비하는 식재료의 종류를 비교하면 어떨까. 아마도 한국인의 그것이 몇 배나 많을 것이다. 또 세계적 기준에서 별난 식재료는 중국의 경우 특별한 미식의 차원이지만 한국에서는 **일상생활**의 영역이다.

한국어는 식용 해조류를 칭하는 단어가 가장 많은 언어다. 미역, 다시마, 김, 파래, 감태, 우뭇가사리, 서실, 모자반, 톳, 돌가사리, 매생이, 청각, 꼬시래기 등 사투리와 미세분류를 제외하고도 표준어로만 50여 개에 달한다. 이 모든 것들은 보통 영어에서는 Seaweed(바다풀), 중국어로는 하이타이(海苔)로 통칭된다. 한국어에서 나물은 원래 식물성 식재료를 통칭하는 말인데, 대부분의 나물이 소금물에 데치거나 삶아야 반찬이 되는 이유는 간단하다. 채소로 쓰이지 않는, 그러니까 재배가 아니라 채집해서 먹는 식물들에는 독성이 있는 경우가 많아서 그 독소를 없애거나 줄여야 할 필요가 있기 때문이다. 이렇게까지 먹을 수 있는 모든 것을 먹는 데 집착하는 민족은 한국 외엔 없다. 일본에 건너가 대중화된 한국 젓갈에 명란젓이 있는데, 아마 일본인들은 명란젓 같은 젓갈이 한국에 수백 가지가 있다는 사실을 상상하지 못할 것이다. 재료만 최소 수백이고 각 지방과 가문의 제조법에 따른 종류까지 따지면 오직 '동물성 염장 식품'만 계산해도 만 단위를 넘어선다.

한국인은 척박한 겨울과 봄을 견디기 위해 말리고 담그고 절이고 발효시킨다. 명태라는 한 가지 생선을 말린 결과만 해도 먹태, 황태, 짝태, 북어, 코다리, 노가리 등으로 구분된다. 더 나아가 발효시킨 식물을 김치라고 부른다면, 이때 김치의 종류는 인간이 먹을 수 있는 거의 모든 식물의 수와 같을 것이다. 가장 인기 있는 재료는 배추*지만 한국인은 딸기나 아보카도로도 김치를 담글 수 있다. 여기에 개인마다 다른 김치 담그는 방식과 재료가 혼합되는 경우까지 고려하면 김치의 종류는 기하급수적으로 늘어날 것이다. 당장 나만 해도 대략 스무 가지의 김치를 담글 수 있다. 물론 가자미식해, 삭힌 홍어, 굴김치와 같은 동물성 김치는 제외한 이야기다. 식물성 재료와 동물성 재료를 혼합

---

* 　우장춘이 김치용으로 개량한 일명 한국배추 혹은 김치배추.

해 발효시킨 종류까지 말하자면 천문학적 단위에 진입해야 한다. 한 마디로 **무한대**다.

　마늘의 주성분인 알리신의 효능은 다양하다. 하지만 가장 주된 효능은 인체에 해를 끼치는 세균을 처치하는 것이다. 알리신은 세균의 단백질 구조를 분해한다. 한국인은 먹을 수 있는 모든 것을 먹기 위해, 즉 이런저런 식재료에 붙어있는 각자 고유하면서도 다양한 세균을 **일괄적으로** 처리하기 위해 알리신을 필요로 한 것으로 보인다. 살기 위해 무엇이든 먹는 것인데, 그렇게 애써 먹었다가 세균에 감염되어 죽어선 안 되기 때문이다. 한국의 거의 모든 요리에는 마늘이 필수적으로 들어가며, 아주 많이 들어간다. 그것도 주로 반드시 먹을 수밖에 없게끔 대체로 잘게 다진 형태로 들어간다. 한국인의 입맛은 마늘을 맛있다고 느끼는 정도에서 그치지 않는다. 마늘 맛이 느껴지지 않으면 **부족**하다고 느낄 정도로 집착한다. 단군신화의 또 다른 식물인 쑥도 마찬가지다. 쑥은 감염을 막는 효과를 갖고 있으며, 특히 음식으로 섭취할 경우 내장의 감염*을 저지해 결과적으로 소화를 돕는다. 쑥과 마늘은 그 자체로는 중요하지 않다. **다른 것**들을 먹기 위한 차원에서 중요하다.

　한국의 신화에서 인간성은 마늘과 쑥에 의해 탄생한다. 한국에서 인간성이란 본질적으로 숭고함과 거리가 멀다. 먹고 살기 위해 최선을 다해야만 하는 **지옥**을 받아들이는 것, 그것이 한국인이 인정하는 인간성이다. 관념에 존재하는 철학이 아니라 현실의 과제다. 한국인은 **조금이라도 더** 잘 먹고 잘살기 위해 최선을 다하지 않는 인간을 인간으로 인정하지 않는다. 그러므로

---

*　주로 위염.

"개똥밭에 굴러도 이승이 저승보다 낫다." 한국인은 태생적으로 속물적이고 세속적인데, 놀랍게도 한국인의 숭고함은 바로 여기서 나온다. 한국인은 중국인, 일본인보다 훨씬 보편적 가치와 원리원칙을 중요히 여긴다. 결과적으로 그렇게 됐다. 한국 문명의 목표는 '내가 산다'에서 '함께 산다'로, '함께 산다'에서 '남을 살린다'로 진화했다. 이 책은 앞으로 그 과정을 설명할 것이다. 그전에 우리는 단군이 부동산 투자에 실패한 이야기를 계속해야 한다.

2장

평화는 생존의 지옥이다

인간의 식사

한반도인에게 평화는 평화가 아니다. 그것은 끊임없는 생존투쟁이다. 한반도인은 무엇이든 잘 먹고, 어떤 식으로든 먹는 방법을 개발해왔다. 이는 거꾸로 말하면 그래야만 할 정도로 먹을 것이 부족했다는 의미가 된다. 모든 먹거리 중에서도 인구부양력이 가장 높은 쌀에 대한 집착은 한국인의 유전자와도 같다. 식문화는 환경을 드러내는 거울이다.

매년 한국인의 쌀 소비가 줄어들고 있다는 뉴스가 나오지만 여전히 한국인에게 쌀밥은 헤어 나올 수 없는 마력을 휘두른다. 한식은 밥을 보다 수월하고 많이 먹을 수 있도록 개발되었다. 반찬은 그대로 먹으면 너무 짜고 자극적이다. 밥과 함께 먹었을 때 간이 맞아떨어지도록 계산되어 있다. 그래서 두부와 부침처럼 짜지 않은 반찬은 간장 양념에 찍어 굳이 짜게 만든 후 입에 넣는다. 반찬의 사명은 어디까지나 밥의 파트너가 되는 것이다. 신김치는 입에 침이 고이게 해 밥이 목구멍에 잘 넘어가게끔 돕는다. 국물의 역할도 마찬가지다. 원래 고려 시대까지 김치의 형태는 대체로 나박김치나 동치미 같은 '물김치'였다. 이때는 김치가 국의 역할을 함께하는 경우가 많았다. 지금은 역할이 나뉘어 있지만 국, 탕, 찌개, 간장, 김치는 비슷한 역할을 했다. 자체의 수분이든 침이 고이게 하든, 입안에 수분을 공급해 밥을 먹는 행위를 돕는 역할이다. 한국인의 식사는 밥, 국물, 찬*으로 이루어진다. '**밥과 밥을 돕는 나머지**'는 한식의 기본 구성이다.

밥 자체엔 별다른 자극이 없다. 한국인은 식재료가 부족한 환경 때문에 **결과적으로** 밥과 함께 먹는 음식을 자극적으로 만들었다. 보존을 위해 식재료를 발효시키고 양념에 재고 숙성하고 건조하고 염장한다. 이러면 식재료 안에 있는 단백질의 구조가 변화해 **감칠맛**이 생겨난다. 한국인은 쌀밥과 함께 감칠맛에도 깊게 중독되어 있다. 한국어에는 뜨거운 국물을 가리켜 '시원하다'고 하는 표현법이 있다. 당연히 온도를 이야기하는 게 아니기에 이 표현법 앞에서 외국인은 혼란에 빠진다. 이 이상한 표현의 비밀을 알기 위해선 한국인이 **맛있는 국물**에 대해서만 시원하다고 한다는 점에 주목해야 한다. 여기서 시원함이란 '감칠맛이 혀에 끼얹기고 혀 밑에 흘러 고인 후, 목구멍을 타고 넘어가는 쾌감'이다. 입안에서 빨리 사라져버리는 탓에 아쉬울 정도인 '마시는 쾌감'이다. 그래서 한국인은 마음에 드는 국물을 삼킨 후에는 "크으", "아아" 하고 감탄사를 내뱉으며 눈이 게슴츠레해진다. 의식적인 행동이 아니라 몸의 반응이다.

인공적으로 감칠맛을 내는 세계 최초의 조미료**의 상품명은 아지노모토(味の素)다. 아지노모토는 처음 자국민인 일본인들에게 외면받았다. 지나치게 맛있는 나머지 어색함을 넘어 공포를 불러일으키는 맛이었다. 일본인들은 여우나 요괴가 술수를 부린 맛이라고 생각했다. 아지노모토는 사업 실패로 사라질 위

---

*   김치를 포함한 반찬.

**   MSG(Monosodium glutamate, 글루탐산나트륨). 1907년 일본 화학자 이케다 키쿠나에(池田菊苗, 1864~1936)가 최초로 생산법을 발명했다.

기에 처했지만, 기묘한 인연으로 한반도를 거쳐 세계화되었다. 일제강점기 시절 식민지 조선인들에게 아지노모토의 맛은 친숙하면서도 좋은 것이었다. 인공조미료는 조선에서 엄청난 성공을 거둔 후 현재는 세계의 외식업과 가정식에 빠질 수 없는 요소가 되었다.

여기까지만 이야기하면 한식이 몹시 특별해 보이지만, 한식은 지극히 보편적이다. 원래 인간의 **주식은 맛이 없다.** 풍미가 강하면 주식이 될 수 없다. 금방 물려서 괴로워지기 때문이다. 주식은 즐겁지는 않지만 덜 괴로운 음식이다. 그래서 주식의 역할을 하는 곡물과 감자, 카사바 같은 작물의 맛은 하나같이 밋밋하다. 식사는 인간에게 오랫동안 **지루한 노동**이었다. 유목민도 마찬가지다. 우리가 흔히 알고 있는 유목 문명은 원래의 유목과는 거리가 멀다. 말과 낙타를 타고 다니는 유목민이 기름진 양고기를 솜씨 좋게 요리하는 풍경은 어디까지나 유목 문명이 '오랫동안 발달한 결과'다. 유목 문화의 원형을 간직한 러시아와 핀란드 유목민(주로 순록을 이용해 유목을 하는)의 식사는 고대 농경민의 그것처럼 무미건조하다. 그들은 질겨서 씹기도 힘들고 목에 넘기기도 껄끄러운 순록 고기를 성실하고 지루하게 씹어가며 먹는다. 수렵인인 이누이트의 전통적인 식사도 비슷하다.

농경과 유목을 통틀어 동물의 피, 우유, 와인, 맥주, 요구르트 종류, 차, 커피 등 모든 '국물'은 주식을 삼키는 노동을 돕는다. 수분과 침을 고이게 하는 신맛은 주식을 씹어 목구멍 안으로 넘기는 데 큰 도움이 된다. 그래서 식사에 곁들이는 미국의 커피는 산미(酸味, 신맛)가 강하고, 독일의 맥주는 시큼하다. 와인은 말할 것도 없다. 김치 역시 수분과 신맛을 동시에 가지고 있다. 한자에서 반찬이나 식사를 뜻하는 찬(餐)이라는 한자는 고대에

35

는 '밥을 물에 말아 먹는다'는 뜻이었다. 항우와 유방이 중원의 패권을 놓고 싸우던 '초한지' 시대에 중국인의 식사는 퍽퍽한 질감의 찐 곡물(飯, 밥 반)과 이것저것 넣고 끓인 국물(羹, 국 갱)로 이루어졌었다. 평범한 농촌 출신인 유방은 적어도 황제에 오르기 전까지는 평생 이런 식사를 했다. 독일의 절인 양배추(사우어크라우트), 고대 로마의 멸치액젓(가룸), 피클과 절인 올리브 등 자체적인 수분이 부족한 주식의 도우미는 침을 최대한 짜내기 위해 몹시 짜고 시다.

생존투쟁이 남긴 '밥상'의 유전자

문명의 발달은 많은 인구를 부양했지만 '주식과 주식을 돕는 나머지'의 두 가지 요소로 구성된 단순한 식사를 강요했다. 물론 오래된 식습관을 지키거나 배불리 먹을 형편이 못 되는 사람들은 아직도 세계 곳곳에서 이러한 식사를 한다. 그러나 시간이 지나면서 어느 정도의 수준과 인구수를 지닌 문화권의 식사는 다양해지고 복잡해졌다. 주로 상류층에 의해 생긴 변화지만 점차 고급스러워지는 식사는 위에서 아래로, 서민층에게까지 전해졌다. 인류의 생산력이 높아진 지금 생활환경이 나쁘지 않은 지역에 사는 사람들은 복잡한 구성과 다양한 형태의 식사를 즐긴다. 신기하게도 **한식만큼은 식사의 옛 형태가 그대로 남아있다.** 한식은 **원시적인** 틀을 유지한 채로 발달했다. 한식의 구성은 **지나치게** 보편적이고 엄격하다는 점에서 특수하다.

한식은 뻔하면서 다채롭다. 한 끼의 식사가 펼쳐져 있는 '한식 밥상'이라는 틀 안에 모든 계층이 사로잡혀 있다는 점에서 그렇다. 한식에서 정식(定食, 갖추어진 식사)이란 임금부터 노비까지 밥, 국물, 찬을 동시에 먹는 **같은 식사**다. 그러면서도 국물과 찬의 종류는 천문학적으로 많으며, 마음만 먹으면 끝없이 새로 개발할 수 있다. 단 한 가지 생선으로도 수백 가지의 국, 탕, 찌개, 반찬, 술안주를 만들 수 있다. 그러므로 왕과 노비의 식사는 **구조는 같고 구성만 다르다.** 물론 **두 구조물의 합체**가 벌어지기도 한다. 밥과 국을 합치면 국밥이 되고, 밥과 반찬을 합치면 비빔밥이 된다. 그러나 둘 다 같은 구조 안에서 벌어진 약간의 변화다. 이 정도의 변화만으로도 두 음식은 오랫동안 '패스트푸드'로 취급되었다.

한식의 원초적인 특징을 우리는 밥이라는 단어에서도 알 수 있다. 한국어에서 밥은 세 가지 뜻을 지닌다. 첫째는 형태 그대로 익힌 쌀 즉 쌀밥이다. 둘째는 순수한 쌀밥이 아닌 밥이다. 잡곡밥, 콩밥, 보리밥 등이다. 밥이란 곡물을 **형태 그대로** 물과 함께 익힌 것이다. 한국인은 곡물을 크게 '쌀과 잡곡' 두 가지로 분류한다. 그만큼 쌀의 위상은 절대적이다. 한반도에서 쌀밥은 밥의 제왕이자 표준이고 모범이다. 전 세계적으로 가공을 거치지 않고 형태 그대로를 익힌 채로 주식으로 삼는 곡물은 쌀이 유일하다. 쌀은 그 자체로 맛있으면서도 물리지 않는 특이한 곡물이기 때문이다. 밀, 보리, 수수, 기장, 좁쌀과 같은 다른 곡물은 처지가 달라서 **빵, 죽, 떡, 술**의 형태로 먹는다. 다시 말해 밥이 아니다. 옥수수의 경우 그대로 찌거나 구워 먹기도 하지만, 본래 옥수수의 원산지인 중남미 문명에서는 말려서 가루로 빻은 후 요리해 먹었다. 한반도인은 '잡곡'도 밥의 형태로 먹었다. **한식에서 잡곡밥은 쌀밥의 모조품이다.** 쌀밥 즉 '진정한 밥'에 대한 집착은 그만큼 강했다. 쌀밥을 기준으로 식사법이 규정된 것이다. 한국어에는 '밥심'이라는 표현이 있다. 이 표현을 사용한 대표적인 문장은 아마 '한국인은 밥심이지'일 것이다. 이는 밥을 먹어야 생활에 필요한 에너지를 제대로 발휘할 수 있다는 뜻이다.

생물학적으로 보면 한식은 좁은 섬 안에서 자체적으로 진화한 생태계와 같다. 한식에 남아있는 원시성을 단적으로 보여주는 예가 쌈 문화다. 식물의 잎이 살아있는 형태 그대로 식탁 위에 뻔뻔하게 올라간 모습은 외국인에게 놀라운 풍경이다. 당근, 오이 등의 채소가 날 것인 채로 식사에 끼어들기도 한다. 그런데 이런 날것들에 곁들이는 쌈장이나 젓갈 따위는 고도로 발달한 세련된 발효식품이다. 이것이 한식이라는 기이한 생태계의 풍경이다. '주식(밥)과 주식을 돕는 나머지'를 유지해온 한식은 독특한 만큼이나 중독성도 강하다. 한국에 온 외국인들도 고향의 음식을 그리워한다. 반면 외국에 간 한국인은 한식을 그리워하는 정도를 넘어선다. 한국인은 한식을 먹지 못하는 고통에 몸부림친다. 한국인은 몇 끼 이상 쌀밥을 먹지 못하면 몸에서 불쾌함을 느낀다. 다시 말하지만, 한국인은 쌀밥을 좋아하기로 선택한 적이 없다. 한국인은 한반도라는 척박한 자연환경에서 생존하기 위해 쌀을 좋아하도록 **개조된** 민족이다.

밥은 셋째, 식사 자체를 뜻한다. 밥이야말로 밥상의 주인공이라서다. 그래서 한국인은 햄버거로 끼니를 때워도 '밥을 먹었다'고 한다. 현대인의 감각에서는 영 이상할 법하다. 밥은 전기밥솥에서 퍼담으면 그만이지만 반찬은 정성과 시간을 들여 만들어야 하니 말이다. 그러나 전근대에 밥 짓기란 논에서 노동하는 과정에서부터 시작된다. 한국인에게 쌀과 밥은 너무 중요해서, '쌀을 생산하는 밭'인 논이라는 단어가 따로 있다. 그러므로 논과 '보리밭'의 위상은 다르다. 심지어 논을 가리키는 한자까지 따로 만들어 썼다. 동아시아에서 한국에만 존재하는 '논 답(畓)'이다.

그리고 쌀밥이 밥의 기준이듯이 노동의 기준은 벼농사다. 벼농사는 반찬거리를 채집하는 일과는 차원이 다른 노동이다. 노동은 인간성을 만든다. 한국인에게도 예외는 없다.

한반도와 중국을 비교해보면, 중국에서 주로 쌀농사를 짓는 지역의 가장 북쪽은 한반도의 가장 남쪽과 조금 겹쳐 있다. 한반도는 한국인의 선조들이 목숨을 걸다시피 노력해온 쌀농사에 가장 불친절한 환경이다. 한반도인은 쌀에 집착한 만큼이나 특별한 쌀농사 기술을 연마하게 되었다. 여기에 고통을 당연하게 여기는 인내력이 결합해, 현재의 러시아 영토인 연해주로 이주한 한반도 주민은 인류 쌀농사의 북방한계선*을 계속해서 경신했다. 한국어에서 흔히 '까레이스키'**로 불리는 고려인들의 쌀농사는 보다 춥고 건조한 지역으로 전진을 거듭했다.

고려인들은 쌀농사와 함께 생존기술과 인내력을 가지고 흩어졌다. 극동아시아에서 중앙아시아로 강제이주 당한 고려인들은 주변에서 김치를 담글 만한 채소를 찾다 기어이 당근으로 김치 담그는 법을 개발하고 말았는데, 이 김치는 마르코프차(당근채) 혹은 마르코프 빠 카레이스키(한국 당근)로 불린다. 마르코프차는 수많은 중앙아시아와 러시아 사람들을 중독시켰다. 현재 한국을 대표하는 김치는 배추김치지만, 가장 넓은 지역에서 사랑받는 김치는 마르코프차다.

척박한 사할린으로 이주한 고려인들은 굶주리는 현지인들

---

* 생물의 서식과 작물의 경작 등 어떠한 생명 활동이 가능한 북쪽 끝.

** 까레이스키 혹은 카레이스키는 러시아어 'Корейский'로, 사실은 '고려의', '고려인의'라는 뜻의 형용사이기 때문에 원칙적으로는 잘못된 표현이다. 고려인은 고려 시대가 아니라 조선 후기와 일제 강점기에 한반도를 떠나 지금의 러시아로 이주한 사람들로 영어 '코리안(Korean)'처럼 한민족을 부르는 말 중 하나일 뿐이다.

을 이해하지 못했다. 헌지인들도 무언가를 끊임없이 요리해 먹으며 잘만 지내는 고려인을 이상하게 여겼다. 고려인들은 고사리, 우엉, 미역을 채집해 먹었고 김치를 담갔으며 잡다한 해물로 해물탕과 영양가 높은 반찬을 만들었다. 원주민들은 고려인들에게 다양한 한식을 전수받았다. 사할린 스타일 한식은 현재까지 이어져 내려온다.

소련의 독재자 이오시프 스탈린은 잔인하게도 고려인을 척박한 지역에서 농사가 가능한지, 가능하다면 얼마나 잘 되는지 확인하기 위한 실험체로 사용했다. 그래서 스탈린 치하에서 고려인 대부분은 힘들게 가꾼 삶의 터전을 잃고 중앙아시아 각지로 강제 이주당했다. 그러나 모든 것을 빼앗긴 채 뿔뿔이 흩어진 고려인들이 현지인보다 높은 경제력을 갖게 되기까지 거의 모든 지역에서 3년밖에 걸리지 않았다. 아주 간단한 계산대로다. 기어이 농경을 일궈 생존하는 데 한 해를 보내고, 다음 해에 잉여 생산물을 저장하는 데 성공하고, 남는 잉여물을 이용해 삼 년째부터는 부유해지기 시작한다. 전쟁이나 스포츠로 치면 고려인은 한반도에서 '지옥 훈련'을 거친 나머지 실전 무대인 소련에서는 너무 강해졌다고 할 수 있다.

쌀농사에 **억지로** 성공한 한국인에게 콩은 그 억지스러움을 유지하는 최고의 파트너다. 콩은 척박한 환경에서 잘 자라는 작물이면서, 논두렁에 콩을 심으면 병충해를 막아 벼를 보호해준다. 더욱이 땅의 영양소를 빨아들이기는커녕 뿌리에 공생하는 박테리아가 천연 비료 역할을 하면서 땅의 지력(地力), 즉 땅의 생산력을 회복시킨다. 그러므로 콩으로 장을 담그는 기술의 원류가 한국인 것은 너무나 당연한 결과다(더 깊이 원조를 따지면 고구려 계통이라고 볼 수 있다). 중국과 일본은 한반도에서 콩장이 유래되기 전까지 동남아시아와 마찬가지로 생선을 삭힌 간장(피시 소스, Fish sauce)을 사용했다. 에도 시대의 정치가이자 유학자였던 아라이 하쿠세키(新井白石)는 1719년 경 전 20권에 이르는 일본어 사전《동아(東雅)》를 집필했는데 거기 고려장(高麗醬)에 관한 사실이 명확히 기술되어 있다.

> 고려의 장인 말장(末醬)이 일본에 건너와서 그 나라 방언 그대로 미소라고 불리게 되었는데, 글은 고려장이라고 표기하였다.*

한자 발음으로 표기된 '말장', '며조', '미조'는 모두 현재 '메주'의 어원이다. 중국 사료는 고구려를 욕하면서도 콩장에 있어서만큼은 고구려 특산품으로 우대했다. 고구려 멸망 후에도 간장과 된장 등 모든 콩장의 기본이 되는 메주가 발해의 특산품으로 기록되어 있다. 콩을 장으로 담그면 단백질이 분해되어 **일상적으로 굶주리는 인체**에 필요한 다양한 영양소가 생성된다.

'말장'도 중요하지만, 콩나물의 역할도 잊으면 안 된다. 여기서 말하는 콩나물은 현재 우리가 콩나물이라고 부르는 대두 콩나물, 녹두 콩나물(숙주나물), 팥 콩나물(팥나물) 등 콩 종류를 싹틔워 만든 모든 나물을 뜻한다. 콩이 콩나물로 변하면 비타민C를 비롯한 비타민과 무기질이 생성되어 인간에게 필요한 영양분을 공급한다. 이 콩나물은 누가 처음 먹기 시작했을까. 기원이 어디인지는 몰라도 그것을 기록으로 남긴 것은 한국인들이 세계 최초다. 935년 고려왕조의 개국공신이자 장군인 배현경(裵玄慶)이 콩을 냇물에 담가 콩나물로 만들어 굶주리는 병사들에게 제

* 고려장 항목 참조, 한국민족문화대백과사전, 한국학중앙연구원.
  https://encykorea.aks.ac.kr/Article/E0003487

공했다는 기록이다. 콩은 쌀농사의 파트너인 동시에 전쟁의 필수품이었다. 다음 장에서 이야기할 '산성 방어'에 있어서도 콩과 콩나물은 한반도 주민의 생명줄이었다.

경쟁과 나눔의 적정비율

한국은 인구밀도가 매우 높은 나라지만, **실질적인 인구밀도**는 더 높다. 평지의 비율이 너무나 낮기 때문인데, 그나마도 곡식을 키워 먹을 만한 평지는 더 적다. 현대인은 평면 지도를 내려다보며 지리적 조건을 가늠하는 버릇이 있다. 그렇게 봐도 80% 가까이가 산악지형이긴 하지만, 이러면 한반도의 복잡한 산맥이 만들어내는 수많은 그늘을 지나치게 된다. 한반도는 농경에 필요한 충분한 햇볕이 극단적으로 부족한 곳이다. 그리고 논밭은 집과 가까워야 한다. 전근대 농사꾼에게 먼 거리를 걷는 일이 농사를 지을 체력과 시간을 잡아먹는 일종의 번외 노동이었다는 사실을 잊으면 안 된다. 또 하나, 충분한 양의 물이 있어야 한다. 그러므로 한국인의 선조는 대부분 한정된 공간에 옹기종기 모여 살게 되었다.

쌀은 인구부양력이 가장 높은 작물이지만 그만큼 노동집약적인 농사과정을 거쳐야 한다. 많은 노동력을 동시에 투입하지 않고서는 제대로 된 수확이 불가능하다. 마을 남자들이 한 논에 몰려들어 품앗이를 하는 기록사진은 한반도의 쌀농사가 예나 지금이나 노동집약적이었음을 보여준다. 쌀농사는 물을 많이 잡아먹는데, 마침 한반도에는 물이 풍부하다. 문제는 경사가 너무나 많고 가팔라 물을 가두고 논으로 끌어오는 일이 고생스럽다는 데 있다. 그러니 한반도는 쌀농사가 가까스로 가능하긴 하되, 지나치게 고통스러운 곳이다. 논 답(畓) 자는 물(水)과 밭(田)을 합친 글자다. 물을 끌어와 밭 위에 붓고 땅을 적셔야만 논이 되는 것이다.

한반도에 진정한 의미의 태평성대란 있어본 적이 없다. 평화 역시 개인들의 생존투쟁으로 꽉 채워져 있다. 다만 혼자서 생존투쟁을 할 순 없다. 집단노동으로 쌀을 수확하기 위해 한국인은 싫어도 좁은 거리에서 부대끼며 살아야 했다. 그리하여 쌀이 인구를 부양하고 사람들은 머릿수를 유지하기 위해 쌀농사에 매달리는, 악순환인지 선순환인지 구분할 수 없는 상황이 반복되었다.

나는 남들의 논에서 일해주어야 한다. 남들은 내 논에서 일해준다. 내 논에서 수확된 쌀은 나의 재산인데도 그렇다. 그러다 보니 한국인들에게는 공공의 영역과 개인의 영역을 나누는 복잡미묘한 감각이 발달했다. 농사를 짓지 않을 때는 국거리와 반찬거리를 찾아 산으로 들로, 하천과 갯벌로 뛰어다녀야 했다. 또 한국인은 집과 가까운 좁은 땅에 텃밭을 가꾸어왔다. 남는 땅이라고는 단 한 뼘도 없을 정도로 가능한 모든 땅에 작물을 키운다. 한국인에게는 초가와 담장조차 남는 땅이어서 호박, 오이, 박과 같은 덩굴식물을 키우는 데 활용했다.

지금도 마찬가지다. 현대 한국의 도시 주택가를 위에서 내려다보면 주택의 마당이나 옥상, 베란다, 심지어 골목에까지 화분과 화단에서 자라는 파, 깻잎, 상추, 고추로 가득하다. 아파트에 살면서 장미 같은 비싼 조경수를 걷어내고 호박을 심어서 문제를 일으키는 사람들은 한국 어디에나 있다. 한반도 주민에게 단지 굶어 죽지 않기 위해 끝없이 노동하는 삶은 그저 당연했다. 한국인은 아직도 '먹고 산다'는 표현을 일반적으로 사용한다. 현

43

새 대부분의 한국인에게 일의 대가는 쌀이 아니라 돈인데도 '무슨 일을 하면서 돈을 벌어 산다'고 말하지 않는다. 부유한 사업가 역시 '내가 사업해서 먹고 산다'거나 '우리 회사가 이 물건으로 먹고 산다'고 한다.

그렇다면 '먹고 사는' 일에 있어 개인의 것과 모두의 것은 어떤 식으로 구분되는가? 나는 전통 농경 생활을 경험한 노인들과 많은 인터뷰를 했다.* 인터뷰를 통해 대체적인 경향을 발견할 수 있었다. 먼저 식물이다. 키워 먹는 식물을 '곡물'과 '작물'로 나누어보자. 곡물은 품앗이를 통해 노동을 주고받고 소출은 논밭의 소유자가 갖는다. 논두렁과 텃밭의 작물은 소유자가 키우고 소유자가 갖는다. 곡물은 수확의 대상인 반면 동물은 도살의 대상이다. 도살은 하나의 생명을 없애는 행위다. 한국인은 전통적으로 탄수화물에 지나치게 의존해온 탓에 동물성 단백질은 매우 소중한 영양원이었다. 많은 양의 단백질을 제공하는, 즉 생명의 가치가 큰 가축일수록 '공공성'을 띤다.

가장 큰 가축인 소를 잡으면 마을 전체의 잔칫날이 된다. 그 귀한 고기를 왜 나누냐고 할 수 있지만, 평범한 농촌에서는 어떤 가정도 소를 매년 잡을 수 없다. 한 가정에서 소를 잡을 때마다 모두 나누어 먹지 않으면 마을 주민 전체가 오래 지나지 않아 쇠약해질 것이다. 돼지는 소보다 공적인 성격이 떨어지지만 아주 사적이지는 않다. 돼지를 잡으면 소만큼은 아니더라도 인심을 베풀어야 한다. 개는 공적이면서 사적인 경계선에 있다. 많은 이들과 나눌 수는 없지만, 그래도 몇 명의 남자가 함께 잡아먹고 그 남자들의 가족이 혜택을 받는다. 닭은 완전한 사적 재산이다.

* 경기도 서남부 출신 일가친척 어르신들의 비중이 높았음을 밝힌다. 나는 남양 홍씨(南陽 洪氏)인데, 여기서 남양은 경기도 서남부 화성시 일대다.

그래서 처가에서 사위를 아끼는 상황을 두고 '사위가 오면 씨암 닭을 잡아준다'고 표현했다. 닭고기는 동네 이웃의 시선과는 전혀 상관없는 고기이기 때문에 자기 맘대로 처분할 수 있었다.

곡물과 가축이 아니면서도 공공의 영역이 있다. 바로 김치다. 김장은 겨울이 오기 전에 마쳐야 하는데 이는 한두 사람이 할 수 없는 중노동이다. 김장 역시 농사처럼 품앗이를 통해 노동을 나눈다. 다른 집보다 살림살이가 좋아 김치를 많이 담근 집은 다른 집에 나누어주기도 한다. 김치가 없거나 떨어지면 '김치 동냥'이 가능하다. 이는 '젖동냥'과 비슷하다. 옛날에는 분유란 것이 없기에 젖먹이 아기가 어머니를 잃으면 남의 모유를 먹어야 했다. 사람이 죽고 사는 문제이기 때문에 모유가 나오는 여성들은 기꺼이 젖을 내주었다. 김치 또한 그러했으니, 한국인에게 김치가 얼마나 중요했는지 알 수 있다. 하지만 김치를 제외하면 갑자기 냉정해져서 다른 식물성 음식이나 텃밭의 작물, 채집한 나물을 나눠준다는 건 택도 없는 소리가 된다. 스스로 노력해 구해야 한다.

위의 이야기로 지역마다 다른 풍습을 모두 설명할 수는 없다. 중요한 것은 한국인에게 공적인 영역과 사적인 영역이 정밀하게 뒤섞여 있었으며, 그러한 감각을 마을 공동체 구성원이 공유했다는 사실이다. 이런 환경에서 사람들은 서로를 감시하고 비교하게 된다. 간수가 죄수를 억압하듯 감시하는 것은 아니다. **느슨한 감시**다. 다른 말로 하면 **면밀한 관찰**이라고 할 수 있다. 한국인에게는 감시와 관찰 사이의 시선을 매일같이 주고받는 습관이 생겨났다. 한국인은 이러한 긴장 상태에 놓인 채 평생을 살아간다. 남에게 약점을 보여서는 안 되고, 가급적 남을 이겨야 한다. 먹고 살기 힘든 환경에서 남들보다 퍽 잘 살지 못한다는 건 굶주린다는 의미가 되기 때문이다. 더욱이 시시각각 남과 자신의 처지를 비교하는 환경은 경쟁심리를 부추긴다.

느슨한 감시가 경쟁심과 융합해 비교심리가 되면 재미난 장면이 연출된다. 한국에 사는 한국인 대부분은 자신을 포장하고 자랑하는 사람을 보면 실패자이거나 사기꾼일 확률이 높다고 의심한다. 혹은 아직은 자신이 원하는 만큼 성공하지 못한 사람이라고 짐작한다. 정작 성공한 사람은 경쟁심의 표적이 되어 시기, 질투, 음해, 악성 루머의 공격을 받지 않기 위해 조심스럽게 행동한다.

징그러운 내 편, 이웃

한국인은 사색적이지 못하다. 사색적이기에는 생존이 너무나 급하고 이웃은 오늘도 나를 이기려고 작정한 나머지 너무나 근면하다. 참 큰일이다. 먹고 사는 일에 있어 내가 아는 이들에 뒤처지면 불행이기 때문이다. 1987년 발표된 이문열의 단편소설 〈우리들의 일그러진 영웅〉의 한 대목은 이를 빼어나게 묘사했다.

나는 그제야 놀라 주위를 돌아보았다. 모래 위의 궁궐 같게만 느껴지던 대기업은 점점 번창하기만 했고, 거기 남아있던 동료들은 계장으로 과장으로 올라가 반짝반짝 윤기가 돌았다. 어떤 동창은 부동산에 손을 대 벌써 건물 임대료만으로 골프장을 드나들고 있었고, 오퍼상(商)인가 뭔가 하는 구멍가게를 열었던 친구는 용도가 가늠 안 가는 어떤 사품으로 떼돈을 움켜 거들먹거렸다. 군인이 된 줄 알았던 동창이 난데없이 중앙 부처의 괜찮은 직급에 앉아 있었으며, 재수(再修)마저 실패해 따라지 대학으로 낙착을 보았던 녀석은 어물쩍 미국 박사가 되어 제법 교수 티를 냈다.

나는 급했다. 그때 이미 내 관심은 그런 성공의 마뜩지 못한 과정이나 그걸 가능하게 한 사회 구조가 아니라 그들이 누리고 있는 그 과일 쪽이었다. 한마디로 말해, 나도 어서 빨리 그들의 풍성한 식탁 모퉁이에 끼어들고 싶었다.

남보다 '잘 먹고 잘살기 위해' 노력하는 날것의 욕망은 나쁘다고 할 순 없지만, 결코 아름답지도 않다. 자신도 남도 숭고하지 못하다. 사람들의 1차원적인 욕망을 지겨울 정도로 지켜보는 환경에서 순수한 인간성에 대한 믿음 따위는 자라나지 않는다. **한국인은 기본적으로 인간을 싫어한다.** 철학자 아르투어 쇼펜하우어의 《여록과 보유》의 한 대목은 한국인의 처지를 잘 설명한다.

> 추운 겨울날, 고슴도치들이 체온을 유지해 얼어 죽지 않기 위해 서로 바싹 달라붙어 한 덩어리가 되어 있었다. 그러나 그들은 곧 가시가 서로를 찌름을 느꼈다. 그래서 그들은 다시 떨어졌다. 그러자 그들은 추위에 견딜 수 없어 다시 한 덩어리가 되었다. 그러자 가시가 서로를 찔러 다시 떨어졌다. 이렇게 그들은 두 악마 사이를 오갔다.
>
> 그러다 그들은 결국 상대방의 가시를 견딜 수 있는 적당한 거리를 발견했다. 인간 생활의 공허함과 단조로움에서 생겨나는 사회생활의 욕망은 인간을 한 덩어리로 만든다. 그러나 그들은 불쾌감과 반발심으로 인해 다시 떨어진다. 그들은 마침내 서로 견딜 수 있는 적당한 간격을 발견하게 되었다. 바로 정중함과 예의다.

한국인이라는 고슴도치는 서로를 인간적으로 존중하기에는

니무 가까이 붙어 있다. 한국인은 한국인에게 항상 짜증이 나 있다. 보기 싫은 한국인에는 자기 자신도 포함된다. 스스로 만족할 수 있을 만큼 성공한 한국인은 없기 때문이다. 그런데 **분노가 아니라 짜증**이라는 점을 잊으면 안 된다. 한국인은 인간에게 짜증이 나 있을 뿐 불처럼 분노하고 있지도 얼음처럼 냉혹하지도 않다. 한국인은 이웃과 친지, 친구가 자신보다 가난하기를 원하지, 불의의 사고를 당해 죽기를 원하진 않는다. 한국의 길거리에서 멋지게 차려입은 여성이 도도하게 걷는 광경을 상상해보자. 그러다가 발을 헛디뎌 우스꽝스러운 자세로 넘어진다고 해보자. 거리의 한국인들은 같은 장면을 본 다른 어느 나라 사람보다 속으로 그 여성을 조롱한다. 하지만 쓰러진 여성의 몸에서 피가 흐르거나 실신한 것처럼 보이면 사정이 달라진다. 행인들은 갑자기 태도를 바꿔 다친 사람을 돕기 위해 땅에 떨어진 각설탕에 개미가 모여들 듯 달려든다.

한반도의 농사 환경에서 이웃은 생존을 위해 반드시 필요한 존재다. **한국인들은 남의 처절한 불행을 바라기에도 너무 가까이 붙어 있다.** 구체적인 속담을 가져와 표현하자면 '사촌이 땅을 사면 배가 아프다.' 죽이고 싶지는 않다. 배가 아픈 정도에서 끝난다. 그러나 배가 아픈 것도 고통이라는 사실은 변하지 않는다. 당연한 말이지만 고통은 피할수록 좋다. 이미 인간에 대해 짜증이 난 상태에서, 상대가 날 더 짜증나게 하려고 하면 날카롭게 가시를 세운다. 그래서 한국인은 외국인에게 친절한 편이지만 어느 순간 갑자기 냉혹해질 때가 있다.

나는 20대에 학원에서 영어 강사를 하면서 영미권에서 온 원어민 강사 몇을 알게 되었다. 그중에는 체중이 많이 나가는 백인 여성이 있었는데, 어느 날 그녀는 수업 시간에 한국인 학생들에게 "Do you think I'm really fat?(정말 내가 뚱뚱하다고 생각해?)" 이라고 물어보았다. 아마 학생들과 충분히 가까워졌다고 생각한 모양이다. 그녀는 당연히 당신이 뚱뚱하다니 그게 무슨 소리냐, 대체 누가 그런 말을 한 거냐, 당신은 충분히 아름답다는 식의 호들갑 섞인 반응을 기대했을 것이다. 하지만 한국 학생들은 무표정한 얼굴로 다 같이 "Yes"라고 대답했다. 아마도 한국 학생들은 다음과 같은 내용을 'Yes'라는 말로 요약한 것일 게다.

> 당신이 뚱뚱한 건 사실인데, 내가 당신 기분을 위해 뻔한 거짓말을 하려고 에너지를 낭비해줄 수는 없는 노릇이다. 그런 질문을 했다는 것 자체가 당신도 자신이 뚱뚱하다는 사실을 알고 있다는 뜻이다. 뚱뚱하다는 소리를 듣기 싫으면 그런 질문을 해서 나를 귀찮게 하는 대신 그냥 당신이 덜 먹고 더 움직이면 될 게 아닌가?

그 원어민 강사는 너무나 큰 상처와 충격을 받았다며 나에게 장광설을 늘어놓은 후 정확히 같은 질문을 나에게도 했다. 그녀는 뚱뚱했으므로, 나는 하는 수 없이 수강생들과 똑같이 "Yes"라고 대답했다.

지능과 불행의 상관관계

한국인은 자신의 삶과 환경도 인간처럼 대한다. 한국인은 항상 무언가에 지쳐 있다. 한반도의 생산력은 그 어느 농경 국가보다 낮기에, 한반도 주민의 먹고살기는 언제나 비극이었다. 왜 비극인가? 노력하고 절약해 부유해진다면 비극이 아니다. 아무리 노력하고 절약해도 살아남는 것에서 그칠 뿐이라는 점이 비극이다. 한반도는 가장 힘들게 농사를 지어도 가장 빨리 곡물이 떨어진다. 한반도의 겨울은 춥고 길고 척박하다. 겨울을 지나고 나면 제로에서부터 다시 시작해야 한다. 정말로 치열한 노력을 기울여 잉여 농산물을 저장하는 데 성공해도 정기적으로 찾아오는 가뭄이 모든 저장물을 사라지게 만든다. 굶어 죽지 않고 다시 원점에서 시작할 기회가 주어진다는 점이 그나마 위안인지도 모른다.

타인, 자신의 삶 그리고 환경에 대해 한국인이 가지는 감정은 사랑도 미움도 아니다. **애증**이다. 애증은 기본적으로 사람을 피곤하게 하는 감정이다. **한국인은 삶에 집착하지만 삶을 사랑하지는 않는다.** 인생에 만족한다고 말하는 한국인을 얼마나 보았는가? 그보다는 '죽지 못해 산다'고 말하는 사람을 적어도 100배는 많이 봤을 것이다. 한국인에게는 주어진 환경을 축복이라고 받아들이는 감각 자체가 없다. 한반도의 자연환경을 은혜롭다고 느끼면 정신적으로 문제가 있다고 봐야 한다. 나는 지금 먹고살기 힘든 백성들의 마음만을 이야기하는 게 아니다. 다음은 조선의 임금인 선조(宣祖)가 남긴 푸념이다.

> 천하에 어찌 이처럼 가난한 나라가 있겠는가. (…) 우리나라는 지역이 수천 리가 되지만 산과 물이 많이 차지하고 있어 생산되는 곳이 없다. 산에는 나무만 있고 물에는 돌만 있을 뿐이라서 중원(중국)에 비하면 1도(道)*에도 미치지 못한다. (…) 왜국(일본) 역시 우리나라처럼 가난하지는 않다.**

---

* 　중국의 지역 단위인 성(省)을 한반도 식으로 도(道)로 표현했다.
** 　《조선왕조실록》 중 〈선조실록〉 191권, 선조 38년 9월 28일 기사.

개인에겐 국가 역시 환경이라는 점에서 자연과 마찬가지다. 그래서 한국인에게는 국가도 위대함과는 거리가 멀다. 국가란 변덕스럽고 실수투성이다. 국가를 운영하는 사람들도 나나 내 이웃과 다를 리가 없다. 그들 역시 비릿한 욕망을 가지고 자신이 잘난 줄 알고 사는 놈들이 아닐 수 없는 것이다. 한국인에게 삶 이란 다음과 같다.

> 부족한 내가 지저분한 세상에서, 별다른 희망은 없지만 굶어 죽거나 그저 그런 이들에게 뒤처지지 않기 위해 오늘도 노예처럼 지나치게 열심히 일하거나 공부하는 것.

한국인은 선조로부터 걱정으로 가득한 습관을 물려받았기 에 지능이 높다. 갑자기 무슨 얘긴가 싶을 것이다. 나도 안다. 한 국인 작가가 자신의 책에 한국인의 높은 지능을 언급하는 일이 요즘 시대에 얼마나 부적절해 보이는지. 하지만 이 장애물을 정 면으로 타 넘지 않고서는 이 책의 이야기를 완성할 수 없다. 지 능검사의 종류가 많아 한국인 평균이 세계 1위가 아닌 결과도 다소 있지만, 전체를 종합하면 한국인의 지능은 통계상 확고한 1위다.* 그다음 중국과 일본, 이스라엘이 한국의 뒤를 바짝 쫓는 다. 한국인을 비롯해 모두가 불쾌할 이야기지만 조금만 참아주 기 바란다. 인간의 목표는 행복이지 지능이 아니기 때문이다. 한 국인의 **높은 지능**과 **많은 불행**은 자웅동체와 같은 한 몸이다.

한반도의 환경은 매사를 부정적으로 생각하지 않으면 안 되

---

* 대략 70%의 검사에서 한국인이 1위로 산출된다. 아이러니하게도 한국인 의 지능이 1위라는 사실을 밝혀낸 집단은 유대 민족의 우월성을 적극적으 로 입증하려 한 유대인 과학자들이다.

는 습관을 강요했다. 추수가 끝나 지금 배불리 쌀밥을 먹고 있어도 다음 봄에는 굶주릴 것이라는 사실을 너무나 잘 안다. 이번 겨울도 몹시 추울 것이며, 다음 여름의 농사도 죽기 직전까지 힘들 것이다. 한반도의 사계절은 너무나 변화무쌍해 별일 없어도 고통스럽지만, 기후가 변덕스러워지는 순간 지옥이 펼쳐진다. 가뭄, 태풍, 장마, 이상저온과 이상고온, 전근대 한국인의 최대 적수였던 호환(虎患, 호랑이로 인한 사고)은 하나같이 '죽음의 그림자'로 다가온다. 그러므로 한국인은 걱정을 많이 해야만 했으며, 미래를 예측하는 습관은 지능을 높였다. 오늘의 만족스러움에 취해 부정적인 생각을 게을리하면 재난을 대비하고 예측하지 못한다. 한국인의 불행은 생존에 성공한 대가일 뿐 아니라, 애초에 생존의 비결이기도 한 것이다.

우크라이나-러시아 전쟁이 벌어진 해인 2022년 말, 갤럽 인터내셔널이 세계의 주요 35개국 성인들을 대상으로 새해 전망을 물었다. 한국인의 2023년에 대한 기대는 체코와 함께 33위, 꼴찌에서 공동 2위였다. 꼴찌는 폴란드였다. 체코와 폴란드는 전쟁의 현장에서 가장 가까운 나라로, 전쟁의 위협을 받는 정도는 꼴찌 폴란드 다음에 체코의 순서다. 한국은 저 전쟁과 상관없는 먼 극동 아시아에 있는 데다 전쟁 덕에 무기를 팔아 떼돈을 벌었음에도 한국인은 지극히 비관적이었다. 한국보다 경제전망이 안 좋은 일본 국민조차 한국인보다 두 배 가까이 낙천적이었다.*

날씨가 정말 좋은 날, 한국인은 날씨를 즐기면서도 한껏 좋아하지 않는다. 한국인은 좋은 날씨에 **탄식**한다. 밝은 얼굴과 목소리로 "오늘은 날씨가 좋아서 내 기분도 좋아!"라고 말하는 한

---

* 2023년이 2022년보다 좋아질 것이라는 전망은 한국 12%, 일본 22%를 기록했다.

국인은 거의 없거니와, 있어도 퍽 특이한 성격의 소유자로 보인다. 안타까운 어조로 한숨을 내뱉듯이 "하…, 날씨 조오-타"라고 말해야 진정 한국적이다. 좋아봐야 곧 사라질 날씨이기 때문이다. 한국의 봄과 가을은 매우 아름답다. 그러나 봄꽃은 곧 떨어져 숨 막히는 녹음(綠陰)으로 바뀌고 가을의 단풍 역시 낙엽과 함께 겨울의 황량함에 금방 쓸려간다. 그러므로 아름다운 경치를 감상할 때도 허무한 감정을 섞어 힘없이 말해야 한국적이다.

한(恨)과 흥(興)

세계의 주요 민족 중에서 한국인은 일본과 함께 행복감을 제공하는 호르몬인 세로토닌 분비량이 가장 적다. 이는 세로토닌 수용체의 길이가 짧은 s/s형질의 비율이 가장 높다는 뜻이다.[*] 사실 한국과 일본만이 아니라 애초 동북아시아인, 즉 한국, 중국, 일본, 대만 사람들이 전 세계에서 세로토닌 분비량이 가장 적은 인종 집단이다. 세계 인구의 약 1/4 정도가 덜 행복한 사람들인 것이다. 이들 중 한국인만의 특수성은 호르몬이 아닌 아난다마이드(Anandamide)라는 물질에서 나타난다. 아난다마이드는 인체에서 생성되는 화합물로, 대마의 핵심성분과 작용원리와 효능이 비슷하다. 그래서 '천연 대마초'로 불리는 아난다마이드는 사람을 특별한 이유 없이 행복하게 만든다. 한국인은 전 세계에서 아난다마이드 생성이 가장 적은 민족으로, 세계에서 가장 비관적이다.

한국인들은 한국에서나 외국에서나 똑같이, 모르는 외국인

[*] 김세주, 〈강박장애와 세로토닌 수송체 유전자다형성과의 관련성〉, 2004, 연세대학교 의과학과 박사학위논문.

이 자신에게 웃으며 눈인사를 건네는 모습에 의아해한다. '뭐가 좋다고 웃는 거지?' 낙천적인 외국인은 한국인의 눈에 방금 복권에 당첨된 사람처럼 보인다. 한국인은 이유 없이 웃지도 않고 남에게 반가워하지도 않는다. 한국에는 1990년대부터 상대적으로 물가가 싼 동남아시아로 가는 단체여행이 유행을 했었다. 1980년대의 '3저 호황'에 힘입어 가파른 경제성장을 거친 후였다. 여행을 마치고 온 이들이 내뱉는 공통된 감상이 있었다.

저렇게 낙천적이니까 게으르고, 게으르니까 나라가 발전을 못하지.

한국인에게는 동남아시아인들이 일하는 동작이 너무 느리고 편해 보였다. 그렇다면 그것은 '일'이 아니다. 일하지 않으니 잘살 수가 없다는 사고방식이다. 차별적인 생각으로 보이지만 선진국에 다녀온 이들의 말도 함께 들어봐야 한국인의 마음을 알 수 있다.

나라가 잘살아서 그런가, 거기 사람들은 참 여유롭고 잘 웃더라.

같은 현상을 다르게 본 것인데, 그 모순을 지적하려는 게 아니다. 한국인이 보기엔 다른 나라 사람들은 게으르거나 여유롭다. 요컨대 열심히 일하는 것처럼 보이지 않는다. 물론 세계엔 아무런 문제가 없다. 한국인만 특별히 불행할 뿐이다. 한국인에게 여유와 웃음은 그냥 주어질 수 없다. 한국인의 뇌 구조는 노력하고 경쟁해 부와 지위를 성취할 때만 행복을 느끼도록 **자연선택**되었다. 한반도의 주민에게 불행은 생존에 유리한 조건이었으며, 행복한 성격의 주민은 생존에 실패해왔다.

불안은 한국인에게 두뇌와 집중력을 주었지만 안타깝게도 지능과 **현명함**이 정비례하지는 않는다. 한국인은 삶이 행복하다는 믿음이 없기에 주식과 부동산, 전자화폐 등 자산투자에 도박적이다. **한 방 제대로 터지는 행운**에 집착한다. 단번에 부자가 되거나 적어도 수년 어치 수입을 쓸어 담는 행운이 아니면 행복을 느낄 준비가 안 되어 있기 때문이다.

한국의 투자 전문가들은 늘 근심에 차 있다. '세계에서 어느 나라 국민보다 열심히 일해 모은 돈을 주식과 전자화폐 투자를 통해 외국인에게 홀랑 갖다 바치기' 때문이다. 이 사람들은 방송과 신문지면에서 제발 신중한 투자를 해달라고 신신당부하지만 어째서인지 상황은 조금도 나아지지 않는다. 숫자를 다루는 한국인의 능력은 인도인과 더불어 세계 최고 수준이다. 한국인은 머리로는 다른 한국인처럼 투자하면 실패한다는 사실을 잘 알고 있다. 그러나 신중한 투자를 통해 자산을 차근차근 불려봐야 **불행의 정도**가 나아질 뿐, **불행하다는 사실 자체**는 바뀌지 않는다고 믿기에 결국 한국인답게 투자한다.

나이 역시 다방면으로 걱정하고 비관하는 한국인의 습관에서 자유로울 수 없다. 한국인의 **자기비하**는 자신의 나이를 평가하는 데서 가장 흔하게 확인할 수 있다. 한국인은 서른 살만 되면 자기는 이미 늙었고 좋은 날은 다 지나갔다고 한다. 동시에 마흔 살에게는 엄청난 부러움을 받는데, 마흔 살 한국인은 지금 막 인생이 끝났다고 느끼기 때문이다. 정작 환갑이 되어 시골에 내려가면 마을 노인들에게 뭐든지 할 수 있는 청년 취급을 받는다. 반면 미국인은 행복하지 않아도 행복하다고 말하며, 언제나 희망에 가득 차 있다고 주장하고, 자신은 아직 젊다고 선언한다. 20대 시절부터 '나이를 먹었더니 몸이 예전 같지 않다'고 말하는 한국인의 눈에 미국인은 실수로 항우울제를 과다복용한 사람처럼 보인다.

한국인은 긍정적 태도 대부분이 냉혹한 운명의 수레바퀴에 배신당할 거라는 **지식**을 어릴 때부터 훈련받으며 자란다. 무지갯빛 희망이 산산 조각나는 사태를 예방하기 위해 미리 비관한다. 말하자면 이미 늙어서 기회를 상실했다는 **사실**을 재빨리 인정하는 동시에, 거꾸로 '이 나이 먹을 때까지' 남들보다 확실히 앞서나가지 못한 것을 자책하는 것이다. 다른 민족에 비해 노화가 유난히 늦는 유전형질을 지닌 민족치고는 특이한 성격이다. 한국인은 잘생기거나 예쁘다는 말을 듣는 만큼이나 동안이라는 칭찬을 좋아한다. 그래서 어려 보이기 위한 미용에 돈과 시간을 쓴다.

걱정이 많은 삶은 걱정에 대한 내성을 키운다. 속에서는 병들어가도 겉으로는 미래에 대한 걱정에 둔감하게 반응하는 습관으로 나타난다. 모든 걱정에 즉각적으로 반응하면 한국인은 도무지 살 수가 없다. 2004년 작 영화 〈The Day After Tomorrow〉는 지구 온난화로 빙하가 녹으면서 벌어지는 전 세계적 재앙을 그린 재난영화다. 그런데 영화를 수입한 한국 배급사는 영화 제목을 〈투모로우〉, 즉 원제처럼 '모레'가 아니라 '내일'로 바꿔버렸다. "한국 사람들은 모레 지구가 멸망한다고 하면 그다지 위급하게 느끼지 않고 당장 내일 뭘 할지부터 고민한다."는 이유였다.

여기까지 보면 한국인은 매우 음울할 것만 같다. 그러나 중국인과 일본인이 자주 지적하는 것처럼 한국인은 에너지가 없기는커녕 매우 활동적이고 신나 보이며, 부정적으로 말하면 다혈질로 보인다. 한국인이 한(恨)의 민족이라는 말은 불충분하다. 한과 비교하면 한국인은 오히려 흥(興)의 민족에 가깝다. 없는 에너지라도 만들어 끌어낼 수 없다면, 한반도에서의 삶은 지나치게 침울해지기 때문이다.

피곤과 공포를 위로하는 자극

불행한 삶에서 한국인은 어떻게 에너지를 얻는가? 임진왜란 전후에 고추가 들어와* 지금에 이르기까지 한식의 색깔을 완전히 바꾼 것처럼, 자극은 한국인에게 몹시 중요한 역할을 한다. 매운 맛은 과학적인 차원에서는 맛이 아니라 고통이다. 입안의 고통은 현실의 고통을 잠시 잊게 하는 마취제 역할을 한다. 부정적인 언어 역시 부정적인 현실에 자극을 줄 수 있다. 불만족스러움에서 벗어날 수 없다면, 거꾸로 저주를 퍼부어 오히려 선명한 자극으로 만드는 편이 낫다. 한국의 욕은 강도가 너무 심하고 다양해서 가장 가까운 언어를 사용하는 일본인을 놀라게 한다.

단언컨대 지구상에서 언어가 가장 오염된 장소는 한국의 중고등학교다. 평생 쓸 욕을 학습해야 하는 시기인 만큼 성장의 차원으로 이해하면 된다. 영어가 세계 공용어로 쓰이고 있는 현실에서 한국인이 영어에 영 재능이 없다는 사실은 세계적으로 다행이다. 한국인이 영어에 능통했다면 공용어가 많이 오염되었을 것이다. 한국인에게 당신의 창자를 꺼내서 줄넘기를 하고, 눈알을 뽑아 탁구를 치고, 눈알과 불알을 바꿔 달아주겠다고 하는 건

* 고추의 전래가 일본을 통해서가 아니었다는 가설도 많다. 하지만 중남미 원산인 고추가 육로를 통해, 즉 중국 혹은 여진족을 거쳐 한반도에 전해진 과정은 밝혀진 적도 없고, 과학적으로도 거의 불가능하다. 아메리카대륙을 원산지로 둔 작물의 절대다수는 대항해시대가 개척한 바닷길을 통해 세계화되었으며, 고추 역시 예외이기는 힘들다. 그러므로 현재의 단계에서는 일본 전래설이 정설일 수밖에 없다.

탐색전에 불과하다. '에미애비'가 나와야 슬슬 말싸움이 시작되겠구나 싶어서 머릿속에서 100만 개의 모욕적인 표현 중 무엇을 고를까 고민이 시작된다.

한식이 꾸준히 매워지듯 욕설의 강도도 높아지는데, 한국의 젊은 층은 마침내 패륜이라는 금단의 영역에 도전하고 있다. 지역적으로 보자면 전투적인 부산 스타일, 직설적인 영남 스타일, 시적인 호남 스타일, 부드럽지만 욕을 들은 사람이 밤에 자기 전에 생각날 만큼 깊이를 자랑하는 충청도, 경쾌한 강원도, 장엄하고 선언적인 북한 공영방송, 마지막으로 가장 가냘파서 무시받는 서울식이 있다. 서울에서 태어난 내 욕설의 세계는 한국에서는 가장 나약하지만 어떤 외국인에게도 지지 않을 자신은 있다. 한국의 욕은 소리도 중요하다. 입과 귀에 감칠맛 나게 착 감기는 맛은 한 번 들으면 잊을 수 없는 매혹을 선사한다. 그래서 한국 영상물이 국제적인 인기를 얻으면서 '씨발'이 해외에 퍼지는 일은 필연이었다. 뜻으로만 보자면 영어의 'fuck', 'fucking'에 해당하는 심심한 욕이지만 발음의 뛰어남이 내용의 공백을 보완한다.

솔직히 한국인으로서 중국에서 가장 심하다는 욕이 '왕빠딴(王八蛋, 거북이 알)'이라는 사실 앞에서 그 많은 인구가 유구한 역사 동안 뭘 했나 싶다. 일본은 과거 메이지유신(明治維新) 정부가 전통적인 욕설들을 금지했다고는 하지만, 그로부터 백 년이 훌쩍 넘는 진화의 시간이 있었는데 가장 강력한 욕이 '쿠소(糞, くそ, 똥)'라는 점에서 게을렀기는 마찬가지다. 한중일 3국은 서로를 부르는 욕을 갖고 있는데 가장 아무렇지 않아 하는 국민은 당연히 한국인이다. 한국인은 중국인과 일본인이 자신들을 비하하는 욕을 들었을 때의 반응을 이해하지 못한다.

한국인은 중국인에게 '짱깨'(예전 글에서는 짱궤라는 말로 많이 등장한다)라고 욕하고 일본인에게 '쪽발이'라고 욕한다. 중국인을 비하하는 '짱꼴라'라는 단어도 있지만 이는 일본인이 중국인을 욕하는 '챵코로(ちゃんころ, 돈, 엽전)'를 듣고 발음을 따라한 것에 불과하므로 한국인의 독자적인 욕이라고는 할 수 없다. 짱깨는 중국어 옛말에서 가게 주인을 부르던 장구이(掌櫃, 장궤)의 발음이 짱궤로, 다시 짱깨로 변화된 것이다. 돈 많은 사람이나 부자를 부르던 말이 중국 사람을 속되게 부르는 말로 정착했다. 쪽발이는 단지 발이 갈라져 있다는 뜻으로, '게다를 신는 사람'이라는 의미에 불과하다. 중국인은 청나라 말기부터 해외에 진출해 장사로 부를 쌓았다. 일본인은 게다를 신었다. 지금 비하의 뜻으로 쓰이는 건 주지의 사실이지만 본래는 역사적, 문화적 특징에 관한 표현에 불과했다. 한국인은 왜 중국인과 일본인이 두 표현에 그토록 불쾌해하는지 이해하지 못한다. 일본인은 거의 발작하는 수준이며, 중국인은 진짜로 발작한다. 원래 이웃 나라끼리는 서로를 비하하는 비속어가 있기 마련이다. 이 정도면 지나치게 신사적이지 않은가?

　　다른 나라는 어떨까. 중국인은 일본인을 '르뻰구이즈(日本鬼子, 일본 도깨비)'라고 하며, 일본인은 중국을 욕할 때 지나(支那)라고 한다. 중일전쟁 당시 일본군이 중국에서 저지른 만행을 생각하면 도깨비는 몹시 부드러운 표현이다. 지나도 영어 차이나를 음차한 것일 뿐으로, 중국이라는 국명의 가운데 중(中)자를 쓰지 않음으로써 중국이 더 이상 천하의 중심이 아니라고 믿는다고 말하는 정도에서 그친다. 중국과 일본은 한국에도 나쁜 의미로 욕한다. 중국인은 한국인을 까올리빵즈(高麗棒子, 고려봉자)라 욕하며, 일본인은 한국인을 '쵱(チョン)'이라고 한다. 까올리빵

즈의 뜻은 기껏해야 고려의 거칠고 무식한 놈들 정도다. 총은 더 귀여워서 그냥 바보라는 뜻이다. 한국에서 바보나 멍청이 정도의 욕은 교양 있는 가정에서 자라 서로 좋아하게 된 초등학교 남녀 어린이가 주고받는 애정의 표현이다. 어쨌거나 나쁜 뜻인 건 맞다.

중국과 일본에서 한국인을 부르는 비속어야말로 확실한 비하의 뜻을 갖는데, 오히려 서로 욕을 하면 한국인은 무덤덤한 반면 그들은 분노한다. 이상한 일이다. 중국을 방문한 한국인들이 가벼운 농담 삼아 자신을 '까올리빵즈'라고 소개하는 경우가 있다. 한국 사람이라는 뜻으로 가볍게 던진 말인데 중국인은 나쁜 속내를 들킨 것처럼 굉장히 곤란해한다. 평소 그 표현을 쓴 적이 있어서 민망해하는 것일 텐데, 그게 뭐 어쨌단 말인가. 아마 내 생각에 중국인과 일본인은 자신들은 절대로 욕을 먹어서는 안 되는 존재라고 믿는 듯하다. 반면 한국인은 사람은 다 똑같으므로 '우리가 그들을 욕하는 이상 그들도 우리를 욕할 것'이라고 생각한다. 한국인에게 이웃 나라에 자신들을 욕하는 표현이 있다는 사실은 전혀 놀랄 일이 아니다.

음주가무의 민족

험담만으로 삶의 동력을 채울 수는 없다. 한국인의 흥은 음주가무(飲酒歌舞), 술과 노래와 춤을 통해 가장 명확하게 알 수 있다. 인간성에는 반대급부가 존재한다. 나는 한국인의 흥이 한반도의 척박함에서부터 기인한다고 본다. 적당한 고통은 휴식으로 해결할 수 있다. 그러나 고통이 단지 휴식으로 해결할 수 없을 정도의 임계점을 넘어서면 이야기가 달라진다. 일상이 고될수록 삶은 즐거운 것이라는 **사실**을 확인하는 의식을 거쳐야 한다. 밤새 춤을 추는 한국의 클럽은 간호사, 승무원 등 노동시간이 길고 노동강도가 높은 직업인들로 채워져 있다. 대학 축제, 직장 회식, 각종 모임에서 밤을 지새우며 행해지는 과도한 춤과 노래, 음주는 전국을 가득 메운 술집, 노래방과 쌍을 이룬다.

봉준호 감독의 영화 〈마더〉의 마지막은 마술적인 장면으로 통한다. 달리는 버스 안에서 모두가 일어나 춤을 추는 초현실적인 모습이 화면을 압도하며 엔딩크레딧이 올라온다. 한국인이 봐도 정말 멋진 마지막이지만, 낯선 풍경은 전혀 아니다. 가라오케 시스템과 조명이 설치된 버스는 2018년 평창동계올림픽에 동원되어 탑승객인 외국인 선수단을 놀라게 했다. '춤추고 노래하고 마시는 관광버스'의 주된 고객은 중년에서 노년에 이르는 시골 마을의 주민들이다. 마을 전체나 일가친척이 단체로 어딘가 놀러갈 때 이동 시간조차 낭비하지 않고 노는 데 알차게 쓰는 문화다. 매일같이 다양한 육체노동을 수행해온 한국인들인 만큼 삶의 고단함을 극렬하게 밀어낼 필요가 있는 것이다.

마이클 만 감독의 걸작 영화 〈콜래트럴〉에는 톰 크루즈가 연기한 암살자가 LA 코리아타운의 한인 나이트클럽에 침입해 클럽 사장을 죽이는 장면이 나온다. 마이클 만은 한인 대학생들을 모아 엑스트라를 맡겼다. 그는 알아서 음악에 맞춰 춤추며 놀라고 학생들을 풀어놓는 방법을 택했다. 마이클 만은 나중에 그들이 '정말 화끈하게 잘 놀더라'며 대만족했다. LA 기준에서는 놀라운 모습이었겠지만 한국에선 매일 전국의 수만 곳에서 벌어지는 일이다.

고대 중국인들은 한민족의 거주지를 방문한 후 현지 주민들의 음주가무에 적잖은 충격을 받은 모양이다. 〈삼국지 위서 동이전(三國志 魏書 東夷傳)〉*은 부여(夫餘)에 대해 정월 축제인 영고(迎鼓) 때 "연일 먹고 마시고 노래하고 춤춘다."고 했으며, 평상시에 나이와 상관없이 길에 다닐 때 밤이나 낮이나 노래를 불러 노랫소리가 그치지 않는다고 적고 있다. 인종과 법률, 풍속이 고구려와 같다고 적힌 동예(東濊)는 "밤낮으로 술 마시고 노래 부르고 춤을 춘다."고 한다. 옥저(沃沮) 또한 고구려와 언어가 "크게 같은" 것으로 보아 마찬가지였을 것이다. 마한(馬韓)에 대해서도 수십 명이 "무리 지어 모여 술을 마시고 춤추고 노래하는데 밤낮으로 그침이 없다."고 기술한다. 변한(弁韓)과 진한(辰韓)도 다를 바 없어서 아예 "음주가무를 좋아한다."라고 적혀 있다. 부여, 고구려, 동예, 옥저, 마한, 진한, 변한이라고 하면 한국인의 조상 전체라고 보아야 한다. 예나 지금이나 마찬가지인 셈이다.

무속의 민족

'한국인은 매우 무속적이다'는 말은 틀렸다. 한국인은 무속 그 자체다. 한국은 반도체와 전투기를 만드는 나라면서도 공식적으로 등록된 무당만 30여만 명이며, 실제로는 50여만 명으로 추산된다. 여기에 신기(神氣)가 아닌 도구와 점술법, 풍수와 같은 지식체계를 활용해 길흉을 점치는 역술인까지 합하면 약 100만 명으로 추정된다. 한국의 대표적인 대기업 중 하나인 SK하이닉스는 양자역학 기술이 적용된 반도체 공장을 신설했는데, 공장 부지를 선정하는 데 무당의 힘을 빌렸다는 소문이 파다하다.

  한국의 무속은 시베리아 계통의 동아시아 북방 유목민의 무

---

* 위지동이전(魏志東夷傳)으로 더 잘 알려져 있다. 진수(陳壽, 233~297)가 집필했다.

속문화와 밀접하게 연결되어 있다. 그런데 이 무속문화의 원형이라 할 수 있는 시베리아 샤먼의 영능력은 한국인에 비해 퍽 시시하다. 샤먼의 주된 역할 중 하나가 마을 사람들의 태몽을 대신 꾸어주는 일인데, 한국인은 모두가 직접 태몽을 꾼다. 한국인의 절대다수는 부모나 부모의 지인이 대신 꾼 태몽을 가지고 있다. 예를 들어 내 어머니는 나와 연년생인 동생의 태몽을 동시에 꾸었는데, 호랑이 두 마리가 산에서 내려오는 꿈이었다고 한다. 아마 소나 개, 고양이었으면 좋지 않았을까 한다. 우리는 소처럼 성실하지도 개처럼 충직하지도 못했고 고양이처럼 귀엽게 굴지조차 못했다.

샤먼은 황홀경 속에서 북과 방울을 울리며 춤추고 노래의 형태로 주문을 외는데, 한국의 클럽에 가면 수백 명의 샤먼을 구경할 수 있다. 한국의 무당은 북방의 샤먼 정도로는 영험(靈驗)함을 증명할 수 없다. 맨발로 작두를 타고 몸이 뒤로 활처럼 꺾인 상태로 움직여야 인정받는다. 그래 봐야 단지 무당으로 인정받을 뿐이고, 쓸 만하다는 평가를 듣는 건 다음 문제다.

본질적으로 모두가 무당인 한국인은 길몽을 꾸면 복권을 사고, 꿈자리가 사나우면 하던 일을 다시 생각해본다. 다른 사람을 평가할 때 느낌이 좋거나 나쁘다거나, 촉이 왔다거나, 감을 잡았다거나 하는 표현을 즐겨 사용한다. 미심쩍은 장소에 대해서는 '음기(陰氣)가 느껴진다'는 말로 불운을 미리 피하려고 한다. 이런 말들은 따지고 보면 모두 영적 능력을 나타내는 언어다. 한국의 무당은 '무당들의 무당'이다. 그만큼 개성도 강해서 이타적이고 동정적인 무당도 많지만 사악하기 이를 데 없는 무당도 흔한데, 한국에서 타락한 무당은 고객에게 매우 위험한 존재다.

한국인은 고급종교의 성직자들에게도 무당의 역할을 요구

한나. 한국에서 고승은 욕망을 제거하는 데 성공거나 지적 능력이 탁월한 스님보다는 영험한 힘을 가진 스님을 가리킨다. 영능력을 증명하는 건 매우 중요하고도 위대한 업적이다. 한국의 사찰 중에는 절 안에 원시적인 암자나 토굴이 있었거나 아직도 있는 곳이 많다. 한 명의 스님이 오랜 기간 수행한 곳으로, 산 전체의 기운과 밤의 공포, 귀신들의 공격을 혼자의 힘으로 이겨낸 장소다. 이런 곳에 정식으로 불사를 일으켜 규모를 갖춘 사찰을 짓지 않을 이유가 없다. 신도들이 몰려올 것이기 때문이다.

마찬가지로 대형교회를 지배하는 '큰 목사님'은 하나님에게 다른 목사보다 특별히 사랑받는 인물이다. 그는 더 많은 성령을 하사받아 자신의 신도들에게 넉넉히 분배하고 그 대가로 부와 명예를 누린다. 한국에서 무속에 심취했던 사람이 기독교인이 되는 일은 흔하다. 최영, 관우, 산신령, 삼신할미보다 아무래도 우주의 창조주인 여호와가 더 강력하기 때문이다. 한국의 대형교회는 신도들에게 귀신이나 잡신이 존재하지 않는다고 말하지 않는다. 여호와 하나님보다 약하다고 한다. 영험함의 차원에서 우월하다고 주장하는 것이다. 그러므로 구원의 의미도 달라진다.

기독교에서 구원은 악과의 결별을 뜻한다. 구원이란 성찰과 겸양을 통해 선량함을 회복하는 일이다. 예를 들어 전통 기독교 세계관에서는 거짓으로 부와 권력을 누리던 인물이 자신의 과오를 고백하고 모든 것을 잃는다면 구원이다. 그는 물질적 조건을 잃었지만, 영혼을 회복했다. 불교도 마찬가지다. 수행은 욕망의 세계에서 벗어나 우주의 원리를 이해하는 지적인 세계를 견학하는 일이다. 아예 정신적인 세계로 이민과 정착에 성공하는 일을 해탈(解脫)이라 부른다. 한국인은 이것을 구원으로 보지 않는다.

정신적인 세계는 생존을 위해 경쟁하는 한반도에 맞지 않는다. 영험함이란 아플 때 먹는 약과 같아서, 실질적 효능이 없으면 인정받지 못한다.

1980년대와 90년대, 한국 기독교를 휩쓸었던 조용기 목사의 순복음교회는 '삼박자 구원론'으로 큰 인기를 떨쳤다. 하나님을 믿을 뿐 아니라 이왕이면 순복음교회에 헌금을 내는 현명한 투자를 한다면 첫째, 부유해진다. 둘째, 건강해져서 부유함을 유지한 채로 장수한다. 셋째, 언젠가 죽을 것이지만 걱정 없다. 천국이 기다리고 있기 때문이다. 조용기 목사는 신체장애인을 일으켜 세우는 기적을 여러 번 연출했다. 기획된 쇼인지, 정말로 성령의 힘인지, 그도 아니면 강력한 플라시보 효과인지는 여기서 중요하지 않다. 눈에 보이는 실력행사라는 점이 중요하다. 영험이란, 풀이하자면 '영적 능력을(靈) 현실에서 물질적으로 증명함(驗)'이라는 뜻이다. 순복음교회의 기적은 문자 그대로 '영험'이다.

물론 한국에 진정한 의미의 목회자, 사제, 승려는 많다. 그러나 한국에서 불교와 기독교가 대중적 차원에서 무속의 영역을 벗어난 적은 없다. 북한은 어떤가? 사회주의 국가임을 주장하는 북한은 무속과 다른 종교를 미신의 영역으로 전락시켰다. 대신 큰무당(國巫, 국무)이 왕을 겸하는 제정일치 사회로 회귀했다. 그래서 김일성-김정일-김정은 3대는 영험하다.

김일성의 항일무장투쟁은 전과가 너무 부풀려진 나머지 우스꽝스러워졌지만, 실제 그의 군사적 능력은 탁월했다. 그러나 북한은 그의 군사적 재능과 과감함을 이야기하지 않는다. 대신 그가 영험하다는 주장을 가르친다. 솔방울로 수류탄을 만들고 쌀이나 콩으로 총탄을 만들었으며, 나뭇잎을 타고 강을 건넜다는 이야기다. 김정일은 축지법을 사용하며 손으로 번개를 다뤘다. 스위스 국제학교에서 교육받으며 농구를 즐겼던 김정은은 아버지와 할아버지가 축지법을 썼다는 이야기가 영 창피했는지 '현실에 축지법은 없다'고 밝혔다. 대신 그 자신은 세 살 때 피아노를 치고 총을 쐈으며 6살 때 뛰어난 승마 실력을 과시한 인물이 되었다. 아무래도 영능력자가 아니라 다방면의 천재가 되기로 한 모양이지만, 너무 천재적이어서 큰무당과 별다른 차이는 없어 보인다.

　주체사상 역시 하나의 종교라는 점에서, 북한까지 포함해 한반도의 종교가 무속의 틀에서 벗어난 적은 없다. 한국인이 가진 사상과 믿음 중 무속을 배척한 게 유교뿐만은 아니지만, 본질적 차원에서도 무속을 확실하게 부정한 것은 유교뿐이다. 유교는 정치권력을 등에 업었을 뿐 아니라 조선 시대에는 정치권력 그 자체였다. 무속을 조선 시대 내내 유교에 억압당한 민족문화로 보는 시각은 단편적이다. 지속적으로 억압당했다는 것은 바꿔 말하면 억압이 필요할 정도로 무속의 생명이 질겼음을 의미한다. 유교는 무속을 박멸하기는커녕 충분한 승리를 거두지도 못했다. 머리에 해당하는 조정과 도성(한양)이 유교적 가치로 사고했을지언정 민간이라는 몸통은 무속이 채웠다. 오히려 조정, 도성, 지방 향교라는 유교의 거점은 무속이라는 백만대군에 포위되어 있었으며, 침공을 당해 주요 거점을 상실하기도 했다. 그 예로 조선왕조의 마지막 왕비인 명성황후는 진령군(眞靈君)이라는 무당을 총애해 국고를 낭비했다.

　무속과 미신은 전 세계에서 발견된다. 다만 한국은 정도가 너무 심하다. 한국인이 무속적인 이유는 우려하는 습관에서 기인한다. 아무리 지능이 높아도 결국 미래는 알 수 없다. 불만족스러운 현실이 계속된다는 믿음만 남을 뿐이다. 귀신, 신령과의 거래도 도박적인 투자와 다를 바 없다. 미래를 예측하는 스트레스가 사람이 견딜 수 있는 한계점을 넘어서면 운에 맡기는 편이 정신건강에 이롭다. 한국에서는 무속을 다른 말로 기복(祈福) 신앙이라고 한다. 복을 비는 것인데, 학술적인 용어로는 적합하지만 한국인의 본질을 나타내기엔 불충분하다. 그럭저럭 살만한 상태에서 더 잘 살기를 바라는 마음, 즉 '희망 사항'은 그만한 에너지를 발휘하지 못한다. 제발 미래가 자신의 걱정보다 처참하지 않기를 바라는 절박함이야말로 한국인의 무속적 성향을 설명할 수 있는 동기다.

단군의 위치 선정 실패

한국인이 한반도에 사로잡혔다는 말은 이중적 의미를 지닌다. 한국인은 단군이 고른 땅 **내부**에서만 형성되지 않았다. **외부의** 요인을 이야기하지 않으면 한국인의 원형을 설명할 수 없다. 이제 단군의 결정적 실패에 대해 이야기할 차례다. 단군은 무엇을 또 실패했는가. 위치 선정이다. 단군은 **이웃을 잘못 두었다**. 한국의 가장 가까운 이웃이자 오래된 친구이며 가공할 적, 바로 중국이다.

　이 책에서는 독자와 작가 사이에 **한국인이 평화를 사랑하는 백의민족이라는 희망 사항**을 진심으로 받아들이는 연기는 말도록 하자. 한민족은 흰옷을 좋아했지만 어디까지나 취향의 차원이다. 따지고 보면 평화를 사랑하기도 했다. 다만 한국인은 어디까지나 **실용적인 필요**에 의해 평화를 사랑했다. 인류애나 인간성과는 전혀 상관없다. 중국이라는 압도적인 덩치의 적과 싸우는 사태보다는 평화가 낫기 때문이다. 그러나 전쟁을 감수해야 하는 순간이 불가피하게 들이닥치곤 했다.

민족은 전쟁을 통해 탄생한다는 말은 과장일지 모른다. 평시에도 민족은 형성될 수 있다. 하지만 전쟁을 통해 더욱 극적으로 꼴을 갖춘다. 전쟁은 민족의 탄생에 있어 산통(産痛, 아이를 낳는 통증)과도 같다. 한국인은 한국인 역시 **전쟁을 통해 형성된 민족**이라는 **사실**을 간과하는 경향이 있다. 한국인에게 평시와 전시는 극단적으로 다른 상태이면서도 **긴밀하게 연결**되어 있다. 이제 우리는 전쟁을 이야기해야 한다.

3장
전쟁은 산성이다

중국은 지옥이다

단군의 잘못된 '부동산 투자' 때문에 생긴 전쟁의 위협으로 한반도인
은 어떤 정체성을 갖게 되었으며, 그 정체성을 어떻게 유지했는가?

위의 질문은 아래의 질문과 완전히 같다.

한국은 어째서 중국에 흡수되지 않았는가?

역사학자라면 모두가 의아해하는 결과가 도출된 과정이야
말로 한국인의 비밀을 푸는 몇 가지 열쇠 중 하나다. 한국은 왜
오래전에 망하지 않았는가? 다시 말해 한국은 왜 존재하는가?
어째서 중국의 팽창으로부터 살아남았는가?

한국인은 자신들이 **전쟁민족**이라는 사실을 간과하는 경향
이 있다. 왜냐하면 **최근**의 전적이 별로 좋지 못하기 때문이다.
여기서 최근이란 임진왜란부터를 말한다. 임진왜란에서 조선은
일본에 멸망 직전까지 몰렸고, 병자호란에선 임금이 자신이 통
치하는 나라 안에서 침공군에게 항복하는 수모를 겪었다. 구한
말* 러일전쟁의 전리품이 되어 제대로 된 저항도 못 해보고 일본

---

* 조선 말기에서 대한제국까지의 시기.

69

의 식민지가 된 일은 지금까지는 물론 앞으로도 오랫동안 한국인의 자존심을 긁을 것이다. 아직 끝나지 않은 내전인 한국전쟁은 '미니 냉전'이자 미국과 소련의 대리전으로, 남북한 모두 각자의 '큰형님' 없이는 전쟁을 치를 수 없었다. 북한에는 중국 공산당이라는 든든한 '둘째 형'까지 있었지만 말이다.

현재의 한국인에게 한민족이 전쟁을 못 한다는 **착각**은 자연스럽다. 하지만 그렇지 않다. 유라시아 대륙의 주요 민족 중 전쟁민족이 아닌 집단은 찾아보기 힘들다. 패배자들은 이미 사라졌다. 혈통과 언어를 잃어 정체성을 말살당한 것이다. 민족이란 과연 무엇인가에 관한 복잡한 논의는 이 책에서 하지 않겠지만 혈통과 언어 중 적어도 하나를 잃으면 민족은 사라진다. 여기서 '민족'을 '종족'으로 바꿔도 무방하다. **반도**는 **대륙**과 연결되어 있다. **섬**과는 처지가 다르다. 일본과 비교하면 한반도의 사정을 보다 명확히 알 수 있다.

일본인의 절대다수이자 일본인 그 자체인 야마토인(大和人)*은 한국과 달리 안전한 섬 안에서 세련된 싸움법을 모르는 원주민의 생명과 재산을 손쉽게 빼앗을 수 있었거니와, 외국의 침공으로부터도 안전했다. 일본 본토가 위험했던 건 겨우 세 번뿐이다.

첫 번째는 통일신라 말기 신라구(新羅寇, 신라 해적)의 침입이다. 신라구의 일본 원정은 국가적 단위의 침공과는 거리가 멀

---

* 야마토인(大和人) 또는 야마토민족(大和民族)은 지금의 일본 열도에 살고 있는 일본 국민의 대부분을 차지하는 민족이다. 일본 국민 중 근대 들어 폭력적으로 막부 체제에 편입된 아마미 군도 및 류큐 제도의 류큐어를 사용하는 류큐 민족, 홋카이도에 거주하며 아이누어를 사용하는 아이누 민족 등은 야마토인에 포함하지 않는 경우가 많다.

다. 어디까지나 사설 약탈 집단의 자의적인 경제활동—해적질이므로 사악한 경제활동이지만—이었다. 신라구는 아이러니하게도 훗날 왜구(倭寇)의 본거지가 되는 큐슈(九州)를 초토화했지만 혼슈(本州)는 어림없었다. 일본이 국가 단위의 힘을 결집하자 신라구는 혼슈에서 전멸당했다. 두 번째는 여몽연합군(麗蒙聯合軍, 고려-몽골 일본침공 연합군)의 침공이었다. 이때는 속절없이 도륙당하던 사무라이 대신 자연재해가 일본을 지켜주었다. 두 번의 태풍이 연합군 선단을 휩쓸었고 이는 일본에서 카미카제(神風, 신의 바람)로 신격화되었다. 세 번째는 태평양 전쟁 말기 미국의 일본 본토 공격이다. 이때는 일본이 원인 제공을 했다. 진주만 폭격으로 미국을 먼저 공격한 결과인 것이다. 한반도는 고려와 조선 두 왕조에 걸쳐 세 번 대마도(對馬島, 쓰시마)를 정벌했지만, 왜구의 근거지를 타격하려는 의도였지 일본 본토에는 아무런 관심이 없었다. 단 세 번의 경우를 제외하면 일본은 언제나 안전했다. 현재 선진국 혹은 열강의 지위를 차지한 국가 중에서 가장 안전한 역사를 누려왔다.

일본 열도와 달리 가장 가까운 나라가 중국이라는 사실은 한반도에 치명적이다. 한반도 문명은 가까스로 죽음을 피해왔다. 중국은 태생적으로 통합적이며 팽창적인 개념이기 때문이다. 진시황(秦始皇, 진나라의 시황제)은 최초로 중원을 통일하는 동시에 **중국**이라는 개념을 창조했다. 한족 문명의 뿌리는 화하(華夏) 문명이며, 화하족은 한족의 원류다. 최초로 중국을 만든 진나라가 금방 멸망하고 한(漢)나라가 중국을 재통일하면서 화하족은 한족으로 이름이 바뀌었다. **한족은 혈통이 아니라 문화적인 개념**이다. 한족 문화는 주변을 정복하기도 하고 거꾸로 주변에 정복당하기도 했다. 한족은 전쟁에서 졌을 때도 결과적으로

는 이겼다. 침략에 성공한 징복자와 벼락부자들이 세대를 거치
며 한족에 흡수되어버렸기 때문이다. 중국은 오랫동안 주변 민
족과 비교해 문명의 수준이 높았다. 또한 중국의 풍요로움은 사
치를 즐길 형편이 되는 이들에게 매우 매혹적이었다. 침략자들
은 번번이 중화(中華)의 일원이 되는 편을 택했다.

　진시황의 무덤을 지키는 병마용에는 도저히 동아시아인이
라고 볼 수 없는 얼굴이 많다. 지금 그들의 후손은 모두 한족이
되어 있다. 중국을 최초로 통일한 진나라엔 서융(西戎)* 즉 '서쪽
야만인'이라 불린 이들이 인구의 상당수를 차지했다. '동쪽 야만
인'인 동이(東夷)는 원래 중국의 산둥(山東, 산동)반도 주민을 뜻
했다. 산둥 지역이 중화 문명에 흡수된 후에 동이는 주로 한반도
인을 가리키는 말이 되었다. 한족은 전쟁에서 이겨도 져도 끝없
이 머릿수와 거주지를 불려갔다. 전성기 청나라의 황제들은 자
신을 농경 문명을 바탕으로 하는 중국을 포함해 주변의 유목 문
명을 아우르는 세계제국의 통치자로 여겼다. 그들의 통치 아래
한족뿐 아니라 만주인, 몽골인, 티베트인, 위구르인이 포함되어
있었으니 그럴 만도 하다. 그러나 현재 중국의 역사가만이 아니
라 세계 역사학계는 청나라를 전근대 중국 왕조로 인식한다. 마
찬가지로 강희제, 옹정제, 건륭제도 어디까지나 중국의 황제로
분류된다. 그리고 현재 만주어를 구사할 수 있는 사람은 100명
도 되지 않으며, 만주어 원어민은 10여 명**이다. 이것이 만주족
전사들이 중국을 차지한 결과다. 반면 현재 한족의 수는 약 13억
명이다.

---

*　특정 민족이 아니라 중원을 기준으로 서쪽의 모든 민족을 가리키는 말이었
　　다.
**　2020년대인 현재 이들은 모두 고령자라 곧 사라질 운명이다.

진시황 이후 중국의 성공한 권력자들의 꿈은 언제나 황제가 되는 것이었으며, 그중에서도 최고의 목표는 **하나의 중국**의 황제였다. 분열된 상태의 중국은 천하통일을 향해 달려갔다. 중국에서는 '오랑캐'가 아닌 모든 한족이 하나의 체제, 하나의 황제 아래 통합되는 일을 천하통일이라고 한다. **천하통일**은 그 자체로 대단한 목표지만 또 다른 목표를 부른다. 천하통일 뒤에는 **태평성대**(太平聖代)가 필요하다. 주변 오랑캐를 밀어 내거나 흡수해 변방을 안정시키는 과업은 태평성대의 중요한 조건이다. 즉 중국은 분열하면 통합하고, 통합하면 팽창하며, 팽창에 실패하면 분열한다. **통일 중국은 팽창을 향해 달려갔다.** 진나라는 현재의 베트남을, 한나라는 고조선을 쳤다. 한반도 문명은 여러 번 멸망할 뻔했다. 한나라가 고조선을 멸망시키고 설치한 한사군(漢四郡)*에 의해 중국화 될 뻔했으며, 고구려와 백제가 멸망한 후 치러진 나당전쟁(羅唐戰爭, 신라-당 전쟁)에서 자칫 패했더라면 꼼짝없이 사라질 뻔했다.

현재 티베트인과 위구르인이 받는 고통, 그리고 중국이 한국사와 한국 문화에 대해 드러내는 노골적인 욕망은 **중국적 팽창**이라는 오랜 역사가 연속되어 나타난 현상이지, 결코 중국 공산당이라는 한 집단의 특징이 아니다. 그러므로 중국이 대만을 흡수해 **천하통일**을 완수하는 데 성공하고 나면 그들만의 **태평성대**를 위해 한국을 공략할 것이라는 사실은, 이미 드러난 정보이기도 하지만 역사적으로도 당연한 수순이다.

---

* 낙랑군, 진번군(후에 대방군으로 대체됨), 현도군, 임둔군의 4개 군(郡)이다. 모두 고구려에 의해 멸망했다. 고구려는 한사군을 몰아내는 초기 역사를 통해 군사국가의 정체성을 갖게 되었다.

중국과 중국'들'

가장 가까운 이웃의 **압도적인 인구**는 그야말로 엄청난 위험이자 억압이다. 한국인은 중국인 개인에게는 별다른 편견이 없을지라도 중국인의 머릿수에는 진저리를 치는 습관을 본능적으로 갖고 있다. 한반도의 역사는 내적으로는 처절한 생존의 역사임과 동시에, 외적으로는 언제나 중국에 멸망당할 가능성을 걱정해온 역사다. 이 스트레스는 한나라가 진시황의 진나라에 이어 두 번째로 중원을 통일한 후부터 본격적으로 시작되어 2천 년 이상 지속되었다.

한국을 방문한 외국인은 북한이 바다에 미사일을 쏘고, 중국 공산당 고위간부가 한국을 대놓고 협박하고, 일본의 군함이 한국 영해를 침범하는데도 모든 한국인이 태연한 얼굴로 금요일 밤에 번화가를 가득 메우는 모습을 보고 놀란다. 이는 한국인에게 유독 발달한 본능적인 감각 덕분이다. 국가적 위험에 하나하나 반응하면 스트레스가 너무 많아 제 명에 못 산다는 사실을 아는 것이다.

일본을 예로 들어보자. 지난 십여 년간 일본 서점의 베스트셀러 목록에 한국을 혐오하는 다양한 서적이 등장했다. 그 십여 년간 일본 정치도 급격히 우경화되어 한국을 공격하는 극우 성향의 발언이 수없이 쏟아져나왔다. 한국의 입장에서는 자신을 한때 식민지 신세로 전락시킨 이웃이자, 인구도 영토도 경제 규모도 몇 배 큰 나라의 행동이다.

만약 '나치도 이해받아야 한다'고 주장하는 정당이 독일의 여당이 된다고 가정해보자. 독일 정부가 폴란드를 콕 집어 못살게 굴겠다고 선언하고, 독일 출판계에서 폴란드를 혐오하고 저주하는 서적이 수년간 베스트셀러 목록을 채웠다고 가정해보자. 아마 유럽이 뒤집힐 것이다. 내가 아는 유럽이라면 독일인은 폴란드 길거리에서 두들겨 맞고 독일제 승용차와 독일 브랜드를 간판으로 내건 상점들이 불탔을 것이다. 아주 '당연하게' 말이다. 애초에 한국에 대한 일본의 정치·문화계의 공격적 언행 같은 일이 유럽 내에서 일어났다면 국제사회에서 용인되지 않았을 것이다. 서양인들은 서양인이 받은 피해와 서양인이 누려야 할 권리에 대해서는 몹시 민감하기 때문이다. 일본의 대대적인 한국 저주하기는 동양인들끼리의 일이므로 국제적 이슈에서 벗어나 있다. 그러므로 중국이 한국을 노골적으로 협박하는 일에도 서구는 큰 관심이 없다. 물론 중국과 일본은 이 사실을 아주 잘 안다. 그러나 더 잘 아는 건 다름 아닌 한국인이다. 어차피 한반도는 2천 년 넘게 이런 상태를 견뎌왔다.

한국인은 세상이 한국인의 처지를 이해해주지 않는다는 사실을 당연하게 받아들인다. 외국인은 한국인이 얼마나 많은 위협을 아무렇지 않게 흘려듣고 사는지 꿈에도 상상하지 못한다. 한국인은 그렇게나 둔감한가? 아니다. 모두 기억하며 산다. 다만 조명이 들어오지 않는 어두운 창고에 기억을 차곡차곡 쌓아놓는다. 그러면서 자동으로 '위험 감지' 전원을 끈다. 마침내 모든 기억을 소환할 때가 다가오면, 조명을 켜고 비상벨을 울린다.

한반도 주민은 비상경보가 울리면 갑자기 영 불가능하거나 몹시 기이해 보이는 일을 해낸다. 고구려는 수나라와 당나라의 침공에 맞서 7번의 전쟁을 치렀다. 여섯 번은 물리치는 데 성공했고 마지막 한 번의 패배가 멸망으로 이어졌다. 수나라의 2차 고구려 침공에서 침공군의 규모는 1백 13만 3천 8백 명으로 정확히 기록되어 있다. 그리고 식량을 운반하는 보급병의 규모는 그 두 배로 기록된다. 보급부대가 엄연한 정규군인 현대의 기준으로는 약 340만 명이 단 한 번의 침공에 동원되었다.

전근대 농경 문명의 전쟁에서 전투병을 떠받치는 인원은 최소 10배 이상으로 계산된다. 수나라 침공군의 비율은 몹시 전형적이다. 후방에서 전투병 두 배가 되는 장정이 보급을 담당한다. 더 후방에서는 그 보급 인원을 부양해야 한다. 이렇게 후방의 후방까지 거꾸로 거슬러 올라가면, 동원된 남자들의 고향에서는 주민들이 전쟁에 빼앗긴 노동력의 공백을 메워야 한다. 여기까지 오면 결국 동원인력이 전투병의 10배가 넘어가는 것이다. 즉 7번의 고구려-중국 전쟁 중 단 한 차례의 침공에 동원된 중국인의 수만 최소 천만 명이다. 나당전쟁에서도 중국은 사료 여기저기에 흩어진 부대들의 전투 병력 기록을 합친 계산만으로 20만 명 이상을 동원했다. 총병력은 50만, 100만일 수도 있고 아예 그이상일 수도 있다. 다행히 신라와 고구려-백제 부흥세력 연합군이 승리하면서 598년 고구려-수 전쟁에서 시작해 78년간 이어진* 한반도-중국 전쟁이 마무리되었다.

중국의 바로 옆에 붙어 있는 한반도 주민이 독자적인 민족과 언어, 문화 정체성을 지키는 데 지금껏 성공한 일은 세계사적으로 매우 **특이한 사건**인 만큼 **특이한 민족성**을 만들어냈다. 중국 통일왕조의 인구는 거의 언제나 한반도 인구의 10배 이상을 유지해왔으며, 현재는 약 28배다. 생산력의 차이는 훨씬 이상이다. 중국은 한반도에 비하면 너무나 풍요로운 땅이어서 전쟁에 필요한 인구뿐 아니라 비용도 넘쳐난다. 물리력과 물리력의 정직한 충돌로는 중국의 물량을 당해낼 수 없다. 그런데 나는 여기

*   서기 598년부터 676년.

서 중국이라는 **그 나라**만을 이야기하는 것이 아니다.

　고려는 초기에 세 차례에 걸친 거란의 침공에 파멸 직전까지 몰렸다. 고려는 몽골제국에 의해서도 멸망할 뻔했지만, 이때는 30년간이나 버텨낸 대가로 국가 정체성을 지키는 유리한 항복 협상을 할 수 있었다. 일본은 한반도 왕조를 제거하는 데 한 번은 실패했고(임진왜란) 한 번은 성공했다(한일 강제병합). 유목 문명과 일본은 중국이 아니지 않느냐는 질문이 뒤따라오지만, 적어도 **한국에 있어서는** 이들 모두가 **또 다른 중국**일 뿐이다.

지옥에서 살아남다

한반도인에게 가장 가까운 나라는 중국이지만, 가장 가까운 민족은 여진족을 위시한 기마민족이었다. 한반도는 농업도 힘들지만, 목축은 더 불리하다. 적어도 압록강 이남의 한반도에서는 진정한 의미의 목축이 있어본 적이 없다. 물론 말과 소를 키운 기록이야 많다. 가령 양주군(楊州郡)*의 일부인 녹양(綠楊)**은 조선 태조 이성계가 소유한 말들의 방목지였다고 한다. 하지만 왕이 되기 전에 이미 동아시아에서 가장 성공한 군벌이었던 이성계에게 말은 전쟁물자이자 사치품이었다.***이것은 목축이라고 할 수 없다. 진정한 목축은 지금 몽골의 유목이나 농경민의 농사처럼 일상을 유지하는 '경제활동'이어야 한다. 제주도의 말 역시 현

---

* 　현재의 양주시, 남양주시, 포천시, 동두천시, 의정부시, 구리시, 서울시의
　북동부 일부에 이르는 지역.
** 　현재 경기도 의정부시 녹양동 일대.
*** 　이성계에게는 팔준마(八駿馬)로 불린 명마 8마리가 있었는데 국제적인 유
　명세를 자랑했다.

지 주민들의 삶에는 의미가 없었으며, 오히려 제주도민의 생활에 방해만 됐다. 자신들이 아닌 국가 소유의 말을 키워 바치느라 고생만 했기 때문이다. 한반도 역사 내내 말은 소와 마찬가지로 지나치게 비싼 동물이었다.

소 한 마리는 퍽 잘 사는 농민의 거의 전 재산이었으며, 말은 그보다 더 비쌌다. 19세기 조선을 방문한 서양인들은 조선의 말, 소, 당나귀에 깊은 인상을 받았다. 원래 서양에서라면 이런 녀석들은 풀밭에 풀어놓으면 알아서 먹고 자라며, 기껏 사람이 챙겨줘봐야 건초나 채소 따위를 얻어먹을 뿐이다. 반면 조선의 소는 가을에서 봄까지 주인이 하루에 두 번 이상 직접 끓여다 바치는 쇠죽을 먹었다. 말 역시 말죽을 먹었다. 아예 서울에는 '말죽거리'*라는 지명도 있다. 그렇게 먹이지 않으면, 척박한 한반도의 자연이 여름에만 찔끔 내주는 식물만으로는 초식동물 가축이 살 수 없었다. 서양인들에게 한반도의 가축은 오만하고 게으른 응석받이로 여겨졌다. 적당히 내버려두어도 씩씩하게 자라는 고향의 가축을 떠올리면 기가 막혔을 것이다. 그들이 보기에 조선의 가축은 성격도 나빴다. 특히 조랑말의 성질머리에 놀랐는데 '맹수', '악마의 동물'로 기록할 정도였다.

성격이 나쁘기로는 소도 마찬가지였다. 한국의 소란 녀석들은 자신이 심한 노동 착취를 당했다고 생각하면 농사일을 거부하고 파업하기가 부지기수였다. 심지어 꼴**과 쇠죽이 마음에 들지 않으면 단식투쟁까지 했다고 하며, 휴식과 아첨 그리고 보양식을 챙겨주어야만 기분을 풀었다고 한다. 보양식은 곡물, 소가 알아채지 못하도록 쇠죽 안에 잘 숨긴 낙지나 뱀(육식을 제공하

---

* 　현재의 서울시 강남구 양재동 일대.

** 　쇠죽과 달리 자연 상태의 소먹이.

는 대역죄를 들키면 주인은 더 고생해야 했다), 콩과 식물*의 잎과 뿌리 등 다양한 증언이 있다. 워낙 귀한 존재들이었으니 성격이 나빠질 기회도 많았을 것이다. 쌀농사는 세계에서 가장 힘들었지만, 가축 키우기는 그보다도 어려웠다.

한반도 주민은 농지의 면적과 단위면적당 생산력에서 중국에 수십 배 압도당했지만, 전투에 동원할 수 있는 가축의 수에서는 기마민족에 수백 배 짓눌렸다. 전근대 전투에서 기병(騎兵, 말을 탄 전사) 하나의 전투력은 보수적으로는 보병 5~15명, 많게는 20명 이상으로 계산된다. 몽골, 거란, 여진과 같은 기마민족**의 전투력은 상식적 차원에서는 한반도 주민이 감당할 수 없는 상대였다. 한반도는 인구도 식량도 가축도 부족했다. 중국 한족 보병의 머릿수와 호전적인 북방 기마민족의 살아있는 탈것은 같은 의미를 지닌다. 더욱이 동북아시아의 기마민족들은 서로 투쟁하는 동시에 터무니없이 많은 중국의 농민 보병을 상대하며 세련된 전술과 투쟁심을 가다듬었다. 동북아시아의 기마민족이 서쪽으로 이동하면 돌궐(突厥, 튀르크)처럼 가공할 정복민족이 되거나, 아니면 게르만족처럼 강력한 정복민족을 탄생시켰다.***

* Fabaceae(파바케아이): 콩, 팥, 완두, 칡, 토끼풀 등이 포함되어 있다.
** 여진족을 제외하면 유목민족이라 해야겠으나 여진족의 경제구조는 수렵, 농경, 유목, 목축, 채집, 약탈이 복잡하게 혼재되어 있었기 때문에 여진족의 전쟁 수행력 및 전투방식을 고려해 이 지점에서는 이들을 모두 기마민족이라는 범주로 묶는다.
*** 게르만족은 오랜 시간 훈족의 공격을 받으면서 훈족의 싸움법과 그에 대항하는 법을 동시에 익혀 유럽의 정복민족이자 상류층이 되었다. 흉노(匈奴)와 훈은 완전한 동의어이자 동족일 가능성이 높다. 일부 가설처럼 훈이 흉노의 일부 지파(支派)거나 이민족이라고 할지라도 훈족의 서양 침공에 있어 근본적인 원인이 동북아시아 초원에서 흉노가 이동을 시작했다는 것만큼은 틀림없다.

유럽 엘리트 기사들은 몽골이 유럽을 침공하는 13세기까지도 동북아시아 기병의 적수가 되지 못했다. 몽골군이 유럽을 휩쓸기 시작했을 때, 유럽 방면 지휘관은 칭기즈칸의 8명의 동지* 중 두 명(제베와 수부테이) 뿐이었다. 두 사람은 몽골제국 전투력의 일부만 지휘했다. 그것도 원래 임무는 서쪽으로 도망간 메르키트족**을 토벌하는 거였다. 서쪽에 간 김에 정보도 얻고 말이 달리는 도로도 확보할 겸 러시아와 그루지야 등 유럽 국가들을 멸망시켰다. 그러나 몽골의 진짜 힘은 칭기즈칸이 지배하는 초원과 중국 그리고 한반도에 있었다. 그야 동북아시아 기마 문명과 그 민족을 몽골이 통합한 후에는 이 세 곳이 황금 오르도*** 와 가장 가까이 있었으니 당연한 일이다.

중국의 송나라****는 44년을 버티다 완전히 멸망했고 한반도의 고려는 총 39년간 항거한 끝에 가까스로 속국이면서도 또 어찌 보면 독립국인, 부마국(駙馬國)*****이라는 기묘한 지위를 유지했다. 이때 송나라의 인구는 1억 명에 가까웠고 고려의 인구는 1천만 명 이하였다. 한반도를 침공한 기마민족 10만 명은 중국에서 온 100만 명 이상의 보병과 같다. 모두 지나치게 강한 외적이다. 그러므로 "고구려는 어떻게 수나라의 백만대군을 물리쳤는가?"라는 질문은 다음 질문과 내용이 같다. "고려는 어떻게 몽골에 39년간 저항했는가?"

*   '네 마리 개와 네 마리 말', 혹은 한자로 사구사준(四狗四駿).

**   여러모로 칭기즈칸의 원수였다. 젊은 시절 그의 아내인 보르테를 납치한 것도 메르키트였다.

***   몽골제국의 최고지도자인 칸과 그의 혈족이 머무는 천막촌.

****   남송(南宋). 현대에 이르러서는 연구의 편의를 위해 북송(北宋)과 남송으로 구분하지만 실제로는 한 국가, 한 왕조다.

***** 최고통치자가 칸의 사위인 나라.

시간이 흐르면서 '또 다른 중국'에 일본이 포함된다. 일본은 처음부터 국력에 있어 한반도 왕조를 추월할 운명을 갖고 태어났다. 일본은 한국에 비해서뿐만 아니라, 세계적으로도 대국(大國)이다. 일본열도의 크기는 한반도의 1.7배이며, 쌀 경작지는 한반도보다 넓고 풍요롭다. 한반도보다 고온다습한 기후 역시 농사에 훨씬 유리한 환경이다. 산업혁명 이전의 전근대 쌀농사 국가에서 쌀의 생산력은 곧 국력이다. 한중일을 비교했을 때 일본은 문명적으로는 가장 후발주자다. 하지만 열도의 경작지 개발이 완료되었을 때 인구와 물자로 한반도를 넘어설 것은 예정된 수순이었다.

일본의 군대는 한반도에서 군사 활동을 했지만 고대는 물론 중세까지도 원하는 결과를 얻지는 못했다. 신라를 침공했을 때는 신라를 도우러온 고구려군에게 패했고, 백제-일본 연합군은 나당연합군에게 참패했다. 열도를 침공한 여몽연합군과 치른 전투에서는 일방적으로 학살당했다. 그러나 시간이 흘러 16세기 말, 임진왜란 때가 되면 사정이 달라진다. 조선 침공 직전 일본은 긴 전국시대(戰國時代)를 통해 수많은 인명과 경작지를 잃었음에도 인구와 쌀 생산량에서 조선을 압도한 상태였다. 임진왜란에서 일본은 비록 실패하고 돌아갔지만, 조선을 멸망 직전까지 몰아붙였다.

일본의 인구는 에도 시대(江戶時代)를 거치며 크게 늘어났다. 19세기 초에 일본은 어느덧 중국, 인도, 프랑스에 이어 세계 4위의 인구 대국이 되었다. 일본은 두 번째 한반도 침략에서는 한국인을 식민지 백성으로 전락시키는 데 성공했다. 현재 일본은 세계 11위(2022년 기준)의 인구와 세계 3위의 경제 규모를 자랑한다. 그러므로 **폭력적 투쟁의 차원**에서 일본이 **또 다른 중국**

이라는 **사실**은 명백하다. 동북아시아의 세력지도를 보면 한국은 북한과 내전 중인 상태로 **네 개의 중국**에 둘러싸여 있다. 한 중국(중국)은 어느 때보다 위협적이며, 한 중국(일본)은 다시 위협적으로 변하고 있다. 위협이 될 수도 있는 중국(러시아)이 있고, 다행스럽게도 남은 하나는 우호적인 중국(미국)이다.

　이제 다시 최초의 질문으로 되돌아간다. 한반도 주민은 어떻게 중국, 혹은 '중국들'에 맞서 정체성을 유지하는 데 성공했는가. 당연한 말이지만 물리력과 물리력의 정직한 충돌로는 중국의 물량을 당해낼 수 없다. 그렇다면 적은 인구와 물량으로 외적을 한반도 바깥으로 밀어내는 방식이 개발될 수밖에 없다. 그 첫째는 산성(山城)이다. 한국인은 생존의 민족이자 욕설의 민족, 흥의 민족이며 그리고 산성의 민족이다.

산성(山城)은 질병이다

산성은 말 그대로 산세를 따라 산에 지은 성이다. 한국에서는 꼭 첩첩산중이 아니더라도, 경사지에 지은 성을 산성이라고 한다. 어차피 한반도는 산악으로 이루어졌다. 한국인이 산이 아니라고 생각하는 거주지와 번화가 대부분은 지리학적으로 산이다. 한반도인은 흙을 조금만 파면 드러나는 암반 지대를 정복할 수 없었다. 한반도는 2/3 이상이 단단하기 이를 데 없는 화강암과 변성암으로 이루어져 있다. 이중 변성암의 대부분은 역시 단단한 편마암으로 구성된다.

　넓은 평지와 원, 사각형과 같은 기하학적으로 단순한 구조는 **건축의 기본**이다. 하지만 한반도에서 넓은 평지를 확보하기란 꿈같은 일이며, 있어도 농사에 쓰는 게 먼저다. 한반도에서 건축의 기본을 발휘하기는 매우 힘들다. 물론 발휘하기는 하지만, 규모가 작아진다. 그래서 궁궐도 한옥도 좁다. 돌은 너무 단단하고 무거워 쪼개고 옮기고 연마하는 데 지나치게 많은 노동력을 잡아먹는다. 목재도 부족하다. 개량종 식수(植樹, 인위적으로 심는 나무)가 도입되기 전 한반도의 나무는 변화가 심한 기후와 척박한 토양으로 더디게 자라는 데다가 웬만해선 굵고 곧게 자라지 않으며 지나치게 단단하다. 더욱이 단단한 암반 지대는 나무가 물과 영양분을 찾아 뿌리를 뻗어 나가는 데 지나치게 많은 에너지를 소모하게 한다. 그래서 한국적 자연을 상징하는 풍경 중 하나가 화강암에 악착같이 뿌리를 박은 채 구불구불 자란 소나무다. 보기에는 아름답다만 먹고살기 좋은 나라의 풍경은 못 된다.

일제강점기 이전에 한국을 방문한 중국 사신과 서양인은 서민이 사는 집을 보고 각각 충격을 받았다. 서양인에게 초가집은 너무 초라해서 가축의 우리처럼 보였다. 거기서 사람이 나오는 걸 보고 놀란 것이다. 중국 사신은 초가지붕에 놀랐다. 중국의 지배 엘리트들이 보기에 고려와 조선의 문명이 무시할 만한 수준이 아니었다는 점은 수많은 사료로 확인된다. 그런데 기원전 춘추전국시대 중국 시골에나 있었을 법한 저 지붕은 무엇이란 말인가. 중국인은 기와집과 초가집이 공존하는 모습을 극단적인 양극화로 해석했다. '이 나라의 백성은 너무 가난하구나.' 가난이 상대적인 거라면, 실상은 그렇지 않다. 초가지붕에 먹거리가 되는 덩굴식물을 키워야 하기도 하지만, 무엇보다 건축 자재가 부족했다.

기와는 불에 구워야 완성된다. 이 작업엔 나무 땔감이 있어야 한다. 한반도는 산악지대지만 나무가 부족했다. 목재의 질도 문제지만 혹독한 겨울에 많은 땔감이 필요했기 때문이다. 지붕의 품질보다는 얼어 죽지 않는 게 먼저다. 여기서 우리는 어째서 조선 시대에 궁궐을 짓는다고 나라가 휘청거렸는지 알 수 있다. 같은 크기의 건축물과 자재를 확보하기 위해 중국의 수십 배, 일본의 수 배에 해당하는 노동력이 필요했다. 건축에는 목재와 석재가 있는 산속까지 **올라갔다가** 확보한 자재를 가지고 **내려오는** 비용까지 포함된다는 점을 잊으면 안 된다.

한국의 전근대 전통 건축물은 자연을 지배하는 시설이 아니다. 한국의 전통 건축은 자연을 약간 개조하되 전체적으로는 자연과 타협하는 형태로 지어진다. 여기서 한국의 건축미가 완성되었다. 한국의 정자는 넓은 정원의 한가운데나 산꼭대기에 자리 잡지 않는다. 건물과 건물 사이에 수줍게 숨어있어서 걷다 보면 발견되거나, 산 중턱에 보일 듯 말 듯 자리 잡고 있다. 외국인은 경복궁의 연못과 누각인 경회루(慶會樓)를 보고 나면 몹시도 놀라서 그 아름다움에 찬사를 늘어놓곤 하는데, 냉정히 말해 하나의 건물과 연못일 뿐이다. 미학적으로 매우 뛰어나긴 하지만 궁궐의 일부인 이상 당연히 그 정도는 멋져야 마땅하다. 경회루는 자신의 존재를 숨기고 있다가 갑자기 모습을 드러내기 때문에 특별한 감상을 불러일으킨다. 한국의 처마(기와지붕의 모서리 끝)는 중국처럼 하늘을 찌르거나 뭉툭한 모양으로 무시하지도, 일본처럼 하늘에 기계적으로 복종하지도 않는다. 반항하는 듯도 순응하는 듯도 하면서 서로의 감정을 부드럽게 밀고 당기는 모양의 곡선으로 되어 있다.

한국적 건축미는 한국이 시멘트 왕국이 된 지금도 여전히 살아있다. 한국의 아파트 단지 안에는 경사가 존재하는데, 당연히 건설사가 일부러 남겨놓은 결과다. 또한 기하학적 규칙성을 일부러 어그러뜨린다. 1동 다음에 2동이 있고, 그다음에 3동이 차례로 등장하지 않는다. 처음 이사온 주민이나 방문객이 조금은 헤매다가 자기가 찾는 동 번호가 드러나게끔 설계되어 있다. 각 동의 모양도 층수도 제각각 다르다. 한국인은 그래야 안정감을 느낀다. 소위 '로얄층'이라 불리는 비싼 층수는 꼭대기가 아니다. 가령 10층짜리 아파트라고 하면 7~8층이 가장 비싸다. 한국인은 '높을수록 전망이 좋아서 값어치 있다'는 기하학적 규칙성을 거부한다. 아파트 단지 내의 조경도 불규칙하다. 본능적으로 불편하기 때문이다. 최근에 지어지는 신축아파트는 미국과 유럽의 영향을 받아 꼭대기층의 펜트하우스가 가장 비싸지만, 그야 펜트하우스를 가장 사치스럽고 넓게 지었다는 사실을 고려해야 한다. 그래서 기하학적 규칙성이 기계적으로 적용된 주상복합건물(오피스텔)은 아파트보다 인기가 없고 면적당 가격도 싸다.

한반도에서 평시와 전시는 **척박함과 가혹함** 안에서 하나로 연결되어 있다. 그러므로 주거시설과 전쟁 시설 역시 뗄 수 없는 관계에 있다. 주택을 짓는 일이나 성을 짓는 일이나 고통으로 점철되어 있다는 점은 같다. 그러나 동시에 고통을 이용해 외적을 상대할 수도 있다. 침공해온 이상 외적도 한반도 안에 갇혀 있기는 마찬가지다. 한반도의 지형은 끝없이 이어지며 이지러진 단단한 산맥에 의해 침공해온 적이 행군에 이용할 수 있는 길이 정해져 있다. 그래서 한반도인은 웬만해서는 적이 뒤에 남겨놓고 지나칠 수 없는 요지에 산성을 축조했다. 산성을 짓기 위해 기본적으로 꼭 필요한 정도만 산을 깎다가 멈춘다. 한반도에는 더 이상의 노동을 할 인력과 식량이 **없다.** 깎으며 나온 화강암으로 필요한 나머지를 만들어 화강암 신성을 완성한다.*

　화강암을 채석해 옮기고 쌓는 일은 자연적 조건 자체가 너무나 힘들기에, 성벽의 재료로 확보한 적은 양의 화강암으로 가장 단단한 성벽을 만들어야 한다. 그래서 한국의 전통 성벽에는 직선과 직각이 드물다. 규칙적인 블록 같은 형태는 거의 없다. 크기와 모양이 조금씩 혹은 크게 다른 화강암 석재들이 얼기설기 짜인 채 단단히 쌓여 있다.** 이러면 성벽의 방어력이 강력해진다. 한반도 산성은 지형에 의존하고 **양보**해야 하기에 모든 성의 모양이 다르다. 하나의 산성도 동서남북의 구조가 모두 다르다. 비좁은 산성에도 몇 가지 다른 형태의 킬존(Kill zone, 내부로 진입해온 적이 순간적으로 밀집되도록 해 몰살하는 공간)이 공존한다. 이는 외적에게 불규칙함에서 오는 **예측 불가능성**을 강요한다.

　고구려가 당태종이 직접 지휘하는 당나라 군대를 무찌른 안시성 전투는 한국인에게 아주 유명하다. 그런데 안시성(安市城)은 원래 당나라의 성이다. 고구려는 안시성을 빼앗은 후 한반도 북부와 만주의 화강암을 옮겨 한반도식 성으로 개조했다. 당시 중국의 성은 벽돌을 규칙적인 패턴으로 쌓아 올렸는데, 이 벽돌은 진흙을 구워 제작됐다. 안시성 공방전에서 당나라 태종 이세민(太宗 李世民)이 이끈 주력군의 공성 장비와 공성 기술은 중국 성을 기준으로 수립되어 있었다. 그들은 안시성 성벽의 방어력

---

* 　한국의 산성은 대부분 화강암으로 지어졌으며, 따라서 화강암 산성이 표준이라 할 수 있다.

** 　그렝이 공법이라 한다. 한국식 그렝이 공법의 원조가 압도적인 머릿수의 중국군을 상대해야 했던 고구려라는 사실은 자연스러우면서도 의미심장하다.

과 수비군의 인내력에 좌절하고 비참한 패배를 하고 말았다. 물론 안시성 개조는 고구려에 막대한 비용이 드는 일이었겠으나, 안시성이 함락당하는 사태보다는 적은 비용이었다.

산성 축조란 속된 말로 '알박기'다. 외부에서 자본과 계약서를 들고온 건축업자에게 보상금을 노리고 '알박기'를 해놓은 업자는 가장 골치 아픈 존재다. 산성 알박기는 중국에서 온 적에게 최대한 많은 고통과 낭비를 강요한다. 결정적 전투 직전까지 최대한 적의 발목을 붙잡아 시간, 돈, 체력, 머릿수, 물자, 정신력을 녹아내리게 해야 한다. 한반도 주민은 산성 방어의 전문가가 되었다. 산성을 만들 때 지형과 날씨가 선사한 고통은 그대로 적에게 되돌아간다. 적은 산성을 공격하기 위해 산을 오르면서부터 지칠 수밖에 없다.

산성에 틀어박힌 채 적을 만나면 그때부터는 정신적, 신체적으로 인내력을 발휘해야 한다. 오래 버틸수록 좋다. 계절이 바뀌기 때문이다. 이러면 적은 한국의 극단적인 기후변화에 노출된다. 산성 공략을 포기하고 뒤돌아서면 산성에서 쏟아져나와 뒤를 치고 보급로를 끊는다. 지나쳐가도 마찬가지다. 산성을 피해 목표로 삼은 곳에서 무사히 전투를 수행한다면? 그래도 그들 대부분은 고향으로 돌아가야 한다. 그때는 침공군의 병력이 한결 줄어들고 지친 상태가 된다. 외적에 있어 한국 산성의 병력이란, 지금 상대하지 않으면 나중에라도 맞닥트려야 하는 **질병**이다.

함께 살고 함께 죽는다

적에게 고통을 강요하기 위해서는 이쪽도 고통을 감수해야 한다. **고통이 고통을 만든다**. 산성 방어 체계의 첫 번째 단계는 청야(淸野, 들판을 깨끗이 비움)다. 청야는 성내에 결집하기 전에 적이 사용할 수 있는 일대의 식량과 물자를 모두 없애는 행위다. 성안에 채울 수 있을 만큼 채우고 남은 것은 불태운다. 주거공간까지 불태우는 경우도 허다하며, 우물에 독을 풀기도 한다. 그러나 침공군도 전쟁의 전문가인 이상 성안에서 버티는 시간이 대체로 정해져 있다는 사실을 모르지 않는다. 하지만 외적은 한국인이 산성 안에서 저항하는 **시간**에 충격을 받곤 했다. 인내력이야 당연하다. 한반도에 사는 이상 단군에게 강제로 배운 셈이다. 문제는 그 인내력을 **다 함께** 발휘해야 한다는 점에 있다.

행주대첩(幸州大捷)은 한국인이 임진왜란에서 가장 중요하게 생각하는 몇 개의 전투에 반드시 포함된다. 행주산성을 지키던 3천 명의 조선군은 3만 명의 왜군을 물리쳤고 전투 결과 조선은 수도 한양을 수복했다. 행주대첩의 전투에는 전설이 있다. 화살과 탄약*을 소모하자 아낙네들이 성벽을 기어오르는 왜군에게 던질 돌덩어리를 치마에 담아 날랐다는 전설이다. 일부 사실일 수는 있지만 어느 정도 부풀려진 이야기다. 조선군은 성벽 위가 아니라 목책 뒤에서 활과 총포로 사격했다. 그러므로 만약 아낙네들이 정말로 돌을 건네줬다면 조선군 장병들이 갑자기 올림픽 수준의 투포환 선수로 변신해야 하는데, 그랬을 리는 없어 보인다.** 그러나 이 전설은, 현대가 아니라 다름 아닌 조선 시대에 만들어진 전설이라는 점에서 의미심장하다. 그만큼 전근대 한반

---

* 행주대첩에서 조선군은 다양한 최신식 열병기(熱兵器, 화약무기)를 사용했다.

** 이 전투에 참전한 일본군 장수의 증언에 의하면 조선군은 경사의 높낮이를 이용해 돌을 굴리기는 했다. 하지만 던지거나 수직으로 떨어뜨리지 않고 굴려보내서 적에게 타격을 입히려면 돌이 한결 무겁고 커야 한다. 치마로 옮길 수 있는 범위를 완전히 벗어난다.

도 주민은 외적에 맞서 주민 모두가 결집하는 일을 당연하게 여겼다.

전통적으로 동아시아에서 성(城)은 서양의 성, 즉 영어에서의 Castle과는 다르다. 서양의 성은 그야말로 난공불락이다. 하지만 소수의 특권층만 보호하는 좁은 구조로 건축되기 때문에 그렇다. 서양의 성은 성주(城主, 성의 주인)의 주거지이자 일터이고 피지배계층을 감시한다. 동시에 외적의 침략과 피지배계층의 반란으로부터 성주를 보호한다. 즉 일종의 탑(塔)이라고 할 수 있다. 그래서 동아시아에서 유일하게 서양식 봉건주의와 흡사한 경험을 가진 일본만큼은 전통 성의 구조와 기능이 서양과 같다. 일본 성은 성주인 영주와 가신(家臣), 사무라이의 전투력을 보존하기 위한 시설이다. 중국에서 만들어진 한자인 '성(城)'을 가져와 사용했을 뿐, 일본 성의 본질은 서양과 마찬가지로 탑이다. 이에 비해 중국의 성은 기본적으로 읍성(邑城)에서 시작해 발달했다. 여기서 읍(邑)은 지금 개념으로는 행정 중심이자 도시다. 중국의 성은 성벽 안쪽의 도시민과 행정력을 보호한다.

한국의 성은 중국 성과 또 다르다. 한국 성은 안팎의 주민 **모두**를 보호하기 위해 만들어졌다. 읍성 혹은 평지성(平地城)의 평상시 기능은 중국과 같다. 그러나 외적이 쳐들어올 때는 되도록 성 밖에 사는 백성 모두를 수용해 보호하려고 했다. 하지만 한국사를 통틀어 평지성에서 승리를 거둔 사례는 적다. 정직한 평지 위에 누가 봐도 합리적인 방식으로 세운 성은 '정직한' 한계를 갖고 있다. 적의 인구와 물량 앞에 정직하게 무너진다. **한국 성의 본질은 산성이다.** 한국인의 선조는 외적이 침입하면 수없이 산성으로 이동했고, 거기서 함께 견디며 싸웠다. 한국인은 인류의 구성원 중 한국인을 가장 싫어하는데, 외침을 받는 재난 상황이 닥치면 하필 그 한국인끼리 모여 견집력을 발휘해야 했다. 비좁은 산성 안에 모여 힘을 발휘하려면 각자가 자기희생적이어야만 한다. 재난 상황에서 살아남는 일은 성안의 일만에 국한되지 않는다. 한국 산성 전투는 산성 바깥에 있는 자신의 재산을 공평하게 없애는 청야에서부터 시작한다. 외적이 물러간 후 스스로 파괴한 삶의 기반을 복구하려면 농번기 때처럼 '품앗이'를 하지 않을 수 없다. 억지로라도 서로를 믿어야 한다.

나는 한국 산성이, 그리고 산성 전투가 태생적으로 더 협동적이라거나 나라에 대한 충성심이 강한 산물이라고 주장하는 게 아니다. 한국인이 원래부터 이웃을 사랑하는 민족이라는 건 더더욱 아니다. 나는 여기서 **진화론적인 이야기**를 하고 있다. 적은 머릿수로 많은 외적에 대항하기 위해서는 어쩔 수 없이 모두가 함께 고통을 분담하는 특질이 발달할 수밖에 없다. 그래야 생존 가능성이 올라간다. 한반도의 지배층은 그들이 다스리는 피지배층에게 자신들이 **외적보다는 낫다**는 점을 꾸준히 보여주어야 했다.

임진왜란 초기에 일본 침공군은 점령지에서 현지 주민과 잘 지내보려고 했다. 예를 들어 가토 기요마사(加藤淸正)는 점령군이 관대하다는 사실을 선전하기 위해 소출의 40%만 떼어가기로 했다. 원래 일본의 통상적인 세율은 70% 정도였고 90%까지 올라가는 경우도 흔했다. 그러니 일본군의 입장에서는 최대한 양보한 것이다. 하지만 당시 조선의 세율은 10%가 기본이었고 극단적인 경우가 아니면 30%를 넘지 않았다. 그러니 조선인은 애국심이 없어도 지배계층인 양반이 일으킨 의병(義兵) 부대에 합류해 싸울 이유가 충분했다.

역사 내내 한반도의 왕실과 귀족들은 다른 나라에 비해 가난했다. 지배층의 가난과 일반 백성의 삶의 질은 반비례한다. 한반도의 음식문화는 외국처럼 귀족이 아니라 일반 백성의 밥상을 중심으로 규정되었다. 왕도 노비도 한 끼 식사의 형태가 밥, 국, 찬의 조합이라는 평균치에 빨려 들어간 데에는 이런 이유도 큰 몫을 한다. 평시의 품앗이가 전시에 다른 형태로 나타나듯이, 경제 및 통치 구조에 있어서도 평시와 전시는 한 몸이었다.

일반적인 농경 국가라면 병력을 동원하는 일은 쉽다. 전근대에 '숙식 제공'이라는 말의 의미는 지금과 달라서 엄청난 가치를 자랑한다. 먹이고 재워주는 조건만으로 엘리트 전사들을 보유할 수 있다. 물론 전사들을 부양하는 비용은 농민을 착취하면 그만이다. 많은 보병이 필요한 경우엔 그냥 농민을 징발하면 된다. 반항하면 때리고 가두고 죽이면 된다. 전쟁에서 죽은 농민들은 평시에 다시 늘어난다. 지배층의 관점에서, 그들은 충분한 시간을 기다려주는 한 스스로 '번식'해 '번성'한다.

한반도 왕조처럼 **특수한 농경 국가**는 다르다. 전투도 농사도 노동집약적이어야 성공하는 곳에서 인구를 유지하는 일은 무엇보다 중요하다. 인구 대부분은 항상 지나친 노동과 굶주림의 위협에 노출되어 있다. **산성 안에서는** 계층의 구분 없이 함께 고통을 나누어야 미래의 고통이 더 늘어나는 사태를 막는다. 즉 산성을 통해 적은 아군으로 많은 적병을 물리쳐야 하기도 하지만, 아군의 희생을 최소화하기도 해야 한다. 그래서 한반도에서는 이상해 보이는 말이 진실이 된다. **인구를 보존해야 인구를 보존한다.**

행복을 나누면 즐겁다. 고통을 나누면 단결한다. 고통은 행복보다 선명한 자극이어서 한결 날카로운 자국을 새긴다. 역사적 습관이란 것은 생각보다 오래 지속된다. 단결도 반복되면 습관이 되기 때문이다. 한국인은 현대에도 산성을 구축해 사용했다. 미군과 연합군을 이뤄 참전한 베트남전에서 한국군은 '중대전술기지(Company Tactical Base)'*라는 특이한 전술 교리를 창안했다. 중대전술기지는 주월 한국군사령관 채명신 장군이 수립한 교리다. 이를 실전에서 증명한 것은 한국군이었다. 이 기지는 중대 규모를 기준으로 고안되었는데, 정글에 숨은 월맹 베트콩을 찾아다니며 물리치는 정석적인 방식을 거꾸로 뒤집는 발상이었다. 오히려 적군이 도저히 그냥 내버려둘 수 없는 곤란한 지점에 방어진지를 세우고 그 안에 고립된다. 공격은 하지 않고, 적이 공격할 때까지 기다린다.

중대전술기지는 미군 입장에서 황당한 물건이었다. 성벽이 철조망과 참호로 바뀌었을 뿐, 본질적으로는 전근대 성의 구조였기 때문이다. 중대전술기지의 철조망과 참호는 일종의 방벽(Wall)이며, 성곽의 역할을 한다. 미군은 분노하고 반대했다. 한국군이 시대 역행적인 성을 짓고 그 안에 안전하게 숨어있으려 한다고 믿었기 때문이다. 내가 인터뷰한 참전용사들의 증언에 따르면 전술기지를 구축하는 한국군 병사들의 머리 위로 기관총탄이 난사되곤 했다. 헬기나 전술 차량을 타고 지나가던 미군이 비난의 의미로 경고사격을 한 것이다. 그러나 미군은 곧 눈앞에 지나가는 한국군 장병에게 선물로 조니워커 위스키를 병째 던져주게 된다.

중대전술기지는 '최대한 많이 죽이고, 최대한 많이 살아남자'는 한반도의 전통적인 전술 목표를 이상적으로 발휘했다. 미군과 베트콩은 한국군의 전투력과 중대전술기지의 방어력에 경

---

* 중대 단위뿐 아니라 모든 단위에서 채명신의 고안대로 구축한 기지는 'Fire Base'라고 하며, 현재의 미군은 이를 수정하여 사용하고 있다.

악했다. 이 싸움법은 베트남전에서 엄청난 전과를 올렸다. 짜빈 동 전투는 대표적인 중대전술기지 전투 중 하나다. 이 전투에서 294명으로 구성된 한국 해병대 1개 중대는 불과 15명의 전사자만 잃고 2~3천 명의 적을 물리쳤다. 짜빈동 전투 이후 북베트남의 지도자 호치민(胡志明)은 한국군과 만나면 일단 피하라는 지시를 내렸다.

중대전술기지 운용은 현대전의 기본 교리가 되었으며, 현재까지 적지에 원정 간 미군이 선호하는 전술 중 하나다. 그런데 오늘날 원조 한국식을 그대로 사용하는 외국군은 없다. 중대 방어 전술과 같은 한반도식 산성 방어에는 퇴로가 없다. 승리 가능성은 높다. 모두 살 가능성도 높다. 하지만 실패하면 모두가 죽는다. 방어시설이 통째로 적에게 넘어가는 사태는 몰살에 뒤따라오는 덤이다. 한국인은 전통적으로 수성에 능했다는 점 때문에 스스로 계산적이기는 하지만 과감하지는 않은 민족이라고 믿는 경향이 있다. 그렇지 않다. 고립을 자처한 후 지켜낸다는 것은 참으로 처절한 싸움이며, 알 수 없는 결과에 운명을 밀어넣는 도발적인 행위다.

나는 월남전에 참전한 해병대원인 아버지를 통해 월남전 당시 투이호아 지역에서 방어진지 사수에 참여한 해병대원들을 만나 인터뷰할 기회를 얻었다.* 그들이 목격한 전우들의 모습은 고립을 자처한 후 지켜낸다는 행위가 얼마나 처절한 것인지 알려주었다. 두 다리가 잘려나간 채 진지 안으로 들어오려는 베트콩의 발목을 붙잡고 질질 끌려가던 해병, 죽기 직전 베트콩을 껴안고 손깍지를 낀 채 숨이 끊어진 해병, 총에 장전된 실탄을 소모

---

* 서울시 강동구 둔촌동 소재 중앙보훈병원에서 만났다.

하고 새 탄창을 교환할 거를이 없어 수류탄으로 몰려드는 적들과 자폭하는 해병의 모습 등은 말로만 전해 들어도 전율적이다.

재밌는 것은 한국에서 군생활을 할 때 해병대 장병들은 서로를 끔찍이도 싫어했다는 점이다. 1960~70년대 한국 해병대의 군내 부조리는 인간적인 수준을 아득히 초월했다. 후임병은 인간이 상상할 수 있는 모든 가혹행위를 당했으며, 고참병과 간부는 하나같이 '전쟁 나서 실탄만 지급되면' 적보다 먼저 쏴죽일 놈들이었다. 그런데 정작 '산성 방어'가 시작되자 그들은 헌신적으로 돌변했다. 진지 내부로 들어오는 적과 폭사해 전우를 지키기 위해 허리에 몇 개의 수류탄을 감고 싸우는 행위가 유행이었다. 전근대의 산성 방어 전투 역시 처절하지 않았을 리 없다. 오히려 전근대의 혹독한 환경을 생각하면 정도는 더 심했을 것이다.

산성은 어디에나 있고, 언제나 있었다

산성 방어는 육지를 벗어나 물 위에까지 적용되었다. 한반도는 삼면이 바다이기 때문에 수군(水軍)*의 역할이 언제나 중요했다. 고려 시대 중기에는 전함으로 과선(戈船, 창을 꽂은 배)이 사용되었다. 같은 이름을 가진 중국의 과선과 달리 고려의 과선은 '문자 그대로' 고슴도치처럼 창날이 바깥을 향하도록 여러 개의 창을 꽂은 배였다. 고려의 과선은 조선 초기에 검선(檢船, 칼을 꽂은 배)으로 진화한다. 과선과 검선은 일종의 수상(水上) 목책이라고 할 수 있다. 그러나 성의 기능도 가지고 있다. 일단 비정상적으로 튼튼한 구조를 추구해 적선과 충돌하면 상대를 부술 수 있도

---

* 과거의 수군과 현대의 해군에 차이가 있다면, 수군의 활동 범위에는 민물 하천이 포함된다.

록 만들었다. 또한 적이 배 안에 침입하는 경우를 위해 실내가 두 겹으로 되어 있었다. 성의 구조와 같은데, 성은 보통 적이 성벽을 한 번 넘어도 두 번째 성벽을 맞닥뜨리도록 외성(外城, 바깥 성벽)과 내성(內城, 안쪽 성벽)의 구조로 지어진다. 외성과 내성 사이는 킬 존으로, 일시적으로 갇힌 적을 몰살하기 위한 공간이다. 과선의 실내는 침입한 적을 가둬 죽이거나, 잠시 적에게 넘어간 배를 '수복'하기 위해 설계되었다.

고려말 개발된 누전선(樓戰船, 망루를 탑재한 전선)은 완전한 성이라고 할 수 있다. 아예 성의 특징인 '높이'와 '시야'를 확보했다. 누전선을 본 중국인들은 세상에서 가장 단단한 배라고 평가했다. 생각해보면 당연하다. 성은 견고해야 쓸모가 있으니까. 누전선은 조선 시대의 주력 전함인 판옥선(板屋船, 2층 구조 망루를 탑재한 배)의 직접적인 선배다. 이제 조선의 판옥선으로 오면 진정한 물 위의 움직이는 성이다. 높고 견고하고 느리다. 태생적으로 적선을 추적하지 못하고, 적선에 둘러싸이기를 기다리는 배다. 임진왜란에서 판옥선은 적군에 포위된 후 발사 무기와 투척 무기를 날리며 압도적인 교환비*를 거두었다. 최대한 적게 죽고 많이 죽인다는 산성 방어의 교리는 바다 위에서도 그대로 적용되었다.

임진왜란에 동원된 일본군의 기함인 아타케부네(安宅船)도 성이 아니냐고 할 수 있겠다. 그러나 일본인들은 대형 아타케부네의 크기와 위용을 표현하기 위해 '바다 위의 성'이라고 말한 적이 있을 뿐, 이 배는 구조적으로 성이 아니다. 문자 그대로 선체 위에 집(安宅, 안택)을 올린 배다. 2층 집인데, 선체와 위층 사

---

* 아군과 적군의 살상-피해 비율.

이 거대한 몸둥처럼 보이는 공간은 병력과 물자를 싣는 **막사**다. 이걸 '전투력 보관 창고'라고 봐도 무방하다. 2층은 가옥이나 망루로 지어졌는데, 망루라고는 하지만 실제로는 지휘관의 '펜트하우스'라고 봐야 한다. 판옥선과의 충돌에서 아타케부네는 번번이 부서졌다. 성벽과 집이 부딪혔으니 당연한 결과일 것이다.

판옥선은 산성 방어가 한반도 주민에게 전방위적으로 이식되고 실행되었음을 보여주는 좋은 예다. 이제는 다시 땅으로 돌아와 가장 중요한 인물인 임금이 가장 중요한 일을 하는 공간을 이야기해보자. 바로 수도(首都)다. 한반도 왕조는 수도 역시 산성 방어를 포기할 수 없었고, 산성 방어에서 벗어날 수도 없었다. 수도는 **중국군**이 가장 원하는 전리품이었기 때문이다. 고고학자와 역사학자들은 한국 성의 종류를 산성, 평지성, 평산성(平山城, 평지성과 산성이 결합한 형태)으로 나눈다. 평산성은 들어갈 때는 비교적 낮은 땅이지만(평지성) 성의 가장 높은 지형에 최후의 방어기지(산성)가 위치한 성이다.* 조금만 생각해보면 평산성의 존재는 당연하다. 첩첩산중에서 사무 행정을 보고 서류를 결재할 순 없다. 전쟁이 났을 때 인근 주민들도 야생의 산지를 기어 올라가 성안에 결집하는 것보다는 일단 성안에 피신한 후 한결 안전하게 움직이는 편이 낫다. 그런데 국가의 중심인 수도라면 이야기가 달라진다.

국가의 중심이 거친 산악지형의 경사에 걸쳐 있다면 몹시 난감한 일이다. 수도는 세상의 중심이고, 궁궐은 중심의 중심이

---

* 산성과 평산성 자체가 한국의 독자적인 산물이라는 이야기가 아니다. 일본도 전국시대를 거치며 산성과 평산성이 발달했다. 다시 말하지만 군주와 그의 무사들만이 아닌 되도록 많은 주민이라는, '성의 수용 범위'에 한국적 특질이 있는 것이다.

다. 그런 공간이 산기슭에 접히듯 얹혀 있다면 행정기능에도 문제가 있지만, 인간이라는 동물의 본능적 감각으로도 이상하다. 나는 이 이야기를 고구려의 수도 변천사를 중심으로 서술하겠다.

고구려 최초의 수도는 졸본성(卒本城)*이다. 졸본성의 위치는 확실하지 않지만** 기록상 산성이었음은 분명하다. 이거야 아주 자연스러운 일이다. 고구려의 시조 주몽(동명성왕)이 나라를 세웠을 때, 그는 고국 부여에서 탈출해 전사집단을 거느리는 데 성공한 프리랜서 군벌(軍閥)이었다. 지금으로 치면 재벌 1세대 창업주와 같은 성격의 인물이다. 그 무렵의 고구려는 요즘으로 치면 사설 용병단이나 전쟁기업이라고 할 수 있다. 현대의 기준으로는 나쁜 짓도 퍽 했을 것이다. 어쨌든 고구려 최초의 수도가 전투 시설인 산성이었다는 점은 전혀 이상하지 않다. 수도가 산성이었다면 궁궐은 어땠을까. 고구려 최초의 '궁궐'은 초가집이었다. 일국의 **수도**가 아니라 야망이 들끓는 사내들의 **본거지**였다고 보는 편이 맞을 것이다. 고구려는 졸본성 근처에 평지성으로 조성된 수도를 가졌던 것 같다. 하지만 추측일 뿐이며, 사료에서도 중요하게 취급되지 않는다. 여기서는 고구려라는 집단의 최초 출발점이 산성이라는 점만 기억하면 된다.

주몽의 친아들이자 2대 왕인 유리왕 때가 되면 사정이 달라진다. 유리왕은 지나치게 유능한 아버지를 둔 덕분에 그가 유산을 상속받았을 땐, 그 유산이 **진짜 국가**가 된 후였다. 아직 약소

---

* 혹은 홀본성(忽本城)이라고도 한다.
** 100% 확증할 수 없을 뿐이지, 중화인민공화국 랴오닝성 번시시 환인현(中華人民共和國 遼寧省 本溪市 桓仁縣) 소재의 오녀산성(五女山城)일 가능성이 거의 확실하다.

국이었지만 본거지기 아니라 진정한 수도가 필요했다. 유리왕은 수도를 압록강 북쪽 강변으로 옮겼다. 여러 개의 물줄기가 만나는 곳에 자리 잡은 평지성인 국내성(國內城)이다. 당연히 물류와 정보에서 크게 유리해졌다. 문제는 국내성이 두 개의 산골짜기 사이에 갇혀 있는 좁은 평지였다는 점이다. 이래서야 외적이 쳐들어왔을 때 자칫하면 높은 곳에서 내려다보이며 포위된 후 멸망당하기 십상이다. 그래서 근처의 산악지형에 환도산성(丸都山城)을 지었다. 환도산성은 수도가 외적에게 공격받을 수 있을 정도로 심각한 전쟁을 치를 때 전쟁을 지휘하고 국가의 핵심 지도부가 운명을 걸고 최후의 농성을 하는 '배후(背後) 산성'이자 '산성 수도'이다.

고구려의 국가 규모가 커지면서 국내성은 지나치게 좁은 데다, 지형적 문제로 확장 가능성이 없는 수도가 되어버리고 말았다. 고구려는 현재의 평양으로 수도를 옮겼다. 고구려는 압록강 북쪽에서 발원했지만 결국 한반도 왕조다. 여기서 많은 한국인의 **착시**를 지적하지 않을 수 없다. 고구려의 정체성은, 한나라가 고조선을 멸망시키고 압록강 이남에 이식한 중국 식민 세력인 한사군(漢四郡)과 처절하게 투쟁하며 형성되었다. 고구려는 313년 마지막 남은 한사군인 낙랑군(樂浪郡)을 무너뜨리고 한반도에서 중국을 '축출'했다.

산성으로 본 고구려 흥망사

현대 한국인의 시야로 고대사를 보면 오류가 생긴다. 태어날 때부터 한반도 주민인 사람이 바라보기에 만주는 잃어버린 땅이다. 고구려의 만주 지배는 진출이었으며 선조의 대륙적 기상으

로 보인다. **고구려인의 시야**에서는 아니다. 고구려인에게는 북
진이 아닌 **남진**이야말로 **진출**인 동시에 회복이다. 그러므로 고
구려의 역사는 수도를 평양으로 옮겼을 때 비로소 완성되는 것
이었다. 고구려 최초의 평양 수도인 안학궁(安鶴宮)은 지금의 평
양시 동쪽에 있는 평지 수도였다. 고구려는 안학궁의 '배후 산성'
겸 '산성 수도'도 함께 만들었다. 대성산성(大城山城)*이다.

백제와 신라 역시 평지성 수도와 쌍을 이루는 배후 산성을
짓기는 마찬가지였다. 백제의 수도 사비성(泗沘城)은 파트너로
부소산성(扶蘇山城)을 두었다. 신라의 수도인 왕경(王京)에는 남
산신성(南山新城)이 있었다. 남산신성은 왕경의 동남쪽에 있다.
이 방향이 중요한데, 이것은 백제로부터도 고구려로부터도, 그
리고 궁극적으로는 당나라로부터도 **왕경의 뒤**에 있다. 평지 수
도인 왕경을 내주었을 때 최후의 항전을 하기 위한 장소다.

배후 산성은 한반도 주민과 왕조의 특이한 사고방식을 담고
있다. 산성이 **일부러 둘러싸이는 구조**라는 점에서, 여느 산성처
럼 현지 주민과 군부대 장병들뿐 아니라 **국가 자체도** 퇴로를 차
단하고 멸망 직전까지 산성 방어를 하겠다는 관념을 보여준다.
이 순간에는 최고위층 엘리트 집단도 일반 주민과 운명을 함께
한다. 여기엔 **운명공동체적** 특징이 깃들어 있다. 나는 지금 삼국
시대의 한반도인들이 계급을 뛰어넘는 집단의식을 가졌다고 주
장하는 게 아니다. 그랬다면 계급 자체도 없었을 테니까. 그러나
경향의 차이라는 것은 분명히 존재한다. 지배층이 평민을 이질
적 존재로 간주한 중국, 일본, 유럽과는 달랐다.

고구려와 중국의 분쟁을 너무 민족주의적으로만 보면 곤란
하다. 중국의 팽창주의가 끝없는 식욕을 가진 채 점점 몸을 불리

*   大城山城, 大聖山城 등 전하는 한자 이름이 여러 가지다.

는 괴수이긴 하지만 고구려는 고구려대로 외국의 입장에서 봤을 때 신사적인 국가와는 영 거리가 멀었다. 한국인이 자랑스러워 하는 이 고대국가는 침략과 국경분쟁, 약탈의 전문가였다. 막장 까지 치달은 고구려와 중국의 대결은 냉정히 말해 쌍방과실로 봐야 한다. 어쨌거나 막대한 물량으로 쳐들어오는 중국 앞에서 고구려는 수도를 또다시 옮겼다. 네 번째 수도이자 마지막 수도 인 평양성(平壤城)*이다. 드디어 평지 수도와 산성 수도가 합쳐 져 평산성이 되었던 것이다.

평양성은 성에 대한 한반도의 관념이 한 곳에 모두 담긴 걸 작이자 그로테스크한 괴작이다. 먼저 평양성은 지형상 평지에서 산으로, 평지성에서 산성으로 올라가는 순서대로 외성(外城)-중 성(中城)-내성(內城)-북성(北城)으로 이루어져 있다. 수도를 침 탈한 적은 고구려의 성을 평지성으로 착각하고 진입하게 되어 있다. 그러나 중성에서 갇히고, 중성을 돌파하면 내성에 다시 갇 힌다. 이때는 미리, 아니 애초부터 고지를 점령한 상태인 고구려 의 최후 수비군에게 격퇴당하는 구조다. 이때 격퇴당한 적은 목 숨을 건진 채 빠져나가기 힘들다. 이번에는 거꾸로 내성에서 중 성으로, 중성에서 내성으로 성벽을 뚫고 탈출해야 하기 때문이 다. 성벽을 완전히 탈출해도 병목현상에 걸린다. 평양성은 천연 해자(垓子)**인 강물에 둘러싸여 있는데, 성 안팎을 통하는 각 문 은 나가자마자 **응당 있어야 할 교량 대신 곧바로 강물을 만나도 록** 설계되어 있다. 좁은 길을 따라 우회해야 교량을 만날 수 있 다. 이때쯤에는 탈출행렬이 얽혀 교통체증에 걸린 채 이미 매복

---

* 고구려 시대에는 장안성(長安城)으로 불렸다.
** 외적의 침입을 방어하기 위해 성 주위를 파서 조성한 구덩이. 보통 물을 채워 넣는다.

한 고구려 군사를 만나게 마련이다.

백제의 부소산성도 도성인 사비성에 포함된 내성(內城)이긴 하다. 하지만 평양성은 지나치게 본격적인 전투 시설이다. 이 성은 궁궐이 포함된 작은 도시인 동시에 **도시처럼 보이는 함정**이다. 외성과 내성의 이중 성벽 구조는 동서양에 흔하지만, 평양성처럼 전체 구조가 최대한 많은 적을 속인 후 가둬 섬멸하는 포켓(Pocket)*으로 설계된 경우는 드물다. 이는 한반도 주민이 중국의 **인구**를 얼마나 혐오했는지를 보여주는 사례이기도 하다. 죽일 수 있을 때 가급적 많이 죽여야 한다는 관념이 건축에 적용되다보니 평양성 같은 물건이 나오고 말았다.

평양성이 괴작인 점은 단 한 번만 사용할 수 있는 일회용 무기였다는 사실에 있다. 평양성은 적에게 내부구조를 한 번 보여주면 다시는 함정의 역할을 하지 못한다. 612년, 고구려는 멸망의 위기에서 평양성을 가동했다. 수나라 장군 내호아(來護兒)가 이끄는 5만 명의 수군이 바다를 건너 상륙해 평양성을 노렸다. 동시에 지상군 총사령관 우중문(于仲文)은 30만 명이 넘는 육군을 이끌고 평양성으로 향하는 중이었다. 두 사령관의 군대가 평양성에서 만나면 고구려에게 미래는 없었다.

고구려는 먼저 내호아의 상륙병력부터 각개격파하기 위해 거짓으로 패한 후 평양성 안으로 적을 유인했다. 약탈품에 정신이 팔리도록 하면서 성안 깊숙이 끌어들인 후 섬멸에 나섰다. 이때 평양성 안으로 들어온 수나라 병사의 수는 내호아가 지치고 다친 병사를 빼고 추린 4만 명이었다. 고구려 군주 영양왕(嬰陽王)의 아우이자 훗날의 영류왕(榮留王) 고건무(高建武)가 이끄는

---

* 군사학에서 포켓은 적을 섬멸하기 위해 구축된 포위망을 뜻한다.

5백 명의 결사대가 갑자기 모습을 드러내 적병과 싸우면서 전투가 시작되었다. 수나라군은 4만 명 중 불과 수천만 살아서 돌아갔다.

중국의 사료는 고건무에 대해 "용맹과 무공이 절륜했다."고 기록한다. 물론 최후결사대의 지휘관을 맡았으니 당시 고구려가 구할 수 있는 가장 뛰어난 사람이었을 거야 뻔하다. 이런 상황에서도 공정한 인사를 단행하지 않을 나라는 거의 없을 것이다. 하지만 아무리 그래도 5백 대 4만의 전투다. 결사대가 아무리 싸움을 잘한들 현실은 주인공이 하늘을 나는 중국 무협 영화가 아니다. 물론 고건무와 그의 대원들은 두말할 나위 없는 전쟁영웅이지만, 수나라군 4만 명은 결국 평양성의 설계 구조에 섬멸당한 것이다.

우중문의 30만 대군에 바닥난 보급품을 채워주었어야 할 수군이 증발하면서, 우중문은 수군을 소멸시킨 평양성을 눈앞에 두고 오던 길을 되돌아갈 수밖에 없었다. 살수(薩水)*를 반쯤 건넜을 때, 을지문덕(乙支文德)이 이끄는 고구려군이 수나라 군대를 덮쳤다. 이것이 살수대첩이다. 수나라군 30만 5천 명 중 2700명만 살아서 돌아갔다. 이때는 고구려의 국토 자체가 평양성의 역할을 한 것이며, 기회가 왔을 때 **중국의 인구를 줄여놓는다**는 전투 관념 역시 같다.

고구려는 대승을 거두었지만 이제 평양성의 구조는 더 이상 비밀이 아니었다. 이미 비밀을 아는 내호아는 614년, 수나라의 4차 고구려 침공에서 평양성을 또다시 눈앞에 두고 이번에는 반드시 고구려를 멸망시키겠다는 일념으로 진격을 고집했다. 이때

---

* 아마도 청천강(清川江). 북한은 현재 중국의 강이라고 주장하지만 믿기 힘들다.

고구려는 전투 대신 외교력을 총동원해 내호아를 제외한 수나라 인사들을 설득했다. **경험자**와 다시 싸울 수는 없었기 때문이다. 설득당하지 않은 수나라 고위 인사는 내호아뿐이었다. 그는 고구려의 제안에 넘어간 인사들의 등쌀에 억지로 전장에서 끌려나왔다.

이미 중국에 알려진 이상, 수나라가 멸망하고 당나라가 출범한 후에도 평양성의 내부는 파괴력을 발휘할 수 없었다. 661년, 당나라의 2차 침공에서 평양성은 소정방(蘇定方)이 이끄는 당군에 포위되었다. 이때 고구려는 당군을 **성벽 바깥에서** 물리치느라 고생할 수밖에 없었다. 668년 당나라의 3차 고구려 침공에서 나당연합군은 **마침내** 평양성의 성문을 여는 데 성공했고, 동시에 고구려는 멸망했다. 물론 중국의 물량과 7번이나 정면충돌한 고구려는 이미 피해가 누적되어 국가 기능을 거의 잃은 상태였다. 하지만 평양성의 비밀이 지켜진 상태였다면 당나라는 한두 번의 침공을 더 감수해야 했을 것이다. 결국 고구려는 산성에서 태어나 산성에서 숨을 다했다고 할 수 있다.

고려의 수도인 개경 도성(都城)은 고구려 평양성의 직계 후배다. 외성-내성-황성(皇城)-궁성(宮城)의 순서로 안쪽으로 숨을수록 높은 지대의 산성이 되는 계단식 구조이며, 최후에는 송악산이 방어진지가 된다. 단언하건대 괜한 한국 미학과 국뽕에 사로잡힌 한국의 수많은 서적과 논문에서 말하는 것처럼 자연을 존경해서가 아니다. 평양성과 개경 도성이 산에 기대는 모양인 이유는 감수성 때문이 아니라 철저하게 군사적 목적에 의해서다.

한국의 산성은 한반도라는 지형과 중국이라는 이웃이 동시에 만들어낸 조건 속에서 발달해 국가의 수도까지 집어삼킬 정도로 당연한 소선이 되었다. 한국인의 성격 절반은 쌀농사를 짓는 논에서, 나머지 절반은 산성에서, 그러니까 전쟁과 평화의 시소게임 위에서 만들어졌다. 그런데 아직 하나가 부족하다. 한국인의 전쟁공식은 산성에 '사격'을 더해야 완성된다.

4장
전쟁은 사격이다

승리의 경제학, 양(量)에 대항하는 질(質)

한반도에서 생존공간을 지키기 위해서는, **아군은 덜 죽고 적군은 더 죽여야** 한다. 전쟁에서 당연한 말이 아니냐고 되묻겠지만 한반도가 '중국'을 상대하는 경우에는 교환비가 아군에 극단적으로 유리해야 한다. 유리함은 **비로소** 승부를 가를 수 있는 최소한의 조건이다. 즉 압도적인 교환비는, 있으면 좋은 수준을 넘어 **공기**처럼 당연해야 한다. 이러한 조건은 한국인이 집착하는 무기의 형태를 규정했다. 그것은 **원거리 발사 무기**다. 화약 무기가 출현하기 이전에 한반도를 상징하는 무기는 **활**이다.

한반도에 침투한 북방 유목민*은 남방 농경민과 섞이며 한국인을 만들어내는 과정에서 두 가지 확고한 전통을 심어놓았다. 하나는 한복이다. 한복은 완전한 호복(胡服, 동아시아 북방 유목민의 옷)의 구조를 갖는데, 호복의 가장 큰 특징은 **다리의 움직임이 편한 바지**다. 농경 전통을 가진 세계 대부분의 전통 복식은 중국과 일본을 포함해 남녀 모두 치마 형태. 원래 호복의 바지는 말을 타기 위한 형태다. 호복은 한반도에 들어와서는 생존을 위해 쉬지 않고 부지런히 움직이려는 목적으로 한 번도 기본적

---

* 혹은 반유목, 반농경민.

구조를 잃지 않있다.

다른 하나는 활이다. 한국의 활은 북방 유목민 계통의 활로 합성궁(合性弓)이다. 합성궁이란 두 가지 이상의 이질적인 재료로 활대를 제작하는 활이다.* 고대부터 이어진 한국의 합성궁은 초식동물의 뿔과 목재를 결합해 만든다. 그런데 활에 쓰는 초식동물의 뿔은 굵고 길며 형태가 단순해야 한다. 이 조건에 가장 잘 들어맞는 동물은 물소와 야크(Yak)다. 한반도에는 둘 다 없다. 그래서 조선 시대 내내 활을 만들기 위해 동남아시아산 물소 뿔을 수입한 기록이 자세히 남아 있다.** 한반도는 수천 년 동안 활을 주력 무기로 삼았으면서도, 일관되게 한반도에 없는 재료를 사용했다. 힘든 일이었지만 어떻게든 재료를 확보해 전쟁을 준비했다. 이런 특이한 경우는 세계사적으로 거의 없다. 그만큼 원거리 발사 무기의 성능은 한반도인에게 중요했다.

합성궁의 성능은 세 가지 차원에서 한국인에게 특별하다. 첫째, 일단 한 발 한 발의 위력이 준수하다. 많은 이들이 이 첫 번째 이유에만 주목하는데 내 생각은 다르다. 또 다른 활의 민족인 영국인을 보자. 영국의 전통 활인 롱보우(Longbow, 장궁, 長弓)는 대개 주목(朱木)이라는 나무로 만드는 단조궁(單造弓, 한 가지 재료로 만들어진 활)이다. 롱보우 사격 한 발의 위력은 국궁(國弓, 한국 활)을 넘어선다. 문제는 얼마나 오래, 많이, 빨리 쏠 수 있는지다. 그래서 합성궁의 두 번째 장점은 크기와 무게다. 롱보

---

* 두 가지 이상의 다른 목재를 사용한다면 이는 합성궁이 아니라 복합궁(複合弓)이다. 목재는 종류가 달라도 이질적이지 않다.
** 물소의 뿔을 대체하기 위해 죽궁, 철궁, 철태궁, 녹각궁 등 많은 종류의 활이 있었다. 그러나 전시에 표준 무기로 사용된 것은 언제나 물소의 뿔을 사용한 흑각궁이었다.

우와 일본 활은 목재로만 사정거리와 관통력을 확보하기 위해 활이 몹시 길다. 그만큼 무겁다. 장전과 조준에 시간이 걸린다. 한반도 산성에서 수비군의 백 배가 넘는 중국군을 상대하기에는 부적합하다. 적은 계속해서 성벽을 향해 몰려든다. 바쁘게 움직이면서도 좁은 산성의 공간, 혹은 복잡한 지형과 장애물 사이에서 계속해서 장전하려면 활의 길이가 작아야 한다. 즉 초원을 달리는 말 위에서 장전, 조준, 발사하기에 적합한 합성궁의 형태를 한반도의 농사꾼들도 사용해야만 했다.

세 번째 중요한 요소는 **부드러움**이다. 한국인에게는 조국을 침공한 외적의 머릿수가 너무나 많기에 한 명의 전사가 최대한 여러 번 활을 당기고 놓아야 한다. 그래서 위력이 비슷한 한 발을 발사하기 위해 당기는 힘(장력, 張力)이 최대한 적어야만 한다. 16세기 영국 롱보우로 화살 한 발을 쏘는 데 필요한 장력은 무려 약 70kg이다. 현대인에게는 불가능한 힘이다. 아니, 사실은 현대인도 할 수 있다. 중세 영국 궁수들처럼 골격이 비틀리고 이를 악무느라 이빨이 죄다 망가지면 된다. 힘들겠지만 교관이 친절하게 채찍으로 피부를 터뜨려가며 훈련을 도와준다면 중진국 이상의 국가에 사는 현대인 남성의 체격과 영양 상태로는 누구나 할 수 있다. 건강과 노후를 내팽개치면 인간의 신체는 생각보다 많은 걸 할 수 있다. 문제는 쉬지 않고 한 번에 몇 발이나 쏠 수 있는지다.

외적을 향해 최대한 자주 활시위를 당겨야 하는 한반도 주민의 조건을 충족시키는 활은 유목민의 합성궁이었다. 조선 시대 장정(壯丁)의 기준은 쉬지 않고 한 번에 활시위를 20번 당길 수 있는 것이었다. 롱보우와 비교하면 국궁의 장력은 너무나 가볍다. 통상적으로 16~23kg 수준이다. 이렇게 보면 조선 시대 장정의 기준이 너무나 합리적이다. 장력을 역기를 드는 힘으로 환산하면, 국궁의 **연속사격 한 바퀴가 역기 들기 20회 한 세트** 정도가 된다. 건강한 남성의 기준에 그림처럼 들어맞는다. 그러나 활의 성능만으로는 많은 적병을 극복하지 못한다. 인간 스스로도 진화해야만 했다. 진화의 결과는 **조준력**이다. 쏘는 대로 맞춰 쓰러트리지 못하면 곤란하다. 적은 **계속해서 달려들기 때문**이다. 활시위를 연속해서 당기는 횟수에는 명백한 한계가 있다. 한국인은 사격을 몹시 잘하는 민족이 되고 말았다. 사격은 중국이라는 양(量, Quantity)에 대적하기 위해 요구된 질(質, Quality)적 차원의 해법이었다.

활과 총포, 냉병기와 열병기

전근대 한반도에서 '활을 쏠 수 있다'는 것은 '싸울 수 있다'는 말과 동의어였다. 임진왜란의 조선 측 영웅이자 가장 유명한 의병장인 곽재우(郭再祐)는 의병을 모집하면서 "신분의 고하를 막론하고 용맹하며 활과 화살을 다룰 줄 아는 자"라면 나라를 지키기 위해 모이라고 촉구했다. 사격은 곧 **전투 자체**였다. 한국인은 스스로 사격을 잘하는 민족이라고 인식한다. 올림픽 양궁 성적을 예로 들곤 하는데 나로서는 과학적인 연관성을 증명할 길이 없다. 그런데 전통적으로 같은 인식을 중국과 일본도 함께 갖고 있었다. 한국군과 합동훈련을 경험한 미군들의 평가도 비슷하다. 이 동양인들—한국인들—은 총이든 포든 지나치게 잘 맞춘다는 것이다. 한국인은 확실히 적중하는 것에 집착한다. 그러나 조준 능력은 목표가 아니라 수단이다. 목표는 어디까지나 교환비에 있다. 그러므로 화약의 시대가 도래했을 때 한반도인이 화포에 집착한 일은 너무나 당연하다.

　1380년, 한반도 역사상 최대 규모의 왜구가 연합 함대를 이루어 고려를 침공했다. 우리는 이 해의 왜구 전쟁을 황산대첩(荒山大捷)으로만 기억하는 경향이 있다. 이 전투에서 이성계는 1만여 명에 달하는 왜구를 불과 70여 명만 남기고 소멸시켰다. 고려의 영웅이 된 이성계는 불과 12년 후 새 왕조를 개창했다. 그런데 황산대첩 전에 벌어진 진포해전(鎭浦海戰)에서 고려 해군은 불과 100여 척의 배로 500여 척의 왜선을 화포로 불태웠다. 연합 왜구들이 타고 온 배였다. 진포해전에는 화포개발의 총 책임자였던 최무선(崔茂宣)이 부관으로 참전했다. 왜구 전쟁의 전체적인 관점에서 보면, 한반도 최초로 정립된 체계적인 화포 운용에 의해 돌아갈 배를 모두 잃은 연합 왜구는 이미 처형이 결정된 상황에 내몰렸다. 물론 황산대첩에서 이성계가 죽을 뻔하기도 했으니 매우 힘겨운 처형이긴 했지만, 어떤 경우에도 연합 왜구가 한반도 안에서 소멸할 운명을 맞은 사실을 뒤바꾸지는 못했을 것이다.

　민족주의적 감성을 지닌 한국인은 활의 역사에 집착하는 경향이 있다. 조선의 활을 유럽 기술로 제작된 일본제 총보다 우수한 무기였다고 믿는 게 대표적인 예다. 그러나 우리는 산성 방어와 사격을 **진화론적인 군비경쟁**으로 볼 필요가 있다. 조선은 화력에 몹시 집착한 나라였다. 임진왜란에서 조선은 여러 명이 집단 운용하는 화포의 성능과 수준에서 일본을 압도했다. 그러나 압도적인 우위를 점하리라 믿은 '개인 발사 병기'의 대결에서 충격을 받았다. 이쪽은 활을 갖고 있는데, 외적은 유럽에서 도입한 화승총(조총, 鳥銃)*을 사용했으니 말이다. 임진왜란에서 조총의

---

* 　일본에서는 철포(鐵砲, 텟포)라고 한다.

위력과 역할에 대해서는 많은 논의와 가설이 있다. 이 중 많은 논의가 '조선이 조총 때문에 고생했다'는 전통적인 통념을 깨부수려는 노력에서 시작되었다.

조총병은 일본군 전체의 일부에 불과했으며, 조총의 위력과 효율은 현대의 총과는 하늘과 땅 차이였다. 유효 사거리는 50m에 불과했다. 한 발을 쏘려면 총을 거꾸로 세워 화약과 탄환을 순서대로 쇠꼬챙이로 쑤셔 넣고 화약 접시에 작약(炸藥) 가루를 부어 안착시킨 후, 심지에 불을 붙인다. 그 후 심지가 다 타들어가기 전에 방아쇠를 당기면 불이 화약에 옮겨붙어 약실까지 전달된다. 그러면 약실의 화약이 폭발하며 탄환을 밀어낸다. 드디어 발사다. 한 번 발사에 1분이 표준으로, 보통 숙련자는 1분에 두 발까지 가능하며 초보자는 2분이 걸렸다.* 조총은 과연 한계가 많은 물건이었다. 그럼 과연 '그놈의 조총 탓에'라는 푸념은 조선인과 한국인의 환상에 불과했던 걸까.

임진왜란 중 조선 육군 대장 권율과 일본군 선봉대장 고니시 유키나가(小西行長)의 사신끼리 만나 나눈 대화가 《조선왕조실록》에 자세히 기록되어 있다. 왜사(倭使, 일본군 사신)는 권율 측 사신인 우병사(右兵使) 김응서(金應瑞)가 맨 활을 가리키며 '당신들은 저런 장기(활 솜씨)가 있는데도 왜 매번 지느냐'고 묻는다. 김응서는 당신들의 총 때문이라고 답한다. 이때 왜사는 총 때문일 리가 없다며 다음과 같은 이유를 댄다.

　1) 활은 필요할 때 재빨리 장전해 발사할 수 있다.**

*　　함경도의 포수는 호랑이를 상대로 1분에 4발까지 가능했다는 기록이 남아있다.

**　　발사의 신속함과 연사 속도가 우월하다는 장점으로 이어진다.

2) 총은 화약에 불이 잘 붙어야 하고 심지가 젖으면 안 되기에 날씨가 나쁘면 사용하기가 어렵다.*

3) 총은 사격할 지점을 정하고 심지에 불을 붙이면 반드시 그 자리에서 쏴야 하지만, 활은 시위를 당긴 상태에서도 움직일 수 있다. 그러므로 당신들이 유리하다.**

김응서는 우리가 이기는 법을 알려주기라도 하는 거냐며 비아냥댔고, 왜사는 피차 다 알고 있는 사실 아니냐고 응수한다. 다시 말해 당대인들은 화승총이 활에 대해 가지는 단점을 현대인이 분석하는 내용 **그대로** 인식했다. 전쟁 초기 조선의 병사들이 조총의 존재와 소리에 놀라서 패전을 거듭했다는 말은 후세인들의 판타지다. 어차피 조선의 화포 소리가 더 크다.

조총은 활보다 우월한 무기였다. 임진왜란 이후 조선이 적극적으로 조총병을 육성했다는 사실이 명백한 증거다. 청나라는 나선정벌(羅禪征伐)***에서 조선군 조총부대의 파병을 원했다. 남한산성에서 조선군은 식량이 없어서 청나라 군대에 항복했지, 전투를 못 해서 지지 않았다. 오히려 청군은 조선군의 전투 실력에 깊은 인상을 받았다. 특히나 조총 사격 실력에 큰 곤란을 당

* 여기서 왜사는 한 가지를 오해하고 있다. 일본의 활은 조선처럼 복합궁이 아니었다. 조선의 복합궁은 비가 오면 아교가 녹아 조총처럼 사용에 애로사항이 많았다.

** 이런 왜사의 말에는 많은 패전을 기록한 조선군을 놀리는 의도도 있었다. 김응서는 행주대첩의 일본군 사상자 수를 질문하는 것으로 반격했다. 서로 일격을 주고받은 후 대화의 분위기가 누그러지고, 왜사는 고향을 그리워하는 등 수다를 떤다.

*** 1654년과 1658년, 흑룡강 일대에서 두 차례에 걸쳐 벌어졌던 청과 러시아 사이의 국경분쟁.

헀다.

　총을 쏘는 데에는 활시위를 당기는 것만큼의 힘이 필요하지 않다. 체력은 전쟁의 동력이자 연료다. 활은 당기는 데에도 힘이 들지만, 당긴 상태로 목표물을 조준하고 있는 시간도 체력을 잡아먹는다. 당기는 것도 조준하는 것도 역기를 드는 것처럼 '바른 자세'를 유지해야 한다. 체력단련인 셈인데, 훈련이 아니라 전투 현장에서도 이걸 하고 있으면 당연히 문제가 많다. 그러므로 총이 활보다 우월한 지점은 화력도 화약도 아니다. **방아쇠**다. 화약의 운동에너지가 실린 탄환의 위력도 큰 의미가 있지만* 체력보존과 조준, 저격을 하는 데 있어 손가락만 당기면 발사된다는 점은 결정적이다. 저격의 경우 총은 활과 달리 긴 시간 동안 몸을 숨긴 채 적을 응시하다 조준하는 게 가능하다. 시위를 당기며 힘을 쓰고 있을 필요가 없기 때문이다.

루프탑 코리안과 명량해전

한국인에게 화포란 '강한 활'이며, **쏜다**는 점에서 같다. **산성**과 **발사**는 떨어질 수 없는 한 쌍이다. 산성은 기어 올라오는 적을 쏘아 맞히기에 가장 이상적인 장소이며, 발사는 산성에서 할 수 있는 가장 합리적인 행위다. 한국인의 산성 방어와 사격이 조합된 가장 전형적인 사례는 LA 폭동에서 발견할 수 있다.

　1992년, 미국의 LA는 흑인들이 주도한 폭동에 휩싸였다. LA는 행정력과 공권력이 마비된 상태였고, 한인 상가가 밀집된 코리아타운의 현금과 제품들은 폭도들의 먹음직스러운 목표물

---

*　조총은 유효 사거리는 활과 쇠뇌보다 짧을지언정 파괴력이 높았으며, 특히 갑옷의 방어력을 무력화시키는 데 효과적이었다.

이 되었다. 이때 경찰이 코리아타운을 지켜주지 않고 자리를 뜨는 모습을 확인한 한국인들은 곧바로 결집했다. 그들은 자경단을 조직해 총기와 탄약을 들고 코리아타운 건물들의 지붕 위로 올라가 산성 방어를 시작했다. 이때 한인들은 미국 사회에 깊은 인상을 남겨 지금까지도 'Rooftop Korean(지붕 위의 한국인)'으로 불린다. 산성 방어는 완벽에 가깝게 성공했다.

루프탑 코리안은 미국 사회의 구성원들에게 꽤 복합적인 기억이다. 미국 경찰과 보수주의자들은 루프탑 코리안을 아주 멋지게 해석한다. 미국은 총기의 나라이며, 영국에 남아있던 게르만 민법의 영향으로 사유지를 무력으로 지키는 행위를 긍정적으로 보는 전통이 있다. 이 관점에서 루프탑 코리안은 미국의 가치를 제대로 실현한 모범적인 이민자 집단이다. 흑인 사회에서 루프탑 코리안은 악몽이다. 코리아타운에 침입한 폭도들은 루프탑 코리안이 겨눈 총의 사정거리에 들어오는 순간부터 운이 좋지 못했다. 폭도의 일원이거나 가족이라면 'TV를 훔치러 간 것은 잘못이지만, 사냥 당하듯이 총을 맞을 일인가'라고 생각할 법도 하다. 본질은 '모범시민'도 '황인종 돈벌레'도 아니다. LA 한인들에게서 나타난 행동은 산성 방어와 사격의 조합이며, 한국인의 본능적 투쟁방식이다.

루프탑 코리안이 산성과 사격 조합의 가장 전형적인 사례라면, 가장 천재적인 특별함은 충무공 이순신 장군의 경우다. 13척의 배로 133척의 적 전선*을 제압한 명량해전(鳴梁海戰)은 한국인이 가장 좋아하는 역사적 장면 중 하나다. 그런데 이 전투가 이순신이 정밀하게 설계한 산성 방어와 사격전의 조합이라는 사

---

* 후방 지원 선단까지 합치면 330척 이상.

실은 무시되곤 힌다. 바다 위에서 싸운 해전(海戰)이라는 사실이 전투의 본질과 이순신의 천재성을 가리기 때문이다. 명량해전에서 이순신은 일부러 먼저 역류(逆流)를 맞는 선택을 했다. 산성 방어에서는 적이 알아서 몰려들어야 전과를 얻을 수 있다. 물론 그가 불과 13척의 전함을 지휘하는 모습을 본 일본군은 한시라도 빨리 철천지원수를 없애버리고 싶어서 다가오지 말라고 해도 달려왔겠지만, 명량은 달려드는 순간 거센 물줄기를 타게 되고 결과적으로는 격파되기 위해 기계적으로 떠밀려가는 곳이었다.

명량해전에서 전투의 절반은 이순신과 그가 탄 대장선* 혼자서 치렀다. 나머지 배들은 적군의 압도적인 규모를 두려워해 멀찌감치 물러난 채 구경만 했다. 여기서 나머지 12척을 지휘한 장수들의 '두려움'이 과연 감정적인 문제였는지 의심해볼 필요가 있다. 당시 이순신의 부하 장수들은 두어 명을 제외하면 모두 그를 존경했고, 용맹했으며 애국심도 강했다. 그저 자기가 죽을까 봐 겁을 먹었다고 오해하는 건 공정하지 못하다. 그들은 그나마 조선에 남은 13척의 전함이 모두 사라지는 사태를 우려했다고 봐야 한다. 아마 임금인 선조와 왜적 모두에 악에 받친 영웅이 비장한 심정으로 자살적 전투에 자신을 내던지는 모양새로 오해했을 것이다. 그들이 나머지 12척이라도 지키려 했다고 보는 편이 합리적이다.

오전 9시부터 시작된 전투의 모든 과정이 이순신의 뜻대로 된 것은 아니다. 이순신은 중군(中軍)을 맡은 김응함(金應緘)을 끌어내 목을 베어버리고 나머지 장수들의 정신을 차리게 하려고 했다. 하지만 상황이 급박해 즉결처분할 틈도 없어지자 작전을

---

*   당시의 정식 표현으로는 좌선(座船).

바꿔 자신이 지휘하는 단 한 척의 배로 산성 방어를 치르기로 했다. 그는 부하들에게 전투방식이 무엇인지 분명히 전달했다.

"射賊盡力(사적진력)."
힘이 다할 때까지 쏘고 또 쏘아라.

　일본군 입장에서는 공성이, 대장선 입장에서는 수성이 시작되었다. 일본군 전함들은 대장선에 다가가다가 대장군전(大將軍箭)*에 격파되고, 지자총통(地字銃筒)**과 현자총통(玄字銃筒)에 피해를 입는다. 대장선에 가까이 붙으면 천자총통(天字銃筒)으로 한 번에 300발을 발사하는 산탄인 조란환(鳥卵丸)에 대량살상된다. 마침내 대장선에 낫을 걸고 병사들이 '성벽'을 기어오르기 시작하면 화살과 석환(石丸)***, 승자총통(勝字銃筒)****의 탄환에 맞아 추락한다. 오전 내내 이순신의 대장선은 수십 척의 적선을 격파했다. 즉 그는 바다 위에서 제2의 안시성 전투를 치렀다.
　중국군은 한반도식 성에 대응하기 위해 아예 새로운 성을 **붙여서** 만들곤 했다. 공성이 뜻대로 되지 않으면 포위를 푸는 대신 높이의 불리함을 없애기 위해 토산(土山, 흙산) 혹은 토성(土城, 흙성)을 쌓거나, 요새를 뚝딱 만들어버렸다. 대표적인 사례가 안시성 전투와 661년의 평양성 전투다. 침공군이 성과 고지를 쌓다니, 병력이 워낙 넘치기에 가능한 엽기적인 일이다. 두 번

---

* 　천자총통으로 발사하는 미사일 형태의 발사체.
** 　총통은 조선 시대에 사용한 우리나라 고유의 화포를 말한다. 크기에 따라 앞에 천·지·현·황 등의 이름을 붙였다.
*** 　포탄용으로 둥글게 재단한 돌. 필요시에 손으로 던지기도 한다.
**** 　조선 시대에 사용한 휴대용 화포. 백병전 시에는 적을 때려잡는 곤봉 용도로도 사용되었다.

모두 고구려군은 적이 건축을 완성하도록 기다린 다음 기습을 통해 완성품을 빼앗는 방법으로 승리했다. 임진왜란에서 일본 수군의 생각도 중국 육군과 다르지 않았다. 그들은 판옥선의 높이와 내구성에 고난을 겪은 후 기함인 아타케부네의 크기를 대폭 늘렸다. 높이를 확보한 신형 아타케부네는 이순신이 구상한 산성 방어의 장애물임이 분명했다. 이순신이 명량해협을 전장으로 선택한 이유 중 하나다. 일본군은 좁고 거친 물길을 안전히 통과할 수 있는 주력함 세키부네만을 이순신의 대장선을 향해 투입할 수 있었다.

오후로 넘어가는 시점에 이순신은 비로소 호출 깃발을 세워 다른 아군 전함들을 소집했다. 거제현령 안위(安衛)부터 혼구멍이 났다. "안위야, 군법에 죽고 싶으냐? 네놈이 군법에 죽고 싶으냐? 달아난다고 살 수 있을 것 같으냐?" 두 번째는 김응함이었다. "당장이라도 처형하고 싶지만 적의 기세가 급하니 공을 세울 기회부터 주마." 이런 무시무시한 말을 듣고 적을 향해 뛰어들지 않을 사람은 아무도 없을 것이다.

이순신이 관망하던 아군 전함을 불러모아 전투에 참여시킨 시각은 물살의 방향이 바뀌기 직전이었다. 그는 약 세 시간을 배한 척으로 혼자 싸웠다. 소집 명령을 내릴 시간은 많았다. 그러므로 왜 굳이 그 시점이었는가 하는 비밀은 물살에 있다. 물살이 바뀌면 일본군 전함은 역류를 맞아 자동적으로 밀려가고, 조선군이 순류(順流)를 타고 전진하게 된다. 즉 일본군은 산성의 포위를 풀고 물러난다. 이순신이 원래는 육군 장교였다는 점을 잊어선 안 된다. 그는 한반도가 중국의 백만대군을 육지에서 상대해온 방식을 사용했다.

적의 공성을 좌절시킨다.

실패한 적이 물러갈 때 하나 혹은 여러 산성에서 나온 아군이 결집한다.

마지막으로 철수하는 적의 뒤를 쳐 대량살상한다.

이순신은 적의 공성과 후퇴가 자연의 힘에 의해 **강제로** 이루어지도록 계산했다. 물살이 바뀌자 전투는 일방적인 학살로 바뀌었다. 이순신은 적선 31척을 해치웠다고 기록했지만 육안으로 확실히 확인된 결과만 기술하는 것이 조선의 기록 양식이었다. 일본군 포로인 채로 현장에 있었다가 나중에 탈출한 조선군 병사는 "왜적의 반이 죽거나 다쳤다."고 증언했다. 일본군의 전투 총사령관이었던 도도 다카도라(藤堂高虎) 역시 간부와 병사의 과반수가 부상당하거나 전사했다고 기록했다. 이순신은 마지막 단계인 대량살상에서까지도 지상전의 이상적 결과를 해전으로 옮겨왔다.

명량해전은 여러모로 도박적인 전투였지만, 도박에 의존한 전투는 아니었다. 이순신은 전투에서 대승을 거둔 후 "천행(天幸, 하늘이 내린 행운)"이었다고 적었다. 하지만 조선의 사대부는 겸손을 보이는 예법을 훈련받았기에 대단한 일을 해내도 자화자찬하지 않는 게 기본적인 에티켓이었다. 그들은 약속이나 한 듯 임금이나 하늘의 뜻에 공을 돌렸다. 선조가 이순신에게 저지른 실수를 생각해보면, 천행이란 말은 적어도 임금 덕은 아니라는 뜻이 된다. 당시부터 지금까지 명량해전의 승리가 순전히 이순신의 업적이라는 사실을 모르는 사람은 없다. 그 업적은 산성과 사격으로 이루어졌다.

화력 중독

고려 말에서 조선 초까지 이어진 왜구 격퇴는 한반도가 화력에 본격적으로 집착하게 되는 계기였다. 임진왜란은 과연 화력 말고는 답이 없다는 사실을 받아들이는 두 번째 계기였다. 여기에는 한반도의 본질적인 한계가 도사리고 있다. 조선 시대에도 한반도의 인구는 늘어났지만, 한반도의 인구부양력은 바닥을 드러내고 있었다. 그에 반해 중국과 일본의 인구는 끝없이 늘어났다. 조선은 상대적으로 꾸준히 약해졌다. 아군의 목숨을 지키면서 적을 대량살상하기 위해 화력에 집착하는 건 당연했다.

목숨의 경제성은 한반도와 불가결한 관념이다. 그런데 한국인은 19세기 말부터 다름 아닌 **발사 무기**에서 절대적인 열세에 놓이게 되었다. 한반도를 둘러싼 열강들이 공장에서 대량으로 만들어내는 화력은 조선이 감당할 수 있는 수준이 아니었다. 인구뿐 아니라 화력에서도 조선을 압도한 일본은 러일전쟁의 결과 한반도를 집어삼켰다. 그런 일본의 화력도 미국과 소련의 거대한 물량 앞에서 가루가 되도록 박살났다. 해방은 인류역사상 가장 강력한 화력과 함께 찾아왔다. 히로시마와 나가사키에 떨어진 두 발의 핵폭탄이었다. 나는 일본인에 이어 핵무기에 두 번째로 깊은 인상을 받은 민족이 한국인이라고 확신한다.

인구도 부족한데 화력이 절대적인 열세라는 것은, 한반도 주민의 역사적 감각이 견딜 수 있는 상태가 아니었다. 한국전쟁은 내전이면서도 국제적 냉전의 대리전인데, 이때 국군은 소련제 무기의 화력과 중공군의 머릿수에 충격을 받았다. 인민군 역시 미군의 화력 앞에 기가 차기는 마찬가지였다. 한국전쟁 이후 한국과 북한의 역사는, 군사적으로 보면 보다 강한 화력에 집착해온 과정이다. 현재 한국 국방부의 별명은 '포(砲)방부'다. 한국은 한국인이 봐도 대포와 미사일에 미쳐 있는 나라다. 경제적으로 실패한 북한은 쓸 수 있는 돈에 한계가 있기에 비대칭 전력*인 핵무기와 그에 따르는 미사일 기술에 모든 것을 쏟아부었다.

북한은 한국과 미국 그리고 일본을 진짜 적으로 생각하지 않는다. 북한의 세계인식 역시 중국에 흡수되기를 거부해온 한반도의 오랜 역사와 이어져 있다. 2010년대 이후 북한에 "일본은 백 년의 적이지만 중국은 천 년의 적이다."라는 말이 통용되는 사실이 여러 경로로 확인되었다. 마이크 폼페이오 미국 전 국무장관은 자신의 회고록에서 CIA 국장 시절 있었던 김정은과의 비밀회담 내용을 밝혔다. 다음은 두 사람의 대화다.

폼페이오: 중국은 늘 우리에게 주한미군이 철수하면 김정은 위원장이 매우 행복할 거라고 말한다.

김정은: (크게 웃으며 탁자를 두드리며) 중국인들은 거짓말쟁이다. 주한미군은 중국으로부터 나를 보호해주기에 필요하다. (…) 중국이 주한미군 철수를 바라는 건 한반도를 티베트, 신장처럼 다루기 원해서다.

폼페이오는 이때 매우 놀랐던 경험을 근거로 미군이 한반도에 미사일과 지상군을 추가해도 북한은 신경도 안 쓸 것이라고 논평했다. 그보다 먼저 같은 일을 경험한 선배가 있다. 한국의 김대중 전 대통령이다. 김대중은 2000년 6.15 남북 정상회담에서 김정은의 아버지인 김정일과 나눈 대화 내용을 여러 번 밝혔다.

---

* Asymmetric power. 조금만 보유해도 효과적인 결과를 가져오며, 적국을 협박하고 주변국을 긴장시킬 수 있는 무기를 뜻한다.

김성일은 한반도는 일, 중, 러 등으로 둘러싸여 있어 통일 후에도 주한미군이 남아있는 게 바람직하다고 말해 나도 놀랐다.

북한 정권은 민생과 도덕성에 실패했을지언정 바보는 아니다. 김정일, 김정은 부자는 진짜 중국과 유사 중국인 미국, 일본, 러시아 사이에서 진짜 중국이야말로 가장 강력한 실존적 위협이라는 사실을 모르지 않는다.

북한은 세계적으로 핵무기에 미친 광인처럼 여겨진다. 하지만 한국이라고 해서 핵에 욕심을 내지 않은 건 아니다. 대한민국은 건국 직후부터 핵무기를 꿈꿨다. 한국의 첫 번째 대통령인 이승만은 4.19혁명으로 몰락한 해에 있었던 회의에서 말했다.

우리가 자립하지 않으면 노예밖에 될 도리가 없을 것이라고 생각되니 (…) 원자력을 개발하고 군비에 관한 위원회라도 만들어서 이순신 장군의 대를 이을 만한 기술자를 기르고 (…)

이승만이 효율적인 경제성장을 위해 원자력 발전을 원했다는 견해가 있지만, 그가 말하는 원자력은 명백히 핵무기를 가리킨다. 그는 핵무기를 이순신이 임진왜란에서 사용한 천자총통의 연장선으로 보았다. 이승만 역시 임진왜란을 화력전으로 이해했다. 박정희의 핵무기 보유 의지는 이승만보다도 노골적이었다. 그는 CIA가 암살을 고려했다는 이야기가 있을 정도로 미국과 척을 지며 핵 개발에 매진했다. 결국 그를 암살한 건 미국이 아니라 김재규였지만 말이다.

산성 위에서 적에게 투사(投射, 던지고 쏨)하던 화살과 돌, 그리고 현재 남북한의 미사일은 한반도 안에서 하나의 유전적 동일성을 가진다. 한 손에 들어오는 조그만 애완견이 회색늑대의 아종(亞種)인 것과 같다. 아종은 눈으로 보기에만 다를 뿐 사실 유전적으로는 같은 종의 생물이다. 한반도 주민은 화력 없이 보낸 **백년의 고독**에 원한이 맺혀있다고 할 수 있다. 사실 한국은 세계의 주목을 받기 위해 공포와 파괴를 떠벌리는 북한을 잘 이용해왔다. 미치광이 행세하는 북한의 뒤에서 최대한 쓸데없는 소리를 내지 않고 고급 무기 체계를 개발해왔다. 외국의 눈에 21세기 들어 고급 무기를 갑자기 쏟아내기 시작한 한국은 기이한 나라다. 센 척하는 북한 덕분에 약한 척에 성공할 수 있었지만 더는 엄살을 부릴 수 없게 됐다. 현재 한국은 태도를 바꿔 해외에 무기를 팔아치우려고 노력하는 중이다.

애증하는 한국인

이쯤에서 우리는 궁금증을 가질 수밖에 없다. 어째서 **그렇게까지** 사력을 다해 외적을 무찔러야 하느냐는 점이다. 지배층이야 목숨을 걸고 싸울 필요가 차고 넘친다. 하지만 기층민의 입장은 다르다. 일반 백성에게는 목숨이 제일 중요하다. 예컨대 아무리 임진왜란에서 일본 침략자들이 조선인의 입장에서는 당치도 않는 세율을 요구했다고 해도 죽음보다 나쁜 건 없다. 아무리 양반들이 의병을 일으켜도, 군대는 기층민이 합세해야 만들어진다. 한반도 주민은 역사 내내 신분과 상관없이 결집하는 속성을 보여왔다. 더욱이 한반도 주민의 삶은 고통이 지나치게 많았다. 목숨을 걸고 지킬만한 특권이기는커녕 그 반대였다. 바로 이 지점에 미스터리를 풀 열쇠가 있다.

한반도 주민에게 자연과 농토는 애증의 대상이다. 저주하지만 결코 남에게 빼앗길 수는 없는 무언가이다. 이는 삶을 저주하는 동시에 사랑하는 한국인의 인생관과 직결되어 있다. 임진왜란 당시 조정과 유림(儒林, 선비 집단)이 전국에 발송한 여러 격문의 내용은 한반도 주민에게 땅은 곧 삶이며, 애증의 덩어리이지만 지금은 애(愛, 사랑)를 발휘할 때라고 외친다.

> 조상 때부터 이 땅에서 태어나고 이 땅에서 살았으니 (…) 형제 자손들이 생식(生息, 살아 숨 쉼)하는 곳이요, 이웃 친구들과 교유하던 곳이다.

> 호서(湖西, 충청도)의 초목은 절반이 개와 양의 비린 냄새에 물들었고, 영남의 산하는 모두 표범과 범의 굴혈(窟穴, 구덩이와 굴)에 들어갔다.*

> 이 땅에서 나는 것을 먹고살았으면 모두 신하다. 어찌 많은 녹(祿, 관리의 급료)을 먹은 자만이 죽음을 감수하겠는가?

> 이 바다(동해, 서해, 남해)에 둘러싸인 땅의 백성이라면 누군들 이씨의 적자(조선왕조의 자녀, 즉 조선인)가 아니겠는가?

> 이 나라의 모든 땅은 동포들이 물려받은 것이다.

> 이 땅의 어디도 우리나라에 속하지 않은 곳은 없다.

주어진 환경이 척박할수록 먹고살기 위해 부대끼고 씨름하고, 결국에는 깊게 이해하게 된다. 척박한 논밭에서 죽기 직전까지 노동해 수확한 곡물로 밥을 지으면 밥그릇에 달라붙은 곡식

---

* 개, 양, 표범, 호랑이는 일본군을 뜻한다.

한 톨도 버릴 수 없다. 이것은 인간이 땅과 일체화하는 가장 직관적인 방식이다. 인간은 소중한 것을 지키기 위해 고통을 감내하지만, 이 순서는 바뀔 수도 있다. 반대로 **고통을 감내한 결과 소중해지기도 한다.**

깊은 이해는 사랑이다. 그 사랑은 찬양이나 감격과는 다르다. 인도인이나 프랑스인이 끝없이 펼쳐진 풍요로운 농경지를 바라보며 느끼는 숭고함과는 거리가 멀다. 한국인은 자연에 감사하지 않지만 숭고함보다 진하고 끈끈한 애착을 느낀다. 인간에게는 타인도 환경이다. 그러므로 이제 우리는 한국의 자연과 인간이 한국인에게 가장 미움받고, 한국인에게 가장 사랑받는다는 사실을 완전히 이해할 수 있다.

5장
전쟁과 평화

재난, 전쟁의 다른 이름

한국인에게 전쟁과 평화는 하나로 이어진 동전의 양면이다. 한 반도 주민은 가난으로 인한 죽음의 위협 아래 살아왔고, 한반도 왕조는 외침으로 인한 소멸의 위협 아래 명멸했다. 생존의 지옥과 멸망의 그림자는 **하나**지만, 동전의 **양면**이므로 둘은 **다른 모습으로 나타난다**.

대한민국이라는 나라는 이념적 동의 위에서 굴러가지 않는다. 한국인에게 국가란 어디까지나 현실적 필요를 위해 타협된 결과다. 한국은 협업을 통해 굴러가는데, 그 협동이란 게 싫어하는 인간들끼리 이루어지기에 언제나 아슬아슬하게 유지된다. 그러므로 조국은 신성하지 않다. 한국인에게 조국이란 쓸데없는 잔소리가 많은 귀찮은 노인이다. '저 노망 난 노인네 언제 죽나' 하고 읊조리는데, 이건 진심이다. 그런데 더 깊은 진심에서는 쓰러지면 둘러업고 병원으로 뛰어갈 준비도 되어 있다. 한국인에게 **국가**는 도구지만 **한국**은 운명이다. 운명은 옳지도 그르지도 않다. 다만 감수해야 하는 무언가다. 조국은 **신성하지 않은 숙명**이다.

산성 방어는 숙명을 받아들이는 방식이다. 전쟁만이 숙명은 아니기에 한국인은 재난 상황에서도 산성 방어를 수행한다.

1907년, 한국인은 갑자기 결집해 국채보상운동을 시작했다. 일본은 러일전쟁에서 승리한 후 전리품으로 떨어진 대한제국을 집어삼키기 위한 일련의 과정에 들어갔다. 그중 하나가 대한제국을 도저히 갚을 수 없는 빚의 채무자로 만드는 일이었다. 일제는 한국의 화폐를 종이 쓰레기로 만든 후 **강제로** 차관을 빌려주었다. 1907년이 되었을 때, 차관은 대한제국이 도저히 갚을 수 없는 액수가 되었다. 당연히 일본이 노린 핑계는 빚을 갚지 못하면 돈 대신 빚보증인 나라를 가져갈 수밖에 없다는 그림이었다. 이때 한국인은 각자 돈을 모아 빚을 갚아버리기로 했다.

운동이 시작되자 열기는 전국을 덮쳤다. 한국인은 이를 **전쟁과 같은 재난 상황**으로 인식했다. 사정을 알 만큼 아는 한국인은 나라가 넘어가는 사태를 관망하고자 하지 않았다. 국채보상운동을 주도한 이들은 지식인이다. 지식인 중에 러일전쟁의 결과가 불러올 운명을 모르는 사람은 거의 없었다. 국채보상운동의 시작을 선언한 1907년 2월 21일 〈대한매일신보〉 투고 기사에 포함된 한 구절이 절박하게 그 지점을 환기시킨다.

만일 그 액수가 다 차지 못하는 일이 있더라도

어차피 주도권은 대한제국의 재정권을 모두 압수한 일제에 있었다. 지식인들은 일제가 정당치 못한 억지를 써서 나라를 집어삼켰다는 흔적을 역사에 남기기 위해 국채보상운동에 뛰어들었다. 여기서 **남녀노소 모두**라는 점이 산성 방어의 특질을 보여준다. 여성들은 남성 이상으로 적극적이었다. 그들은 친정에서 물려받은 유산이나 결혼 기념물인 비녀와 가락지를 팔아 현금을 내놓았다. 하층민의 열정도 대단했다. 도적들조차 재물을 강탈

히디가 국채보상금이라는 사실을 알고 도로 놓고 가기도 했다. 도적단이 자신들의 재물까지 기부하고 사라진 적도 있다. 천대받던 기생들도 돈과 보석을 내놓았다. 한국인의 산성 방어에서는 사회에서 소외된 사람들이, 바로 그 사회를 유지하기 위해 희생을 감수하는 현상이 나타난다. 그러므로 한반도의 지배계층은 **적어도** 외국인 정복자보다는 나을 게 확실해 보이는 도덕성과 관대함을 증명하기 위해 노력해왔다.

국제정세의 비정함이 어느 정도인지 몰랐을 하층민 대부분은 국채를 갚으면 정말로 나라를 지킬 수 있었다고 믿었을 것이다. 그러나 국채보상운동은 당연히 실패했다. 일제는 가장 간단한 방법을 사용했다. 그냥 국채를 늘려버렸다.* 어차피 결과가 정해져 있는 게임이었다. 운동에 뛰어든 대한제국 신민들은 나라를 지키는 데 실패했다. 하지만 한일 강제병합이 원치 않은 결과이며 불공정한 게임의 결과라는 기록을 남기는 데에는 성공했다.

90년 후, IMF 구제금융 사태, 이른바 외환위기가 터지자 **재난 상황을 맞아** 한국인들은 다시 결집했다. 갑자기 빚더미에 앉은 한국의 원화 가치는 끝을 알 수 없을 정도로 떨어졌다. 빚을 갚아야 하는데 날이 바뀔수록 무가치해지는 원화로 갚아야 하니 진퇴양난이었다. 한국인은 국제적으로 가장 신뢰성 높은 현금인 금에 눈길을 돌렸다. 금 모으기 운동이 시작되었다. 이번에도 여성들이 큰 역할을 했다. 금 모으기 운동의 시초는 새마을부녀회의 '애국 가락지 모으기 운동'이었다.

한국은 전통적으로 가정경제에 있어서 여성의 권력이 큰 나라다. 이는 조선 시대는 물론이고 고구려 시대까지 거슬러 올라

---

* 음해와 여론조작을 하기도 했지만 본질은 액수 자체이며, 액수를 인위적으로 늘리면 그만이었다.

가는 유구한 전통이다. 한 집단의 실권자를 '안방마님'이라고 하지 '바깥양반'이라고 부르는 일은 없다. 그것을 부동산 투자라 부르든, 투기라 부르든 가족이 살 집을 선택하는 일은 여자의 소관이었다. 주부들은 한국을 '아파트 공화국'으로 만들었다. 가정마다 있는 결혼반지, 액세서리, 금송아지나 금두꺼비 같은 환금성 장식물 등 금붙이를 처분할 권한도 여성에게 있었다. 금 모으기 운동이 여성들로부터 시작된 일은 무척 자연스럽다. 그러므로 김대중 대통령이 금 모으기 운동에 큰 역할을 했다는 말은 반은 맞고 반은 틀리다. 김대중은 금 모으기 운동을 키우고 응원하고 외국에 선전하는 일을 매우 유능하게 해냈다. 한국인에게는 희망을, 외국에는 한국의 회생 가능성을 보여주어야 했다. 김대중의 역할은 적지 않지만, 그는 '숟가락을 얹는' 실수를 범하지 않았다. 현명하게도 모든 공을 국민에게 돌렸다.

　금 모으기 운동이 과연 얼마만큼의 실효성이 있었는지는 논란이 많다. 한 가지, IMF가 강제적으로 올린 금리를 인하하는 결과를 가져온 건 분명하다. 이는 한국 경제가 외국 자본에 완전히 잠식되는 사태를 막는 데 있어 큰 역할을 했다. 그렇지만 외환위기의 늪에서 빠져나오는 과정 전체에서 금 모으기 운동의 비중이 얼마나 되는지는 영 계측하기 어렵다. 그러나 이 책에서 금 모으기의 실질적 효과는 중요하지 않다. 우리의 주제는 한국인의 행동 양식이지 행동의 결과가 아니다. 약 227톤의 금이 모였는데, 참여자는 무려 351만여 명이었다. 전국적으로 4가구당 1가구가 **자신의 손해를 감수**했다. 세계적으로 이런 사건은 극히 드물지만, 한국인처럼 나라에 불만이 많은 국민이 반대편으로 돌변하는 경우로는 아예 유일할 것이다.

바이러스에 대항한 산성

코로나19 사태가 세계를 잠식했을 때, 한국의 체계적인 방역체계와 국민의 협조는 지나칠 정도로 훌륭해서 외국의 눈에는 모범적인 수준을 넘어 신비해 보일 지경이었다. 한밤중의 번화가를 보면 한국인은 평소에 그다지 질서정연하지 않다. 재난 상황이었기에 모두가 함께 불편을 감수하는 스위치가 켜진 것이다. 한국의 방역이 영 신기했는지 러시아의 언론들은 약속이나 한 듯 김치가 코로나에 효과가 있는 모양이라는 보도를 쏟아냈다. 한국인은 음식에 많은 미신을 갖고 있다. '밥이 보약'이라고 말하고, 정력에 좋다는 식재료에 집착하며 수많은 음식에 '보양식'이라는 이름을 붙인다. 하지만 내 기억에 김치로 코로나19에 맞설 수 있다고 한 한국 언론이나 지식인은 없다. 만약 있었다면 다름아닌 한국인들에게 비난의 폭격을 받았을 것이다. 한국인은 무속적인 동시에 과학적이다. 평소에는 미신을 좋아하다가도 재난 상황이 닥치면 미련 없이 과학의 편에 붙는다. 코로나 사태에서 백신은 음모라거나, 효과가 없다거나, 백신보다 좋은 민간요법이 있다거나 하는 비과학적 믿음이 세계적으로 유행했다. 한국만큼 백신 반대주의가 설 자리를 잃고 추운 비바람을 맞은 나라는 없다.

외국, 특히 개인주의 전통이 깊은 서유럽인에게 한국의 풍경은 말없이 기계적으로 움직이는 일개미 떼처럼 느껴졌다. 프랑스 언론 《레제코(LesEchos)》는 흥미로운 칼럼을 게재했는데, 내용을 보면 한국인이 권위에 순종적이며 아직 개인주의의 가치를 모른다고 믿고 있다. 하긴 일반적인 프랑스인이 한국인처럼 말 안 듣는 민족이 없다는 사실을 알 리가 없다. **평상시**의 한국인은 대통령부터 정부 부처, 맨 아래로는 동사무소 직원까지 제발 협조를 부탁드린다고 빌어야 말을 들어줄까 말까다. 칼럼은 한국은 사생활 침해가 극심하며, 유럽인은 이런 꼴을 받아들일 수 없다고 한다. 수많은 한국인이 학교에서 '고발의 기술'을 배우며 '초감시' 문화를 갖고 있다고도 적었다.

재밌게도 해당 칼럼은 한국의 방역 성과를 중국, 대만, 베트남과 함께 묶어 설명한다. 아마 한자를 사용하는 문화권이라 햄버거와 콜라, 감자튀김 같은 세트메뉴로 보인 모양이다. 대만은 섬이며 국토와 인구 규모가 작은 나라다. 방역이 잘되지 않으면 이상한 나라다. 중국과 베트남은 일당독재 국가다. 원래 권위주의는 눈에 띄는 결과를 빨리 뽑아낸다. 그러나 쉽고 빠른 만큼이나 지속력은 없어서, 얼마 지나지 않아 중국인의 불만은 하늘을 찌르게 되었다. 칼럼은 중국의 '디지털 감시와 시민 억압 기술'을 한국도 따라 했다는데, 한국이 실시간 확진자 동선과 신변 정보를 추적한 건 사실이다. 하지만 시민사회가 동의해주었기에 가능한 일이다. 한국에서 재난 상황이 아니라 평시에 정부가 이런 짓을 했다가는 정권이 무너진다. 일본은 어떨까. 일본의 방역 성과는 시원찮았다. 일본인은 가정과 직장, 지역사회, 길거리에서 한국인보다 질서정연하다. 그러나 평상시가 비상시로 전환되면 바뀐 환경에 따라 질서를 잃어버린다. 자연스러운 현상일 뿐이므로, 호평도 악평도 남길 이유가 없다.

유럽인들은 한국의 방역에 대해 농경민 특유의 순응하는 체질이라든지, 독재를 경험한 국민의 습관적인 복종과 같은 이유를 떠올렸다. 물론 여기엔 유럽인의 '자발적인 질서'를 능가하는 아시아의 질서가 있을 리 없으며, 있다면 그것은 질서가 아니라 굴종일 것이라는 그들의 나르시시즘이 도사리고 있다. 여기서

129

확인할 수 있는 사실은 그들이 '아시아의 농부'를 상상할 때 사용하는 기준이 '전근대 유럽의 농노'라는 것이다. 진실을 말하자면 동아시아, 특히 한반도의 농부는 유럽 농노보다 훨씬 더 많은 주체성과 존엄성을 누렸다. 동아시아에 유럽처럼 '노예처럼 굴종하고 순응하는 농민'은 역사적으로 흔치 않으며, 한반도에는 더더욱 없었다.

나는 여기서 한국인의 질서가 유럽보다 우월하다고 주장하지 않는다. 반면에 많은 사람들이 생각하듯이 그들에 비해 열등하지도 않다. 한국적 질서는 그들이 '좋음'과 '나쁨' 사이를 그은 직선과 동떨어진 곳에 위치한 제3의 질서다. 다만 한국의 현상 전부를 유럽의 기준으로 설명하려는 시도는 오류다. 유럽인들은 그래도 된다. 한국인도 다른 대륙을 성의 없이 해석하기는 마찬가지니까. 하지만 유럽 유학파 출신 한국 지식인 여럿은 서구의 기준으로 '서구답지 못한' 한국을 훈계하는 철 지난 습관을 이제는 좀 버릴 때가 됐다. 젊은이들과 독자층에게는 이미 2000년대 중반에 끝난 유행인데, 당사자들만 아직 모르는 것 같다.

코로나 방역 성과에 큰 수혜를 입은 문재인 정권은 실수를 범했다. 한국인의 코로나 대응은 '청야 후 산성 집결'과 내적 구조가 동일하다. 이는 한국인에게는 너무나 익숙한 전투 대형이었다. 불태운 논밭은 문 닫은 자영업자의 가게에 비유할 수 있다. 의료진은 산성에 집결한 전투병력에 해당한다. 그런 상황에서 자영업자와 의료진에 돈과 사의(謝意/謝儀)를 아꼈으니 민심을 잃는 건 당연하다. 문재인 정권은 대통령 개인의 스타성에 의존하는 정치적 전략을 취했다. 그래서 김대중과 반대로, 방역 성과가 문재인의 능력이나 인품의 결과인 양 포장했다. 한국 유권자는 이런 종류의 실수를 잊지 않는다. 이렇게까지 자국의 유권자를 이해하지 못하는 여당이 다음 대통령 선거에서 패배한 사실은 전혀 이상하지 않다.

한국인은 정치인이 유권자의 눈치를 보는 **척**만 해도 지지해준다. 연기인 줄 몰라서가 아니다. 흉내에도 시간과 노력이 들어간다는 사실을 인정해줘서다. 한국의 정치인들은 유권자가 멍청하다고 믿는다는 점에서 멍청하다. 현명한 정치인은 남들이 자신의 위아래를 훑어보며 끊임없이 점수를 매긴다는 사실을 잊지 않는 지혜를 발휘한다. 자기도 한국인이면서, 무슨 근거로 다른 한국인의 성격이 무던할 거라고 믿는지 도통 모르겠다.

광장과 길거리의 산성 전투

재난 상황이 정치적인 의미를 지닐 때도 한국인은 결집한다. 첫 번째는 상황이 단순히 정치 자체일 경우다. 한국은 이 책을 쓰는 지금까지 시민혁명에 세 번 성공했다. 1960년의 4.19 혁명, 1987년의 6월 혁명, 마지막으로는 박근혜 정권을 무너뜨린 2016년의 촛불 혁명이다. 마지막을 혁명이라 부르지 않고 단순히 '퇴진운동'이라 해도 상관없다. 여기서 중요한 것은 혁명의 기준이 무엇이냐가 아니라, 산성 방어의 특질이다. 비선 실세 최순실의 존재가 드러나자, 한국 유권 대중은 박근혜를 몰락시킬 완벽한 핑계를 찾았다. 그동안 한국인은 '대통령 박근혜'의 존재를 간신히 참고 있었다.

최순실의 존재와 박근혜가 식물 대통령이라는 사실은 JTBC 방송국이 입수했다고 주장하는 태블릿PC를 통해 알려졌다. 입수 과정의 불법성이나 조작 여부는 법리적 차원에서는 논란이 될 수 있다. 그러나 큰 틀에서 태블릿PC는 중요하지 않다.

한국인은 대통령과 그의 친구를 재난으로 인식했고, 곧바로 산성 방어에 돌입했다. 수백만 명의 국민이 촛불을 들고 한국의 정치적 중심인 광화문에 결집해 대통령을 쫓아낸 사건은, 뒤에서 설명하겠지만 **중앙을 지향하는** 한국인의 속성이 산성 방어와 만난 결과다.

평시에 한국인은 경쟁자를 밟고 올라서야 하기에 다른 한국인을 증오한다. 경쟁의 방향은 **평면적으로는 주변에서 중앙으로, 수직적으로는 아래에서 위로** 흐른다. 재난을 맞아 경쟁을 멈추고 **협력할 때 적과 재난을 밀어내는 방향은 반대**가 된다. 평면적으로는 국토 안에서 밖으로, 혹은 중앙에서 주변으로 밀어낸다. 수직적으로는 산성인 위에서 평지인 아래로 내리누른다. 광화문 결집은 박근혜를 수직적으로는 옥좌에서 감옥으로 떨어뜨리고, 평면적으로는 청와대에서 대구로 주변화하는 싸움이었다. 박근혜를 지지하는 독자들은 이 대목에서 불쾌해하지 않기를 바란다. 나는 한국인의 행동 원리를 설명하는 중이지, 누군가를 지지하거나 비난하고 있지 않다.

박근혜 퇴진보다 정치성이 조금 덜하지만, 따지고 보면 충분히 정치적인 사례가 있다. 2019년에 시작되어 2년가량 이어진 일본 상품 불매운동이었다. 아베 신조(安倍晋三) 일본 총리는 우경화되어가던 일본의 민심을 타고 정치적 성공을 거두었기 때문에, 자신에게 필요할 때마다 우경화를 부추겼다. 혐한감정은 우경화에 빠질 수 없는 양념이라 그는 한국을 때리기로 했다. 아베 총리는 과거사 문제에서 한국과 의견이 일치하지 않자 난데없이 한일 무역분쟁을 일으켰다. 어차피 과거사 문제에서 두 나라의 마음이 맞았던 적은 별로 없다. 그런 만큼 없는 분쟁을 굳이 만들어낸 것이다. 그런데 일본은 한국에서의 수입을 틀어막은 것이 아니라, 거꾸로 한국으로의 수출을 제한했다. 경제적으로 보면 아무런 의미가 없는 기이한 정책이었다.

　화가 난 일부 한국인들이 일본 상품 불매운동을 시작했다. 대부분의 한국인은 초기에는 심드렁했다. 애초에 분노했다기보다는 아베 총리를 바보 취급하는 쪽이었다. 어차피 정치권과 대기업이 해결할 일이었다. 반도체와 자동차를 만드는 과정에서 벌어지는 일은 개인의 일상과 너무 동떨어져 있다. 마트나 인터넷 쇼핑몰에서 일본 상품을 사지 않는다고 사태가 바뀔 일은 없었다. 한국산 제품에도 일제 부품과 중국 자재가 들어가고, 일제 TV에 한국산 디스플레이가 들어가는 세상이다. 하지만 한국인은 곧바로 사태의 의미를 알아버렸다. 기왕 불매운동이 시작되었다면, 가시적인 결과를 보여주는 편이 낫다는 사실이었다. 원하지 않는 전투여도, 일단 시작되었으면 산성에 모여야만 한다.

　일본 언론은 '빨리 끓고 빨리 식는 한국인의 냄비근성'을 예측했지만, 예측이 빗나가자 크게 당황했다. 일본인이 이해할 수 없는 역사성 때문이다. 불매운동에서 특히나 재밌는 표적이 된 대상은 두 가지다. 하나는 맥주다. 한 일본 유명인이 유튜브에서 '한국인이 일본 맥주를 못 마시게 되면 한국은 난리가 날 것'이라는 망상을 떠든 탓에 본때를 보여줄 리스트의 상위에 맥주가 올라가고 말았다. 다른 하나는 오랫동안 한국 관광객을 무시하고 질 낮은 서비스를 제공했던 대마도(対馬島, 쓰시마)다. 한국인들은 관광에 의존하는 대마도의 경제를 완전히 멈춰버렸다. 전부터 벼르고 있었는데 전투상황이 되자 먼저 타격한 것이다.

　불매운동에 가장 적극적으로 참여한 지역은 경상북도였다. 한국 정치권과 일부 정치중독자들은 보수적이면 미국과 일본에 유화적이고, 진보적이면 중국과 북한에 우호적이라는 일직선 형

133

태의 난순한 공식 안에서 산다. 보수적인 경북이 운동에 가장 열심이었던 이유는 무엇인가? 질문 안에 답이 있다. 보수적이어서다. 상대국이 어떤 나라인지는 상관없다. 경북은 보수적인 만큼 한국적 특질이 농밀하게 유지되기에 불매운동이라는 산성 방어전투에 가장 적극적이었다. 좌우의 단순한 직선은 환상이다. 한국 정치는 빨갱이로부터 '자유대한'을 지키거나, 친일파가 망쳐 놓은 국가 정체성을 회복하는 성전이 아니다. 현실은 환상으로 설명되지 않는다. **이유 없는 결과는 없다.** 우리는 환상의 자리에 역사성을 끼워 넣어야 한다.

88 서울올림픽과 2002년 한일월드컵에서 한국인이 보여준 기이할 정도의 질서정연함은 비정치적이다. 하지만 따지고 보면 그 안에는 정치가 도사린다. 2002년 월드컵에서 한국 국가대표팀은 4강에 올랐다. 전국의 모든 길거리가 연일 잔치판이 되었다. **광란**이라고 할 만한 열기였는데, 자국에서 열린 월드컵에서 대표팀이 성공했으니 여기까진 이해할 만하다. 그런데 놀랍도록 사고가 없었다. 강력범죄는 거의 없다시피 했으며, 약간의 경범죄가 있었을 뿐이다. 수많은 사람들이 자동차 지붕 위에 올라가 방방 뛰었음에도 결과적으로 지나치게 안전했다. 길거리 응원단은 알아서 쓰레기를 치우기까지 했다. 경찰의 통제력을 벗어난 열기를 시민들이 스스로 통제했다.

올림픽과 월드컵은 주최국 입장에서는 세계에 보여주기 위한 행사다. 그래서 이미 국가적 수준을 증명한 선진국은 대회 유치에 그렇게 큰 관심이 없다. 항상 첫 번째 올림픽이나 월드컵이 해당 국가를 흥분시킨다. 처음으로 자랑거리가 되는 순간이니까. 그런데 만약 대회 진행이나 치안, 인프라, 질서 따위가 엉망이 되기라도 하면 대회를 유치하는 의미가 사라져버린다. 한국인은 기껏 세금을 쓴 나머지 국제적인 악평을 받는 사태를 미연에 방지하기 위해 협동했다. 2002 월드컵에서 한국인이 보여준 질서는 냉정히 말해 쇼다. 한국인은 평소에 그 정도까지 쓰레기를 잘 줍고 다니지 않는다. 그러나 쇼의 물밑에는 남녀노소가 밀집된 산성에서 **한시적으로** 발휘한 질서, 즉 **한국적인 전투 방식이 있다.**

산성 방어는 효과적인 수단이지, 아름다운 미술품이 아니다. 독자들께서는 이 지점에서 혼란을 느끼지 않기를 바란다. 나는 산성 전투에 숙달된 한국인의 문화적 본능이 옳다고 말하지 않았다. 그렇다고 할 생각도 없다. 일본 상품 불매운동 기간에 일제 승용차를 발로 차거나 오물을 던지는 행위가 있었다. 유럽이나 중국에 비하면 아주 온건한 수준이었지만, 없지 않았다. 이는 불필요한 악행이기도 하지만 산성 방어의 행동규범 중 하나다. 규범이라는 단어를 착각해선 안 된다. 법적, 도덕적 규범이 아니라 문화적 규범을 말하는 것이다. 산성 전투 습관은 한국인이 다른 민족보다 선량하거나 멋진 증거가 아니다. 우주의 이치는 한반도인과 외적 중 누구의 편도 아니다. 우주는 차가운 물리학을 사랑하는 반면 생물학은 생존자의 편이다. 나는 생물학적 관점에서 이야기하는 중이다.

한국인은 조국과 사회를 위해 목숨을 내놓고 헌신하는 외국인을 볼 때 스스로 반성하는 경향이 있다. '나라면 저렇게까지 할 수 없다'고 말한다. 평상시에는 맞는 말이다. 단 전시에는 반대가 된다. 평시와 전시가 만들어낸 이중성은 일상생활에까지 침투해 있다. 국가적 차원의 이슈가 아니어도 재난 상황은 불현듯 찾아오게 마련이다.

숭고한 속물

2001년 일본에 유학 중이던 대학생 고 이수현 씨는 신오쿠보(新大久保) 역에서 지하철을 기다리다가, 선로에 떨어진 취객을 발견했다. 그는 취객을 구하기 위해 선로에 뛰어들었다. 사진작가인 한 일본인도 돕기 위해 이수현 씨를 뒤따랐다. 안타깝게도 세명 모두 숨지고 말았다. 이 사건은 일본 사회에 커다란 충격을 주었다. 일본인들에게는 한 외국인 유학생이 자국민에게 보여준 희생정신이 대단히 인상적이었던 모양이다. 한국인들은 일본 사회가 받은 감동의 크기에 한번 놀라고, 오랜 시간이 흐르고 나서도 여전히 이수현 씨를 추모한다는 사실에 두 번 놀랐다. 물론 이수현 씨의 행동은 찬사를 보내 마땅하다. 그런데 한국에서는 흔한 일이다. 아름다운 행동이지만 특별한 행동은 아니다.

일본인들이 특히 놀랐던 부분은 이수현 씨가 열차가 역내로 들어오고 있는 와중에 목숨을 걸고 뛰어들었다는 점이다. 반대로 생각해야 한다. 이수현 씨는 열차가 들어오고 있었기 때문에 몸을 던졌다. 사람이 죽게 생겨서였다. 한국인은 다른 사람에게 큰일이 났다 싶으면 갑자기 다른 인격으로 변해 제2, 제3의 이수현이 된다. 한국인이 모두 의인이라는 얘기가 아니다. 그랬다면 한국의 교도소와 구치소는 텅텅 비었을 것이다. 의인은 한국뿐 아니라 어디에나 있다. 그러나 한국인이 의인으로 변하는 **작동 원리**와 의인의 **행동 양식**은 외국과 다르다.

평소에 한국인은 세상은 돈과 지위가 최고일 뿐인 지저분한 정글이고, 자신 역시 철이 좀 든 대가로 돈만 아는 속물이 되었다고 생각한다. 그러다가 누군가의 **재난 상황**을 발견하면 자신만의 산성 전투에 임한다. 한국에는 이수현 씨와 비슷한 영웅이 정말로 흔하다. 2015년 의정부 오피스텔 건물에 큰 화재가 발생했을 때, 지나가던 간판업자인 이승선 씨는 옆 건물 옥상을 통해 불타는 건물로 진입했다. 그는 작업할 때 쓰는 밧줄에 몸을 의지한 채 아무런 안전장치 없이 화염과 연기가 타오르는 건물 벽에 매달려 열 명의 시민을 구조했다. 건물 주민들의 체중을 오직 팔힘만으로 견디며 구해냈는데, 당연히 생사의 위기를 여러 번 오갔다. 그리고 그는 세상의 관심을 피해 재빨리 도망갔다.

한 방송국 뉴스 프로그램*이 이승선 씨를 찾아내 실시간 화상 인터뷰에 세우는 데 성공했다. 그는 판사의 선처를 받아 벌금을 깎고 싶은 경범죄자처럼 곤란한 얼굴로 고개를 숙이며 "별 볼일 없는 사람인데 죄송합니다."라는 말로 인터뷰를 시작했다. 같은 사건에서 건물에서 뛰어내리는 두 여성을 맨손으로 받아낸 60대 남성 '박씨'는 운이 좋은 편이었다. 그는 언론의 사냥을 피해 얼굴과 실명을 숨기는 데 성공했다.

한국의 영웅은 무척 조용하며, 되도록 관심을 피하려 할 뿐만 아니라 자신을 추켜세우려는 언론과 시민들에게 약간 짜증을 내는 경향까지 보인다. 숭고한 헌신을 보여준 후 사라졌다가 한국사회의 추적망에 걸려 인터뷰를 강요당하는 한국인들은 항상 민망한 얼굴로 자신을 깎아 내린다. 미국 영웅처럼 자랑스러운 얼굴로 선행의 가치를 강변하는 한국인은 없다. 한국인은 사고 현장에 시민 영웅이 등장할 때마다 뉴스를 통해 어김없이, 한 해에 몇 번씩 같은 말을 들으며 산다.

그냥 우연히 그 자리에 있었을 뿐이다.

---

* 손석희가 진행하던 〈JTBC 뉴스룸〉이다.

해야 할 일을 했을 뿐이다.

그냥 (아무 이유 없이) 그랬다.

영웅이 되면 사람들을 실망시키지 말아야 하는 의무가 생긴다. 한 번 고결해지면 자신의 1차원적 욕망을 부정하기도 힘들고, 술자리에서 음담패설을 하거나 싫어하는 정치인과 그의 지지자들을 저주하기도 곤란해진다. 한국인의 보편적 취미인 자기비하를 하기에도 불편해진다. 저주의 말이 튀어나오려고 목이 근질거리는데, 교통사고를 당해 죽어가는 시민을 구하기 위해 목숨을 건 영웅이 되어 있다고 생각해보라. 그런 비극은 피하는 편이 낫다.

한국인은 타의에 의해 강제로 고결해지는 사고를 당하지 않기 위해 도망다닌다. 그렇기에 유명인이 기부 사실을 당당하게 밝히면 관심이나 인정을 받으려는 속내 때문이라고 의심하는 경향이 있다. 한국인은 남의 선의나 열정을 폄훼하는 짓에도 여지없이 특별한 재능을 발휘한다. 선행으로 도움받는 사람들이 있고, 자기 자신을 돋보이려는 목적만을 위한 기부라 할지언정 도움은 도움인데 뭐가 그리 불편하단 말인가? 한국인은 자신의 선행을 숨기는 경향이 있기에 선량함을 드러내는 사람들을 본능적으로 의심한다. 한국인은 매우 이타적이지만, 동시에 그 사실을 매일같이 부정하며 산다.

한국인에겐 웃는 얼굴로 아름다운 이야기와 덕담을 나누는 불편한 세상이 오지 않길 바라는 저항감이 있다. 그렇기에 성공한 한국인은 선행 대신 남들 눈에 충분히 천박해 보일 수 있도록 벤츠와 스위스 시계를 자랑한다. 사치품이 없다면 자녀의 천재성(이 천재성은 어째서인지 부모 눈에만 보인다)을 자랑한다. 재능이 많고 적음과 상관없이 자녀라는 사랑스러운 존재가 주어졌다는 사실에 대한 감사는 반드시 생략한다. 그래야 속물로 남는 데 성공할 수 있다. 사실 한국인은 자녀를, 자녀라는 이유로 더없이 사랑한다. 다만 자식의 바보 같은 그림을 공개하며 미술 천재가 나타났다고 호들갑 떠는 일을 잊지 않는다. 팔불출 부모가 됨으로써 다른 팔불출을 욕할 정당성을 획득한다.

한국인은 자신이 속물이라고 **착각**할 뿐 아니라, 착각이 진실임을 확인하기 위해 노력한다. 한국의 예능 프로그램에 출연자의 미담이 소개되고 나면 당사자, 진행자, 시청자가 모두 불편함을 느낀다. 열정, 도전, 선행, 의리…다 좋다. 좋아서 문제다. 그러다가 진행자의 기술과 출연자의 눈치가 모든 상황을 정리한다. 결국 '돈이 좋아서', '돈 때문에' 그랬다는 정답이 나오면 비로소 웃음과 박수가 터져 나오며 분위기가 '해결'된다. 20여 년간 한국인이 가장 좋아하는 방송인의 자리를 지킨 유재석은 '해결'의 순간 얼굴에 웃음꽃을 피운다.

한국에는 아예 한국인의 **착각**을 만족시키는 일을 전문으로 담당하는 연예인이 있다. 그의 이름은 김구라다. 그는 모든 상황을 돈과 권력의 문제로 몰아간다. 김구라는 인터넷 방송에 몸담던 시절에 많은 유명인을 저질적인 언어로 욕하고 음해했다. 한국인은 그런 전력을 가진 연예인을 미련 없이 방송가에서 퇴출한다. 그런데 김구라는 정도가 지나쳤는데도 멀쩡히 살아남아 있다. 한국 사회는 김구라의 **쓸모** 때문에 그를 내버려둔다. 다같이 천박한 속물인 척하고 안심하는 일에 그만큼 봉사를 잘하는 인물은 아직 없는 모양이다.

한국인은 자신을 제외한 모든 운전자를 어느 나라 사람보다도 저주하면서 차를 몬다. 그런데 어떤 사고로 차들이 멈춘다고 해보자. 트럭에서 쏟아진 제품이나 과일 따위가 도로에 즐비하다. 그러면 한국인들은 일제히 차를 멈추고 내려 질서정연하게 트럭에 물건을 주워 담는다. 대가를 바라지도 않는다. 모두가 함께 해결해야 할 재난 상황으로 인지하면 한국인은 더없이 희생적이다. 질서가 회복되면 뿔뿔이 흩어져 운전대를 잡고 다시 타인을 저주하기 시작한다. 여기서 트럭 운전자를 욕하지는 않는다. 재난을 당한 사람이라서다. 누구나 살다보면 그런 실수나 불행이 찾아올 수 있으며, 재난은 누구를 탓한다고 해결되지도 않는다. 재난 앞에서 한국인은 인심이 넉넉하다. 대신 재난에 함께 대처한 '일시적 동지'가 영 갑갑하다.

아까 내 옆에 아저씨 몸 쓰는 거 되게 둔하더구먼.
저거 군 미필 아니야?

평소에 한국인은 남들을 무시할 수 있는 잘난 '년놈'이 되기 위해 최선을 다한다. 한국의 드라마에는 자식이 데려온 사위나 며느리 후보를 무시하고 모욕하는 졸부 부모가 빠짐없이 등장한다. 너무 뻔하지만 확실한 효과를 발휘하는 탓에 반복적으로 등장하는 재수 없는 부자는 한국 시청자에게 두 가지 '보는 맛'을 제공한다. 첫째는 저주를 퍼부을 핑계다. 드라마는 상품이므로, 마음 놓고 욕하는 쾌감을 확실히 제공하기 위해 한국 드라마의 악역은 아주 대놓고 못돼먹었다. 남을 **도덕적으로 지탄**하는 것만큼 한국인을 즐겁게 하는 일은 드물다. 특히 여주인공의 시어머니는 천박하고 역겨우며 잔인한 속물이다.

한국 남자와 결혼한 외국인 여성 중에는 결혼 전에 한국 드라마를 시청한 이들이 많다. 그들의 증언에 따르면 한국인 시어머니의 억압을 걱정한 경우가 흔하다. 그런데 결혼하고 보니 웬걸, 시어머니가 정상인이 아닌가. 사실 자기비하의 습관에 젖은 한국인은 자신이 낳고 키운 자식이 제대로 된 인간이라고 믿을 만큼 낙천적이지 못하다. 그래서 대체로는 순진한 외국인이 아들놈에게 사기 결혼을 당해준 사실에 늘 미안하고 고마워한다.

두 번째는 욕망이다. 한국인은 자식의 사랑을 방해하는 졸부 부모의 사회적 지위와 부를 탐한다. 물론 그들의 천박함을 닮고 싶어 하지는 않는다. 모든 한국인은 자신이 가장 교양있다고 믿으니까(사실과는 거리가 멀다). 훌륭한 **나**는 절대 천박한 언행을 하지는 않을 것이지만, **할 수도 있는 위치**를 차지하는 일은 한국인의 입맛을 돋게 하는 멋진 상상이다. 물질적 성공이 생일 케이크라면 도덕적 우월감은 케이크 위를 장식한 과일 조각이다. **평시의 한국인은 평범함을 거부한다.**

전시의 한국인은 특별함을 거부한다. 남들보다 희생적이면서 누구보다 조용한 존재가 되려고 한다. 외적에 맞서는 산성 안은 혼자만 주목받아서는 안 되는 공간이다. 원치 않게 영웅으로 추대되기라도 할라치면 자신을 **뭉툭하게 깎기** 위해 노력한다.

나는 한국인의 선조가 **한반도에 사로잡힌 탓**에 얻은 특질을 **천박한 숭고함**이라 하겠다. 그러므로 한국인은 어떤 인간집단인가? **한국인은 숭고한 속물이다.** 숭고한 속물은 평시와 전시, **생존의 지옥**과 **멸망의 그림자** 사이에서 태어난 별종이다. 그러나 한반도가 한국인의 모든 것을 설명하지는 않는다. 한반도는 민족성의 얼개가 잡힌 틀이지, 민족성 자체는 아니다. 민족성이 형성되려면 먼저 하나의 민족이 탄생해야 한다.

2부

민족의 탄생

6장
고려는 고구려다

고구려는 추억이 아니라 현실이다

고구려는 한반도의 고대를 장식한 삼국(三國, 고구려 백제 신라) 중 한국인에게 가장 인기가 많다. 고구려의 역사는 한국인에게, 특히나 아마도 중국에 여러 번 본때를 보여줬다는 점에서 남성들에게 짙은 로망을 안겨준다. 남자는 퍽 유치한 동물이어서 싸움 실력에 몹시 집착한다. 현실은 로망스가 될 수 없다. 아직 이루지 못한 것, 이뤘다가 잃은 것만이 로망스가 된다. 한국인은 고구려의 영토와 함께 정신적인 소중함까지 잃었다고 생각하는 경향이 있다. '만주벌판을 달리던 기상', 나쁘게 말하자면 외국인을 죽이고 약탈한 깡패 근성과 말보다 주먹이 앞서는 성질머리 말이다. 한국인에게 고구려는 사랑하지만 사라졌고, 사라졌기에 더 사랑스러운 과거다. 하지만 사라지지 않았다.

한국인은 지나치게 객관적인 나머지 주관적이다. 한국인에게는 '진실이 내가 바라는 대로일 리 없을 것'이라는 관념이 있다. 그래서 고구려가 통치했던 만주와 요동을 잃었다는 사실을 지나치게 아쉬워하는 나머지, 고구려의 영토뿐 아니라 **고구려 자체**가 사라졌다고 착각한다. 고구려는 사라지지 않았다. **고려는 고구려다.** 현대에는 고씨 왕가의 첫 번째 왕조와 왕씨 왕가의 두 번째 왕조를 시대적으로 구분할 필요성이 있다. 그래서 고대

국가를 고구려로, 중세 국가를 고려로 구분해 부른다. 물론 나도 이 구분법을 따를 것이다. 하지만 고구려 시대부터 **고구려와 고려는 동의어였다.** 고구려는 첫 번째 고려고, 고려는 두 번째 고구려다.

　삼한/삼국을 통일한 신라가 흔들리자 군벌이 난립하는 후삼국 시대가 펼쳐졌고, 고구려계 유민들이 후삼국 시대에 고구려를 계승해 고려를 세워 삼한을 재통일했다. 한국인이라면 모두가 교과서에서 본 이 명제를 **문자 그대로 받아들여야 한다.** 고려 건국 세력은 세간에 당연한 듯 받아들여지는 착각처럼 고구려 계승을 '정치적으로 표방'하지 않았다. 그들 자신이 고구려인이었다. 고려는 고구려의 복식, 활, 음식문화, 온돌, 일상생활의 예법까지 이어받았다. 현재 한복은 고려-고구려식 의복이다. 고구려 활의 구조는 고려와 조선을 거쳐 지금의 국궁에 이르기까지 동일하다. 콩으로 만든 장에 고기를 재어 익혀 먹는 불고기 장르는 고구려에서 유래했다. 일본의 야키니쿠, 태국의 무카타 등 현지에서도 한국이 원조인 것으로 인정하는 고기 요리의 고향은 고구려다. 한국은 남자와 여자가 큰절하는 법이 다른데, 한쪽 무릎을 세운 채 몸을 숙이는 여자들의 큰절은 고구려의 호궤(胡跪, 북방식 절)에서 왔다.[*]

　한반도 고대문명의 풍경은 중국의 기록에 의존하는 경우가 많기에 신라, 백제와 공유하던 문화도 고구려의 것으로 기록되었다고 생각할 수도 있다. 실제로도 얼마든지 가능성 있는 이야기다. 고구려가 중국과 가장 가까웠기 때문이다. 하지만 고구려만의 정체성이 이어진 확실한 예가 있다. 강원도를 대표하는 불

---

[*]　두 무릎을 모두 꿇는 남자들의 절은 중국-유교의 영향을 받았다.

교 사찰 중 하나인 오대산 월정사(月精寺)는 신라 선덕여왕 연간에 창건된 후 불태워졌다가, 고려 시대에 재건되었다. 고려인들은 월정사를 전형적인 고구려식 사찰의 구조로 지었다. 기술과 건축양식이 남아있었다는 것은 고구려 유민이 비록 나라는 망했어도 정체성을 유지했다는 사실을 보여준다. 대한민국의 국보인 월정사 8층 석탑은 통일신라의 양식과 동떨어져 있다. 이 석탑은 분명히 당대 유행의 중심인 송나라 양식에 영향을 받았다. 그러나 송나라 양식을 걷어낸 나머지는 전형적인 고구려식이다.* 고구려 멸망과 고려 건국 사이에는 250년의 시간이 있지만 두 왕조는 정치적 차원이 아니라 실제로 연결되어 있었다.

고려는 국내외 모두에서 고구려와 같은 나라, 즉 고구려 자체로 받아들여졌다. 몽골의 쿠빌라이 칸은 고려의 항복을 받을 때 감격하며 말했다. "고려는 당 태종도 굴복시키지 못한 나라인데** 그 나라의 후계자***가 나에게 왔으니 이는 하늘의 뜻이다." 중국 사서는 "왕건이 고씨의 나라를 이었다", "왕건이 고씨의 자리를 대신했다", "(왕씨가) 주몽의 나라로부터 왕위를 물려 받았다"고 기록한다. 중국인은 여전히 한국인을 욕할 때 '까올리(高麗, 고려)'라고 한다.

조선 태조 이성계가 처음 왕위에 올랐을 때, 그는 고려의 임금이었다.**** 조선은 그가 왕위에 오른 후에 고친 새로운 정식

---

* 월정사 석탑은 8각형 모양에 8층으로 지어졌다. 이러한 다각다층 석탑은 고구려나 중국의 다층 목탑 형태를 계승한 것으로 이야기된다. 사각형을 기본으로 하는 통일신라 석탑이 안정적이고 균형미를 강조하는 데 비해 다각다층 석탑은 수직성이 더 강조된다.

** 고구려-당 전쟁.

*** 고려의 원종(元宗).

**** 국제적으로는 고려권지국사(高麗權知國事, 고려 국왕 대행)였다.

국호, 고려의 다른 이름이다. 조선왕조는 대한제국으로 개명했고 비록 제국은 망했지만 이름은 현재의 대한민국으로 이어졌다. 국명에 있어서도 고구려-고려는 대한민국은 물론 조선민주주의인민공화국(북한)의 직계 선배다. 조선의 외교관들은 명나라 사신과 말싸움을 할 때 을지문덕의 살수대첩을 들먹이며 놀려먹었다. 조선 시대 중기를 지나며 사대부들 사이에서 점차 신라 정통론에 목소리가 실렸다. 하지만 국가적 차원에서 공인된 적은 없다. 정통론은 나라 안의 논쟁일 뿐이거니와, 애초에 논쟁이란 정론에 대항하는 반론에 의해 일어난다. 조선왕조는 고구려의 시조인 주몽을 단군과 같은 집안 사람, 즉 천손(天孫)으로 간주했다. 조선을 방문한 중국 사신들은 평양에 들렀을 때 단군과 동명성왕을 모신 숭령전(崇靈殿)에 반드시 참배하러 가야만 했다. 단군이야 그렇다 치고, 중국을 여러 번 좌절시킨 고구려의 시조에 절을 시킨 일은 의미심장하다.

고구려를 역사에서 잃었다고 믿는 현대 한국인과 고구려의 역사가 끊이지 않고 이어져 왔다고 믿은 조선인의 시각 중 어느 편이 정확할까. 굳이 따지자면 오히려 조선인의 관점이 역사적 사실에 가깝다.

두 번의 삼한일통(三韓一統), 그때는 맞고 지금은 틀리다

고려의 삼한 재통일은 신라의 첫 번째 삼한통일과 달리 진정한 통일이었다. 나는 지금 일부러 신라를 깎아내리려는 게 아니다. 신라가 당나라와 손잡고 같은 옷을 입고 같은 언어를 구사하는 고구려와 백제를 멸망시켰을 때에도, 그리고 고구려의 수도 평양을 무인지경(無人之境, 인적 없는 풍경)으로 방치할 때에도 신라는 그저 신라의 일을 했을 뿐이다. '삼국' 혹은 '삼한' 사람들은 '우리는 같은 특질과 문화를 가진 사람들'이라는 의식을 공유했다. 다만 여기서 '우리'는 공동체가 아니었다.

'외세인 당나라를 끌어들여서 민족국가 두 개를 날려버렸다'는 논리로 신라를 매국노 취급하는 사람들이 있다. 미안하게도 당시에는 민족국가 의식이란 게 존재하지 않았다. 아쉬워하는 건 선택이지만 비난은 좀 생각해볼 일이다. 마찬가지로 '고구려는 사라진 추억일 뿐이다'라며 일부러 고개를 돌리는 습관도 어리석다. 진실은 복합적이지만, **아주 조금만** 복합적이다. 신라가 통일왕조를 유지하면서 한국인의 형성에 큰 영향을 끼친 것은 사실이다. 동시에 한국인이 신라 이상으로 고구려의 유산 위에 서있다는 사실도 함께 인정받아야 한다. 한 링 위에서 만난 두 권투선수는 한쪽이 이기거나 져야 한다. 그런데 한 건설현장에서 만난 도장공과 용접공은 각자 자기 일하고 헤어지면 된다. 역사는 건축물인데도 링인 줄 아는 사람들이 많다. 신라의 역할을 인정하면 고구려의 영향을 부정해야 한다거나, 고구려 중심 사관을 선택하면 자동적으로 신라를 비난해야만 하는 공식 같은 건 **없다.**

프랑스인의 눈에 영국과 독일은 똑같이 게르만족의 나라다. 전통적인 영국인으로 여겨지는 앵글로색슨의 어원이 된 앵글족과 색슨족 모두 게르만족의 일파다. 색슨은 독일의 지명인 작센(Sachsen)에 해당하는 영어이며, 영어는 독일어의 사투리다. 현재 영국과 영연방 왕국의 왕실 가문인 윈저(Windsor) 왕가의 원래 이름은 '작센코부르크고타(Sachsen-Coburg und Gotha)'이다. 그러거나 말거나 독일과 영국은 1차와 2차 세계대전에서 적국이 되어 싸웠다. 여기에 심오한 이유가 있지는 않다. 사정상 서로 싸울 만하니까 싸웠을 뿐이다. 2차 대전에서 게르만 민족국가인 나치독일은 라틴 민족(이탈리아)과 손을 잡았고, 또 다른 게르만 민족국가인 영국은 슬라브족(소련)과 연합을 이뤘다. 현재의 많은 한국인이 신라를 바라보는 시선으로 영국을 비난하면 다음과 같다.

> 게르만족 서유럽 국가가 소련 슬라브족과 손잡고 동족 국가인 나치독일을 멸망시켰다.

이는 다음 명제와도 정확히 일치한다.

> 한민족 한반도 국가가 당나라 한족과 손잡고 동족 국가인 고구려와 백제를 멸망시켰다.

둘 다 틀린 명제다. 신라의 통일은 **무죄**다. 다만 **현재의 기준에서** 불완전할 뿐이다. 신라는 삼국시대나 통일시대나 변함없이 **성골과 진골이 소유한 나라였다.** 신라의 통일은 엄밀히 말해 **통일보다는 영토확장**에 해당한다. 신라는 끝까지 가문의 **족보**로 운영되었다. 그래서 멸망한 고구려와 백제 유민들도 골품제라는 족보서열체계에 편입될 필요가 있었다. 고구려의 왕족과 최고등급 귀족은 6두품을 받았다. 이건 따지고 보면 당연한 일이라 불만을 가질 필요도 없었다. 6두품 위의 성골과 진골은 특정한 **집안**이었다. 한집안 식구도 아닌데 성골이나 진골이 되는 게 더 이상하다. 반면 백제의 VIP는 고구려와 달리 5두품으로 책정된 것에 충격을 받은 나머지 일본으로 대거 망명했다.

　신라처럼 왕가가 소유한 나라와 **왕가가 통치하는** 나라는 다르다. 고려는 신분제 사회였지만 적어도 왕가를 제외한 모든 귀족은 삼국의 출신과 상관없이 똑같은 귀족이었다. 더욱이 귀족도 실질적인 차원에서 귀족이지, 원칙적으로는 고려 국적을 가진 사람이라면 모두가 똑같은 백성이었다. 어디까지나 원칙이었을 뿐이지만 귀족의 지위에 오른 하층민이 가끔이나마 출현했다. 무엇보다 고려는 중국식 관료제를 적극적으로 받아들이고 과거시험을 도입했다. 현실적으로야 부와 지위가 있는 사람의 자제만 비싼 공부를 할 수 있었지만, 원칙은 중요하다. 통일신라의 **피지배민**은 고려의 **공민**(公民)이 되었다. 그러나 고려가 삼한을 통일하자마자 바로 그렇게 된 것은 아니다. 정작 통일했을 당시에는 삼한이 아닌 고구려만의 승리였다. 고구려-고려인의 혈통 의식은 매우 강했다.

고려 태조 왕건은 발해를 친척지국(親戚之國, 친척의 나라)이라고 불렀다. 고려인과 발해인은 고구려인이라는 의식을 공유했다. 실제로 발해는 외교문서에서 자국을 '고려'라고 표기하기도 했다. 두 나라 모두 왕성(王姓, 왕가의 성)은 고구려 왕가인 고(高)씨가 아니었다. 고려는 왕(王)씨의 나라이고 발해는 대(大)씨의 나라이니, 친척이라는 표현이 그림처럼 들어맞는다. 다만 이때 친척이라는 말은 현대인의 느낌보다 훨씬 강렬한 표현이다. 친척(親戚)에서 친(親)은 요즘의 '친구', '친하다'에 함께 쓰이는 한자지만, 지금처럼 편하게 써도 되는 말은 아니었다. 親은 피로 맺어진 혈족이란 뜻이며, 한 부모에게서 나왔다는 의미다. 반면 혼인으로 맺어진 외척을 뜻하는 척(戚)은 어느 정도의 거리를 의미한다. 그러므로 '친척지국'을 현대적 느낌으로 번역하면 다음과 같다.

한 배에서 나온 친형제자매지만 지금은 각자의 집에서 따로 사는 사이.

발해가 거란(契丹, 키타이, Kithai), 중국식 국호로 요(遼)나라의 침공으로 멸망했을 때 왕건은 친척의 나라를 잃었다며 분통을 터뜨렸다. 하지만 그의 분노가 어디까지 진심인지는 의심하지 않을 수 없다. 고려는 신생국이었지만 발해의 별명은 멸망 직전까지 해동성국(海東盛國, 동쪽의 성대한 나라)이었다. 발해가 멸망함으로써 왕건은 고구려 종주권 논쟁을 공짜로 피할 수 있었다. 왕건에게 떨어진 이점은 또 있었다. 왕건은 뛰어난 전투 지휘관이었지만 후백제의 군주 견훤(甄萱)만은 못했다. 견훤은 공산(公山)전투에서 왕건을 처참하게 박살내고 고려를 멸망 직전에 몰아넣었다. 왕건은 이 전투에서 고구려계 전사들을 너무나 많이 잃었다. 이때 마침 조국이 멸망해 '친척의 나라' 고려로 망명한 수많은 발해 전사들이 전투력의 공백을 메워주지 않았다면 왕건은 결코 삼한을 통일하지 못했을 것이다. 그러므로 발해의 멸망은 왕건에게 하늘이 내린 선물이었다.

왕건은 외교적으로는 불필요한 실수를 저질렀다. 삼한을 통일하면서 국제적인 지도자가 되었으므로, 요나라는 당연히 사신과 선물을 보내왔다. 왕건은 사신 30명을 모조리 섬에 유배 보냈다. 절망한 사신들은 자살했고, 자살하지 않고 버틴 이들은 왕건이 사약을 보내 죽였다. 선물은 50마리의 낙타였는데 만부교(萬夫橋)라는 다리 밑에 묶어 굶겨 죽였다. 외교 참사였으나 내부정치의 차원에서는 현명했다. 발해를 멸망시킨 거란을 모욕함으로써 발해계 전사와 주민을 위로한 것이다. 왕건은 한반도를 통일하고 나서도 한동안 발해인의 전투력을 절실히 필요로 했다. 결과적으로는 **고구려인끼리의 단합**이다. 고려의 임금과 정부는 백제계와 신라계보다 발해인을 더 가깝게 여겼다.

통일신라는 삼한/삼국을 하나로 묶었지만 거기서 더 나아가지 못했다. '통일신라-인'은 아직 한국인의 선조가 아니었고 그건 다음 고려의 몫이었다. 고려인이 한국인의 진정한 선조가 되기 위해서는 삼한 사람들이 하나의 민족으로 재탄생해야만 했다. 그러기 위해서는 민족의 출발을 알리는 **선언자**와 **사건**이 필요하다. 그 사건의 이름은 전쟁이다. 선언자의 이름은 곧 등장한다.

한반도와 중원, 불편한 동거

고구려는 할 수 있는 모든 방식으로 중국의 힘을 무시했다. 중국은 모든 방법을 동원해 고구려를 응징하려고 했다. 결과는 양측에 모두 불행했다. 물론 멸망한 고구려 쪽이 훨씬 손해다. 하지만 중국은 손해를 안 봤느냐고 하면, 그렇지 않다. 수나라는 고구려 침공에 실패한 여파로 멸망했다. 당나라는 두 번의 실패로 멸망 직전에까지 몰렸다. 만약 당나라까지 멸망했다면 중국의 역사는 수백 년의 후퇴를 피하지 못했을 것이다. 그래서 중국은 무엇을 얻었는가. 나당연합군이 고구려와 백제를 멸망시켰을 때 당나라의 군주는 고종(高宗)이었다. 고종은 얼마 지나지 않아 다음과 같이 말했다.

> 해동(한반도)의 두 나라를 원정했지만, 고구려가 요수(遼水, 요하강)를 건너 쳐들어온 것도 아니었고, 백제가 바다(황해)를 건너 쳐들어온 적도 없다. 해마다 많은 병사를 보내느라 우리의 소모가 컸다. 이미 지나간 일이지만 후회된다.

중국은 결과적으로 얻은 게 없었다. 고구려 유민은 곧바로 발해를 세워 고구려의 자리를 대체했다. 발해가 멸망하고 10년 후 고려가 삼한을 통일하고 한반도의 주인이 되었다. 중국의 입장에서 고구려는 멸망한 적이 없는 것이다. 불필요한 고통은 한반도와 중원 양쪽에 귀중한 교훈을 주었다. 중국에 있어 한반도에 싸움을 거는 행위는 막대한 비용에 비해 소득이 너무 없었다. 한반도는 한반도대로 **끝까지 가면** 인구와 생산력의 한계를 만나 왕조가 멸망하는 사태를 피할 수 없다는 사실을 확인했다.

지나치게 값비싼 실험을 한 후 한반도와 중국은 이후 **암묵적 합의**에 이르렀다고 확신한다. 중국은 한반도가 고개를 숙여주기만 하면 건드리지 않기로 결론을 굳히고 행동했다. 한반도 왕조는 중국이 책봉하는 제후국의 지위를 순순히 받아들이고 체면을 세워주는 대신 실질적인 영향력 행사는 거부하기로 했다. 이러한 타협은 그 자체로 평화다. 그러므로 고려가 일어선 폐허에 아무런 값어치가 없지는 않았다. 고구려는 죽지 않고 부활했을 뿐 아니라, 한반도 평화에 지대한 역할을 했다. 하지만 지금 이야기한 중국은 한족 중심의 농경국가, 중원을 차지하고 떵떵거리는 제국을 말한다. 중국은 언제나 복수(複數)였음을 잊지 말자.

고구려 시대까지 **거대한 외적**이란 **중국 보병**이었다. 그들은 머릿수가 지나치게 많은 대신 한반도까지 걸어오느라 지쳐 있는 창병(槍兵, 개인 병기로 창을 쓰는 보병)이다. 그들의 활과 노(弩, 석궁)는 발사 가능한 살(箭, 전)은 많을지라도* 조준력과 사정거

---

* 만리장성을 지키는 한 전투단위(통상적으로 지휘체계가 작동되는 망루 하나 혹은 두 망루 사이의 병력)의 전근대 중국 수비대는 한 번의 전투(2시간 기준)에 평균적으로 1백만 발 이상의 화살을 적군에 투사했다.

리가 떨어진다. 몸과 몸이 부딪히는 육박전을 치르는 상황에서도 한족은 유전적으로 한반도 주민의 체격에 밀린다.

하지만 **거대한 외적**이 중국 보병에서 **초원 기병**으로 바뀌면 이야기가 달라진다. 한반도인의 키는 동아시아 유목민보다 크지만 뼈의 굵기와 근육량은 반대다. 아시아 농경민족의 일원인 입장에서 농담 삼아 '육식 인종'이라 부르는 몽골-시베리아계 황인, 유럽계 백인, 아프리카계 흑인의 몸이 얼마나 장대하게 느껴지는지 당사자들은 모를 것이다. 전투에서 한반도인의 강점은 키였지만* 유목민이 말을 타면 그조차 뒤집힌다.

유목 전사들은 한반도 왕조와 주민이 중국 보병과 나눈 **교훈**을 알지 못했다. 고려는 유목 제국에도 **같은** 교훈을 주입해야 할 운명에 놓였다. 그 상대는 **거란**이었다.

---

* 키는 곧 눈높이다. 사격에 있어 눈높이의 차이는 우열을 가르는 중요한 조건이다.

7장
추남과 사생아

저주받은 아이

양력 992년 8월 1일, 한민족이 탄생한 여정에서 가장 중요한 군
주가 태어났다. 이날 개성 송악산에 위치한 사찰 왕륜사(王輪寺)
근처에서 불길이 발견되었다. 화재가 발생한 곳은 임금이었던
고려 제6대 임금 성종(成宗)의 삼촌인 왕욱(王郁)의 집이었다. 왕
욱은 나라를 세우고 삼한을 통일한 태조 왕건의 8번째 아들로,
시와 풍수지리에 취미가 있는 운 좋은 한량이었다. 왕위계승서
열이 낮아 정치적 야심을 가질 이유가 없었으니 적도 없었다. 조
카이자 임금인 성종도 그를 좋아했다. 하지만 느긋한 삶을 살았
던 만큼 자제력은 없었다.

　　고려 5대 군주 경종(景宗)의 아내 중에는 두 친자매가 있었
다. 한 명은 황보 영(皇甫 英), 훗날 고려 최고 권력자가 되는 천
추태후다. 그녀의 언니는 황보 설(薛), 헌정왕후(獻貞王后)로 알
려진 여인이다. 알콜 중독에 빠진 경종이 20대의 나이에 요절하
면서 두 자매는 과부가 되었다. 설과 영은 각각 새로운 임금 성
종의 친누나이자 여동생이기도 했다. 황보라는 성은 사촌 간의
근친혼을 대놓고 하기가 껄끄러워서 억지로 바꾼 성씨다. 사실
은 경종, 성종, 설과 영 모두 왕씨이며, 태조 왕건의 친손자 친손
녀였다.

고려 태조는 삼한을 통일하는 과정에서 전투를 결혼으로 대신 해결할 수 있으면 주저하지 않고 결혼했다. 정치적인 현명함이지만 왕건 자신의 책임도 있다. 그는 실제로 여자를 심하게 좋아했고 정력도 대단했다.* 시간이 지나자 태조는 지나치게 많은 자손이 각자 자신의 권리를 주장하며 나라를 조각낼 위험을 걱정하게 된다. 그래서 왕실 내에서 사촌 간의 근친혼을 추진했다. 왕실 가족의 머릿수가 더 퍼져나가는 사태를 막고, 몇 세대에 걸친 근친혼으로 왕가의 족보를 한 줄기로 좁히겠다는 계산이었다. 정력가의 희망 사항이 만든 잘못된 산수였다. 사촌끼리 결혼해 아이를 한 명만 낳으라는 법은 없으니까 말이다. 하지만 어디까지나 사촌끼리만 가능했다. 삼촌과 조카 사이의 육체관계는 넘어설 수 없는 금기였다.

과부가 된 설과 영은 각자 애인을 사귀었다. 영은 김치양(金致陽)이라는 젊고 잘생긴 승려를 골라잡았다. 언니 설은 상대를 잘못 골랐다. 바로 작은아버지인 왕욱이었다. 처음에는 조카들에게 인기 많은 삼촌이었을 게 분명한 왕욱에게 위로와 격려를 받는 정도였다. 그러다 불륜이 시작되었고, 삼촌의 아이를 임신하고 말았다. 성종이 화재를 진압하려고 다급히 군사들을 보냈을 때, 거기에는 삼촌과 만삭의 누나가 있었다. 수치스러운 비밀이 드러나자 설은 충격을 받아 비틀거리며 버드나무를 붙잡았다. 그 상태로 사생아를 출산하고 탈진해 사망했다. 성종의 분노는 하늘을 찔렀다. 그는 삼촌을 먼 시골로 귀양 보내 안락한 한량의 삶을 끝장내줬다.** 추악한 불륜의 증거인 아이에게는 순

---

* 단지 반했다는 이유만으로 아무런 정치적 목적 없이 결혼을 강행한 여인도 있다.

** 현화사비(玄化寺碑)의 내용에 따르면 왕욱과 황보 설은 명예로운 삶을 살다가 편안하게 죽었다. 문제는 현종이 부모의 명복을 빌기 위해 지은 사찰

(詢)이라는 이름이 지어졌다. 훗날 고려 제8대 군주 현종(顯宗)이 되는 왕순은 성종에게 불쾌한 물건 취급을 받았다. 하지만 어린 왕순이 부모의 품을 그리워하는 모습을 보이자* 성종도 죄책감을 느꼈는지 아이를 아버지인 왕욱에게 보냈다. 그러나 왕욱은 고급 한량답게 불편하고 가난한 생활을 견디지 못하고 곧 죽고 말았다. 완전히 고아가 된 왕순은 존재 자체가 불결한 아이로 멸시받으며 고독한 성장기를 보냈다. 성종이 요절하고 왕순의 사촌 형인 왕송(誦)이 옥좌에 올라 목종(穆宗)이 되었다. 그는 이모인 황보 영의 아들이었다. 황보 영은 심약한 아들을 짓누르고 스스로 집권자가 되었다. 고려 권력의 중심은 황제의 정전(正殿, 옥좌가 자리한 공식 집무실 겸 회의공간)인 회경전(會慶殿)에서 태후가 머무는 천추전(千秋殿)으로 옮겨갔다. 이때부터 황보 영은 그 이름도 유명한 천추태후(千秋太后)로 불리게 되었다.

천추태후는 왕순을 신혈사(神穴寺)라는 작은 암자에서 조용히 수행하던 진관(津寬)이라는 스님에게 맡겼다.** 왕순을 죽이기 위해서였다. 왕순은 더러운 동시에 고귀했다. 태조 왕건의 손자인 동시에 외증손자였으니 혈통의 순수성만으로 한반도에서 가장 존귀한 존재는 왕순이었다. 그는 존재만으로 천추태후의 권력을 위협했다. 태후의 권력은 전적으로 아들이 군주라는 사실에서 나온다. 그런데 목종은 동성애자였기 때문에 자식을 낳

이 현화사라는 점이다. 사찰은 사실을 기록하는 공간이 아니다. 《고려사》의 집필진은 현종을 지극히 존경했지만, 교양있는 지식인답게 현화사비의 내용은 하나도 믿지 않았다.

* 성종의 다리에 매달려 기어오르며 '아빠'라고 옹알거렸다.
** 그 전에 숭경사(崇敬寺)에 동자승으로 출가시켰다. 그후 신혈사로 보내는 처분을 내렸다.

을 가능성이 없었던 데다, 왕건의 자손들은 젊은 나이에 숨이 끊기곤 했다.* 그러므로 천추태후는 친조카를 죽일 필요가 있었는데, 왕순은 더러웠기에 쫓아내기는 쉬웠지만, 존귀했기에 함부로 죽이기도 힘들었다.

성종은 죽기 전까지 여동생을 못 믿었던 모양이다. 생전에 그토록 혐오했던 왕순에게 대량원군(大良院君)이라는 공식적 지위를 주었던 것을 보면 말이다. 고려에서 원군(院君)이란 왕위계승서열에 포함된 인물을 의미한다. 그런데 성종이 죽은 후 집권자가 된 천추태후는 왕순을 신혈사에 보낸 후 대량원군에서 신혈소군(神穴小君)으로 강등시켰다. 요즘 식으로는 '절간에 내다버린 정통성 없는 왕자' 정도의 어감으로 매우 모욕적인 표현이다. 태후는 왕순을 죽이기 위해 신혈사에 여러 번 자객을 보냈다. 그때마다 진관은 기지를 발휘해 왕순을 구해주었다.

천추태후는 애인인 김치양과의 사이에서 낳은 아들을 다음 왕위에 올리려는 계획을 꾸몄다.** 죽이는 편이 좋은 존재였던 왕순은 이제 반드시 죽여야만 할 장애물이 되었다. 천추태후는 자신의 도덕적 이미지를 지키느라 은밀히 자객을 보내고 독살을 시도했을 뿐이다. 욕먹을 각오만 한다면 가난한 스님과 동자승 둘쯤 죽이는 건 일도 아니었다. 다급해진 왕순은 그나마 자신의 편이라고 믿었던 목종에게 구원을 요청하는 편지를 보냈다.

인간이 죽을 때가 되면 마지막에 제정신을 차리곤 한다. 빼어난 외모의 남자들과 애정행각이나 벌이던 목종은 갑자기 잃어버린 총명함을 되찾고 어머니의 폭압에서 벗어나려고 했다. 그

---

*   근친에 의한 유전병이 의심되지만, 또 한편으로는 근친이 불과 1~2대만 진행되었기도 하다.
** 이 부분은 천추태후를 깎아내리기 위한 후대의 음해로 의심되기도 한다.

는 어머니에게 사로잡힌 개경 바깥으로 손을 내밀었다. 그 대상은 북쪽의 전방 총사령관 강조(康兆)였다.

강조와 강감찬

강조는 어머니로부터 나라를 구원하라는 목종의 명령을 받고 자신이 지휘하던 군사를 몰아 개경을 공격했다. 강조는 자신만의 신념에 따라 어떤 짓도 저지를 수 있는 강력한 마초로, 매력적이지만 위험한 인물이었다. 그는 목종의 명령에 따라 군대를 움직였지만, 목종이 아니라 고려 자체에 충성하기로 했다. 강조는 수도 개경을 무단으로 접수하고 목종을 폐위해버렸다. 그리고는 천추태후와 김치양 일파를 사정없이 끝장냈다. 먼저 김치양과 그의 아들을 죽였다. 그리고 결정적으로 강조는 천추태후 대신 목종을 죽여버렸다.

　목종은 천추태후 권력의 근간이었다. 태후의 독재를 완전히 끝내려면 다름 아닌 그의 아들이 사라져야 했다. 천추태후만은 고려를 통치했던 전직 최고 권력자에 대한 예우로 살아남았다. 물론 연인과 자식, 권력을 잃은 태후의 남은 삶이 결코 행복했을 것 같지는 않지만. 천추태후의 통치는 결코 한심하다고만은 할 수 없었다. 태후는 유능한 악녀였다. 사치스럽고 잔인했지만, 북방의 요새를 관리하는 군사적 식견은 뛰어났다. 강조야말로 태후의 능력을 현장에서 가장 가까이 확인한 인물이었다.

　강조는 왕위계승서열 1순위자인 왕순을 새 임금으로 옹립했다. 이때 강조의 행동은 특이하다. 그는 이제 곧 왕순이 앉을 빈 옥좌 앞에서도 철저히 예의를 지켰다. 강조는 고려왕조에 진심으로 충성했다. 그는 한때 주군이었던 개인은 얼마든지 죽일 수 있시만 주군을 섬겨야 한다는 사실, 그 주군은 왕실의 인물이어야 한다는 원칙, 마지막으로 조국과 조국을 세운 왕실 자체는 무한한 충성을 바쳐야 한다는 신념 앞에서는 겸허했다. 강조는 타협 불가능한 국가주의자였다. 그런 그에게 고려 태조 왕건, 고구려 귀족들, 신라 왕실이 합쳐진 고귀한 피가 흐르는 왕순의 몸은 신성하기 이를 데 없었다.

　　고려 제8대 군주 현종(顯宗)이 된 왕순은 당연하게도 허수아비 군주였다. 그가 독단적으로 결정했는지 아니면 강조의 허락을 받았는지 알 수 없지만, 현종은 한 가지 중요한 결정을 내렸다. 강감찬(姜邯贊)을 발굴해 중신으로 기용한 것이다. 강감찬은 고려의 개국공신 강궁진(姜弓珍)의 아들인 데다 신분과 상관없이 실력만으로 과거시험을 치러 장원급제를 거둔 수재 중의 수재였다. 그러나 늦은 나이에 예부시랑(禮部侍郎, 외교부 겸 문화부 중급 공무원)으로 취직했다는 이야기를 빼면 오랫동안 그의 기록은 별 다른 게 없다. 있다면 백발노인이 될 때까지 중앙 정계에서 밀려난 채 지방 행정관 노릇을 전전했으리라는 암묵적 흔적뿐이다.

　　강감찬이 초특급의 배경과 재능으로도 평생에 걸쳐 소외된 이유를 추측할 수 있는 단서는 네 글자다. 사료는 그의 생김새를 잔인하게도 '체모왜루(體貌矮陋, 몸은 조그맣고 생김새는 너저분함)'라고 기록한다. 한자로 쓰인 전근대 동아시아의 전통 역사기록은 외모에 대한 평가를 아끼는 특징이 있다. 정말로 특별한 외모만이 묘사된다. 외모에 대해 잘생겼다거나 아름답다는 구절이 기록되어 있으면 엄청난 미남미녀였다는 뜻이 된다. 한국사에서 한자로 기록된 등장인물 소개에서 강감찬만큼 인정사정없는 외모 묘사는 없다. 그의 키는 겨우 150cm 전후로 추정되며, 여러 기록을 종합해 볼 때 어릴 적 천연두를 앓아 얼굴이 곰보였을 가능성이 크다.

고려는 외모지상주의 사회였다. 한국인은 외모를 떠나 인품과 실력만으로 인물을 평가해야 마땅하지 않냐는 관념을 가지고 있는데, 이는 유교적 가치가 국가 이념이었던 조선 시대의 영향이다. 조선 성리학은 현대 한국인이 생각하는 훨씬 이상으로 정치적으로 올바른 구석이 있다. 조선은 지금의 서구보다도 외모지상주의를 금기시했다. 하지만 외모지상주의는 고려뿐 아니라 동서고금의 기본적인 인간 심리다. 한국사의 1차 사료 중 하나인《고려사》집필진은 높은 확률로 '체모왜루'라는 표현을 통해 강감찬이 오랫동안 중앙 정계에서 방치된 이유를 충분히 설명하려 했을 것이다.

현종은 쿠데타 세력의 허수아비 임금이 되면서 간신히 목숨을 연장했다. 하지만 자신이 왜 임금이어야 하는지, 그 존재가치를 증명하는 일은 훨씬 잔인하고 험난했다. 그가 임금이 되고 곧 세계 최강국인 요나라-거란이 고려를 침공했다. 명분은 충분했다. 중국식으로 요나라 황제 성종(聖宗), 종족 식으로는 거란의 카간*야율문수노(耶律文殊奴)가 보기에 신하(강조)가 군주(목종)를 폐위하고 죽이다니 두고 볼 수 없다는 식이었다. 요 성종은 너무나 정의로운 사람인 나머지 이웃 나라 고려의 잘못된 정치를 바로잡지 않을 수 없어 군대를 일으키고 말았다. 그 군대의 이름은 멋지게도 의군천병(義軍天兵, 정의를 위해 일어선 하늘의 군대)이었다. 물론 거란의 '진정성'을 믿는 역사학자는 전 세계에 한 명도 없다. 거란은 중국(당시 송나라)을 집어삼키거나 가혹하

* 칸 중의 칸. 동아시아 유목민에게 '왕중왕'과 같은 의미이며 중국식으로는 '황제'가 된다.

게 두들겨 패 단물을 뺄아먹기 위해서 후방인 한반도를 먼저 정리할 필요가 있었다.

정리라는 말에는 많은 의미가 숨어있다. 제국으로 성장한 동아시아 북방 기마 집단은 언제나 같은 딜레마에 시달렸다. 중원과 한반도, 두 농경 문명 사이에 끼어 있게 된다는 점이다. 중국을 치면 한반도 쪽인 후방이 비고, 한반도를 향하면 중국 방면이 후방이 된다. 그래서 그들은 중국의 땅과 인구, 재물을 빼앗아 마련한 전쟁비용으로 한반도를 공격했다. 마찬가지로 중국을 완전히 정복하려면 한반도 역시 가혹하게 착취해 훌륭한 보급기지 역할을 할 필요가 있었다. 말 타는 전사들로 이루어진 제국은 경제적 모순에 시달렸다. 약탈적인 전쟁경제는 정복사업이 멈추거나 실패하면 부도가 날 운명을 품고 있다. 한반도 침공은 그들에게 피할 수 없는 숙제였다.

압록강을 건넌 '의군천병'은 무려 40만 명이었다. 하나의 사건이 발생하자 갑자기 40만 명이 조직되었다는 것은, 이미 침공군 편제가 완료되어 있었다는 의미다. 쿠데타의 여파로 흔들리는 고려가 미쳐 전쟁 준비를 마치기도 전에 닥쳐온 침공이었다. 역사는 언제나 작은 틈새에서 시작하는 법, 이번에도 한 장수가 문제였다.

사상 최악의 적

하공진(河拱辰)은 폭력적이고 비열한 장수로, 정작 제대로 된 싸움에서는 무능했다. 그는 강조가 부리는 인간 사냥개 중 하나였는데, 이런 타입의 인물은 주인에게 잘 보이기 위한 충성경쟁에 목숨을 건다. 하공진은 상부의 명령 없이 공을 세우기 위해 멋대로 여진족 부락을 학살하러 국경을 넘고는 실력이 모자라 참패하고 말았다. 그리고는 복수를 한답시고 고려에 조회하려고 입국해 있던 여진족 추장 일행 95명을 모조리 죽였다. 비록 전투는 못했지만 학살에 있어선 대단한 실력자였음을 알 수 있다. 문제는 그가 함부로 죽인 여진족이 임금의 손님이었다는 점이다. 하공진은 당연히 처형되어야 했지만 아마도 그를 예쁘게 봐준 강조 덕에 귀양 가는 정도로 그치고 말았다.

하공진이 친 사고는 눈덩이처럼 대형사고로 이어졌다. 분노한 여진족이 거란에 일러바쳤고, 여진족에게 길 안내를 비롯한 대대적인 협조를 약속받은 거란은 현종이 옥좌에 오른 바로 그해 전면 침공을 감행했다. 이것이 거란의 2차 침공이다. 1차 침공은 한국인이라면 모두가 아는 그 유명한 서희(徐熙)의 담판으로 끝났다(993년, 성종 12년). 하지만 이번 침공은 말로 끝날 상황이 아니었다. 요 성종이 직접 총사령관이 되어 한반도에 진입했다. 고려를 멸망시키기 위한 출동이었다. 1010년 말 겨울이었다.

요 성종의 첫 번째 관문은 흥화진(興化鎭)*이었다. 흥화진은 거란의 1차 침공 때 서희가 소손녕을 구슬려 말솜씨로 받아낸 강동 6주(江東六州)에 속한 방어진지로, 고려는 재빨리 여러 요새를 세웠었다.** 흥화진을 지키는 장수는 양규(楊規)였다. 그의 수비대는 거란군 40만 명에 겹겹이 포위되었다. 흥화진의 병력

---

* 지금의 평안북도 의주군 위원면 일대다. 신의주시 근처로 압록강 남쪽에 있다.

** 천추태후의 집권기에 토산과 목책 진지를 화강암 산성으로 보강하는 공사가 완료되었다. 태후는 자신의 사치를 위해서도 건축물을 지어댔지만, 어쨌든 전방의 대공사에 백성들을 강제 동원하는 악역은 철저히 자신이 맡기도 한 셈이다.

은 불과 3천 명이었다. 흥화진에서 양규는 놀랍게도 133배의 거란군을 막아냈다. 요 성종은 편지를 묶은 화살을 쏘아 보내 항복을 권유했지만 양규는 정중하게 예의를 갖추어* 거부했다. 요 성종은 흥화진을 뒤에 남겨놓은 채 남쪽으로 진격을 계속해야 하는 껄끄러운 상황을 감수해야만 했다.

요 성종의 다음 목표 역시 강동 6주의 일부인 통주(通州)**였다. 이곳에서 그는 고려군 행영도통사(行營都統使, 임시최고사령관) 강조가 이끄는 고려군과 조우한다. 강조는 꼭두각시 군주 현종을 개경에 남겨두고 30만 대군을 집결시켜 거란군과 일전을 치를 준비를 마친 상태였다. 전투병 30만은 고려의 군사력 전부이며, 30만 명을 뒷받침하는 인구는 고려인 전체였다고 봐도 무방하다. 통주 전투는 각자 최고 권력자의 지휘를 받는 농경 국가와 유목 제국이 **전체 전력**으로 맞붙는 대회전(大會戰)이었다.

통주 아래는 서경(西京, 평양)이었고, 또 그 아래는 수도 개경(開京)이었다. 가장 중요한 두 도시를 잃는다면 국가의 절반 이상이 사라지는 거나 마찬가지였다. 강조가 통주에서 일전을 결심한 것은 올바른 판단이었다. 다만 그는 쿠데타로 집권한 인물이니만큼 역사에 죄인으로 남지 않기 위해 반드시 이겨야 했다. 강조의 실력은 대단했다. 그는 병력의 배치에서도 정석 중의 정석이라고 평가받을 만큼 완전에 가까운 배치를 선보였다. 교

---

* 이때는 중세다. 전쟁 중에 만난 적국의 군주라 할지라도 하늘의 선택을 받은 인간에 대한 존경을 표하는 것이 예의이며, 양규는 예법에서도 지지 않으려 노력했다. 마찬가지로 요 성종 역시 내용 자체는 항복하지 않으면 나중에 다 죽이겠다는 암시를 전했지만 값비싼 선물을 하사해가며 부드러운 표현을 사용했다. 첫 전투부터 화를 내면 실패를 인정한다는 의미가 되어버리는 것이기도 했다. 즉 양측은 공방전에 더해 예법 경쟁도 펼쳤다.

** 지금의 평안북도 선천 지역.

과서대로 배치하는 게 뭐가 어렵냐고 할 수 있지만, 소설이 아닌 현실에서 지휘력이란 아이디어가 아니라 실현 능력이다. 전근대에 무려 30만 명을 실수 없이 배치하고 운용하는 데까지 성공하는 건 아무나 하는 일이 아니다. 강조는 거란 기병의 매서운 공격을 여러 차례 그림처럼 물리쳤다. 거란군의 마지막 공세는 강조가 지휘하는 본진을 향했다. 강조는 여유롭게 탄기(彈碁, 알까기)를 즐겼다. 그리고 잠시 후 고려는 멸망의 위기에 빠져든다.

강조는 지금까지도 저 탄기 때문에 비난받는다. 몇 번의 접전에서 이겼다고 방심해서 조국을 위기로 몰아넣는 한심한 작태로 보이기 때문이다. 그러나 여유를 부려 적을 도발하는 심리전은 강조의 전유물이 아니다. 일찍이 수많은 실력자들이 보여주었던 퍼포먼스다. 일례로 조선 시대에 김종서(金宗瑞)는 여진족을 상대할 때 화살의 사정거리 안에서 술판을 벌였다. 이후 여진족 사이에서 그는 '큰 호랑이'라는 별명으로 불렸다. 강조는 여유를 부리는 척하며 "적군은 입안의 음식처럼 많이 들어와야 씹을 맛이 난다."고 말했다. 이는 허세가 아니라 지극히 전술적인 말로, 적의 선봉을 깊숙이 끌어들인 후 공격군을 좌우로 감싸 포위 섬멸하겠다는 계획이다.

이전까지 몇 번의 접전에서 강조는 검차(劍車, 적 방향으로 여러 검날을 세운 수레)를 앞세워 적을 물러나게 했다. 물러난다는 건 다시 말해 산 채로 다시 싸울 준비를 한다는 뜻이다. 포위망 안에서 몰사하는 것과는 다르다. 말을 탄 적보다 체력이 빨리 떨어지는 아군 보병의 불리함을 고려해, 이제는 거란군에게 결정적인 피해를 강요해야 할 순서였다. 그러므로 바둑도 아닌 알까기를 하는 유치한 짓거리는 적을 도발하기 위한 연출이 아닐 수 없다. 통주전투에서 강조가 실수한 건 없다. 그러나 그가 거란군의 마지막 돌격부대인 우피실군(右皮室軍)을 한 번도 경험해 보지 못했다는 사실이 비극이었다.

거란의 기병은 당시 세계 최강이었다. 그중에서도 진정한 최강 부대는 우피실군으로 지금으로 치면 미 해군 항모전단과 비교할 수 있다. 우피실군은 피실군 혹은 '대장(大帳)피실군'에 소속된 한 부대지만, 사실상 피실군의 심장이자 피실군 자체다. 우피실군은 서쪽 방면을 책임지는 피실군이다. 왜 오른쪽(右)인데 동쪽이 아니라 서쪽인가? 유목민은 우리에게 익숙한 지도를 거꾸로 본다. 남북이 뒤집힌 채로 보면 서쪽이 오른쪽이다.

피실군은 동서남북과 중앙에 모두 편제되어 있긴 했다. 남쪽에는 정복해야 할 한반도와 중원이 있지만, **농부들과의 전쟁**은 온 국가가 동원되는 전면전이지, 피실군이 혼자 난리 칠 일이 아니다. 당연히 피실군은 있으나 마나이고, 있어 봐야 할 일은 국경 감시 정도다. 북쪽에는 가난한 시베리아 순록유목민을 포함한 원시적인 유목 집단 정도가 있을 뿐이다. 진지하게 취급할 적이 아닌 만큼 이쪽의 피실군도 특별히 할 일은 없다. 동쪽은 여진족이 사는 곳인데, 여진족 주거지역을 통과하면 바로 동해가 나온다. 여기서 활동하는 피실군이 있었다면, 여진족을 억압하고 착취하는 관리자 정도였다. 중앙의 피실군은 요나라 황제의 보디가드라고 생각하면 된다. 반면 우피실군의 활동 영역인 서쪽에는 광활한 초원과 사막 그리고 실크로드가 있다. 당시의 세계 G2는 거란과 송나라였다. 경제로는 송이 G1이었지만 군사적으로는 거란이 G1이었다. 우피실군은 유라시아 대륙 동쪽 절반의 질서이자 공포였다.

우피실군과 속산군(屬珊軍)은 황제와 황후처럼 일종의 부부 관계다. 거란 황실은 황제를 배출하는 야율씨(耶律氏)와 황후를 배출하는 술률씨(述律氏) 두 씨족의 연합 가문이었다. 술률 씨족은 초원에서 거란보다 먼저 성공해 제국을 경영해본 위구르족의 한 지파다. 술률 씨족이 거란족의 일파로 '이사'를 왔을 때, 어느 거란 씨족보다도 부유했다. 거란 황실은 야율 씨족의 무력과 술률 씨족의 재력이 만나 탄생했다. 그러므로 황후도 황제에 대해 일정한 권리를 행사할 수 있었다. 황후의 권위를 상징하는 군대가 바로 속산군이었다. 속산군은 점령지의 주민과 포로 중에서 특별한 재능이 있는 자만을 선택해 구성한 일종의 노예부대로, 황후의 개인 재산이었으며 전 황후에서 후임 황후로 상속되었다. 그에 반해 피실군은 순혈 거란족 전사들이었다. 각 씨족에서 가장 뛰어난 전사들이 선발되어 피실군의 일원이 되었다. 황제와 황후가 함께 부부이듯이, 피실군과 속산군을 합쳐 어장친군(御帳親軍)이라 했다. 당연한 말이지만 아무리 속산군이 대단해도 감히 우피실군의 수준을 넘볼 수는 없었다.

거란의 정기(精騎, 정예 기마병) 한 명에게는 기본적으로 두 명의 부하와 3마리 이상의 전투마, 한 마리 이상의 낙타가 배속된다. 원래 유목민은 탈것 가축을 한 마리만 몰고 길을 떠나지 않는다. 말이 죽거나 다치기라도 하면 그때부터는 걸어야 하는데, 인구밀도가 극단적으로 낮은 초원과 사막에서 발걸음으로 도와줄 사람을 찾는다는 건 죽음과 거의 동의어다. 낮의 태양과 밤의 추위, 굶주림을 견딘다 해도 늑대들이 살려두지 않는다. 그러므로 유목 전사에게 두 마리 말은 **표준이 아니라 기본**이다. 최정예군이 1인당 세 마리 이상의 말을 사용하는 건 당연하다. 두 명의 부하는 타초곡기(打草谷騎)와 수영포가정(守營鋪家丁)이다. 요나라에서 '타초곡'은 보급을 위한 약탈을 뜻한다. 타초곡기는 적지에서 사람과 말의 먹거리를 구하는 인원이다. 수영포가정은

삽병(挿兵)이라고도 하는데, 정예병의 비서이자 하인이었다.

두 명의 부하는 오직 상관이 전투 자체에만 집중할 수 있도록 나머지 모든 일을 책임진다.* 거란군의 정예기병은 싸움과 정복 활동만 하고 나머지 노동은 노예로 잡아온 다른 종의 개미에게 전가하는 군대개미와 같다. 어째서 전투만 하는가? 정예기병은 원거리 사격, 근거리 사격, 근접전, 돌격, 추적, 결투까지 기병이 할 수 있는 모든 종류의 싸움법을 구사한다. 기병 한 명의 무장은 공격무기만 따졌을 때 짧은 창과 긴 창, 세 종류의 활과 화살 300발,** 검, 두세 종류의 철퇴, 전투용 도끼다. 전투의 성격이 바뀔 때를 대비해 몇 벌의 갑옷 세트***가 준비되어 있다. 기마 궁수로 싸우다가 기병 돌격을 할 때는 중세 서양 기사와 같은 중장갑 무장으로 갈아입는다. 당연히 모든 무장을 한 명이 짊어지고 싸움을 지속할 수 없다. 두 명의 부하로부터 쉼 없이 보급을 받아야만 전투를 지속할 수 있다. 이 보급을 위해 말과 차원이 다른 힘과 지구력을 지닌 낙타가 배속되는 것이다. 부하는 낙타를 이용해 주인의 무기를 교체해주고 갑옷을 갈아입혀 주며, 필요할 때는 함께 싸운다. 이런 말도 안 되는 전쟁 기계 중에서도 최고의 전사집단이 우피실군이었다.

군대의 차원에서는 훗날 출현하게 될 칭기즈칸의 몽골제국군이 거란군보다 강력했다. 몽골군은 모든 남성을 전사로 양성했고, 모든 전사가 **상향평준**되었었기에 역사상 최강이었다. 하지만 개인적 실력을 따졌을 때 지구상에 우피실군 이상의 기병

---

* 수영포가정의 경우에는 집이나 군영, 막사의 개인 공간을 지키는 하인이었을 수도 있다.

** 최대 4종류의 활과 화살 400~500발.

*** 최대 9세트였다고 한다.

전사는 존재해본 적이 없다. 우피실군의 속도와 실력은 강조의 계산을 완전히 뛰어넘었다. 처음 겪어봤으니 당연하다. 그래서 거란군은 결정적 돌격 직전까지 강조의 눈앞에서 우피실군을 숨겨두고 있었다. 강조는 요 성종에 완전히 당했지만, 당할 수밖에 없었기도 하다. 우피실군의 돌격에 고려군 최고 지휘부 대부분이 전사했다. 그리고 총사령관 강조와 부사령관 이현운(李鉉雲)은 포로가 되어 요 성종 앞에 끌려가고 말았다. 강조가 그에게 주어진 조건에서 굉장한 실력을 발휘했다는 가장 확실한 증거는 바로 요 성종의 태도다. 그는 자신 앞에 끌려온 강조에게 자신의 부하가 될 것을 권유했다.

"나의 신하가 되는 것이 어떠한가?"

강조는 거절했다.

"나는 고려인이다. 어찌 네놈(汝, 너라고 부를 여)의 신하가 되겠느냐?"

요 성종은 적일지라도 대단한 사내에게는 홀딱 반해서 구애하는 습관이 있는 한편, 반한 상대를 갖지 못하면 잔인해지는 습관도 함께 갖고 있었다. 강조가 계속 거절하자, 그는 강조의 살을 저미는 고문*을 하며 회유를 계속했다. 그래도 거부당하자 이현운에게 같은 질문을 던졌다. 이현운은 강조보다는 훨씬 정치적인 인간이었던 모양이다.

---

* 유목민의 흔한 고문법이다. 살을 저민다는 것은 육고기를 슬라이스(얇게 썸)하는 동작과 같다. 유목민은 보통 이 용도의 칼을 개인적으로 지참하는데, 한국인의 수저에 해당하는 필수 식기이기도 하다.

"서의 두 눈이 이미 세 태양과 달을 보았는데 어찌 옛 사천(고려)을 기억하겠나이까?"

강조는 그 고문을 당하고도 체력이 남았는지, 벌떡 일어나 이현운을 발로 걷어차며 소리쳤다.

"고려 사람의 입으로 어떻게 그딴 말을 하느냐?"

요 성종은 강조를 죽여버렸다. 강조의 장렬한 최후는 인정받을 만하다. 그다음이 문제였다. 통주전투의 패배 직후 고려는 '지금 멸망 중인 나라'가 되었다. 패배한 30만 군대는 질서를 잃고 흩어지면서 무차별적으로 죽임당했다. 수많은 병장기와 말이 노획당했다. 그러나 이런 위기의 순간에도 **산성**이 제 역할을 했다. 산성에 남은 병력은 결정적 전투에서 완승해 기세가 오른 적군을 막아냈다. 그뿐 아니라 군사적으로 중요한 지점에 매복해 패주하는 아군을 추격하던 거란군을 덮쳐 피해를 강요했다. 뒤이어 구원한 아군을 성안으로 피신시켰다. 그러나 통주전투 후 벌어진 고려군의 수성(守城, 성을 지킴)과 게릴라전은 최대한 생략하도록 하겠다.

통주 다음은 평양이었다. 서경유수(西京留守, 지금으로 치면 평양시장)는 순순히 항복했다. 통주전투 패배로 이미 고려의 멸망은 결정된 것이니 그의 생각은 사실 합리적이다. 하지만 조정에서 급파된 강민첨(姜民瞻)은 이미 항복을 결정한 평양을 쿠데타로 접수해버렸다. 기묘한 상황이었다. 조정의 입장에서는 적군에 항복하려는 평양이 역적이다. 한반도에서 가장 중요한 군사도시를 역적에서 충신으로 되돌리기 위해 평양 내에서는 '조

170

정의 충신'이 '평양의 역도'가 되었다. 물론 평양 시민들은 '쿠데타 주역'인 강민첨 탓에 다 죽게 생겼다며 성내에서 '민중혁명'을 하려고 했다. 그러자 강민첨은 태조 왕건을 모신 사당에서 점을 쳤다. 거란군과 싸워 이기는 길괘(吉卦)가 나왔다는 소식으로 성안 주민들의 사기를 끌어 올렸다. 당연히 점은 길괘가 나올 수밖에 없도록 미리 조작되었을 것이다.* 평양 시민들은 속았지만 어쨌든 싸웠다. 강민첨의 지휘 아래 결집하자, 그들은 막강한 힘을 발휘해 가까스로 거란군의 포위 공격을 물리치는 데 성공했다.

요 성종은 일단 홍화진과 평양을 포기한 채 남하해 개경을 공격했다. 개경에는 아무런 전투력도 남지 않은 상태였다. 애초에 고려는 모든 전력을 평양과 전방에 밀어 넣었었다. 이제 현종에게 남은 선택지는 오직 둘뿐이었다. 항복하느냐, 개경을 버리고 몽진(蒙塵, 왕의 피난)하느냐. 항복은 현종 개인에게는 더없이 좋은 선택이었다. 요 성종이 항복한 적국의 왕을 고문해 불구로 만들거나 죽일 리는 없었기 때문이다. 이용가치가 넘쳐나는 패배자를 망칠 이유는 없다. 40만 대군의 침공은 엄청난 국가적 비용 손실이다. 구태여 다시 벌일 짓이 못 된다. 현종은 현종대로 존중받지 못하는 왕이었다. 그가 앉은 옥좌의 근간인 강조의 무력은 증발했다. 사생아로 무시당하던 그가 세계 최강의 군사력을 지휘하는 카간의 부하가 된다면 한반도 안에서는 호랑이 등에 올라탄 여우의 지위를 마음껏 누릴 수 있었다. 하지만 그런 식의 안전보장은 국가의 몰락을 뜻했다.

* 괘(卦)는 주역팔괘를 말할 때의 괘다. 즉 강민첨은 주역점을 쳤다. 조선 시대에 퇴계 이황이 동전 세 개로 역점을 보는 방법을 개발할 때까지 동아시아의 역법은 49개의 산가지(대나무를 얇고 길게 가공한 작은 막대)로 복잡한 절차와 계산을 반복하는 것이었다. 당연히 조작하기도 쉽다.

멸망전야(滅亡前夜)

거란군의 말발굽이 개경에 드리우자 조정은 정신적으로 붕괴했다. 모두가 현종을 에워싸고 항복을 부르짖었다. 유목 전사들은 농경민의 도시를 공격할 때 항복과 저항 중 하나를 선택하게 한 후, 저항할 경우에는 함락한 도시의 주민 모두를 죽이는 습관이 있었다. 30만 야전군이 사라진 조정이 현종에게 항복을 요구한 건 당연할지도 모른다. 그러나 현종은 항복이 과연 옳은지 확신할 수 없어 버텼다. 유일하게 강감찬이 몽진을 주장했다. 그건 왕의 도시(개경) 대신 왕의 나라, 바로 고려의 전 국토를 걸고 끝까지 해보겠다는 뜻이었다. 사생아 임금과 나이든 추남은 뜻을 합쳤다. 현종은 몽진을 결행했다. 요 성종은 주인이 떠난 개경을 불태웠다.

현종의 피난길은 비참함이라는 말로는 다 표현할 수 없다. 피난을 결정하자마자 신하와 병사 대부분이 보란 듯이 현종을 내버려두고 사라졌다. 굵직한 관료들과 장수들 역시 마찬가지였다. 개경 밖을 나서자 상황은 더 심각해졌다. 현종의 행렬은 다름 아닌 고려의 군인들에게 공격받고 약탈당했다. 남쪽으로 도망가다가 만난 지방호족에게 위협당하기까지 했다. 그나마 현종과 황후들을 지키던 소수의 병력마저 밤마다 탈영했다. 얼마 지나지 않아 현종 행렬은 말과 안장마저 약탈당한 상태가 되었다.

많은 연구자들은 이때 현종의 처지를 중세적으로 해석한다. 즉 당시 고려의 임금이란 호족들 중 가장 강력한 호족이며, 그의 영지는 수도 개경과 그 주변 일대라는 분석이다. 이 이야기에 따르면 임금이 개경을 버리고 도망치는 순간 떠돌이 귀족일 뿐이다. 맞는 말이다. 하지만 불충분하다. 태조 왕건부터 현종의 바로 윗대인 목종에 이르기까지 그토록 철저하게 무시 받은 임금은 없다. 임금과 호족들 사이의 서열은 4대 군주 광종(光宗)이 철저하게 정리했다.* 애초에 현종은 개경에서부터 신하들에게 아무렇지 않게 배신당했다. 현종이 **꼭두각시 사생아 임금**이라는 사실이 두고두고 문제였을 것이다. 백성은 현종을 전혀 존경하지도 두려워하지도 않았다. 꼭두각시의 조종자인 강조가 죽기까지 했으니, 현종은 그저 축 늘어진 인형이었다.

현종 일행은 절체절명의 상태에서 하필이면 하공진을 만났다. 이때 현종과 요 성종의 거리는 불과 4~6km로, 유목 기병의 속도를 고려하면 그야말로 '등 뒤'에 있었다. 더욱이 하공진은 현종이 알고 있는 가장 저질적인 인간 중 하나였다. 하공진은 통주 전투에서 패배한 후 그답게 재빨리 포로가 되는 신세를 피해 정신없이 남쪽으로, 남쪽으로 도망쳤다. 불과 20여 명의 부하만 거느린 패잔병 신세였다. 하지만 그 20명으로도 현종을 씹어먹을 수 있었다. 현종은 이 저열한 인간이 자신을 해치거나 거란에 팔아넘기리라 믿었다. 그러나 하공진은 단 한 번의 위대한 결정으로 영원한 명예를 얻었다. 추정컨대 그는 자신의 행동이 불러온 참상을 목격하고 어떤 방식으로든 반성한 것 같다. 영웅이 되기로 한 번 결심하자, 그는 정말로 영웅이 되었다.

먼저 하공진은 충성을 맹세하며 현종의 신뢰를 얻기 위해 노력했다. 그전까지는 충성심을 보인 적이 없었다는 뜻이 된다. 그는 자신이 직접 요 성종을 찾아가 거짓 항복으로 카간을 속여 넘기겠다는 계획을 밝혔다. 자연스럽게 하공진 자신은 인질이 된다. 진실은 밝혀지게 마련이고 그러면 그는 죽게 되어 있다.

---

*　광종은 왕권 강화를 위해 수많은 호족들을 잔혹하게 숙청했다.

현종은 반신반의했지만 하공진의 결심은 확고했다. 하공진의 거짓말은 한반도의 지형을 이용한 계략이었다. 그는 거란군의 본영(本營)을 방문해 요 성종을 만났다.

"우리 임금은 남쪽 수천 리 밖으로 피했으니 따라잡을 수 없다."

거란군은 한반도의 산맥과 산성에 고생하며 남하했다. 평소 말을 타고 평야를 달리던 유목민에게는 끔찍한 지형이다. 당연히 실제 직선거리보다 훨씬 길게 느껴진다. 전근대 한반도에서 가장 실증적으로 제작된 전국지도인 대동여지도(大東輿地圖)조차 한반도의 북쪽이 실제보다 크게 측정되어 있다. 거란군 생각에는 남쪽도 같은 지형이 이어질 거라고 생각할 수밖에 없었다. 그러면 보급선이 지나치게 길어지는 데다 한반도의 겨울과 지형에 낙타와 말이 제 컨디션을 유지할 거라고 장담할 수 없다. 그러나 사실, 현종 앞에 남은 지형은 한반도에 얼마 없는 평지로 거란군에게는 고속도로나 다름없었다.

요 성종은 속았다. 하공진은 현종의 항복문서와 친조(親朝) 약속을 내밀었다. 친조란 군주가 직접 대국의 황제를 방문해 제후국이 될 것을 맹세하는 행위다. 당연히 현종이 약속을 지키는 일 따위는 일어나지 않았다. 현종은 하공진 덕분에 무사히 나주(羅州)까지 몸을 피할 수 있었다. 하공진은 요나라에 끌려가 다시는 고려 땅을 밟지 못했다. 요 성종은 속았다는 사실을 알게 되자 하공진의 충성심에 매료되었다. 하공진은 신하가 되라는 제안을 받았지만, 부귀영화의 기회를 번번이 거절했다. 고려로 탈출하는 데 실패한 후 거란 귀족 여인과 강제로 결혼 당하기까지 했다. 그 후 하공진은 좋은 말을 사서 길목마다 배치해 한달

174

음에 고려로 탈출하는 계획을 세웠지만, 발각되어 요 성종 앞에 끌려왔다. 그는 고문과 회유를 번갈아 받았다. 이때까지 요 성종과 하공진은 인간적으로 서로 존중하는 관계였다. 하지만 하공진은 결심을 굳히고 심한 말로 요 성종을 모욕해 마침내 충신인 채로 살해당하는 데 '성공했다.' 그의 죽기 전 마지막 선언을 보면 이때쯤 아예 인격이 바뀌어버린 것 같다.

> "나는 고려의 신하로서 두 마음을 품을 수가 없다.
> 너희를 섬기는 대가로 얻을 남은 삶을 원하지 않는다."

요 성종은 어찌나 분했는지 죽은 하공진의 시신에서 간과 심장을 꺼내 생으로 씹어먹을 정도였다. 거란과의 전쟁이 모두 끝난 후 하공진은 국가적인 영웅이 되어 그를 주인공으로 하는 연극이 생겼다. 기록에 따르면 이 연극은 1110년에도 공연되었다. 단순히 영웅으로 존경받는 것과 문화적인 아이콘이 되는 건 다르다. 후자는 스타성까지 겸비해야 한다. 하공진은 죽은 후 최소 백여 년 이상 슈퍼스타의 지위를 누렸다. 현재 한국인이 생각하는 안중근 의사 정도의 위치였을 것이다. 그러나 현종이 살아남은 기적은 하공진 혼자의 희생만으로 이루어지지 않았다. 요 성종이 통주전투에서 승리하고 남하를 시작할 때, 양규는 홍화진에서 700명의 병사를 끌고 나와 자신만의 전쟁을 시작했다.

영웅의 죽음

양규는 전투가 벌어진 통주로 간 후, 패잔병을 수습해 전력을 1700명으로 보강했다. 그의 별동 타격대는 이어서 거란군에게 넘어간 곽주성(郭州城)*을 되찾았다. 곽주성을 지키는 거란군은 6천이었는데, 불과 1700의 병력으로 기습에 성공한 것이다. 이로써 양규는 흥화진-통주성-곽주성을 잇는 선을 확보했다.** 거란 침공군과 거란 본토의 연결을 완전히 끊는 치명적인 선이었다. 양규는 현종을 잡기 위해 남하하는 거란군의 후방과 보급선을 쉬지 않고 타격했다. 그는 전투마다 연전연승으로 거란군에 막대한 피해를 입히는 동시에 고려인 포로들을 구출했다. 기록에 따르면 1개월 동안 7번 싸워 7번 모두 승리했다.

양규는 유격전을 치르던 중에 귀주(龜州)***를 지키던 별장(別將, 중하급 장교) 김숙흥(金叔興)과 연합해 작전을 함께하는 관계가 되었다. 김숙흥은 따로 자신의 부대를 이끌고 거란군 1만 명의 머리를 베는 전과를 올렸다. 두 사람이 요 성종이 남겨둔 후방을 타격해 진격 속도를 늦추지 않았다면 현종은 붙잡히고 말았을 것이다. 요 성종의 본대가 인질 하공진과 현종의 거짓 약속을 손에 쥐고 말머리를 북쪽으로 돌리자, 양규와 김숙흥 역시 추격의 방향을 바꾸었다. 그들은 곳곳에서 거란군을 베고 고려인을 구출했는데, 사료로 확인된 숫자 기록을 합친 것만으로도 무려 3만 명을 구원했다.

양규와 김숙흥은 마침내 각자의 부대를 하나로 합쳐 지휘권을 통일했다.**** 쉴 새 없이 움직인 양규-김숙흥 연합 특수부대의 싸움은 1011년 3월 5일 끝났다. 애전(艾田)에서 또 한 번의 승

---

* 현재 평안북도 정주군의 옛 지명 곽산(郭山)에 있던 성.

** 통주전투의 패배에도 불구하고, 이어진 통주성 공방전에서 성은 함락되지 않고 남아 고려의 반격 거점이 되었다.

*** 귀주대첩의 바로 그 귀주다. 현재의 평안북도 구성시 일대.

**** 양규가 총대장이 되었다.

리를 거둔 직후, 두 장수의 부대는 마침내 그들을 노리고 있던 요 성종의 본대(本隊)와 조우했다. 애전에서 죽은 1천 명의 거란 군은 요 성종이 던진 미끼였다. 어차피 한 번은 걸려들 운명이었다. 요 성종은 자신의 전쟁을 망친 주범을 용서할 생각이 없었다. 양규와 김숙흥은 죽음이 예정된 마지막 전투를 피하지 않았다. 최후의 결사대는 구출한 고려인들이 피신할 시간을 벌기 위해 전면 돌격을 감행했다. 김숙흥이 양규보다 먼저 쓰러졌다. 그는 매복한 거란군의 화살에 맞아 숨졌다. 지정 사수의 표적이 되어 저격당한 것으로 추정된다. 시간이 얼마 흐른 후 양규도 그의 뒤를 따랐다. 양규는 적진에서 날아오는 화살비를 맞으며 싸우다가, 고슴도치처럼 온몸에 화살이 꽂힌 채 비로소 숨을 멈추었다. 결사대는 최후의 1인까지 모두 전사했다.

양규의 대단함은 단순히 나라를 구했다거나, 누구보다 육중한 활을 다뤘다는 사실, 그가 쏘는 화살이 사거리와 위력에 있어 동아시아 최고 수준이었으리라는 점* 따위에 있지 않다. 양규는 국가 정신이 무엇인지를 제시했다. 양규와 그의 군사들은 고려의 평민들을 한 명이라도 더 구출하기 위해 전원 죽음을 받아들였다. 그는 국가의 두 가지 측면 모두에 충성했다. 하나는 왕조, 하나는 백성이다. 이것은 하나의 **철학**이다. 현대에는 당연한 상식이지만, 11세기의 중세 전사에게는 비범한 정신세계인 것이

---

* 양규가 사용한 활의 무게는 6균(鈞)이었는데, 한 균은 30근(斤)이다. 고려 초기의 한 근은 250g 이하로, 양규의 활은 40kg 정도로 계산된다. 일반적인 합성궁으로는 이런 무게가 나올 수 없으므로 양규의 활은 철태궁(鐵胎弓, 몸통을 쇠로 만든 활)이었음이 거의 확실하다. 고구려 시대부터 근력이 뛰어난 장사들은 철태궁을 종종 사용해왔다. 철태궁은 쇠를 구부려야 하기에 탄성을 위한 충분한 길이를 확보해야 하고, 그 때문에 무게가 더욱 늘어나는 특징이 있다.

다. 고려왕조 역사에 영웅은 많지만, 그처럼 도덕적으로 완성된 영웅은 없다. 그러하기에 현종은 양규가 죽음으로 던진 질문에 정답을 제출해야 하는 숙명에 내던져졌다.

국가의 자격조건은 무엇인가?

싸움의 법칙

한반도의 산성이 그토록 지독한 물건이라면, 그냥 지나쳐 가면 되지 않겠냐고 생각할 수도 있다. 그러나 그렇게 많은 인력이 동원되는 건축물이 괜히 존재할 리 없다. 양규는 흥화진에서 나오기 전에 자신의 부장 정성(鄭成)에게 진지와 남은 군사들을 맡겼다. 양규를 곁에서 모셨던 정성은 상관의 장례나 고이 치르고 끝낼 생각이 없었다. 그는 복수전을 계획했다. 역사는 많은 부분이 생략되어 있다. 그러나 고작 흥화진에 남은 약 2천 명의 군사를 데리고 본토로 귀국하는 수십만 적군의 뒤를 치는 일은 아예 불가능하다. 여러 산성이 연합했음이 확실하다. 《고려사》는 이와 관련해 "여러 장수"라는 말을 분명히 기록해두었다.

여기서 고려의 젊은 장수들은 한반도의 전통적인 전략을 구사했다. 그들은 또다시 쳐들어올 게 분명한 거란의 인구와 국가적 역량을 최대한 줄여놓기로 했다. 요 성종은 실패를 모르는 남자였다. 그는 요나라 역사상 최고의 성군이다. 고려와의 전쟁에 실패한 채로 남은 평생을 조용히 살아줄 가능성은 없었다. 또 양규의 숭고한 죽음은 전방의 산성을 지키던 젊은 부관들의 정신을 들끓게 했을 것이다. 그런 점에서 그의 직속 부하인 정성이 복수전의 주장(主將, 총대장)을 맡은 일은 자연스럽다.

큰 희생을 치러가며 기어이 양규와 김숙흥을 전사시킨 요성종은 급해졌다. 제2, 제3의 양규가 나타난다면 귀국길에 애를 먹을 것이었다. 말과 낙타들도 한반도의 기후와 지형에 지쳐 체력이 막다른 상태였다. 거란군은 서둘러 압록강을 건넜다. 수십만 명의 대군이 압록강을 반쯤 건넜을 때, 고려의 산성 연합군이 갑자기 나타나 아직 강을 건너지 못한 후미를 덮쳤다. 유목민은 공간에 대한 개념이 농경민과 다르다. 칸/카간이 있는 곳이 곧 궁궐이며 조정이다. 그래서 칸/카간이 친정(親征, 직접 정벌)에 나서면 중요한 신료들과 국가 행정까지 칸/카간을 따라 정벌 길에 나선다. 그러므로 체력과 정신력이 좋은 전문 전투원들이 물길을 헤치며 도하(渡河, 물을 건넘)의 선봉을 맡고 '붓을 잡는 사람들'이 뒤를 따르게 마련이다. 정성이 이끄는 산성 연합군은 요나라 국가 행정의 중추를 덮친 것이다.

복수전의 양상은 일방적인 학살이었다. 뒤에 남은 거란군은 앞다투어 물에 빠져 죽었으며, 병장기와 물자를 실은 수레는 모두 잃거나 고려군에 접수당했다. 거란의 피해는 중국 측 사료에 보다 정확히 기록돼 있다. 살아 돌아온 귀족의 수가 매우 적었으며, 관속(官屬, 관료들)의 태반이 죽고 말았다. 어찌나 피해가 심했는지 이후 요나라는 과거시험 준비생은 물론 글을 읽고 쓸 줄 아는 거란족이라면 모조리 관료로 취직시켰다. 그러나 산성 연합군의 압록강 기습전 공격은 단지 요나라가 당분간 전쟁 수행 능력을 발휘할 수 없게 만드는 것에만 의미가 있지 않았다.

산성을 지키던 젊은 장수들의 상관 대부분은 통주전투에서 죽거나 도망자 신세가 되었다. 지휘체계가 무너진 상황에서 젊은 장수들이 스스로 결집해 조국을 멸망시킬 뻔한 적군에 심대한 타격을 입혔다는 사실은 한편으로 **세대교체**를 의미한다. 그

179

들은 전국의 귀족 가문 출신으로 수도 개경에 온 후 각자 전방에 배치되었다. 그들은 함께 힘을 합쳐 **어른들이 망친 전쟁**을 만회했고, 그 순간 하나가 되었다. 고려가 삼한통일을 이룬 후 고구려계, 백제계, 신라계, 발해계 자제들이 집단적인 승리의 경험을 공유한 순간은 이때가 처음이다. 이런 경험은 '나는 신라인이다', '나는 백제인이다' 같은 분리의식을 극적으로 증발시켰을 것이다.

아직 고려가 삼한을 재통일하기 전인 후삼국 시대에, 백제 군주 견훤은 의자왕(義慈王)의 복수를 한다는 이유로 신라 경애왕(景哀王)을 죽이고* 왕비를 겁탈했다. 그것도 모자라 휘하 장수들이 경애왕의 후궁들을 겁탈하게 했다. 견훤이 원래는 신라 혈통에 신라군 장교였다는 사실은 중요하지 않다. 견훤은 백제의 군주인 이상 백제인과 기억을 공유하고 그들의 감정을 대변해야만 했다. 물론 그 방식이 쓸데없이 야만적이긴 했지만 말이다.** 이때는 신라가 삼한을 최초로 통일한 지 250년 이상이 지난 시점이었다. 고구려, 백제, 신라의 기억은 그 정도로 생명력이 길었다. 고려가 삼한을 재통일하고 70여 년이 지났다고 해서 사라질 기억이 아니었다. 압록강 기습전은 전투에 참여한 젊은이들이 부모와는 다른 국가관을 가지게 된 계기라고 볼 수 있다. 함께 싸워 이기면 **공동체**가 된다.

압록강 기습전의 또 다른 의미는 산성 방어의 한국적 특질에 있다. 유목민 전투집단은 정주(定住, 일정한 주거지가 정해짐) 문명을 공격할 때 최대한 공포를 조장한다. 그들은 적의 성 앞에

---

*   보는 앞에서 자결을 강요했다.
**   망국의 군주 의자왕이 당한 굴욕도 정도가 심했으니 신라의 입장에서도 크게 할 말은 없다.

서 포로로 잡은 적의 동족을 죽이고, 같은 편의 화살받이로 동원했다. 나는 여기서 유목민의 도덕성을 비난할 생각이 없다. 동아시아에서 유목민과 농경민은 서로를 동등한 인간으로 보지 않았다. 기마병은 성을 공격할 때 평지에서 보병을 상대하는 것과 같은 우월함을 누릴 수 없다. 말을 타고 성을 넘을 수는 없다. 그래서 그들은 성이 항복하지 않거나, 성문을 열고 군사를 내보냈을 때 **어떤 꼴이 될지** 미리 보여주는 습관이 있다. 오랫동안 효과가 검증된 행위였으며, 효과가 없다 한들 별달리 손해볼 일은 없으니 그만이었다. 그들은 언제나 **움직이는 공포**가 되고자 했다. 인간이라면 타인이 고문당하고 죽어 나가는 모습을 보면서 '나도 저렇게 되면 어떡하지?'라는 걱정에 사로잡힌다. 동족일지라도 남은 남이다.

　한반도 주민은 다르다. 재난 상황을 맞아 **결집했을 때** 평소의 그 재수 없던 인간들 모두와 나는 **우리**가 된다. **우리**에 대한 폭력은 **나**의 정체성이 부정당하는 사건이다. 내가 아니라서 다행인 상황이 아니라 정확히 그 반대다. 그러므로 한반도의 산성에 모인 사람들은 불행이 성벽 안을 비껴갔다는 이유로 안도하는 데 그치지 않는다. 적이 **나**를 해쳤으므로 당한 만큼 갚아주지 않으면 **내가** 견딜 수 없다. 중국 보병은 한반도에서 여러 번 좌절을 겪었기에 압록강과 청천강을 넘을 때 특별히 조심하는 습관을 길렀다. 거란군은 그렇지 못했다. 양규, 김숙흥, 정성과 "여러 장수"들은 원래부터 전투의 엘리트다. 그렇지만 그들은 일반 병졸의 전투 의지가 없다면 아무것도 할 수 없었다. 거란군의 철수는 한반도 주민의 특질을 몰랐기에 초대형 참사로 이어졌다.

　현종은 잿더미가 된 개경에 돌아왔다. 거란의 2차 침공에서 현종의 업적이라곤 단 세 가지밖에 없다. 하나는 살아남은 것이다. 이건 살했다. 두 번째는 국토 최남단에 가까운* 나주에서 그나마 백성들의 환대를 받은 사실이다. 세 번째는 공주에서 호족인 김은부(金殷傳)에게 숙식을 제공 받은 일이다. 김은부는 10대 후반의 임금에게 친절뿐 아니라 맞춤옷 서비스도 베풀었다. 큰딸에게 현종의 옷을 짓게 한 것이다. 고대에서 중세까지 한반도에서 여자가 남자의 옷을 지어준다는 건 신붓감이 된다는 뜻이다. 옷 자체보다는 과정에 의미가 있다. 옷을 짓기 위해서는 치수를 꼼꼼하게 재야 하고, 두 사람의 몸이 자꾸만 닿게 마련이다. 부풀어 오르는 한복의 특성상 치수를 재려면 옷을 거의 벗고 있어야 한다. 그러다가 어떤 일이 벌어질지는 상상에 맡겨도 충분하리라 본다.

현종은 결국 김은부의 세 딸과 모두 혼인했는데, 한 집안의 자매를 통째로 차지했으니 난리 중에도 개인적으로는 큰 업적(?)을 이룬 셈이다. 그런데 처음부터 의도한 것인지 어떤지는 알 수 없지만 이 혼인은 큰 정치적 의미로 이어졌다. 현종은 이 결혼으로 백제에 장가를 든 셈이 되었다. 김은부가 신라 혈통의 상징과도 비슷한 김(金)씨라는 건 중요하지 않다. 김은부 역시 옛 백제 땅의 호족인 이상 견훤과 마찬가지로 그에게 역사란 백제인의 기억인 것이다. 태조 왕건뿐 아니라 신라 왕가의 혈통도 물려받은 현종은 이로써 고구려, 백제, 신라 삼국의 역사를 한 몸에 모두 통합한 인물이 되었다.** 물론 당장은 구걸에 성공한 '고귀한 거지' 신세였긴 하지만 말이다.

---

* 당시 탐라(耽羅, 현재의 제주도)는 고려의 속국이었지, 직할 영토가 아니었다.

** 현종의 친할머니, 즉 현종의 생부 왕욱의 어머니는 신성왕태후 김씨(神成王太后 金氏)로, 신라 마지막 왕인 경순왕(敬順王)의 사촌누이였다.

현종은 영웅들의 희생으로 살아남은 죄인이었다. 그에게는 두 가지 숙제가 주어졌다. 첫째는 신하들과 백성들에게 나라를 믿고 맡길 만한 군주로 인정받는 일이었다. 다른 하나는 천추태후에 이은 그의 두 번째 적, 세계 최강의 군사력을 부리는 요 성종과의 대결이었다. 현종에게는 아직 끝나지 않은 거란과의 전쟁을 승리로 끝내야 할 숙명이 주어졌다. 그런 현종에게 유리한 조건이 하나 있다면, 강조의 죽음으로 그만의 정치와 전쟁을 펼치게 되었다는 사실이다. 동시에 결과가 무엇이든, 그게 나라와 백성의 멸망일 경우까지도, 이제 모든 책임은 사생아 임금에게 있었다. 그의 파트너는 늙은 추남이었다.

8장

싸움터에 솟아오른 비명

국가와 백성의 계약

현종의 인생을 보면 과연 이 사람에게 행복한 순간이 있기나 했을까 진지하게 생각해보게 된다. 그가 겪은 전쟁과 개인적인 사건만 문제가 아니다. 현종은 재위 기간인 22년 **전부**를 극심한 가뭄, 메뚜기떼, 지진, 산사태, 거란의 2차 침공이 남긴 피폐함, 여진족과 해적의 약탈에 시달렸다. 그 상태에서 거란의 3차 침공에 대비할 비용과 인력을 마련해야만 했다. 특히 현종이 구축한 성벽과 진지는 규모만큼이나 엄청난 비용을 강요했다. 불탄 개경을 복구하는 일은 사소할 정도였다.

《고려사》와 《고려사절요》의 기사를 통해 현종이 처리해야 했을 업무량을 유추해보면 아득하다. 그는 성장기 대부분을 진관스님의 암자인 신혈사에서 보냈다. 암자란 기본적으로 한 명의 수행을 위한 열악한 공간이다. 더욱이 천추태후가 보낸 자객을 피해 진관스님이 만들어준 땅굴에 숨어있던 시간도 적지는 않았을 것이다. 건강하게 자랐을 가능성이 거의 없다. 그런데도 임금으로서의 업무는 한 사람의 정신과 신체가 견딜 만한 수준을 넘어섰다. 모든 재원은 농사에서부터 시작해 마련되는데 하필 가뭄이었다. 그래도 재원은 필요하니 이제 문제가 생긴다. 대소 신료들의 녹봉(월급)이 밀리기 시작했다. 행정관료들이 부업을 찾아 떠나면 정부는 증발해버린다.

현종은 실수를 저질렀다. 경군(京軍, 중앙군)의 영업전(永業田)을 회수했다. 영업전이란 녹봉 대신 지급한 농지로, 개인의 소유물처럼 사용했고 사용권을 세습하는 것도 가능했다. 그러나 소유권이 아니라 사용권이다. 어디까지나 국가의 재산이었으며 사용권자에게 임대하는 형식이었다. 그러니 영업전 회수는 국가 재정이 고갈됐을 때 가장 먼저 떠올릴 법한 방법이다. 법적인 문제도 없었다. 그러나 공정성의 문제는 컸다. 영업전을 회수당한 군인들은 2차 거란 침공에서 죽음의 문턱을 넘나들며 싸운 사람들이다. 이렇게 마련한 재원이 문관들의 녹봉에만 소모되었을 리는 없다. 그러나 군인들이 보기에는 문관들이 나라를 지킨 자신들의 몫을 빼앗아간 거나 마찬가지다. 더욱이 전쟁 때 문신들은 도망치기 바빴잖은가.

1014년, 고위장교 김훈(金訓)과 최질(崔質)이 불만에 찬 군인들을 모아 개경에 쳐들어갔다. 그들은 별다른 과정 없이 곧바로 개경과 조정을 접수하고 쿠데타에 성공했다. 개경은 잿더미가 된 지 3년 후였으므로, 방어시설 역시 석재로 된 부분을 제외하면 복구되지 않았을 게 당연하다. 어째서 이리도 쉽게 쿠데타에 성공했는지 알 수 있다. 현종은 순식간에 다시 허수아비 임금 신세로 전락했다. 현종에게는 다행으로 김훈과 최질은 강조 이상의 실력을 발휘하지 못했다. 그들은 문신들을 유배 보내고 군인들이 문관의 직책을 모조리 겸하게 했다. 고려 시대 전기에 전문직 군인은 군반씨족(軍班氏族)으로 불렸는데, 서양의 기사 계급과 공통점이 많다. 그들은 전투의 전문가였지만 행정력은 아예 없다시피 했다. 자기 이름도 간신히 쓰는 수준이었으니 뻔했다. 불행하게도 이때는 현종과 조정이 수준 높은 행정력을 발휘하지

185

않으면 안 되는 시기였다.

평양의 말단 관리인 이자림(李子琳)*은 현종에게 국가적 비용을 최대한 아끼면서 정권을 찾아올 계책을 전했다. 현종은 이자림을 서경유수로 임명하고 잔치를 마련해 김훈과 최질을 비롯한 쿠데타 세력을 초대했다. 장수들이 술에 거나하게 취하자, 현종과 이자림이 준비한 살수(殺手)들이 잔칫상을 덮쳤다. 김훈과 최질을 포함해 총 19명의 쿠데타 멤버가 살해되었다. 현종은 허무하고도 간단한 방법으로 생애 두 번째 쿠데타에서 살아남아 정권을 되찾았다. 하지만 두 가지 문제가 있었다. 첫째 정권을 되찾는 방법이 명예롭지 못했다. 쿠데타 세력은 현종을 증오하기는커녕 몹시 신뢰했다. 현종을 죽이거나 폐위시키기는커녕 속는 줄도 모르고 임금의 부름에 기쁜 마음으로 달려갔다. 사료를 보면 이때쯤 현종은 그들뿐 아니라 많은 이들에게 상당한 인정을 받기 시작하는데, 그랬기에 비겁한 속임수를 썼다는 사실은 더 선명해지고 만다.

두 번째는 김훈과 최질 일당의 분노가 정당했다는 점이다. 그들은 거란군을 상대로 용감히 싸워 조국에 승리를 바친 자들이었다. 여기서 현종은 일생에서 가장 위대한 결정을 내린다. 그는 죽은 19명의 가족은 한 명도 건드리지 않았다. 관직에 진출할 기회를 막기 위해 가문의 고향에 돌려보낸 게 전부일 뿐이다. 역적은 가족까지 처형당하는 게 상식인 시대였다. 19명이 쿠데타 세력 전부일 리도 없다. 처형당할 사람이 수십 명은 줄줄이 엮여 나와야 마땅하다. 그러나 더 죽은 이는 없었다. 말 그대로 불가피한 죽임만 감수했다. 역적으로 다스리지 않으면 역적이 아니

---

* 훗날 현종에게 왕씨 성을 물려받아 왕가도(王可道)로 개명한다.

186

라는 뜻이 되고, 결과적으로 왕이 잘못했다는 의미가 된다. **자신이 잘못했다는 사실을 공개적으로 인정**한 것이다. 동아시아 군주제에서 불가능에 가까운 일이다.

실수임을 인정했으니 실수를 만회하는 것도 공식적인 정책이어야 했다. 현종은 이때부터 전쟁에서 공을 세운 전사들을 홀대하지 않았다. 그리고 죽거나 다친 사람들을 위해 국가 예산을 집행했다. 높은 계급이나 군반씨족뿐 아니라 병졸, 즉 일반 백성에 대해서도 마찬가지였다. 현종은 전사자의 유가족과 부상자에게 **조국을 지키는 영광**이나 **성스러운 의무**를 팔지 않았다. 훈장은 환상이지만 연금은 현실이다. 언제나 그렇듯 현실 쪽이 진심이다. 유가족의 대부분은 과부나 노모였다. 이들에겐 나라에 조세를 바칠 **농업생산력이 없다.** 전쟁터에서 싸울 수도 없다. 군주와 국가가 일방적으로 손해를 감수한 것이다. 현종은 전사자 장례비용 지원과 유해발굴 사업까지 했다.

현종은 국가는 백성과 **계약**의 관계라는 사실을 **11세기에** 받아들였다. 백성이 소유물이 아니라 계약당사자일 때 국가는 백성에게 책임을 진다. 책임이란 손해를 감수할 줄 아는 것이다. 다음 전쟁이 다가오는 중인데 현명한 행동이었을까? 전쟁이 다가오기에 현명했다. 현종은 그 자신의 천재성과 나라를 지켜야 한다는 절박함 때문에 한국사와 세계사 모두에서 엄청난 진보를 이루었다. 자신과 가족이 존중받아야 충성하는 보람도 있는 법이다. 고려는 애국할 가치가 있는 나라여야만 했다. 다만 현종 개인은 퍽 안 됐다. 그는 비용을 한 푼이라도 아끼기 위해 자신이 먹는 음식을 줄이곤 했는데, 가끔은 신하들이 말릴 정도로 소식했다.

계약만으로 한반도 주민을 하나로 결집하기에는 조금 부족했다. 다시 말하지만 고려는 고구려와 동의어다. 국명이 고려인 나라에서 신라계와 백제계 주민이 **하나**가 되려면 또 하나의 역사적 진보가 이루어져야 했다. 현종은 고구려, 백제, 신라 삼국의 역대 군주들의 능묘를 정비했다. 그리고 누구라도 삼국의 능묘를 지날 때는 의무적으로 말에서 내리고(하마, 下馬) 예의를 갖추어야 하는 법을 제정했다. 그러므로 고구려인은 신라왕의 무덤에, 신라인은 백제왕의 무덤에 고개를 숙여야 했다. 이러면 원칙적으로 삼국의 역사는 공동체가 공유하는 역사가 된다. 능묘 정비와 예법은 현종으로서는 최선을 다한 셈이다. 아예 삼국의 왕실에 합동 제사를 지냈다면 더 극적이었겠지만 국명이 고려인 나라의 임금인 이상 그는 태조 왕건과 더불어 동명성왕(주몽)에 제사를 지내야 하는 처지였다.

이제 삼국의 후예는 한 나라의 인민이다. 적어도 원칙적 차원에서는 그렇게 됐다. 물론 원리원칙은 손에 잡히는 먹거리가 못 된다. 그리고 지역감정은 여전히 남아있었을 것이다. 원칙은 비현실적으로 **느껴진다**. 하지만 정작 필요한 순간이 오면 의외로 강력한 힘을 발휘한다. '백제인인 내가 어째서 고려의 졸병이 되어 말 타는 오랑캐 놈들한테 돌격해야 하는가'라는 생각이 들 법한 순간에는 말이다. 그래서 사람들은 무력으로 나라를 세워 놓고도 관념적인 건국의 원리를 만들기 위해 머리를 짜내왔다.

제국의 역습

무리해서 정부 직속의 중앙군을 확장하고 방어시설을 쌓은 고려는 부도 직전에 몰렸다. 아니 사실은 이미 부도가 나 있었던지도 모른다. 고려는 거란에 두들겨 맞고 거액의 상납금을 바치던 신세웠던 송나라에 도움을 요청했다. 거란은 공동의 적이었으니, 고려가 보기엔 송에게도 합리적인 제안으로 여겼을 만하다. 하지만 송나라가 얼마나 부유한지는 고려하지 못한 것 같다. 송나라는 일반적인 오해처럼 결코 나약해서 돈으로 평화를 구걸하지 않았다. 너무나 부유한 나머지 국내의 물가와 인건비를 고려하면 전쟁보다 상납이 훨씬 저렴했을 뿐이다. 송나라는 고려와 손을 잡을 만큼 절박하지 않았다. 아무튼 고려가 송나라와 편을 먹으려 했다는 사실은 요나라가 전면전을 선포할 좋은 핑계가 되었다.

1018년 말, 이번에도 한반도의 겨울에 10만 명의 거란군이 압록강을 건넜다. 거란군의 말과 낙타는 일교차가 큰 초원과 사막에 단련되어 있었다. 사막의 밤은 매우 춥다. 물론 한반도의 겨울은 낮에도 춥기에 말과 낙타의 체력이 조금씩 떨어지지만 **견딜 수 있는** 조건이다. 그러나 한반도 여름의 습도는 견딜 수 없다. 그래서 거란의 침공은 세 번 모두 늦가을에서 겨울에 시작해 봄이면 임무를 완수하고 초원에 돌아갈 수 있도록 계산되어 있었다. 여기에 농경 국가를 추수철 이후에 공격하면 저장된 곡물과 건초를 약탈하기 편리하다는 이점도 있다.

40만으로 실패했는데 10만으로 재도전하다니 얼핏 이상해 보일 수 있다. 그러나 이번에야말로 진짜가 등장한 셈이었다. 거란의 2차 침공 때 요 성종은 친정을 하느라 정부를 통째로 달고 왔고, 실력이 평균 이하인 보병까지 동원했었다. 이러면 군대의 속도가 느려지게 마련인데, 그 때문에 현종을 잡는 데 실패하고 큰 피해를 입었다. 그래서 이번에는 정예기병만으로 10만 명을 구성했다.

선봉은 우피실군과 천운군(天雲軍)이었다. 우피실군이 카간

189

개인이 소유한 군대라면 천운군은 요나라의 정규군 중 최강의 기병이었다. 요련장군(遙輦帳軍)도 포함되었다. 요련씨(遙輦氏)는 황가인 야율씨와 황후가인 술률씨를 제외하면 거란족 중 가장 고귀한 가문으로, 요련장군은 거란 모든 부족의 자체 군대 중 가장 고급이며 정예였다. 요나라는 향병(鄕兵)제도를 운영했는데, 향병이란 점령지 주민이나 피정복민을 민족 단위로 징병해 구성한 군대였다. 가장 강력한 향병 부대는 발해군(渤海軍)이었다. 이번 원정에는 발해군도 포함되었다. 고구려 유민이 세운 국가 발해의 유민이, 옛 고구려 땅을 침공하는 데 동원되었으니 아이러니한 비극이다. 우피실군, 천운군, 요련장군, 발해군—각각 어장친군, 정규군, 부족군, 향병 중에서 최고만이 모인, 거란 국력의 정수였다.

총사령관은 평생을 전쟁터에서 보낸 소배압(蕭排押)이었다. 이에 반해 현종이 임명한 총사령관(상원수, 上元帥)은 군대를 처음 지휘하게 된 60대의 강감찬이었다. 고려의 국력은 9년 만에 크게 줄었다. 총 병력 20만 8천 3백 명으로, 통주전투에 투입된 병력의 2/3 수준이었다. **모든 병력**을 집결한 결과가 이 정도였다. 현종과 강감찬은 단 한 번의 도박으로 전쟁을 결론짓기로 했다. 고구려는 중국의 침공을 번번이 물리쳤지만, 침공당할 때마다 국력을 갈취당했다. 최종 결과는 멸망이었다. 중국의 생산력은 무한대가 아니다. 하지만 중국이 한반도 정도를 적으로 상대할 때는 무한대나 마찬가지다. 어차피 한반도가 고갈될 때까지 생산력이 여전할 것이기 때문이다.

고려는 세계에서 가장 강력한 군대와 세 번, 네 번 전면전을 치를 수 없었다. 그러므로 아직 힘이 남아있을 때 결판을 내야 했다. 물리쳐서는 안 되었다. **물리친다** 혹은 **무찌른다**는 말은 말 그대로 물러가게 만드는 일을 뜻한다. 그들은 다시 돌아온다. 아군 30만이 20만으로 줄었다. 다음에는 15만, 또 다음에는 10만이 될 예정이었다. 현종과 강감찬이 설계한 작전은 침공군을 고려 땅에서 **소멸**시키는 거였다. 그러기 위해서는 성을 버리고 벌판으로 나와 한 번의 대회전(大會戰)에 모든 운명을 걸어야 했다. 지면 멸망하지만, 이길 수도 있다. 반대로 비교적 안전한 방법으로 무찌르는 일은 장기적 자살이다. 시간문제일 뿐 반드시 멸망한다.

2차와 3차 침공 사이 9년간 전쟁은 계속되는 중이었다. 양국은 국경에서 계속해서 국지전을 치렀다. 거란은 특히 양규와 정성이 근무했던 흥화진에 한이 맺혀 있었다. 거란은 국지전 기간에 흥화진을 두 번이나 공격했지만 모두 대패했다. 한 마디로 거란에 있어 흥화진은 마귀의 소굴이었다. 강감찬은 거란군이 3차 침공에서 흥화진을 피해 남하할 거라고 예상했다.

거란군의 진로는 강감찬의 예상 그대로였다. 소배압은 초장부터 흥화진이라는 늪에 빠져 침공을 망치지 않기로 했다. 그의 목표는 현종과 개경이었다. 거란군은 흥화진 동쪽을 흐르는 삼교천(三橋川)을 건넜다. 강감찬이 삼교천 상류에 쇠가죽으로 물길을 막아 유속을 느리게 만든 상태였다. 거란군의 선봉과 후미가 강물에 의해 둘로 갈라졌을 때, 쇠가죽 임시 둑을 터트려 갑자기 많은 양의 물을 흘려보냈다. 순간적인 홍수에 거란군에 혼란에 빠지자 1만 2천 명의 고려군 기병대가 나타나 거란군을 도륙했다. 그리고 거란군이 제대로 된 진열을 갖추기 전에 사라졌다.

3차 침공에서 소배압은 계속해서 명장답게 대담하고 현명한 선택을 했다. 그는 고려군 본대와 기병대를 찾아 방향을 틀거나 군대를 분산하는 실수를 저지르지 않았다. 대신 전략적 목표인 개경을 향해 진격했다. 강감찬은 이것도 예상했다. 그가 준비한 부대는 갑자기 나타나 낙오하거나 본대와 멀어진 거란군을 타격해 막대한 피해를 입혔다. 한 전투에서는 무려 1만 명을 죽이기도 했다. 강감찬은 대회전을 치르기 전까지 적을 최대한 약화한다는 목표를 계속해서 달성했다. 그럴수록 소배압은 뒤에서 찔러대는 공격을 무시하고 더욱 개경을 향해 속도를 냈다. 10만으로 개경과 현종을 차지하든 8~9만으로 차지하든 결과는 같다. 속도를 냈던 덴 다른 이유도 있다. 고려는 10년 가까이 가뭄과 자연재해에 시달렸음에도 불구하고 완벽한 청야를 한 상태였다. 한 번 싸움에 운명을 걸기 위해 극한의 굶주림을 감수한 것이다. 너무나 지독해서 진격 도중에 거란군은 아무것도 얻을 수 없었다. 어서 빨리 개경을 약탈해야만 했다.

마침내 개경에 다다랐을 때 거란군은 기괴한 풍경을 마주했다. 개경 주변, 즉 수도권 전체에 사람도 물자도, 아무것도 없었다. 현종은 수도권마저 철저히 청야한 채였고, 개경을 둘러싼 나성(羅城, 성벽으로 이루어진 외곽 연결선)을 이미 완공한 상태였다. 이것은 2차 침공에서도 통군(統軍, 최고지휘관)을 맡았던 소배압이 계산하지 못한 것이었다. 그때는 없던 시설이었으니까. 개경은 이제 무적의 성처럼 보였다. 그러나 실상은 반대였다. 현종은 개경 시민은 물론 인근 주민들까지 모조리 수도 안에 대피시켰다. 이러면 충분한 군대가 움직일 공간이 없어진다. 그렇다, 개경 안에는 제대로 된 군대가 없었다. 현종은 이번에는 개경을 버리지 않고 백성과 운명을 함께하기로 했다. 전쟁에서 이기더라도 도덕적으로 이겨야 한다는 결단을 내렸던 것이다. 다만, 거란군이 속지 않는다면 국가는 멸망한다.

소배압은 개경을 포기하기로 했다. 그가 개경 포위를 그냥 풀었는지, 한두 번의 공성전을 치른 후 역시 안 되겠다 싶어서 포기했는지는 확실치 않다. 고려도 예상하지 못한 게 있다. 소배 압과 거란 정예 기병의 속도가 2차 침공과는 달리 너무나 빨랐다. 강감찬은 재빨리 군대를 개경에 급파했다. 그가 설계한 대회 전에 없어선 안 되는 필수적인 병력이었다. 현종과 강감찬의 설계도는 이랬을 것이다.

> 흥화진에서 속은 거란군이 아군에게 피해를 받고 개경에 온다. 개경에서 좌절한 그들이 또 아군에게 공격받으며 철수한다. 최대한 약해진 적이 귀환을 위해 압록강을 넘기 전, 아군이 나타나 그들과 운명의 일전을 치른다.

즉 강감찬이 거란군을 현종에게 넘기면, 현종은 받아서 다시 강감찬에게 넘기는 계획이었다. 거란군의 속도가 예상을 넘어서자 개경에 간 고려군은 약속된 대회전 집결지에 제시간에 나타나기 위해 지옥 같은 '속도전' 행군을 해야만 했다.

고려는 소배압에 거의 당할 뻔했다. 그는 개경 수비군에게 이만 가보겠다고 정중하게 인사를 한 후* 군대를 철수시키는 척했다. 그러면서 300명의 특수부대를 금교역(金郊驛)**에 잠입시켰다.*** 개경이 지금의 광화문과 경복궁 일대라면, 금교역은 서

---

* 　개경 안에는 현종이 있었으므로, 흥화진에서 양규가 요 성종에게 예의를 차린 것과 비슷한 행위다.
** 　지금의 황해북도 금천군 서북면에 있던 고려 시대의 역참. 개경 북쪽에 있던 중요한 역참이었다.
*** 　거란군은 이런 종류의 임무, 즉 정찰, 염탐, 침투를 위한 부대인 원탐난자(遠探攔子)를 운용했다. 물론 정예기병의 타초곡기나 잡병이 개경 침투 역할을 맡았을 수도 있다.

울억(蔚億)까지는 아니고 청량리역이나 용산역 정도에 해당했다. 당연히 그들은 개경 안에 들어올 계획이었다. 성공한다면 개경은 어찌 될지 몰랐다. 개경 안에는 정말로 군사가 없었기 때문이다. 그들이 개경의 성문을 안에서 열고 자기네 군대를 불러들이기만 하면 모든 게 끝이었다. 이때는 강감찬이 급파한 부대가 다시 국경으로 헐레벌떡 가던 중이었다. 모든 인력자원을 야전 한 판에 걸어서였다.

정찰에 성공했는지, 누가 귀띔을 해주었는지는 알 수 없지만 고려는 소배압의 작전을 알게 되었다. 하지만 적의 작전을 알게 된 개경에서 가용할 수 있는 군사는 100명이 전부였다. 한밤중에 고려군 100명이 거란군 300기를 덮치기 위해 조용히 출동했다. 그들이 무사히 돌아올 때까지 개경 안의 전투력은 **전혀 없었다.** 백인의 결사대는 적군 300명을 기습* 몰살하는 데 성공했다. 이제 소배압에게 남은 선택지는 안전한 철수뿐이었다.

귀주(龜州) 벌판

소배압은 끝까지 현명했다. 압록강을 향해 철수하면서도 고려군의 유격전에 인명손실을 기록했지만 평정심을 잃지 않았다. 하지만 흥화진은 역시 피해가야 마땅했다. 흥화진을 피해 거란으로 돌아갈 수 있는 길목은 귀주(龜州)뿐이었다. 귀주에 다다르자, 그동안 숨어있던 강감찬의 고려군 본대가 나타나 거란군을 막아섰다. 20여만 명의 고려군은 개경이 아니라 거란 영토 가까이 있었던 것이다. 또한 산성 방어가 아니라 야전을 준비하고 있

---

* 필시 잠을 자는 중에 공격했을 것이다.

194

었다는 사실이 드러났다. 모든 산성은 처음부터 비워진 것이나 다름없던 것이다. 소배압은 속았다는 사실을 깨달았지만 망설이지 않고 전투를 준비했다. 고려의 국력 전체가 눈앞에 있었다. 전투에서 승리하는 순간 한반도를 접수하는 거였다. 고려군은 보병이 대부분이었다. 거란군의 말과 낙타가 아무리 지쳤다 한들 남은 체력만으로도 보병을 압도하는 건 당연했다. 아마 소배압은 커다란 선물을 받은 기분이었으리라.

고려군과 거란군 사이에는 귀주 벌판이 있었다. 벌판 동서 양쪽에는 작은 강 두 개가 흘렀다. 당시에는 다하(茶河)와 타하(陀河)라고 기록되었다. 두 강 사이는 기울어진 고구마처럼 생긴 타원형의 평지다. 강감찬은 소배압을 마지막으로 한 번 더 속여야 했다. 배수진의 함정이다.

먼 옛날 항우의 초나라와 유방의 한나라가 중원 천하를 놓고 겨루던 시기, 유방의 군사(君師) 한신(韓信)은 현 하북성에 있던 관문이자 군사적 요충지 정형(井陘)에서 벌어진 전투에서 불가능한 싸움을 승리로 이끌었다. 이 전투에서 그 유명한 배수진의 개념이 생겨났다. 개념은 관념으로 발전했다. '뒤에 강과 같은 막다른 지형을 선택해 싸우면 강해진다'는 사고방식이다. 도주할 수 없으니 목숨을 걸고 싸우게 되는 건 맞다. 하지만 그렇기에 포위당하기 쉽고, 전세가 결정되면 남김없이 죽는다. 배수진은 '질 군대가 원래보다 더 버틸 수는 있으나, 완전하고 참혹하게 소멸당하는 위치 선정'이다.

배수진을 치면 안 된다는 건 지금도 그렇지만 당시에도 상식 중의 상식이었다. 한신의 배수진을 보고 적들은 승리를 확신했다. 그는 병법서를 한 줄도 읽지 않은 바보임에 틀림이 없었다. 그러나 한신은 역사적인 대승을 거두었다. 한신은 배수진에

195

의존하시 않았다. 배수진을 이용한 우회 기동작전으로 이겼다. 그는 배수진으로 적을 유혹해 진지(당시의 정형관, 井陘關)를 비우고 공격하게 한 후, 물을 등진 보병이 아직 버티고 있을 때 기병으로 적의 진지를 빈집털이했다. 적군은 한신의 보병과 자신들의 진지 사이에 포위당해 패배했다. 즉 배수진은 대어를 잡기 위한 낚시였다.

한신이 죽은 지 오래인 지금까지도 일반인은 물론 싸움의 전문가조차 배수진에 낚여왔다. 배수진은 '싸움은 곧 정신력'이라는 남성적인 명제에 직관적으로 들어맞는 탓에 2천 년 동안 수많은 지휘관이 배수진 자체가 강력하다는 착각에 빠졌다. 나는 지금까지 착각으로 배수진을 쳤다가 성공한 사례를 역사에서 발견하지 못했다. 상황 자체가 어쩔 수 없는 배수진일 경우에는 의외로 승률이 나쁘지 않다. 하지만 일부러 친 배수진의 승률은 0에 수렴한다. 한국사에서는 임진왜란 때 탄금대에서 배수진을 쳤다가 일본군에 섬멸당하고 자신도 죽은 신립이 잘못된 배수진의 대표자 중 하나다.

강감찬은 배수진을 정확히 이해하고 있었다. 다시 말하지만 그는 거란군을 물리치는 게 아니라 포위 섬멸해야만 했고, 그러기 위해서는 천연 포켓(포위망)인 두 강 사이에 끌어들여야 했다. 거란군은 넘어갔다. 침공군의 작전 장교인 야율팔가(耶律八哥)는 당연하단 듯 말했다.

"적이 두 강을 모두 넘어와 배수진을 치면 목숨을 걸고 싸울 것이니 우리가 위험해집니다."

야율팔가는 이 한마디를 내뱉은 죄로 역사에 실패자로 남았다. 하지만 소배압이 그의 말대로 행동한 이상 야율팔가만의 책임은 아니다. 거란군은 자신들도 고려군처럼 강을 등지고 '공평한 정신력'으로 싸우기 위해 서둘러 강을 건넜다. 이리하여 둘 중 하나는 반드시 몰사할 예정인 귀주대첩이 시작되었다. 강감찬이 직접 지휘하는 생애 첫 전투이자 마지막 전투이기도 했다. 거란군의 패배는 초원과 사막의 패권을 흔들 것이었다. 현재의 미국이 태평양 제해권을 잃는 사태와 비슷하다. 고려군의 패배는 더 심각했다. 그것은 곧 국가의 멸망이었다.

왕국의 역습

귀주대첩은 쉬이 결론이 나지 않았다. 한국사에 이토록 처절한 전투는 찾아보기 어려울 것이다. 양측은 전투 내내 쉬지 않고 **연속해서** 싸웠다. 물리력이 충돌하는 전근대의 야전은 영화나 드라마에서 제공하는 감각처럼 2~3시간이 아니다. 보통 7시간 이상이다. 그러나 밤에는 쉰다. 병력이 빽빽이 밀집해서 싸우는 조건에서는 정식적으로든 암묵적으로든 싸우는 시간과 장소를 정해서 격돌했다.* 사람과 동물의 체력에는 한계가 있다. 식사도 수면도 필요하다. 그러므로 기습전이 아닌 한 아침부터 낮까지 싸우고 밤에는 쉬게 되어 있다.

　귀주대첩에서는 전투가 멈추는 순간이 없었다. 고려군이 거란군의 공세를 잘 막아냈다는 의미다. 거란군은 다른 고급 유목민족 전사와 마찬가지로 마상 궁술을 이용해 적진에 화살과 창

---

* 　현대전의 기준으로는 이상해 보이지만 제아무리 백만대군도 위성사진으로 내려다보면 점에 불과하다. 승부가 나려면 양측에서 충돌하는 시간과 장소를 정해야 싸울 수 있다.

을 날리면서 치고 빠지는 스웜(Swarm) 전술을 사용했다. 그러다가 보병 중심의 적진에 균열이 생기면 틈을 파고 들어가 치고 베고 찌르는 무기로 결판을 내는 것이 거란뿐 아니라 유목-정복민족 전사들의 기본적인 싸움법이었다. 이 순간을 위해 여러 벌의 갑옷이 필요했다. 전사와 말이 가장 무거운 갑옷 세트를 장착하면, 유럽 기사와 같은 중장갑 기병이 된다. 이때 가장 강력한 힘을 발휘한 집단은 물론 우피실군이었다.

귀주대첩의 첫 국면은 고려군 보병이 거란군의 변칙적인 스웜과 돌격을 견디느냐였다. 고려군은 해냈다. 스웜은 방패로, 돌격은 검차로 막아냈으며, 거란군의 활에는 역시 활과 노(弩)로 응수했다. 거란 정예를 상대로 이렇게 긴 시간 동안 한 번도 빈틈을 주지 않고 조직적으로 움직인 군대는 없을 것이다. 그러나 한 가지 조직력이 더 필요했다. 체력 소모가 극심한 전투에서 계속해서 쉬지 않고 견딜 수 있는 인간은 없다. 전열이 쉼 없이 전투를 치를 동안 전투원 역시 쉼 없이 교대해야 한다. 그게 잘 이루어졌다는 건 교대와 인수인계 중 실수한 부대 단위가 하나도 없었다는 뜻이다. 이것이 상원수 강감찬과 부원수(副元帥, 부사령관) 강민첨 모두 문과 급제자였던 이유다. 전투와 훈련의 규모가 수십만 명 단위를 넘어서면 지휘는 혈기나 근력과는 상관이 없어진다. 행정력과 수학적 이론이 적용되는 현장이 된다.

전근대 대회전에서 전투는 상대를 죽이는 것이 아니라, 상대를 대량살상할 조건을 만드는 과정이다. 서로 상대를 섬멸하는 구조, 즉 포위망이나 망치와 모루* 등을 만들어야 한다. 전투과정은 몸을 비비는 씨름이다. 몸싸움을 통해 상대를 넘어뜨리

---

* 주로 보병인 중군(中軍)이 적의 충격력을 버티고 주로 기병인 기동군이 적의 옆뒤를 치는 구조.

는 순간 포위망을 완성해야 한다. 씨름에서는 상대가 넘어지면 시합이 끝난다. 전투에서는 넘어진 상대를 가혹하게 두들겨 패 사망에 이르게 한다. 이것이 **포위 섬멸**이다. 전사자의 대부분은 승부가 결정된 후에 뒤따르는 **처형**에서 발생한다. 거란군이 고 려군을 넘어뜨리지 못하자, 전투는 영혼을 갉아먹는 체력전과 정신력 싸움의 양상으로 변했다. 거란군에게는 말과 낙타가 지 쳤다는 불리함이 있었다. 하지만 고려군의 불리함과는 비교할 수가 없다. 비율을 계산하면 고려군 보병 2명은 적군 1명, 말 3마 리*, 낙타 1마리와 체력전을 벌였다. 고려군이 몇 번이나 '자세가 흐트러지는' 위기의 순간을 맞았는지는 알 수 없지만, 소배압은 승리를 확신했을 수밖에 없다. 고려군의 에너지가 고갈되는 순 간에 처형이 시작된다. 하지만 처형의 때는 편을 바꿔 다가왔다.

나중에 '귀주대첩'으로 불리게 될 이 전투의 하이라이트는 따로 있었다. 전투가 계속되며 승패의 향방을 짐작도 할 수 없을 때, 갑자기 거란군이 고려에 침입한 후 한 번도 보지 못한 부대 가 나타났다. 병마판관(兵馬判官) 김종현(金宗鉉)이 이끄는 1만** 중장갑 철기대였다. 전투에 동원된 말을 합치면 최소 2만 마리 이상으로 계산된다. 말을 키우기 힘든 한반도 환경을 고려하면 그야말로 동원할 수 있는 모든 말을 한 번의 전투에 투입한 것으 로 보인다. 말보다 더 주목할 것은 강철 중장갑이다. 고려에는 이만한 철이 없었다. 고려사 이전에도 이후에도 이런 규모의 중 장갑 철기는 등장한 적이 없다. 이는 만주와 관련이 있다. 고구

---

* 말을 2~3마리로 소폭 줄여야 할지도 모른다. 타초곡기를 포함한 보조병 들의 말은 정기처럼 3마리가 아닌 2마리였을 수도 있기 때문이다. 그러나 1마리였을 가능성은 없다.

** 혹은 1만 2천.

199

려의 개마무사(鎧馬武上, 말끼지 중장갑을 두른 기병 전사)는 만주를 지배했었기에 가능했다. 만주는 철이 풍부한 곳이다. 거란도 여진족도 만주를 차지했을 때 비로소 중장갑 기병을 육성할 수 있었다. 물론 한반도의 철이 '자연적으로' 고갈된 상태라는 뜻은 아니다. 하지만 생산력은 인간을 기준으로 한다. 열대우림의 생산력이 척박하듯 전근대 기술의 한계로 한반도에는 그만큼 많은 철 생산력이 없었다. 나는 개인적으로 농기구를 녹여 급조했다고 추측한다.* 하지만 어떤 경우라도 극한까지 짜내 구성한 부대라는 점은 분명하다.

역사에는 전투에서 이기고도 적을 파멸시키지 못하면, 다음 번에는 승리한 방식으로 응징당하는 사례가 종종 있다. 통주전투에서 고려군은 전열이 돌파당하기 전까지 우피실군을 상대한 적이 없었다. 귀주대첩처럼 지나치게 치열한 전투에서 마지막 결정적인 순간까지 나타나지 않은 부대는, 적의 입장에선 당연히 존재하지 않는 부대다. 고려군 철기대가 거란군을 향해 돌격하는 순간까지는 말이다.

철기대는 우피실군과 천운군부터 타격했다. "허리를 끊었다."고 하는데, 이는 낙타를 통해 후위의 무기와 물자를 전열에 전달하는 실시간 보급선을 파괴했다는 뜻이다. 거란군 후위에는 전사들이 보충받아야 할 화살도 있지만, 무엇보다 사람과 말의 체력을 보존하기 위해 아직 입지 않은 중무장 갑옷 세트가 준비되어 있다. 고려 철기대는 우피실군과 천운군이 갑옷을 갈아입고 똑같은 조건이 되기 전에 재빨리 그들을 도륙했다. 물론 요련 장군과 발해군의 운명도 예외는 아니었다.

---

*   근거 자료는 없다. 개인적인 추정인 점을 분명히 밝혀둔다.

철기대의 일제 돌격이 끝났을 때, 나머지 고려군은 아비규환이 된 거란군을 포위하는 데 성공했다. 돌격시각이 의도인지, 의도와 달리 늦어진 것인지 논란이 많다는 점을 나는 개인적으로 이해하지 못한다. 애초에 돌격 시간을 미리 알고 준비하지 않았다면 본대가 이렇게 즉각적인 움직임으로 대형을 바꿔 포위망을 구축할 수 없다. 20만에 가까운 밀집 보병은 **결코** 예상치 못한 새로운 상황에 맞춰 말단 병사까지 **정확히 같은 생각을 한 채** 유기적으로 움직일 수 없다. 이와 같은 논란은 역사학과 군사학이 서로 관심이 없어 벌어지는 공허한 논란이다. 김종현의 철기대는 처음부터, 혹은 최소한 전투 진행 중간에 도착해 대기하고 있었다. 대첩의 마지막 국면은 본대의 보병들이 다음 상황을 완전히 숙지한 후, 철기대가 강감찬의 명령에 따라 돌격했어야만 가능하다.

1만 명 이상의 거란군이 포위망 탈출에 성공했다. 그들을 추격해 포위 섬멸하는 일은 부사령관인 강민첨이 맡아 완벽하게 성공했다. 귀주대첩의 일부인 반령(盤嶺)전투다. 포위망에 갇힌 나머지 거란군에 남은 것은 처형뿐이었다. 고려군은 거란군을 섬멸했다. 천운군, 발해군, 요련장군의 총사령관이 부하들과 함께 전사했다. 소배압은 불과 수천 명의 패잔병과 함께 간신히 살아 돌아갔다.* 완벽한 승리의 의미는 명확했다. 거란군의 전쟁 수행능력은 다시는 예전과 같을 수 없었다. 고려는 생존에 성공

---

* 소배압은 분노한 요 성종에 의해 산 채로 얼굴 가죽이 벗겨질 뻔했다. 하지만 그동안의 전공이 너무 커서 모든 지위를 박탈당하고 귀양 가는 선에서 그쳤다.

했고, 진쟁은 끝났다.*

동아시아의 균형자

고려-거란전쟁의 역사를 최대한 줄이기 위해 사건, 인물, 전투의 대부분을 생략했다. 이 장의 주제는 어디까지나 민족의 탄생이지, 다 쓰려면 책 열 권은 필요한 고려-거란 전쟁사가 아니다. 그러나 독자 여러분과 내게 필요한 부분은 충분히 이야기했다고 생각한다. 현종은 개선하는 강감찬을 맞이하기 위해 개경 밖으로 뛰어나갔다. 두 사람은 영파역(迎坡驛)**에서 만나 눈물을 흘리며 껴안았다. 감동적인 장면이지만, 역사적으로는 다음에 이어진 현종의 외교가 더 중요하다.

현종에게는 세 개의 선택지가 있었다. 첫째는 고려를 공식적인 황제국으로 선포하는 것이다. G1을 꺾었으니 가장 자연스러운 일이었다. 두 번째는 거란의 적성국이자 고려와 우호적인 송나라에 입조(入朝, 조공을 바치고 제후로 책봉받음)하는 것이다. 현종은 가장 현실성 없어 **보이는** 제3의 답안을 골랐다. 그는 사과의 뜻까지 전하며 거란에 입조했다. 거란군의 대패에 환호하던 송나라만큼이나 요나라도 황당해할 일이었다. 여기엔 비밀이 있다.

고려가 황제국이 되면 다른 두 황제국과 **제국 경쟁**을 벌여야 했다. 여기엔 조공보다 넉넉한 하사품으로 조공국을 모집하

---

* 귀주대첩과 관련된 보다 자세한 사항은 〈권말 특별 부록: '귀주대첩' 전투에 관한 하나의 주장〉의 글로 보충하였다.

** 개경 북쪽에 있던, 지금의 황해북도 금천군 금천읍에 있던 고려 시대의 역참. 개경과 영파역은 대략 현재의 서울에서 38선 사이의 거리쯤이다.

는 출혈 경쟁도 포함된다. 제국이냐 왕국이냐는 백성의 삶의 질과 같은 실용적인 문제와는 동떨어져 있다. 동아시아 역사는 실패한 제국들의 무덤으로 가득하다. 현종은 송, 요에 뒤진 **3등 제국** 대신 **1등 왕국**이 되기로 했다. 1등 왕국이 어느 나라에 입조하는지에 따라 현재의 진정한 천자국이 결정된다. 이때부터 고려는 동북아시아의 균형을 결정하는 조정자가 되었다. 요나라의 패전 직후였으므로 무게 추가 송나라 쪽으로 기울어진 상태였다. 그러므로 현종은 망설이지 않고 요나라에 힘을 실어준 것이다.

현종 이후 고려는 황제국보다 더한 권한을 누렸다. 하지만 양심적으로 말해 고려가 자신의 힘을 확인하는 방법은 현대적 기준으로는 몹시도 못돼먹었다. 고려 사신은 송나라와 요나라에 조공을 바치러 갈 때마다 온갖 패악질을 부렸다. 일부러 난동을 피우고 폭행 사건을 일으키고 다른 나라의 조공품을 무단 갈취하는 등 마피아처럼 행동했다. 두 나라가 아무 조치도 취하지 못하는 꼴을 확인하고야 만족하고 돌아왔다.* 이런 행동은 예법(禮法)을 중시하는 조선왕조에서는 사라진다. 하지만 현종 이후 고려는 물론 조선까지 중원 제국이 가장 중요하게 대하는 1순위 왕국의 지위는 한 번도 흔들린 적 없다. 귀주대첩 이후 고려는 한동안 제국의 권리는 누리고 의무는 피했다. 주변국과 부족에 조공을 받는 재미를 누렸으며, 고려 임금은 중국에서 해동천자

---

* 고려의 외교관들이 송나라와 요나라에 대해 부린 행패는 《송사(宋史)》에 자세히 기록되어 있는데, 《송사》는 원나라에 의해 쓰인 정사다. 원나라는 고려, 송, 요 모두를 무시할 필요가 있었다. 과장을 의심하기에 충분하지만, 고려 외교관의 행패는 한국의 정사인 《고려사》에도 기록될 정도였으므로 근거 없는 과장이지는 않을 것이다.

(海東天子, 동쪽의 천자)로 불렸다.

    훗날 벌어진 기나긴 고려-몽골 전쟁이 고려의 항복으로 결론 지어졌을 때, 엄밀히 말해 고려는 몽골이 아니라 카안* 자리를 두고 경쟁하던 쿠빌라이에 항복했다. 더 정확히 말하자면 쿠빌라이에 **입조**했다고 할 수 있다. 고려의 입조는 쿠빌라이가 몽골의 카안 겸 원나라 황제가 될 자격의 근거가 되었다. 고려가 독립국의 지위를 지킨 데에는 끈질긴 저항으로 항복의 가격이 올라간 이유가 가장 크지만, 근간에는 그 이전에 현종이 매긴 고려 자체의 값어치도 존재한 것이다.

    현종은 거란과의 모든 전쟁이 끝난 후 아직 살아있을 때부터 하늘이 내린 성군이라는 이야기를 듣기 시작했다. 그는 심지어 조선왕조에서도 한반도 역사가 낳은 특출난 성군으로 우대받았고, 조선왕조는 그에게 제사를 올렸다.《조선왕조실록》의 여러 기사를 보면 현종을 단순히 좋은 군주로 여기는 데 그치지 않았다는 사실을 명확히 알 수 있다. 조선의 사관(史官, 역사를 기록하는 관료)뿐 아니라 왕들까지도 현종을 한반도 역사를 다시 세운 위인이자, 역사 자체가 **현종 이전과 이후로 나뉜다**는 의식을 가졌다. 단군이 신화적이고 상징적인 시조라면, 현종은 **실존했던 진짜 단군**인 셈이다.

    신기하게도 현종은 현대 한국인 사이에서 그다지 유명하지 않다. 강감찬 역시 큰 전투에서 승리한 위인 정도로 알고 있을 뿐이다. 두 사람의 인기도는 최고의 스타들인 세종대왕, 이순신, 광개토대왕, 을지문덕, 정조 같은 '슈퍼스타'의 한 단계 아래에 있다. 여기에는 몇 가지 이유가 있다.

---

*   몽골제국 대칸의 정식 명칭은 카간(Kagan)이 아니라 카안(Qa'an)이었다. 물론 둘 다 대칸 즉 칸 중의 칸이라는 뜻이기는 마찬가지다.

첫째는 단순한 **숫자의 착각**이다. 이기는 걸 좋아하지 않는 민족이 어디 있겠느냐고 하겠지만, 한국인은 승리에 페티시즘(Fetishism, 집착적 성애)을 갖고 있다. 한국인에게는 **점수**도 무척이나 중요하다. 20만 명으로 10만 명을 무찌른 이야기는 매력적인 점수가 아니다. 한국인은 언제나 머릿수에서 심하게 불리했던 역사적 경험 때문에 체급이 작은 **우리**가 헤비급인 적을 이기는 이야기를 좋아한다. 그러므로 고구려를 침공했다가 실패한 수나라의 **백만 대군**은 더없이 매력적이다. 거란군 10만 명에는 이론적인 최소치를 적용해도 30만 마리의 말과 3만 마리 이상의 낙타가 포함되었었다는 사실은 간과된다. 3차 침공에서 거란군의 전력은 중국 보병으로 환산하면 100만 명을 반드시 넘고, 그들의 실력을 고려하면 200만 이상까지도 추정할 수 있다. 더욱이 그들은 지옥 같은 행군에 걸레짝이 된 채 한반도에 진입한 수나라 군대와 달리 완벽한 상태로 국경을 넘어왔다. 대부분이 보병인 아군 20만이 야전(野戰)에서 그들을 섬멸했다는 것은, 실제로는 한국 역사상 최고의 **점수**다.

두 번째 이유는 거란이 현대에 갖는 의미가 없다는 데 있다. 현재 거란이라는 이름을 쓰는 종족은 없다. 중화인민공화국의 소수민족 중 하나인 다우르족(達斡爾族)은 거란족의 직계 후예를 자처하는데, 실제로도 그럴 확률이 높다. 그러나 다우르족의 인구는 10만 명이 조금 넘는 수준이다. 그들은 이제 한국인과는 상관없는 사람들이 되었다. 임진왜란과 구한말, 일제강점기의 무장독립투쟁은 현대 한국인이 사랑하는 영웅들을 배출했다. 수나라와 당나라의 한반도 침공도 마찬가지다. 중국과 일본은 지금을 사는 한국인이 의식하지 않으려야 않을 수 없는 이웃이며, 참으로 부담스러운 실체이기 때문이다. 거란은 그렇지 않다. 같은 이유로 현재의 몽골은 한국을 위협할 가능성이 거의 없기에 한국인은 대몽항쟁의 역사에 그다지 진지하지 않다. 선조들이 몽골에 엄청난 고통을 당했는데도 요즘 한국인은 몽골인에게 별다른 악감정이 없으며, 기질이 맞는 모양인지 만나면 잘만 지낸다.

셋째, 이미 존재하는 것은 당연하게 여겨지는 법이다. 현대인은 전기와 수도, 포장도로를 특별하게 생각하지 않는다. 한국인은 당연한 듯 존재하는 민족국가에 살고 있는데, 바로 그 이유로 한민족이 탄생한 시점에 이목을 집중하지 않는다. 마치 논밭이 펼쳐진 시골의 풍경을 보며 '자연의 정취'를 운운하지만, 논은 사실 많은 인력이 자연과 싸워 구축한 **인공구조물**인 것과 같다.

마지막으로 현재 동아시아 사회의 지식층이 서구적 관점으로 자신들의 역사를 해석한다는 문제가 있다. 민족국가는 근대 유럽에서 탄생한 개념이다. 하지만 유럽인은 민족국가라는 **개념**의 발명자이지, 민족국가나 민족의 발명자는 아니다. 서구식 근대 이전에는 민족국가가 존재하지 않았다는 관념은 첫째 서구인, 둘째 서구의 영향에서 벗어나지 못하는 비서구인의 착각이다. 한국의 지식인은 프로크루스테스*의 침대를 수입해 외국의 기준에 한국사를 끼워맞추는 습관을 되돌아볼 필요가 있다.

현종은 1031년 38세의 나이에 쓰러졌다. 전쟁이 끝난 후 몇 년 연속 풍년이 들어도 국가를 복구하기 버거웠겠지만, 현종은 십 년이 넘도록 멈추지 않는 가뭄과 씨름했다. 그는 다시는 일어나지 못하고 다음 달 사망했다. 사인은 과로사로 추정된다. 그런 현종도 조금 사치를 부리긴 했다. 그는 신혈사를 현재 서울시 은

---

* 그리스 신화에 등장하는 연쇄살인마. 나그네를 극진히 모시고 잠자리까지 제공하지만, 손님이 침대보다 키가 크면 남는 목이나 다리를 잘라버리고, 침대보다 키가 작으면 침대 길이에 맞춰 늘려 살해했다.

평구에 소재한 진관사로 증축해 생명의 은인인 진관스님에게 선물했다. 요즘 진관사는 서양의 부유한 채식주의자들이 호들갑을 떠는 바람에 사찰음식으로 국제적인 명성을 얻고 있다. 1990년대였다면 서양인들은 일본 사찰에서 비슷한 유행 아이템을 발견했을 것이다. 30년 후쯤엔 남미의 정글에서 채식 부족을 발견하고 열광할 수도 있다. 아니 그때쯤에는 채식 유행이 끝나 있을지도 모를 일이다. 1031년으로 돌아가면, 이 해에 요 성종과 강감찬도 명을 달리했다. 하나의 시대가 끝나고 다음 시대가 시작되었다.

한민족의 탄생

오직 전쟁만이 민족을 탄생시키지는 않는다. 하지만 적과 아군의 무덤 위에서 탄생하는 경우라면, 민족의 역사는 비명(碑銘, 비석에 새겨진 글자)이다. 싸움터에서 생존한 자들만이 비석을 세우고 그들의 이야기를 새길 수 있다. 여기서 순서를 분명히 하겠다. 민족이 비명을 새기는 것이 아니다. 비명을 함께 읽고 기억함으로써 민족이 되는 것이다. **민족은 이야기 위에 세워진다.**

나는 학창시절 공사현장에서 막노동을 해봤다. 3층 이상 되는 건물을 짓기 위해서는 먼저 '비계(飛階)'라는 가건물을 세워야 한다. 건물의 뼈대인 철골도 비계에서 세우고, 건물의 살이 될 시멘트 거푸집도 비계의 일부로 친다. 비계 작업 현장은 고되지만 숙련된 기술은 없어도 되는지라 대학생들의 노동력이 헐값에 투입되곤 했다. 그런데 비계와 거푸집은 철거된다. 물리적으로는 사라지지만, 완공된 건물은 비계가 존재했었음을 증명한다. 건물의 형태가 비계의 크기와 모양을 설명해준다.

민족국가는 이야기의 비계 안에서 굳어진 건축물이다. 한국인의 유전적 동일성이 아무리 강한들, 그래 봐야 다른 민족과 **정도의 차이**가 있을 뿐이다. 철학적으로도 과학적으로도 단일민족이란 건 존재하지 않는다. 민족은 상상으로 세워진 모래성이지만, 모래성에서 출발한 민족국가는 가상이 아니라 실제로 존재한다. 민족은 스스로는 실체가 없으면서 국가와 국민이라는 현실을 만든다. 비계는 존재했던 틀이며, 민족은 **실존하는 허구**다.

공동의 적에 맞서 살아남은 이들은 공동체가 된다. 고구려계, 백제계, 신라계, 발해계 사람들이 한 무리를 이루어 그들 서로보다 훨씬 이질적인 적에 맞선 이야기는 생명력을 가진다. 한반도 주민들은 함께 고통받았고 승리의 기억 역시 함께했다. 귀주에 모여든 20만 명은 각자의 고향으로 돌아가 이제는 하나가 된 승리와 극복의 서사를 이야기했으리라. 양규의 영웅적 죽음과 하공진의 절개는 전설이 되었으리라. 같은 이야기를 듣고 고개를 끄덕이며 같은 집단이 되었으리라. 현종이 겪은 끔찍한 굴욕과 공포는 모든 고려인들이 겪은 고난과 함께하는 것이었다. 말을 탄 귀족들이 평민 보병을 구원하기 위해 돌진한 결과 세계가 구원받았을 때, **그 세계는 '우리'가 된다.** 이제 과거로 돌아가는 일은 도무지 불가능해졌다. 한민족이 탄생했다.

3부

민족성의 탄생

9장

천명과 혁명

좋은 나라

명(命)과 령(令)은 먼 옛날에는 같은 글자였다. 방울 아래 무릎을 꿇고 있는 사람의 모습이다. 말 그대로 명령을 뜻한다. 엄마가 두부나 콩나물을 사오라고 심부름을 보내는 느낌과는 거리가 멀다. 고대에 청동 방울은 절대적 권위를 상징했다. 방울 소리는 신령을 부르는 신호였고, 방울 소리를 동반한 명령은 신탁이며 헌법이었다. 명(命)은 하늘이 부여한 피할 수 없는 길이다. 개인에게는 사명(使命)이고 국가를 허락하는 힘은 천명(天命, 하늘의 명령)이다.

어떤 인간이 다른 인간을 통치할 근거 같은 건 원래 없다. 그러므로 국가와 왕조는 천명을 받아야만 한다. 아니, 천명을 받았다고 주장해야 한다. 하늘이 권위를 내렸기에 사람을 처형하고 전쟁에 동원할 수 있다. 국가는 도덕적이어야 한다. 정확히 말하자면 도덕적인 척하는 데 성공해야 질서의 수호자 노릇을 할 수 있다. 국가는 숙명적으로 주어진 천명의 결과로 탄생했다고 포장될 필요가 있다. 동아시아가 아닌 유럽에서 왕과 국가는 유일신 하나님의 계획으로 만들어지는 피조물이다. 여기서 천명이든 성령이든 존재 이유는 같다. 하지만 일반적인 백성은 '우리나라가 정당한 국가인 이유'를 철학적으로 따지지 않는다.

인간은 대부분 **일상의 감각**을 갖고 세상을 살아간다. 철학은 왕의 존재 이유를 의심하지만, 일상의 감각은 그런 데엔 관심이 없다. '나라가 있으면 으레 임금이 있게 마련'일 뿐이다. 일상적 고민이란 '새 임금님은 성격이 좋으셔야 할 텐데' 같은 것이다. 일상적 감각이 원하는 **좋은 나라**란 구체적으로 다음과 같을 것이다.

> 백성이 그럭저럭 먹고살고, 백성의 목소리도 적당히 들어줄 줄 알고, 백성의 삶이 우선순위라는 간판을 내건 책임 탓에 백성을 위하는 시늉이라도 할 줄 아는 나라. 완벽하지는 않아도 적당히 괜찮아서 세금과 부역(賦役, 노동 징집), 병역(兵役, 군사 징집)이 견딜 수 없을 만큼 부당하게 느껴지지는 않는 나라.

이런 '좋은 나라'를 표방한 국가가 있었으니, 그 이름은 조선이다. 그런데 전근대에는 '좋은 나라'가 생길 가능성이 거의 없었다. 여기서 '조선'을 해석하는 일의 어려움이 시작된다.

조선인의 삶의 방식이 어떻게 창조되었고, 어떻게 유지되었는지 이해하는 일은 얼핏 귀찮아 보인다. 그러나 아주 조금만 귀찮을 뿐이다. 사소한 불편함을 20분만 감수하면 한국인의 이해라는 목적지로 향하는 뻥 뚫린 고속도로가 펼쳐진다. 한국인은 조선인의 직계 후손이며, '2차 산업혁명 이후의 현대사회'라는 조건을 만난 조선인 자체이기 때문이다. 방금의 문장은 한국인이 아직 근대인이 아니라는 것처럼 들릴 수도 있겠다. 하지만 나는 한국인이 조선인이기 때문에 근대인이라는 이야기를 할 것이다.

혁명은 패륜이다

중국 황제의 다른 이름은 천자(天子, 하늘의 아들)다. 천자는 천명을 직접 받고, 제후국의 국왕은 천자를 통해 간접적으로 받는다. 중국 조정은 요즘의 UN 본부를 겸한다고 보면 된다. 사대(事大, 큰 나라 즉 중원국가를 섬김)는 유교 문명 특유의 수직적인 형식 때문에 현대인의 눈에는 퍽 굴욕적으로 보이지만, 실은 중국을 중심으로 한 국제사회에서 관계 맺는 방식이었으며 그 세계의 일원이라는 뜻이었다. 비슷하게 유럽은 교황을 거쳐 왕권을 정당화했다. 섬나라인 일본은 중국 조정과 거리가 너무 멀었으므로, 중국에 사대했지만 동시에 중국의 황제 외에 본토에도 비슷하게 신성한 존재가 있어야 했다. 바로 천황이었다. 막부(幕府, 바쿠후)는 신성한 천황의 승인을 받아 일본에서 통치의 정당성을 확보했고, 국제사회의 일원이 되는 차원에서는 중국에 입조했다. 그러므로 천황은 막부에 실권을 빼앗긴 후 더 신성해졌다. 중국 황제도 본질은 같았다. 고려와 조선의 임금에게 황제는 **천자**로서는 더없이 신성한 존재였고 이웃 나라의 **군주**로서는 '못돼먹은 영감탱이'였다.

청나라 태조 누르하치(ᠨᡠᡵᡤᠠᠴᡳ)가 명나라에 선전포고했을 때, 전쟁선언문인 〈칠대한(七大恨)〉은 현대인의 눈에는 비장하기는커녕 부모에게 심통이 나서 가출한 청소년이 남긴 편지 같다. 온통 삐쳐 있는 누르하치는 명나라가 세계의 중심이자 꼭대기라는 사실을 인정한다. 그가 밝히는 선전포고의 이유는 명나라가 여진족을 공정하게 대하지 못했다는 것이다. 천명을 받은 만큼 공명정대해야 하는데, 그렇지 못했다. 즉 천명을 제대로 실천하지 못했다고 투정을 부린 것이다. 1619년 벌어진 사르후(薩爾滸) 전투에서 승리한 후 누르하치는 태도를 바꿔 부모가 자식을 혼내 듯 명나라를 대했다. 천명이 자신에게 옮겨왔다고 믿어서였다.*

천명은 옮겨다닌다. 엉덩이가 무거운 편일 뿐, 일어나서 자리를 옮길 줄 모르는 건 아니다. 그렇지 않다면 동아시아에 그렇게 많은 왕조가 있었을 리 없다. 천명은 사람을 선택하기도 하지만 버리기도 한다. 그러므로 천명을 받은 인간인 천자는 절대적인 존재가 아니다. 천자가 모든 것을 책임져줄 수 없다. 그랬다면 조선과 고려의 왕은 세상에서 가장 속 편한 존재였을 것이다. 독립국의 군주인 이상 자기 백성이 따로 있으므로 따로 천명을 받아야만 한다. 천자의 권위는 형식일 뿐 한반도에는 한반도의 천명이 따로 있는 법이었다. 천명이 떠나가지 않도록 성심성의껏 관리해야 함은 물론이다.

천명에서 천(天), 하늘이란 무엇인가? 구름이 떠다니는 파란 공기는 아니다. 기독교와 이슬람교에서 신은 한 사람의 인격을 가진 '그분'이다. 동아시아의 하늘도 인격을 가지고 있는 것처럼 보인다. 인간에 대해 '하늘이 노했다', '하늘도 정성에 감격했다'고 말한다. 그러나 조금만 깊이 들어가면 **하늘의 감정**은 그저 표현에 불과하다. 동아시아에서 하늘은 우주 자체다. 하늘 뒤에 땅은 물론 물, 불, 에너지까지 생략되었다고 보아야 한다. 천리(天理, 하늘의 이치), 천륜(天倫, 하늘이 내린 도리)이라는 말은 지금의 느낌으로 번역하면 **우주의 작동 원리**다.

현재 조선을 건국한 사람들을 가리키는 표현은 대략 '여말선초 신진사대부(麗末鮮初 新進士大夫, 고려말~조선 초의 신흥 유학자 집단)'일 것이다. 하지만 시험공부를 하는 게 아닌 한 명칭은

* 　사르후 전투의 과정은 누르하치와 후금(後金, 청나라의 개명 전 국명)에게 행운의 연속이었다. 누르하치는 이를 하늘의 뜻으로 해석했다.

본질이 아니다. 그들이 기본저으로 **철학자**라는 사실이야말로 중요하다. 그들은 누르하치처럼 결정적인 전투에서 행운이 겹친다는 이유로 천명이 자신들에게 있다고 생각하기에는 공부를 너무 많이 했다.

정도전을 중심으로 한 신진사대부들이 왕성(王姓, 왕의 성씨)을 왕씨에서 이씨로 바꾸고 새로운 체제를 만든 일은 혁명이다. 당시 말로 역성혁명(易姓革命)이다. 그들은 혁명으로 **좋은 나라**를 세우고자 했다. 나라가 퍽 괜찮다는 사실 자체는 그저 이런저런 이유에 따른 결과일 수 있다. 하지만 좋은 나라를 세우고 말겠다는 의지, 우리나라가 좋은 나라여야 한다는 바람은 **도덕적**이다. 조선을 건국한 철학자들에게 인간의 도덕성은 우주의 원리와 연결되어 있다. 선과 악은 상대적이지 않고 절대적이다. 선악은 처음부터 정해져 있고, 사람이 착하게 살아야 한다는 **진리** 역시 태초부터 정해져 있다. 그런데 진리는 비타협적이다. 자, 다음 명제는 진리다.

"좋은 나라는 좋다.
그러므로 좋은 나라를 세우는 것 역시 좋은 일이다."

그런데 진리와 진리가 충돌한다. 다음의 명제도 진리이기 때문이다.

"혁명(革命)은 반역이다."

혁명은 하늘을 배신하는 행위이기 때문에 태생적으로 범죄다. 그런데 좋은 나라를 건국하는 일은 오직 혁명을 통해서만 가능하다. 혁명이란 명, 즉 천명을 **갈아치운다**는 뜻이다. **천명은 받는 것이고, 혁명은 하는 것이다.** 천명이 **수동**이라면 혁명은 **능동**이다.

혁명은 천명보다 윤리적이기 때문에 비윤리적이라는 모순에 빠진다. '나를 위해', '동지들을 위해' 뒤집어엎는 행위는 역성혁명은 될 수 있어도 진정한 혁명은 아니다. '사회구성원 모두를 위해' 체제를 전복하는 결단이야말로 혁명이다. 혁명의 목표는 신체제에 있다. 낡은 세상은 새로운 세상을 위해 파괴되어야 한다. 그러므로 혁명에 있어 반란에 성공하는 일은 목표가 아니다. 좋은 세상이라는 목표를 위한 과정이다. 필수적인 과정이지만 동시에 필연적 패륜이다.

천명은 **아직** 고려에 있었다. 신진사대부 대부분은 과거급제나 음서를 통해 고려왕조의 관료로 임명받았다. 그들은 사대부로서 고려에 충(忠)을 맹세한 자들이다. 그들은 혁명을 통해 군주를 배신하고, 자기 자신의 정체성까지 배신하는 2중 범죄를 저지르게 되었다. 아래는 흔히 정도전이 암살당하기 직전에 남긴 절명시(絶命詩, 최후의 시)로 알려져 있지만, 실제로는 이성계와 의기투합한 후 지었을 확률이 높은 시다.

操存省祭兩加功　조심하고 반성하며 있는 힘껏 살아왔네
不負聖賢黃卷中　책에 남긴 성현의 말씀 저버리지 않고
三十年來勤苦業　삼십년 긴 세월 고통스레 걸어온 길이여
松亭一醉竟成空　술자리 한 번에 날아가 허공에 흩날리누나*
— 정도전, 〈자조(自嘲)〉

---

* 여기서 '술자리'의 이름은 송정(松亭, 소나무 정자 혹은 소나무 숲의 정자)이다. 정도전은 정치적 동지인 남은(南誾)이 거처하던 송현(松峴)의 한 집에서 술을 마시다 이방원에게 습격받아 죽었다. 위의 시가 절명시라고 주장

215

자신이 섬기던 왕조를 배반하는 일은 정도전에게 커다란 좌절을 주었다. 하지만 그는 이미 혁명에 몸을 맡겼기에 돌이킬 수 없었다. 혁명, 즉 범죄를 정당화하는 방법은 분명했다. 반드시 결과가 좋아야만 했다. 조선 건국의 아버지들은 스스로 역사의 감옥에 걸어 들어갔다. 백성을 잘 먹고 잘살게 하는 일에 실패하면 죄를 짓는 셈이었다. 존재하지 말았어야 하는 자들이 된다. 신진사대부들은 철학자였지만, **동아시아 철학자**였다는 사실을 잊으면 안 된다. 동아시아 철학은 몹시도 속 편한 구석이 있다. 동아시아에서 철학은 현실이며 정치철학이다. 간단히 말해 **결과주의**다. 성리학 이전의 전통 유교는 논리적이지 않다. 유교가 질서를 사랑하는 이유는 질서 잡힌 사회에서 사람이 덜 죽고 괜찮게 먹고 살기 때문이다.

공리주의(公利主義)란 간단히 말해 최대다수의 최대행복, 사회 전체에 되도록 행복은 많고 불행은 적게 하자는 말이다. 서양에서 공리주의는 치열한 철학적 증명을 거친 영국 경험론의 결론이다. 동아시아에서 공리주의는 기본 전제다. 왜 그래야 하는지는 묻지 않는다. '당연히 좋은 게 좋은 거 아냐?' '우리가 집권해서 백성이 잘 살면 되는 거 아냐?' 그렇다. 조선을 세운 삼봉(三峯) 정도전(鄭道傳)과 그의 동지들은 철학적 문제를 조선인들

되는 증거는 오직 하나, 송(松, 소나무)이라는 한자 하나뿐이다. 하지만 소나무는 한반도에 가장 흔한 나무 중 하나이며, 건물의 이름이나 사람의 아호(雅號)를 짓는데 가장 인기가 많은 식물이었다. 오히려 이성계의 아호야말로 송헌거사(松軒居士, 소나무 숲 별채에 머무르는 수행자)였다. 정도전은 〈자조〉에서 자신의 도덕성이 무너졌음을 비통해하고 있다. 한 번 충을 버렸기에 충을 바쳐야 할 또다른 대상, 존경하는 스승인 이색(李穡)에 칼을 겨누는 일에도 거리낌이 없었다.

에게, 특히 후세를 사는 조선의 사대부들에게 실컷 떠넘기고 혁명부터 저질렀다.

실패한 혁명가와 시골 무인(武人)

1383년 가을. 누추한 차림의 실패한 혁명가가 홀로 동북면(東北面)*을 찾았다. 한반도 역사상 최강의 사병집단을 거느린 군벌을 만나기 위해서였다. 이 만남이 실패한다면 혁명을 포기할 생각이었다. 비열한 세상에 짓밟힐 만큼 밟혀본 그는 물리적인 힘이 없는 혁명은 공상에 불과하다는 사실을 깨달은 후였다. 그는 애초부터 쿠데타를 염두에 두고 이성계를 찾아갔다. 동북면 병마사(兵馬使) 이성계는 고려의 수도였던 개경의 정치판에서 소외당하던 시골 무인이었다. 홍건적(紅巾賊)과 왜구에 맞서 몇 번이나 나라를 구했음에도 그의 입지는 불안정했다. 그런 처지에 중앙 정계를 경험해본 문인이 찾아오자 더없이 반가웠다. 정도전과 이성계는 이렇게 만나서 한 사람은 새 왕조의 아버지가, 한 사람은 한반도 엘리트의 정신적 뿌리가 되었다. 함께 술을 마시던 정도전은 대뜸 이성계를 떠보았다.

"이렇게 대단한 군대로 무엇을 못하겠습니까?"

이성계는 쉽게 넘어가지 않았다.

---

* 고려 시대의 지방행정구역 중 하나로 시기에 따라 지리적 범위가 조금씩 변화하긴 하였지만 대체로 함경도 이남으로부터 강원도 삼척 이북의 지역에 해당한다. 동계(東界)로 가장 많이 불렸으며, 동면(東面), 동로(東路), 동북로(東北路), 동북계(東北界)라고도 한다.

"무슨 뜻으로 히는 말씀이오?"

정도전은 대충 얼버무려 당장의 위기를 벗어났다.

"그냥 왜구를 막아내기에 좋겠다는 뜻이었소이다."

술판이 벌어진 다음 날 아침. 이성계는 정도전이 소나무의 껍질을 벗겨 새겨놓은 시를 읽었다. 얼굴을 마주 보고 읊었다가는 자칫 용두검(龍頭劍)*에 목이 날아갈 내용이었다.

蒼茫歲月一株松 아득한 세월 건너 만난 한 그루 소나무여
生長靑山幾萬重 청산에서 나고 자람이 만 배나 중하긴 하련만
好在他年相見否 좋은 시절에 서로 만나지를 못하였거니
人間俯仰便陳蹤 인간사 굽어보고 우러러봄이 순식간이로구나
— 정도전, 〈제함영송수(題咸營松樹)〉

애써 돌려 말했지만 결국 내용은 언젠가 이성계는 혁명을 완수해야 하는 숙명을 지고 있으며, 혁명의 기회는 두 번 오지 않는다는 뜻이었다. 그리고 이 시간에도 기회는 빠르게 사라지고 있다는 경고까지 포함되어 있다. 실패한 혁명가와 좌절한 군벌은 손을 맞잡고 의기투합했다. 9년 후 1392년, 두 사람은 조선 왕조를 창업했다.

---

*   손잡이가 용의 머리로 장식된 장검. 이성계의 전용 무기였다.

임금의, 사대부에 의한, 백성을 위한

조선은 누가 통치하는가? 임금이 통치한다. 그러나 임금은 명분이자 상징일 뿐이다. 초대 임금인 이성계와 정도전은 처음부터 뜻을 맞춘 상태였다. 이성계는 새 왕조를 창업하는 혁명을 위해 그의 인기와 무력, 그리고 왕가의 혈통을 빌려주었다. 혁명의 주체는 처음부터 사대부였다. 정도전은 조선왕조 창업 후 공공연히 떠들고 다녔다.

"한고조가 장자방을 쓴 것이 아니라 장자방이 고조를 쓴 것이다."

장자방은 장량(張良)으로, 한고조(漢高祖, 한나라를 세운 시조) 유방(劉邦)의 책사다. 당연히 여기서 장자방은 정도전이고, 유방은 이성계다. 책사가 천하와 백성을 위해 주군을 선택해 그의 무력을 사용했다는 뜻이다. 정도전의 말은 동아시아 전통에서 반역에 해당한다. 고문과 극단적인 고통을 수반하는 처형을 피하고 곱게 목이 잘리면 천만다행인 수준의 실수다. 더군다나 이성계는 '무식한 시골 무사'라는 이유로 중앙 정계에서 수없이 멸시당한 인물이다. 유방은 군사를 일으킨 후 7년 만에 황제가 되기 전까지 시골 바닥의 날건달이었다. 그에 반해 장량은 춘추전국시대부터 이름 높은 귀족 가문의 후예로 지식과 교양에서 중국 최고를 달리는 몇 명 중 하나였다.

과거급제로 정계에 진출한 지식인인 정도전의 말은 이성계의 콤플렉스를 바닥부터 건드릴 법한 막말이었다. 자신과 이성계의 관계를 설명하기 위해 유방과 장량을 떠든 건 해도 너무했다. 그와 이성계가 완전히 동등한 혁명 동지 사이였다고는 해도,

219

이긴 인간적인 차원에서 친구 사이에서도 해서는 안 되는 말이다. 그러나 이성계는 정도전을 일러바치는 고자질 앞에서도 '맞는 말인데 뭐가 문제냐'며 호탕하게 웃어넘겼다. 그가 얼마나 소탈하고 정직한 무인이었는지 알 수 있다.

신생국 조선은 과연 어떤 점에서 이성계의 나라였는가? 동아시아 역사책을 들추다보면 '왕토(王土)'라는 단어를 발견하게 된다. 임금의 땅이라는 뜻인데, 국토를 말한다. 그렇다면 국토라고 하면 될 것이지, 어째서 왕토라고 하는가. 왕토 사상은 요즘 말로는 토지공개념이라고 보면 된다. 토지는 자연이 모두에게 내어준 것이므로 모든 인민이 나눠 가져야 한다는 생각을 품고 있다. 그럼 공토(公土, 모두의 땅) 사상이라고 하면 되지 않을까. 아니다. 국토라는 부동산에는 소유자의 이름표가 붙어 있어야 한다.

인간은 공간이 없으면 살아갈 수 없는데, 공간은 이 우주에 원래부터 존재해왔다. 인간이 부동산을 소유하고 사고파는 광경을 가만히 생각해보자. 우리의 몸을 지구라고 했을 때, 개미와 벼룩이 왼쪽 팔꿈치 공간의 사용권을 거래하며 흥정한다고 해보자. 혹은 개미가 벼룩에게 자신의 사유지를 침범했다며 벼룩을 물어버리려 한다 치자. 여러분이 자기의 몸 위에서 벌어지는 꼴을 본다면 어떤 생각이 들겠는가? 아마도 손가락을 두 번 튕기는 '자연재해'로 시건방진 벌레들을 날려버릴 것이다. 이것이 부동산 소유권이라는 말장난의 본질이다. 그러나 어떤 순간엔 말장난이 필수적이다. '왕토'는 국토 그리고 국가의 소유권자가 누구인지를 명확히 가리키는 말이다.

조선의 체제는 다른 전근대 체제와 원칙적인 부분에서는 같다. 임금이 주인이다. 그런데 동아시아와 서양은 원래 조금 다르다. 기독교 세계에서 인간의 자리는 하나님이 내려준다. 그러나 유교적 세계에서는 임금도 자신의 출신 가문에 속해 있다. 나라는 왕실의 것이지, 서양처럼 왕 개인의 소유물이 아니다. 왕은 나라가 아니라 옥좌라는 '자리'를 물려받은 것이다. 그래서 정치 철학인 유교를 기본으로 하는 동아시아 국가들은 종묘(宗廟)와 사직(社稷)에 제사를 올린다. 종묘는 왕실 조상들의 신위를 모신 사당이다. 가문이 곧 국가인 것이다. 사직은 토지의 신과 곡식의 신이다. 농경 국가에서 농업은 경제와 경영의 근본이다. 백성의 삶 자체다. 달라 보이지만 종묘와 사직은 결국 같은 말이다. 모든 백성은 임금의 자녀이기 때문이다. 합쳐서 '종묘사직'은 국가 자체를 뜻했다.

동아시아에는 유교적 시스템을 채택한 나라들이 여럿 있었다. 이 나라들은 어떤 관점에서 보면 유럽식 봉건제 국가보다 진보적인 것처럼 보인다. 자녀를 보살피는 일이 가장의 역할이라는 점에서, 국가를 사유물로 여기는 유럽 국가보다 동아시아의 유교 국가들이 공익적으로 보인다. 그러나 처자식을 어떻게 대할지는 결국 가장인 임금의 **마음**에 달려 있다. 가장의 권위는 확실하지만 그의 의무는 모호하다. 이런 나라에서 백성은 임금에 대해서 **착한 가장이길 바라는 기대**만 가질 수 있다.

조선은 달랐다. 조선은 그때까지의 다른 동아시아 나라들에서 한발 더 나아가 사대부가 임금을 감시하고 끝없이 일을 시키는 체제를 만들었다. 조선에서 임금은 공공시설이자 한 명의 정치인, 그리고 한 명의 공무원이었다. 정도전은 이성계의 막대한 재산을 국고에 귀속시키려고까지 했었다. 개인 재산 없이 궁궐에서 숙식을 제공받으며 나라에 필요한 일만 하라는 거였다. 조선의 정궁(正宮, 최고 권위의 공식 궁궐)인 경복궁은 임금을 갑갑

하세 옥죄고 감시하는 구조로 설계되어 있다.* 경복궁에서 임금은 궁을 향유하는 사람이 아니다. 궁이라는 **시설의 일부**다.

정도전과 그토록 사이가 좋았던 태조 이성계였지만 재산을 뺏기는 상황 앞에서는 불같이 화를 냈다. 무일푼의 처지까지 되라는 건 너무 심하지 않은가? 이성계의 막대한 재산은 후대 왕이 물려받아 투자하고 사용하는, 펀드(Fund) 겸 개인 계좌인 내탕금(內帑金)이 되었다. 내탕금은 가뭄이 들었을 때 백성들에게 인기 있는 대출 창구였다. 내탕금 펀드에서 곡식을 빌리면 원금에 더해 돌려줘야 할 이자가 합리적이었음은 물론, 지주나 고리대금업자에게 빌릴 때와는 달리 착취나 꼼수에 당해 고생할 가능성이 없었다. 왕이 곧 국가인데, 국가가 정한 법정이자 이상의 채무가 존재할 리 만무했다. 결국은 임금의 개인 자산마저 공공자원으로 사용되었던 것이다.

조선은 임금이 나라를 사유화한 게 아니라, 사대부가 임금을 국유화한 나라다. 그러나 소유권 문제로 되돌아오면 결국 국가는 임금의 명의로 된 부동산이었다. 근대 민주공화국 체제를 접하기 전에는 다른 선택지가 없었다. 아마도 민주주의 체제를 에이브러햄 링컨이 게티즈버그 연설에서 사용한 것만큼 간명하게, 그리고 완전에 가깝게 정리한 표현은 없을 것이다.

"인민의, 인민에 의한, 인민을 위한
(of the people, by the people, for the people)"

---

* 대부분의 조선 임금은 경복궁에 머무르기를 싫어했다. 경복궁에서는 업무와 행사만 소화하고 쾌적하고 안락한 창덕궁으로 도망가곤 했다. 예외적으로 세종대왕은 평생을 인내하며 경복궁에 머물렀다.

이 말의 위대한 점은 정말 쉬우면서도 거짓이나 생략이 없다는 사실이다. 조선 체제 역시 이 문장과 정확히 같은 구조로 설명할 수 있다. 조선의 주권자는 임금이었고, 혁명 주체는 사대부였으며, 혁명의 목적은 백성의 삶이었다. 그러므로 조선을 딱 한 문장으로 정리한다면 바로 다음과 같은 문구일 것이다.

"임금의, 사대부에 의한, 백성을 위한"

10장

임금의

"책임자 나와"

한국인은 아마도 전 세계에서 관공서에서 큰소리를 치고 경찰에게 고압적으로 구는 유일한 국민일 것이다. 예의 없는 행동인 것인데, 외국인들이 경찰 앞에서 고분고분한 일차적인 이유는 매너나 예절의식이 투철해서가 아니라 두려움 때문이다. 공무원에 대해서도 마찬가지다. 혹시나 그가 자신을 귀찮아하면 급히 필요한 서류 처리가 얼마나 늦어질지 모른다. 한국은 다르다. 한국은 공권력 집행자와 공무원이 시민을 무서워한다. 그들에게 '민원'만큼 무서운 것은 없다. 민원은 어떤 식으로든 반드시 처리되어야 하며, 민원인이 만족해야만 한다.

일본의 경찰은 시민에게 반말을 사용하는 행위가 허용된다. 일본 경찰이 무례하다는 뜻이 아니다. 경찰복을 입은 이상 시민보다 높은 위치에 있는 관(官)을 대표한다. 하지만 한국에서 이랬다가는 난리가 난다.

'어디 감히 공무원이 시민에게 고압적으로 구느냐?'
'공무원은 고용주인 시민이 품삯을 주고 부리는 머슴이 아닌가?'

한국인은 조선인일 때부터 관(官)의 존재 목적을 백성을 위

224

한 도구로 인식했다. 도구에는 임금도 포함된다. 조선에서 군주는 쓸모가 있을 때만 인정받는다. 쓸모란, 현실에서 '사용 가능'한 '실재'여야 한다. 백성이 임금을 공무원으로 사용한 확연한 예는 신문고다. 누구라도 신문고라는 북을 울리면 억울한 일이나 불만족스러운 자신의 삶을 임금에게 알릴 수 있었다. 다시 말해 왕까지 업무에 말려들어야 끝나는 일이다. 신문고를 울리는 데 엄격한 조건을 내걸었음에도 소용없었다. 조정과 임금은 온갖 자잘한 민원에 시달렸고, 또 민원을 처리해 만족을 주어야만 했다. 그것이 국가의 설립 이념이니까. 신문고는 조정 사람들, 그 중에서도 특히 임금을 매일 같이 이어지는 고통으로 내몰았다.

신문고는 임금의 스트레스 문제로 부활과 폐지를 반복했는데, 21세기에도 청와대 신문고 홈페이지가 개설되었다. 조선 사람들은 중앙 정계를 두려워하기는커녕 기회만 생기면 '동사무소(주민센터)'로 사용했다. 신문고 앞에는 줄이 길게 서있었기에 조선인들은 격쟁(擊錚)을 더 선호했다. 격쟁이란 문자 그대로는 두들겨 쇳소리를 낸다는 뜻으로, 일반 백성이 궁궐에 침입하거나 왕의 행차 길에 난입해 북과 꽹과리를 두들기며 억울한 일을 호소하는 행위였다. 격쟁은 음악이 아니고, 좋은 소리는 더더욱 아니다. 임금이 듣기 싫어서라도 '민원을 들어줄 수밖에 없도록' 신경을 긁는 소리였다. 신문고가 왕이 내 소리를 들어주었으면 좋겠다는 바람이라면, 격쟁은 내 소리를 강제로 들려주는 삿대질이다. 주민센터, 세무서, 경찰서 등 한국의 공공시설에는 삿대질하는 시민이 끝없이 출몰한다. "책임자 나와!" 조선이라는 국가의 책임자는 임금이었다. 임금은 끊임없이 소환당했다.

물론 임금의 업무와 기분을 방해하는 격쟁은 당연히 불법이었다. 큰 죄를 지었으므로 곤장을 맞아야 했는데, 몇 대 가볍게

맞는 척만 하면 끝나는 요식행위에 그쳤다. 조선 시대에 형식적인 곤장은 좋은 구경거리였다. 남자는 곤장을 맞기 전에 바지를 내려야 했는데, 여자들에게는 남자의 엉덩이 근육을 감상하고 품평할 기회였다. 여자는 옷을 벗을 필요는 없었지만 물을 뿌려서 엉덩이 윤곽을 드러냈기 때문에, 이 또한 남자들에게 괜찮은 볼거리였다. 반면 별다른 사유가 없으면 3일 이내에 격쟁 민원을 처리해야 했던 임금에겐 좋을 게 없었다.

격쟁이 소란스러움으로 이목을 끌고자 했다면 글로 조목조목 주장을 했던 상언(上言)도 있다. 뒤에 이야기 할 상소(上疏)가 공적인 문제에 대해 공인의 자격으로 행하는 입장 표명과 요청이었다면, 상언은 사인(私人)으로서 주로 가문이나 친족, 스승이나 학우(學友) 등의 명예에 관련된 일을 진정하는 행위였다. 국가적 차원에서 민의 수렴과 민원 해결에 노력했던 정조 때에 상언과 격쟁이 가장 활발했다. 정조 재위 25년 동안 《일성록(日省錄)》*에 수록된 상언·격쟁만 무려 4,304건이었다. 자신도 말년에 화병으로 고생했으면서 남의 화병에 시달린 것이다. **임금을 해결사로 고용하는 일**이 언제나 안전하다고 장담할 수는 없었다. 민원에 시달리던 임금님이 참고 참다가 하필 나를 만난 날 폭발할 수도 있는 법이다. 잘못 걸리면 임금이 옆에 있는 사람에게 한마디만 하면 끝장이다. "저놈은 인정사정 봐주지 마라." 그러면 엉덩이엔 참으로 비극적인 날이다. 하지만 조선 민중은 치도곤을 맞을 각오를 할지언정 억울함을 참지 않았다.

세종대왕은 사냥을 관람한 뒤** 돌아오는 길에 시위대에 어

---

* 조선 후기 왕의 매일의 행적을 남긴 일기체 연대기. 정조가 왕세손이던 1752년에 시작, 1910년까지 계속됐다.

** 운동을 싫어해 직접 사냥하지 않았다.

가(御駕, 임금의 행렬)가 막히는 사고를 당했다. 시각장애인 무리였다. 당장 굶고 있으니 해결해달라는 요구였다. 그들은 쌀 40석을 받아내는 데 성공한 후 물러났다. 세종은 3년 후에도 비슷한 일을 당했다. 이번에는 시각장애 여성 26명이었다. 세종이 장애인에게 관대하다는 이미지가 퍼졌던 모양이다. 실제로 그는 장애인을 특별히 배려했다. 하지만 세종은 현대 한국인이 인식하는 것만큼 인자한 사람이 아니었다. 사실 그는 특출난 천재이지, 특별히 자상한 성격의 소유자가 아니었다. 세종은 '인민을 위해 세워진 나라의 군주'로서 논리적 정합성을 추구했을 뿐이다.

세종대왕의 아버지인 태종은 고려 말 조선 초의 주요 인물들을 거의 죽여버린 탓에 아들과 정반대의 성품으로 기억된다. 물론 그는 권력에 있어서만큼은 피도 눈물도 없었다. 한국 인터넷에서 그의 별명은 '킬(Kill)방원'이다. 하지만 그런 태종 역시 하루는 시각장애인 20명에게 둘러싸여 1인당 쌀 한 섬씩을 뜯긴 후 풀려나야 했다.

태종과 세종 시기는 조선 초기다. 고려 시대에 어가를 막아선다는 건 상상할 수도 없는 일이다. 그랬다가는 그 자리에서 처형당했을 것이다. 유럽이나 일본 역시 권력자를 막아선다는 건 이론적으로 존재할 수 없는 정신 나간 짓이었다. 유럽에서 왕이나 왕비의 마차가 지나는 길에 모인 사람들은 서서 구호*를 외치거나 던져주는 금화를 받았을 뿐이다. 막아선다는 건 전혀 다른 차원의 일이다. 백성들은 조선 초창기부터 '이번 나라는 인민의

---

* 보통은 왕을 응원했지만, 가끔은 비난하기도 했다. 그러나 정치적인 비난은 금기였다. 정부(情婦, 불륜 상대)에 빠져 왕비를 홀대하지 말라는 비난이 대부분이었다. 유럽 왕실에서 자선사업은 왕비의 몫이었기 때문에 웬만하면 왕보다 인기가 많았다.

나라'리는 관념을 의심하지 않았다.

1996년, 목포 나이트클럽에서 술값 시비로 조직폭력배들에게 구타를 당한 시민이 지역신문에 5단 광고를 내건 일이 있었다. 그는 선량한 시민이 함부로 두들겨 맞은 것을 참을 수 없다며 조폭과의 전쟁을 선언했다. 그의 광고는 대통령에게 보내는 탄원서이기도 했다. "대통령께서 정의로운 시민들 편에 서서 조직폭력배를 소탕해주실 것으로 믿는다." 최고 권력자를 우군으로 소환한 셈이다. 이 소식은 중앙 매체에 대서특필되었고 여론이 들끓었다. 김영삼 대통령이 뉴스를 접한 순간 목포 일대 조폭의 운명은 결정되었다. 경찰청장은 대통령에게, 목포경찰서장은 경찰청장에게, 목포 조폭은 목포 경찰에 차례로 절단났다. 목포 경찰서는 해당 시민에게 이만하면 만족스러운지 검사를 받기까지 했다. 일개 시민의 불만이 꼭대기까지 올라가 맨 밑으로 다시 내려온, 지극히 한국적인 대류 현상이다.

국가는 나를 위해 존재하라

조선은 백성들의 이기심을 선선히 인정했다. 그래서 결국에는 백성들의 자기중심적 성향을 조장했다고 볼 수 있다. 세종대왕은 장애인을 배려하는 임금이라는 세간의 평가 때문에 더 많은 장애인을 불러들였다. 이때 한국인은 '너만 장애 있냐? 나도 있다.'라고 생각한다. 그리고 권력자에게는 '왜 그들만 도와주냐? 나도 도와라.'라고 주문한다. 한국인은 국가가 **다름 아닌 나**를 위해 존재해야 한다고 믿는다. 그러므로 남이 도움을 받았으면 나는 그 이상을 받아야 한다. 물론 논리적으로는 맞지 않는다. 생각해보자. 임금이 이웃에게 은혜를 내렸다고 하자. 내 기분이 서운할 수는 있겠지만 실제 내가 받은 피해는 하나도 없다. 그러나 한국인은 이 상황이 틀렸다고 생각한다. 한국인에게 국가는 공평무사해야 하는데, 그 평등함의 기준은 나다. 범죄를 저지르다가 체포된 한국인들이 꼭 하는 말이 있다.

"왜 나만 잡아가느냐? 세상에 나쁜 놈들이 얼마나 많은데?"
"나보다 나쁜 놈들, 죄질이 무거운 순서대로 다 잡고 그다음에 나한테 와라."

지금도 세상 어딘가에는 검거되지 않은 연쇄살인마나 거액의 돈을 해먹은 대형 경제사범이 숨어서 잘만 살고 있기에, 체포당한 한국인은 누구나 억울하다. 사실 논리적으로는 말도 안 되는 억울함이다. 나는 나고, 그들은 그들이다. 나보다 못돼먹은 행운아가 있다 한들 내가 잘못한 사실 자체가 바뀌지는 않는다. 하지만 나를 위한 공정함이 아닌 한, 그것은 한국인에게 불평등이며 나라가 틀려먹었다는 증거다.

한국인은 **남의 특권**을 참지 못하기에, 드라마나 영화 등 한국 컨텐츠에는 유난히 **재벌**이 많이 등장한다. 그들을 비난하고 여론으로 단죄하기 위해서다. 물론 한국 재벌가에 문제가 있는 일원들이 많은 건 사실이다. 특권층은 특권을 누리기에 실수할 기회도 많다. 한국 재벌이 외국 특권층보다 도덕적이거나 상식적이지는 않을 것이다. 하지만 외국보다 특출나게 더 사악하다는 증거도 없다. 오히려 한국 특권층은 실수가 드러나면 여론과 언론이 전국적인 공개재판을 거행해 죽어서도 지워지지 않을 망신을 당한다. '땅콩 회항' 갑질 사태로 유명한 조현아 전 대한항공 부사장에 대해 영국 철학자 알랭 드 보통은 '불쌍하다'고 말했다. 한국만큼 미디어 콘텐츠가 자국의 부자와 권력자를 줄기차게 비열하게 묘사하는 나라는 없다. 외국 콘텐츠를 한국과 비교하면, 중남미의 마약왕조차 복합적인 인간으로 묘사된다.

조선에서 국가는 곧 임금이었으므로 누구나, 즉 백성뿐 아니라 사대부도 임금에게 권리를 주장할 수 있었다. 정조 시기의 명재상 채제공(蔡濟恭)이 서대문을 지날 때였다. 마침 그곳에서 담배를 피우던 두 명의 유생은 곰방대를 물고 팔짱을 낀 채 국가 서열 3위인 좌의정을 응시했다. 채제공의 비서가 한소리 했지만, 유생들의 반응은 기대와 달랐다.

> "내가 무엇 때문에 저자의 말을 듣고 담뱃대를 입에서 빼나
> (吾豈見渠而去竹乎)?"

'네가 뭔데', '그게 뭔데', '내가 왜'라는 말은 한국인의 입에 풀처럼 붙어 있는 말 중 하나다. 세상은 나를 위해 존재해야 하는데, 누가 무슨 권리로 방해한단 말인가. 재상이면 재상이지, 왜 남의 흡연에 참견하는가. 채제공은 며칠 혼내줄 생각으로 두 유생을 옥에 가둬버렸다. 그러나 한밤중에 수십 명의 성균관 동기들이 옥에 찾아와 과격시위를 벌였다. 그래도 소용이 없자 유생들은 채제공을 비난하는 사발통문(沙鉢通文)*을 돌리며 여론전에 돌입했다.

조선 건국의 목표인 '먹고 살 권리'와 '남의 눈치 안 보고 담배 피울 권리'는 일맥상통하는 면이 있다. 먹는 일이 한결 심각

---

* 어떤 일을 모의할 때, 함께 하는 사람들의 이름을 둥글게 빙 돌려 적어 참가자들을 모집하는 문서. 통상적으로는 참가자 모집보다 격문이나 호소문의 역할이 더 컸다.

하지만, 욕망의 충족이라는 점에서는 같다. 여론의 공격을 받은 채제공이 믿을 기둥은 이제 임금뿐이었다. 물론 그의 선택도 격쟁처럼 주군을 괴롭히는 방식이었다. 채제공은 정조에게 자신을 대신해 건방진 유생 놈들을 혼내주지 않으면 사직해 낙향하겠다고 버텼다. 정조는 유능한 재상을 잃을 수도 없고 유생들의 기분도 적당히 맞춰줘야 하는 상황에 내몰렸다. 정조는 관련자 몇 명의 과거시험 응시 자격을 제한하는 솜방망이 조치로 사건을 매조지했다.

한국인은 본능적으로 정부를 **머슴**처럼 부릴 수 있는 사회를 좋아한다. 일제강점기의 스트레스, 총독부를 향한 분노와 짜증은 단지 민족적 자존심 문제만은 아니라고 확신한다. 한국인은 자신을 **지배**하는 정부를 본능적으로 혐오한다. 정부는 언제든나 개인을 위해 사용될 수 있도록 준비된 상태여야 한다. 문민정부 시절 일개 시민을 위해 대통령이 소환되는 일은 한국에서 기이한 사건이 될 수 없다. 촛불시위와 탄핵으로 무너진 박근혜 정권의 키워드는 '불통'이었다. '명박산성'으로 상징되는 이명박의 일방적 태도와 같은 궤도에 있었다. 일방적인 권력의 태도를 불쾌해하는 한국인의 심성과 민주화에 성공한 역사는 뗄 수 없는 관계에 있다.

나는 지금 조선인에게서 물려받은 한국인의 정신적 습관이 **옳다**고 말하는 게 아니다. 어디까지나 **결과적으로** 도움이 되었다는 의미다. 한국인은 언제나 국가에 불만이 가득하기에, 국가는 합격점을 받기 위해 매일 같이 시달린다. 한국의 수돗물은 깨끗하다. 녹물이 나오기라도 하면 주민 수십 명이 공공기관과 언론사에 전화를 넣어 이 끔찍한 사태를 고발하기 때문이다. 한국의 공무원은 세계에서 가장 친절하며 일 처리가 **빠르고** 정확하기로 정평이 나 있다. 시민의 기분에 거슬리면 고초를 당하기 때문이다. 한국의 지하철은 쾌적하다. 여름에는 에어컨, 겨울에는 히터 때문에 객실의 장치를 통해 기관실에 너무 춥거나 덥다고 끝없이 비상통화가 들어온다. 기관사는 끝없이 '죄송'하고, 끝없이 '시정'할 도리밖에는 없다.

한국 공무원과 공공영역 종사자들에게 **민원**이 있다면, 대기업에는 **소비자 불만**이 있다. 한국인은 자국의 대기업도 국민에 대한 의무를 지닌 공공시설로 간주한다. 그러므로 한국 대기업의 AS 직원과 콜센터는 세계에서 가장 친절하다. 어떤 국산 자동차 모델에 문제가 발견되면 모든 한국인이 분노한다. 자신이 해당 차종의 소비자가 아니어도 상관없다. 이유야 어쨌든 한국기업이 한국인에게 잘못하면 안 되는 것이다. 현대자동차는 한국 소비자를 차별한다는 욕설을 끝도 없이 듣다가 급기야 같은 기종의 내수용 차량과 수출 차량을 정면충돌시키는 쇼까지 벌였다. 내수용 차량에 문제가 많다는 인식이 팽배했던 탓이다.

나의 아버지는 삼성 계열사에 항의 전화를 자주 하셨는데, 삼성이 경영철학과 광고에서 '대한민국 1등'을 강조하기 시작한 후부터였다. "대한민국 일등이라는 회사의 서비스가 이 모양이어서야 되겠습니까?" 한국에서는 대표성을 띠는 순간 타박받을 의무도 함께 생긴다. 한국인의 이런 속성은 모든 분야를 빠른 속도로 발전시켰다. 불만이 해소되면 즉시 다른 불만으로 넘어간다. 결국 불만은 한 가지 목표를 향해 달려간다.

"왜 세계 최고 수준이 아니냐?"

한국인은 삼성, 현대, LG, SK, 한화와 같은 대기업을 증오하는 동시에 자랑스러워한다. 하지만 기술적 수준을 성취해도 소용없다. 그다음엔 도덕적인 문제로 넘어간다. 2016년 5월 28일, 서울지하철 2호선 구의역에서 스크린도어를 수리하던 19살 젊은이가 열차에 치어 사망했다. 열악한 노동 현실이 드러나자 불만은 성격을 바꾼 채 처음부터 다시 레이스를 시작했다.

"한국 지하철이 세계 최고 수준이면 뭐하나?"

이제 젊은 비정규직 노동자를 대하는 한국 사회의 도덕성이 새로운 문제가 되었다. 한국인의 끝없는 불만은 꺼트리려고 해도 꺼지지 않는 지긋지긋한 불씨와 같다. 이 불씨는 한국이 아시아에서 민주주의에 가장 성공한 나라가 되는 열기를 제공했다. 20세기, 가난했던 한국인이 산업화의 필요성에 동의했을 때 입을 모아 불렀던 구호는 '잘살아보세'였다. 적당히 배를 채우고 나자 한국인은 새로운 불만을 발명했다.

"잘살면 뭐하나?"

산업화 다음 순서는 민주화였던 것이다. 한국에서 공무원은 민원에 시달리고, 국가 권력은 민심에 시달린다. 두 현상의 구조는 같다. '나를 위해 사용되는 임금'이라는 꼭대기에서부터 자기 자신이 있는 아래로 내려오는 하나의 구조인 것이다.

읍소와 상소

한국의 인구 1만 명당 고소, 고발 건수는 일본의 150배가 넘는

다.* 물론 일본 법 행정의 특성도 고려하긴 해야 한다. 일본은 대부분의 고소, 고발 시도를 반려해 없던 것으로 덮는다. 하지만 그래도 전부는 아니고 2/3 정도를 반려한다. 반려되지 않고 남는 고소, 고발 건수를 비교해도 한국은 일본의 50배다. 한국인은 조금이라도 억울한 일이 있으면 국가가 자신을 위해 적극적으로 봉사해야 한다고 믿는다. 한국인은 자신을 기준으로 시비(是非, 옳고 그름)를 판단한다. 그러므로 자신의 억울함이 해소되지 않으면 불의다. 국가가 자신에게 잘못하는 중이다! 나는 꼬박꼬박 세금을 내온 선량한 시민인데 말이다.

한국은 대중 시위의 나라이면서, 또한 혼자서도 목소리를 내는 1인시위의 나라이기도 하다. 한국의 법원과 대기업 정문, 광화문에는 자신의 억울함을 풀어달라고 소음을 만들어내는 사람들이 즐비하다. 한국의 영화와 드라마에 항상 등장하는 장면이기도 하다. 소음을 만드는 이유는 간단하다. 한국인은 시끄러울 권리가 있다고 느낀다. 온 우주가 나를 중심으로 돌아가야 한다고 믿는 바보 같은 한국인은 없지만, 적어도 국가는 자기편이어야 한다. 물론 개중에는 정말로 억울한 사람도 많다. 다만 억울하다고 개인이 공권력을 윽박지르는 나라는 한국 외에는 눈 씻고 찾아보기 힘들다. 한국인은 의식적으로 한국 공무원은 게으르고 타락한 악당이라고 생각하는 습관이 있다. 그래야만 혹시라도 자신에게 억울한 일이 생길 때 즉각적으로 분노하기 편리하기 때문이다.

한국인의 시위는 크게 두 가지 형태를 띤다. 하나는 일반 백성의 읍소, 다른 하나는 사대부의 상소다. 읍소(泣訴, 울면서 호소

---

* 2019~2021년 기준.

함)란 임금 앞에 엎드려 울면서 사정 좀 봐달라고 끝까지 매달리는 행위를 뜻한다. 한국어에는 '바짓가랑이를 붙잡는다'는 말이 있다. 바짓가랑이를 붙잡고 매달리면, 권력자는 읍소하는 이를 패거나 죽이지 않는 한 소원을 들어주어야만 늪에서 빠져나올 수 있다. 한국에서만 가능한 표현이다. 만약 중국, 유럽, 일본이었으면 옷자락을 붙든 손이 뎅겅 잘렸을 것이다. 그러나 조선에서 권력자는 민중을 위해 존재해야 한다는 원칙의 덫에 갇혀 있었다. 그래서 임금은 읍소를 피해 도망다녔다. 지방 수령도 지역민의 읍소에 걸려들면 반드시 민원을 처리해야 했다. 물론 부도덕하거나 무심한 수령이라면 어떤 식으로든 읍소를 좌절시켰을 것이다. 하지만 무언가를 하기는 해야 했다는 점에서는 같다.

한국의 드라마에는 종종 무릎을 꿇은 채 강자의 다리나 옷자락을 붙들고 사정하는 약자의 모습이 나온다. 만약 한국 드라마를 처음 보는 외국인이라면, 약자가 지나치게 비굴해 보여서 비현실적이거나 거꾸로 강자가 자신의 동의 없이 갑자기 신체적 위협을 느끼는 순간으로 보일 것이다. 하지만 한국인들이 내심 동의하는 진짜 속내는 다르다. 이런 상황이 벌어질 때 강자는 얼굴이 사색이 되어 쩔쩔맨다. 설령 강자가 악당일 때도 다름 아닌 자기 자신을 위해 얼른 주변의 눈치를 살핀다. 한국에서 읍소하는 약자를 내치는 건 '인간도 아니기 때문'이다.

징글맞게 매달리는 행위는 매우 한국적이다. 한국인은 읍소를 해야 한다고 느끼면 최대한 불쌍하고 절박한 모습을 연출한다. 이 행위의 본질은 굴복이 아니라 공격이다. "내가 이렇게까지 하는데도 네가 비정하게 무시하는 마귀 사탄인지 아닌지 두고 보자."고 폭탄을 돌리는 행위다.

불만을 제기하는 또다른 방식은 상소(上疏, 임금에게 글을 올림)나. 읍소와 성소는 높은 곳에 앉아있는 권력자를 자신의 눈높이로 끌어내리는 두 가지 다른 방식이자, 배다른 두 형제라고 할 수 있다. 읍소가 제발 먹고 살게 해달라는 본능적 행위라면, 상소는 시시비비를 가리는 논리적 도전이다. 읍소는 사적이다. 나를 좀 봐달라는 아우성이다. 상소는 공적이다. 당신은 틀렸으며, 나의 말이 정의와 공리에 옳다는 주장이다. 상소문의 절대 다수는 사대부가 썼지만 원칙상 누구나 올릴 수 있었다. 그래서 국왕에게 국정을 비판하는 상소를 올린 기생도 있다. 다음은 평양기생 김초월(金初月)이 15세에 조선 24대 임금 헌종에게 보낸 상소문의 일부다.

"조정에 도적이 가득해 국사를 어지럽히니, 신하는 강도이며 백성은 물고기 밥 신세가 되어 나라가 도탄에 빠졌습니다."

"관리들은 매관매직을 일삼는 장사꾼이며, 탐관오리가 백성의 기름을 짜내고 고을의 수령과 아전은 나라의 곡식을 훔쳐 먹고…"

"전하께서는 죄 없는 중전마마를 정당한 이유 없이 소외시키시옵니다."

"임금의 자리에 계시오면서 밤늦게까지 술을 마셔 눈이 게슴츠레하고 옷고름을 매지 못할 만큼 몸을 가누지 못하신다면서요?"

초월은 평양기생이라 그런지 평양 출신 선배 한 명에 대해서 꽤 잘 알았던 모양인데, 그녀의 외모가 특히 마음에 안 들었던 모양이다.

"평양기생 윤희는 만고의 요물이라 (…) 구미호나 다를 바 없습니다. 말쑥한 때깔과 구슬 같은 얼굴, 향기로운 외모에 앵두 같은 입술을 반쯤 벌려 석류처럼 치아를 내보이며 천태만상의 교태로 전하를 사로잡으니 망측하기가 한량없사옵니다. (…) 이런 요사스러운 계집은 죽어 마땅하옵니다."

웃긴 건 초월 자신도 유흥을 좋아해 손님이 없으면 혼자서 술을 마시고 노래 부른다는 이야기까지 같은 상소문에 썼다는 사실이다. 교묘한 설계다. 임금인 주제에 '나같이 천한 년'과 다름없는 삶을 살겠느냐는 항의다. 헌종이 초월을 처벌하면 정말 같은 수준이 되어버리는 셈이다. 상소문에서 초월은 입을 함부로 떠든 자신을 거열형(車裂刑)*으로 다스려달라고 부탁한다. 거열형은 임금이 정적에게나 내리는 형벌이다. 그러니 '부탁'을 들어주는 순간 임금은 하찮게도 소녀 기생의 정적이 되고 만다. 초월의 상소문은 헌종과 조정을 비판하기 위한 당대의 창작이라는 설도 있다. 하지만 창작된 내용이 사실인 양 유통되려면 현실적이어야 한다. 기생의 상소는 비록 어려웠을지언정 현실에서 가능한 어려움이었기에 초월의 상소문은 유명해질 수 있었다.

상소는 아래에서 위를 향한다. 왕에게 전달하는 글이니 당연하지만, 비교적 대등한 관료와 사대부끼리 벌이는 말싸움도 있다. 정파 싸움의 시작을 알리는 탄핵(彈劾, 상대의 죄를 책망함)이다. 한번 탄핵당하면 어떻게든 자신을 방어해야 한다. 탄핵한 측은 상대를 유배 보내는 데까지는 성공하지 못하더라도, 최소

* 수레에 팔다리를 묶어 사지를 찢어 죽이는 형벌.

237

힌 한직으로 좌천시키는 일 정도는 해내야 한다. 그렇지 않으면 잘못된 탄핵의 책임을 지고 자신이 불이익을 받아야 한다. 한국인에게 시비, 옳고 그름을 가리는 일은 너무나 중요해서, 오죽하면 시비를 건다는 말의 뜻이 바뀌어버렸다. '시비를 건다'는 원래 말뜻 그대로 '논쟁을 제안한다'는 말이다. 현재는 싸움을 거는 모든 종류의 짓거리를 뜻한다.

현대 한국에서 시민과 정치인의 관계는 과거 신민(臣民, 신하와 백성)과 임금의 그것보다 훨씬 가깝다. 한국의 국회의원 사무실에는 매일같이 왜 당신은 세금만 축내는 무능한 의원인지 성토하는 전화가 끝없이 걸려온다. 한국인은 필요할 때마다 읍소와 상소 중 하나를 선택하거나 둘을 뒤섞어가며 권력을 괴롭힌다. 한국인이 가장 좋아하는 말 중 하나는 '힘없는 서민'이다. 논리력을 발휘할 때도 이 말을 사용하는 것을 잊지 않는다. 그만큼 편하고 강력하기 때문이다.

"(세상이 이렇게 엉망이라면) 우리 같은 힘없는 서민은 뭘 믿고 살라는 말입니까?"

한국인의 자존심과 경쟁심은 약자 취급받는 일을 극구 거부한다. '힘없는 서민'이라는 말이 즐겨 사용되는 이유는 이것이 어디까지나 **공격**이기 때문이다. 공격의 내용을 하나하나 따지자면, 옳은 말도 있지만 아무래도 억지가 많다. 그러나 하나하나가 모여 전체가 되면 이야기가 달라진다. 권력을 향한 민중의 공격이 당연하게 여겨지는 조건은 결과적으로 전체적인 삶의 질을 드높인다.

한국에는 '민심(民心)이 천심(天心)이다'라는 말이 있다. 얼핏 들으면 도덕적인 기대를 품은 말처럼 느껴진다. '백성의 마음이 하늘의 이치처럼 중요하게 여겨져야 한다'고 말이다. 말이 되는 것처럼 보이지만 조금만 생각하면 비논리적인 명제다. 어린아이가 개미굴을 망가뜨릴 때, 개미의 입장은 중요하지 않다. 세상에서 일어나는 일은 개미가 얼마나 열심히 일했는지 상관하지 않는다. 마찬가지로 나라가 국민이 원하는 거라면 무조건 내놔야 한다는 법칙 같은 건 없다. 그런데 한국에서는 '민심이 곧 천심'이 물리법칙으로 작용한다.

2차 대전 종전이 우르르 낳은 신생 독립국, 특히나 식민지 시절을 거친 나라 중 한국만큼 극적으로 발전한 나라는 없다. 한국인에게 광복(光復)은 외세로부터 나라를 되찾은 데서 그치지 않는다. 욕하고 착취할 도구를 되찾은 기쁨이다. 권력은 숭고하지 않다. 쓸모로만 존재할 뿐이다. 공권력, 경제구조와 질서는 유용해야만 가치 있다. 그러므로 한국인은 권력자에게 별로 의리가 없다. 잘하면 성군이고 군자이며, 못하면 폭군이고 탐관오리다.

참을성 없는 백성과 의리 없는 유권자

조선 시대의 조정 기관지인 '조보(朝報)'는 일간지였다. 시간차를 두고 각 고을의 수령에게 매일 배달되었다. 조보는 충무공 이순신이 민중의 스타가 되는 데 큰 역할을 했다. 그 전쟁 통에도 조보를 인쇄해 유통하는 민간업자가 있었던 덕이다. 적에게 국가기밀을 노출한다는 이유로 금지되었지만, 이순신의 전공은 민중에게 차례차례 뉴스로 보도되었다. 조선인은 관료가 일을 잘하면 존경을 바침에 아낌이 없었다. 중종 대에 이르면 사농공상 중 말단인 상인계급까지 조보의 내용을 공유했다. 땅과 하늘만 바

239

라보고 산 순박한 농민이 많았겠지만, 한 켠에서는 상당수의 민중이 '나라님'이 일을 똑바로 하는지 안 하는지 품평했다. 국가 지도자의 결정은 조선 시대에도 술안주였다.

선조는 카리스마적인 정치력을 휘두른 비정한 철혈군주였다. 임진왜란이 일어나기 전까지는 말이다. 임진왜란 초기, 관군이 연전연패하자 그는 그제껏 숨겨온 나약함을 바닥까지 드러냈다. 선조는 한양을 버리고 평양으로 도망갔고, 그 후에는 평양을 버렸으며 명나라 변방에 망명하려고까지 했다. 백성을 지키지 않고 도망가던 선조의 가마에 돌멩이가 날아들었다. 경복궁은 싹 불탔는데, 아무리 정황을 종합해봐도 분노한 백성들이 불태웠을 가능성이 일본군의 소행이었을 확률보다 높다. 선조는 평양에서 한 노인에게 공격적인 질문을 받았다.

"한양을 버리신 것처럼 평양성도 버리실 것이옵니까?"

이순신을 향한 선조의 어두운 콤플렉스는 여론 없이 설명되지 않는다. 조선 민중은 이순신과 달리 선조에 대해 냉혹하게 품평했다. 왕자들에 대해서도 마찬가지였다.* 그러나 왕자 중 하나인 광해군은 달랐다. 광해군은 부왕 선조 대신 분조(分朝)를 이끌고 의병운동을 주도했다. 그의 별명은 '조선 역사상 최고의 세자'다. 그가 있었기에 조선 왕실은 민중에게 가까스로 버림받지 않았다. 왕실에 대대적인 거부권을 행사하기 직전이었던 민중은 갑자기 나타난 전쟁영웅 광해군을 지지하고 보호했다.

---

* 　임해군(臨海君)과 순화군(順和君)은 조선인에 의해 일본군의 포로가 되었다. 임해군은 탐욕스러운 악인이었고, 순화군은 본격적인 사이코패스 연쇄강력범죄자였다.

선조는 임진왜란 이후 부의 재분배와 민생정책에 강력한 드라이브를 걸었다. 그의 본래 성품이나 정치철학이었다기보다는 민심에 합격점을 받기 위해서였다. 조선에서는 임금 위에 민심이, 어명 위에 여론이 존재했다. 광해군이 조선 제15대 임금에 올랐을 때 전국이 기쁨에 겨워 잔치판이 되었다. 아무리 생각해도 설마 그가 통치를 잘못할 리는 없어 보였다. 그런데 한국에는 설마가 사람 잡는다는 속담이 있다. 광해군은 폭군이 되었다.

광해군은 무리한 궁궐 사업과 부패, 매관매직으로 민생을 도탄에 빠트렸다. 현재 광해군은 폐위 당하던 무렵에 비한다면 인기가 꽤 높은 편이다. 첫째는 대동법(大同法) 때문이다. 대동법은 간단히 말해 있는 자는 있는 만큼, 없는 자는 없는 만큼 합리적으로 세금을 내는 법안이다. 또 백성이 나라에 바치는 조세 중 공납(貢納)을 없애고 쌀로만 의무를 다하게 한 조치가 포함된다.* 광해군은 대동법의 상징처럼 여겨진다. 둘째 광해군은 폐위 당했다. 강제로 중단당한 꿈에 대해 사람들은 동정과 낭만을 느끼는 법이다. 셋째 광해군의 자리를 차지한 인조는 병자호란에서 청나라 황제(청태종 홍타이지) 앞에 무릎을 꿇고** 항복했다. '광해군이었다면?'이라는 아쉬운 상상력을 자극하는 사건이다.

진실은 퍽 건조하다. 광해군은 백성을 조직적으로 착취했다. 광해군 통치 말기에 이르면 이러다 나라가 곧 망하겠다는 절망감을 전국의 백성이 느낄 정도였다. 그런 와중에도 지방에 부

---

* 공납은 할당된 특산품을 바치는 제도로, 관료와 상인들이 손을 잡고 민중을 착취하는 비리의 온상이었다. 백성은 조정에 바치기로 되어 있는 특정 품목이 반드시 필요하므로 수요와 공급의 균형이 처음부터 무너져 있다. 가격 인플레이션은 당연했으며 매점매석과 독과점의 놀이터였다.

** 삼궤구고두례(三跪九叩頭禮, 세 번 꿇고 아홉 번 조아리기). 만주족 군주에게 바치는 예법.

임한 사또 중에는 광해군에 맞서 백성의 삶을 보호한 이들이 많았다. 지역에 따라 다르지만 광해군은 평상시의 최대 1백 배까지 조세와 공납을 걷어갔다. 이 꼴을 보고 가만히 복종하는 사또라면 관리로서 불합격이었다. 민생 보호에 사명감을 느낀 사또들이 나타났다. 문제는 광해군이 매관매직으로 돈을 벌기 위해 현감과 군수 등 사또들의 임기를 재빨리 갈아치웠다는 것이다. 백성의 입장에서 이러다가는 운 좋게 만난 좋은 사또를 잃어버릴 판이었다.

백성들은 아이디어를 냈다. 어차피 임금이 원하는 건 돈이 아닌가? 그렇다면 임금에게는 원하는 돈을 주고, 우리는 성능 좋은 사또를 계속 가지면 된다. 그리하여 백성이 사또를 광해군으로부터 구매하는 유행이 번졌다. 광해군은 돈만 들어오면 그만이었으니 백성의 '쇼핑'을 두 팔 벌려 환영했다. 급기야 사또의 시가가 정해졌다. 최말단 사또인 현감(縣監)은 쌀 삼백 석, 훨씬 큰 지역을 책임지는 목사(牧使)의 시가는 쌀 천 석인 식이었다.

대동법은 백성의 조세 부담을 줄인다. 그 말은 곧 광해군이 뜯어갈 돈도 줄어든다는 의미가 된다. 대동법은 광해군 대에 처음으로 시행되었을 뿐, 그 자신은 대동법에 끝까지 미온적이었다. 진정한 대동법의 아버지는 광해군이 아니라 '오리 정승'이라는 별명으로 유명한 오리(梧里) 이원익(李元翼)이다. 그가 조선 시대를 통틀어 백성에게 가장 인기 높은 정승이었던 이유다. 이원익은 광해군의 방해를 무릅쓰고 대동법 시행을 앞당겼다.

광해군이 인조반정(仁祖反正)*으로 폐위되어 유배길에 올랐을 때, 어린아이들까지 유배 행렬을 둘러싸고 조롱의 노래를 불

---

* 광해군이 폐위되고 인조가 왕위에 오른 쿠데타.

렀다. "돈아비야, 돈아비야, 그 많은 돈 두고 어딜 가느냐?" 광해군의 별명이 돈아비, '즉 돈에 미친 아저씨'였던 것이다. 그렇게 조롱하면서도 한편 백성들은 용감히 분조를 이끌던 시절의 광해군을 추억하며 아쉬워하기도 했다.

그에 비한다면 패전과 항복으로 한국사에 크나큰 굴욕을 안긴 인조는 현대 한국인에게 가장 인기 없는 역대 군주 중 하나다. 하지만 인조는 그의 시대에 결코 인기가 나쁘지 않았다. 그는 즉위한 날부터 백성을 괴롭히던 탐관오리들을 때려잡았으며, 확고한 의지를 갖고 대동법을 밀어붙였다. 인조가 과연 경제정책에 성공한 군주였는지는 복잡한 문제다. 하지만 적어도 백성의 아우성에 적극적으로 응답한 것만큼은 사실이다. 인조는 어떻게 봐도 비열한 인물이었지만 그의 개인적 성품은 백성의 삶에 직결되지 않았다. 전쟁의 패배는 의지와 상관없는 결과다. 반면 정책은 의지의 영역이다. 한국인은 이런 차이에 민감하다.

한국에서 가장 논쟁적인 역대 대통령은 단연 박정희다. 그는 현재의 한국 근대 산업을 일으킨 숭고한 영웅이거나, 사탄 부럽지 않은 사악한 독재자로 이미지가 만들어져 있다. 하지만 박정희를 두 번 당선시킨 1960년대의 유권자들에게 그는 산업화에 유용한 인물이었을 뿐이다. 박정희의 첫 번째 대통령 선거에서 상대인 윤보선 측은 그의 남로당(남조선로동당) 경력을 물고 늘어졌다. '빨갱이' 공격이 통하지 않자 두 번째 대선에서는 그가 만주군 장교 출신이라는 사실을 꺼내 휘둘렀다. 그러나 이번에도 박정희의 당선을 막을 수는 없었다. 1960년대의 한국인은 일제강점기의 설움과 공산주의와의 전쟁에서 흘린 피의 기억이 또렷했다. 만주군 출신보다 독립운동가를 존경했음은 두말할 나위도 없다. 하지만 전 국민을 산업화를 위한 전사로 개조하는 일

243

에는, 공산당 겸 일제 출신의 엘리트 군인이 가장 적합하다고 판단했다. 한국인은 박정희라는 조교 앞에 선 훈련병이 되기를 기꺼이 감수했다.

박정희의 유통기한이 끝나가자, 한국인의 관심은 김대중에게 쏠렸다. 김대중은 미국식 시장경제와 민주주의라는 기능을 장착한 멋진 신상품이었다. 김대중과 대결한 박정희의 세 번째 대선에서, 박정희가 정말로 이겼다고 믿는 한국인은 없다. 부정선거로 시작된 1970년대의 박정희 독재는 대규모 저항시위*를 불렀고, 결과적으로 김재규가 그를 암살하는 10.26 사건으로 이어졌다. 이어서 등장한 전두환의 신군부 세력은 5.18 광주 민주항쟁을 잔혹하게 짓밟았다. 그러나 원죄를 안고 시작한 신군부의 독재는 불과 7년이 한계였다. 1980년대를 거치며 한국은 세계에서 가장 중산층이 두터운 나라가 되었다. 한국인은 전두환을 싫어하긴 했지만 그가 영 쓸모없다고 여기지는 않았다. 하지만 자신이 중산층에 진입하고 나자 질문했다. "잘살면 뭐하냐?" 그 답은 완전한 민주주의 체제를 완성한 1987년 6월 혁명이었다.

한국인은 의리가 없다. 한국 갤럽 기준 김영삼 대통령의 최고 지지율은 83%다. 그러나 IMF 사태를 막지 못한 죄로 6%까지 떨어졌다. 김대중의 최저 지지율은 그나마 좀 나아서 24%다. 노무현의 지지율은 정권 말기에 '이게 다 노무현 탓이다'라는 유행어와 함께 12%로 산산 조각났다. 행인이 길을 가다 미끄러져도 노무현 탓이었다. 박근혜는 국정농단사태가 불거진 후 불과 4%라는 신화적인 지지율을 기록했다. 나는 오랫동안 고양이 세 마리를 키우고 있는데, 하나는 자기가 사자인 줄 알고 하나는 성

---

* 　대표적으로 부마(부산마산)민주항쟁.

격 파탄이며 하나는 벽돌처럼 멍청하다. 이 녀석들이 대통령을 해도 지지율이 4%는 넘을 것이다.

탄핵으로 권좌에서 쫓겨난 후, 태극기 시위대를 비롯한 노년층 지지자 때문에 박근혜의 지지층은 견고해 보인다. 그러나 그들조차 대부분은 '대통령 박근혜'를 거부했었다. 이후의 지지는 과거의 연애를 추억할 때의 애틋함에 가깝다. 인터넷 커뮤니티인 MLBPARK, 속칭 '엠팍'은 문재인 정권의 가장 강력한 지지집단이었다. 그런데 문재인 다음의 대통령을 뽑는 선거를 전후해 가장 문재인을 저주하는 커뮤니티가 되었다. 문재인의 북한과 중국과의 관계를 의심하며 그가 '빨갱이'일 게 분명하다고 열을 올리는 풍경은 퍽 흥미롭다. 한국에서 '빨갱이'는 '친일파'와 마찬가지로 순수한 욕설에 가깝다. 누군가를 '개새끼'라고 욕한다고 정말로 호모 사피엔스와 개 사이에 교배가 가능할 거라고 믿는 사람은 없을 것이다. 문재인이 '빨갱이'라는 말은 그가 부동산 정책에 실패했다는 뜻이다.

한국인은 물건에서 사람에 이르기까지 불량을 싫어하며, 대상이 권력자일수록 까탈스럽게 군다. 뜨거운 신혼을 보냈던 정권도 쓸모가 없다고 생각되면 격렬하게 증오한다. 한국은 현재 막차를 타고 기존 열강의 틈바구니에 끼어드는 데 성공한 유일한 나라로 평가된다. 지나치게 빨리 성공한 한국은, 관점을 바꿔 말하면 독립 후의 가난, 분단, 부패, 독재라는 무기를 갖고도 끝끝내 불량국가가 되는 데 실패했다고 할 수 있다. 국민을 소비자로 치면 한국인은 언제든 '진상'을 부릴 준비가 된 악성 고객이다. 봉건주의와 파시즘을 거쳐 탄생한 현대 일본인은 한국인의 이런 성향을 본능적으로 불편해한다. 반대로 한국인은 질서를 단지 질서라는 이유로 존중하지 않는다. 왕국에서 왕은 곧 질서다. 왕이 쓸모라면 질서 역시 쓸모이며, 개량하거나 갈아치울 수 있기는 마찬가지다.

무력은 철학을 이기지 못한다

왕의 일 중에는 비가 오지 않으면 기우제를 지내고, 그래도 비가 안 오면 왕이 자책하며 음식을 절제하는 절차도 포함되어 있다. 그런 행동이 날씨에 영향을 끼친다고 진심으로 믿은 왕과 대신들은 조선에 없었다. 왕의 기우제는 국가의 상징이자 국가 자체가 **여기에 있다**고 백성에게 보여주는 퍼포먼스였다. 실제 조선 왕의 실무는 끝없는 회의와 서류결재로 채워져 있었다. 지루하고 근면한 일상이다.

　한국인은 공권력이 쓸모인 것에서만 만족하는 것을 넘어, 쓸모를 증명하기 위해 고통을 겪고 있어야 비로소 만족한다. 한국인이 늘상 입에 달고 사는 말 중 하나는 '혈세(血稅, 피 같은 세금)'다. 세금으로 월급을 받는 사람들이 조금이라도 게으름을 피운다면 자신의 피가 빠져나가고 있는 셈이다. 그런데 관료사회나 경찰조직 따위가 똑바로 돌아가고 있을 리 없으므로, 한국인은 매일 피를 줄줄 흘리며 사는 셈이다. 그러므로 내 피로 먹고 사는 자들이 피눈물을 흘리고 있어야 올바른 상태다. 권력자와 책임자의 의무는 임금에서부터 시작된다.

　이상적으로 제시된 기본 일과에 따르면 조선 임금은 밤 11시부터 6시간 취침한다. 기상 후 한 시간은 자신보다 항렬이 높은 왕실의 어르신에게 문안을 하고, 문안을 받는다. 이 한 시간은 유교 국가의 왕으로서 유교적 가치를 재확인하는 시간이다. 이후 오전 수업과 오전 업무를 소화한다. 점심 식사 후에도 역시 수업과 업무를 치른다. 오후 5시부터는 궁궐 내 야간 숙직자를 확인한다. 숙직자 확인은 사소해 보이지만 국가비상사태가 발생하거나 암살의 위협에 대비하려면 필수적이다. 군 생활을 해본 사람이라면 누구나 야간 근무와 암구호가 얼마나 필수적인지 잘 안다. 조정은 언제나 깨어 있는 상태여야 하니, 궁궐의 가장이자 군 통수권자로서 해야만 하는 일인 것이다. 저녁 식사 후에는 또 공부하고 왕실 저녁 문안 행사를 완수한 후, 임금 앞으로 날아온 상소문을 읽어야만 잠자리에 들 수 있다. 여기까지가 이상적인 일과다. 현실은 더 복잡하고 고단했다.

임금이 제시간에 자려면 그의 앞으로 손쉽게 읽을 수 있는 양의 서류만 전달되어야 한다. 더불어 읽는 동시에 처리 가능할 만큼 난이도가 낮은 내용이어야 6시간이라도 잘 수 있다. 물론 그런 꿈같은 일은 거의 일어나지 않았다. 읽고 기분 좋게 잠들 내용이라면 애초에 상소할 이유가 없으니까. 조선의 모든 불만이 임금에게 배달되었다. 이 일을 마친다고 해도 꿈나라로 도망간다는 보장은 없었다. 임신을 기다리는 왕비와 후궁들이 대기하고 있었기 때문이다.

수업시간은 왕세자 시절이나 아직 어린 임금일 경우에나 배움의 시간이었다. 임금이 한 명의 온전한 정치인이라면 수업은 곧 경연(經筵)이었다. 경연은 유교 경전에 관해 벌이는 신하들과의 토론이다. 사실상 경전을 빙자한 현실정치 논쟁으로, 임금은 신하들을 제압하고 자신의 편을 끌어 오기 위해 사력을 다해야 했다. 조선의 역대 군주들은 오래 살지 못했고, 생전에도 건강하지 않았다. 《조선왕조실록》에는 역대 임금의 질병과 스트레스 증상이 즐비하게 널려 있다. 간혹 장수한 왕들은 말년이 될수록 성격이 나빠졌다.

한국인에 따르면 한국의 공권력 종사자들은 줄기차게 악인을 보호하고 선량한 약자를 때려잡아 왔다. 그 결과 어째서인지 현재 주요국가 중 한국의 치안은 세계 1위를 자랑한다. 일본이 2위로 뒤를 바짝 쫓고 있다. 그런데 동일인구당 한국 경찰 인력의 숫자는 일본의 절반이다.* 검사와 판사의 숫자도 지나치게 적다. 이게 무슨 말인가. 한국인은 공권력 종사자의 노동력을 세계에서 가장 성공적으로 짜내는 중이다. 한국의 영화나 드라마에 등장하는 경찰들은 하나같이 피곤과 짜증에 푹 절은 폭력적인 마초다. 외국에서는 한국 콘텐츠의 클리쉐(cliché, 상투적인 기법)로 받아들여지는 모양이지만, 실제로 한국 경찰서에 가면 영화에서처럼 며칠 후에 과로사할 것 같은 모습의 아저씨들이 범죄자와 일반 시민, 그리고 정부에 대한 욕을 중얼거리고 있다.

한국인은 물건을 살 때 웬만큼 복잡한 첨단기기가 아닌 한 설명서를 보지 않는다. 첫째, 자기 자신을 과대평가한다. 설명서를 쓴 어떤 멍청한 녀석보다 자신이 못하다고 생각하는 한국인은 없다. 둘째, 제대로 된 물건이라면 내가 설명서 없이도 직관적으로 사용하는 데 불편함이 없어야 한다. 근거는 없다. 그냥 그래야 한다. 이러면 한국 제품의 디자인과 수준은 빠르게 높아진다. 한국인은 자신이 사용하고 누리는 것이라면 뭐든지 완벽해야 한다고 믿는다. 동시에 자신도 다른 한국인에게 사용된다. 자본주의 사회에서는 생산해야 소비할 수 있고, 공화국에서는

---

* 인구 10만 명당 경찰관 수는 한국과 일본이 비슷하게 집계되지만 이는 통계 방식의 차이에서 기인한다. 한국은 행정과 정보 등 모든 관련 업무 인력 전부를 집계하지만, 일본은 일선에서 치안을 담당하는 이들만 경찰 인력으로 집계한다. 같은 기준을 적용했을 때 한국 경찰의 업무강도는 일본의 2.2배 이상이다.

의무를 다해야 권리를 누릴 수 있다. 이사 후 인터넷은 하루 만에 개설되어야 하고, 주문한 물건은 택배로 다음 날 정확히 문 앞에 와 있어야 한다. 그러므로 나 역시 남에게 만족을 제공하는 직업인으로서 긴장과 야근, 고도경쟁에 시달린다.

국가의 존재 목적이 구성원의 행복에 있다면 한국이라는 나라는 줄기차게 실패해왔다. 그런데 소박한 행복 따위, 한국인은 원하지도 않는다. 한국인은 행복한 서민보다 불행한 부자가 되고 싶어 한다. 국가적 차원에서도 마찬가지다. 스트레스에 눌려 살더라도 잘난 체할 수 있는 국가의 시민이 되는 편이 훨씬 낫다. 그런 점에서 물질적 성공(산업화)과 제도적 성공(민주화)을 완수한 한국은 성공했다고 할 수 있다.

한국인이라면 태조 이성계의 다섯째 아들인 태종 이방원이 정도전과 그의 일파를 암살하고 왕위에 올라 독재자가 되었다는 사실을 모두가 안다. 그런데 어디까지나 **현대 한국의 기준**에서 독재라는 사실은 자주 간과된다. 태종은 동시대 외국의 군주들은 물론 현대의 독재자들보다도 훨씬 불편한 생활과 많은 의무를 감당해야 했다. 그는 왕이 되는 데 성공하고 왕권(王權)이 신권(臣權)과 경쟁할 수 있는 토대를 마련했다. 하지만 결국 정도전이 세운 나라의 왕이라는 틀 밖을 벗어날 수는 없었다. 태종은 정도전의 조선 설계도면 거의 전부를 물려받았다. 정도전은 공식적으로만 역적이었을 뿐 조선왕조 내내 조선 사대부의 시조로 추앙받았다. 무력은 철학자를 죽일 수 있지만, 철학을 이기지는 못한다. '왕의 나라' 조선의 군주는 결국 '사대부에 의한 나라'에 갇힌 **존귀한 포로**였다. 동시에 사대부 역시도 그들 자신에게 부과한 도덕률의 포로가 될 운명이었다.

11장

사대부에 의한

민본(民本)으로부터

삼봉 정도전은 젊은 시절 선배이자 동지인 포은(圃隱) 정몽주(鄭夢周)로부터 한 권의 책을 은밀히 건네받았었다. 국가의 존재 이유가 백성의 삶에 있다고 주장한 위험한 불온서적이었다. 조선은 정도전이 몰래《맹자》를 읽으면서부터 만들어지고 있었다.

현대 한국인은 유학의 읊조림을 여섯 글자로 '공자왈 맹자왈'이라고 표현한다. 그런데 순자(荀子) 이후 천 년간 유학은 '공자왈 순자왈'이었다. 유학은 동아시아를 제패한 불교에 맞서 패권을 되찾아오기 위해 순자를 버리고 맹자를 부활시켰다. '모든 인간(중생)에게는 불성(佛性, 부처가 될 수 있는 가능성)이 있다'고 하는 불교의 교리에 대항하기 위해서였다. 맹자의 사상에서 모든 인간은 도덕성을 타고난다. 유교는 불교를 밀어내기 위해 불교의 멋진 부분을 대체할 필요가 있었다. '불성 따위 없다'고 말하는 것보다는 '우리 그 불성을 도덕성이란 말로 바꿔보자'고 제안하는 편이 기존의 불교 신자를 설득하는 데 효과적이었다. 내 방식대로 가장 짧게 정리하겠다.

유교는 불교를 극복하기 위해 성리학으로 진화했고, 주자(朱子)가 전쟁의 총사령관이었기에 성리학은 '주자학'이라고도 불리며, '공자왈

250

순자왈'은 '공자왈 맹자왈'이 되어 고려 말 신진사대부들에게 전해졌다.

맹자가 말한 사단(四端)*은 요즘 언어로는 **공감 능력**이다. 인간은 공감 능력을 타고나니 맹자의 사상이 옳았던 것일까? 그렇다고 하기에는, 현대 과학은 사이코패스도 유전적이라는 사실역시 밝혀냈다. 악도 똑같이 타고난다. 그러므로 인간은 문명인이 못 되는 조잡한 상태로 태어난다는 순자의 이론이 틀리지만도 않다. 누가 사실에 가까운지는 여기서 중요하지 않다. 중요한 것은 두 사람의 **입장**이다.

순자의 철학에서 국가는 덜된 채 태어난 인간을 인간답게 만드는 선생이자 교관이다. 군주와 관료는 지도자라고 할 수 있다. 맹자에게 백성은 이미 충분히 완성되었거나, 자신의 힘으로 완성될 인간이다. 그러므로 국가와 군주의 의무는 백성을 지도하는 게 아니다. 백성이 잘살도록 돕는 도우미이자 관리자가 돼야 한다. 맹자의 철학에서 국가의 권위는 뚝 떨어진다. 그에게 국가는 **기능적인 시설**이다.

맹자에 의해 민본(民本, 백성이 나라의 근본임)의 뜻이 달라졌다. 맹자를 제외하면 동아시아에서 민본이라는 말은 결코 백성을 떠받드는 의미가 아니었다. 백성이 잘살아야 세금을 잘 내고 체력이 좋아지고 아이를 낳아 인구를 불린다는 그런 의미였다. 그래야 전쟁에 투입할 비용과 인력을 확보할 수 있다. 민본은 '군주가 성공하기 위해 백성을 도구로 사용하는 장기적이고도 현명한 방법'이었다.

---

* 측은지심(惻隱之心), 수오지심(羞惡之心), 사양지심(辭讓之心), 시비지심(是非之心). 이를 각각 한 글자로 축약해 합치면 인의예지(仁義禮智)가 된다.

251

맹자의 민본은 다르다. 그에게 국가와 군주가 백성에게 최선을 다해야 하는 이유는 단지 그것이 **옳기 때문**이다. 물론 철학적 근거는 없기에 맹자는 양혜왕(梁惠王)*을 달래고 협박한다. 백성이 잘되면 당신에게 좋을 것이요, 백성이 힘들면 당신에게도 화가 끼칠 거라는 유치한 협박이다. 이렇게 동아시아 철학은 **논증**을 간단히 피해간다. 그러나 맹자에게 있어 백성이 **도구가 아닌 목표**라는 점은 분명하다.

정도전은《맹자》를 읽고 사상적 열병을 앓았다. 당시 고려는 현세에 강림한 지옥이나 마찬가지였다. 고려는 몽골의 영향력에서 벗어나기 위해 전쟁을 치러야 했고, 끊임없이 왜구의 침략과 약탈에 시달렸다. 중국에서 발생한 홍건적까지 고려를 침공해 잠시나마 수도 개경을 점령했다. 외세에 의한 멸망의 위기 속에서도, 더 큰 문제는 내부의 모순이었다. 고려는 극단적인 양극화가 한계치까지 진행되어 있었다. 노예 상태로 전락한 백성은 극소수의 특권층 아래 신음하고 있었다. 이 특권층은 현재는 시험문제를 풀기 위해 암기해야 하는 권문세족(權門世族), 권문세가(權門勢家)라는 이름으로 불린다. 권문세족의 수장은 고려말 국정을 장악한 이인임(李仁任)이었다.

정도전은《맹자》에 의해 투사가 되었지만, 이 위대한 혁명가의 투쟁 초기는 겉멋의 시절이다. 정도전은 백성과 개혁을 위해 스스로 헌신하는 자신의 모습에 도취했다. 물론 사명감과 정의감에 의한 헌신이었음을 부정할 수는 없지만 자기중심적이었다. 그는 백성을 위해 왕에게 목숨을 내놓고 직언을 할 수도 있

---

*   위(魏)나라 혜(惠)왕. 맹자를 초청해 강연을 들은 군주로, 맹자에게 비싼 강연료를 낸 대가로 심하게 구박받은 내용이 영원한 기록으로 남아 오늘도 세계의 독자들을 위해 바보 역할을 맡고 있다.

는 멋진 사대부가 되는 꿈을 꾸었다. 여기서 주인공은 바로 그 사대부, 바로 정도전 자신이었다. 정도전은 잘난 체가 심한 사람이어서 아내*조차 진절머리를 냈다. 운동 부족으로 불룩해진 배를 내밀고 팔자걸음을 하면서 세상을 구원한다고 떠들면서 돈은 못 벌어오는 남편이었으니 아내의 짜증도 이해할 만하다.

정도전은 이인임에 여러 번 얻어맞은 끝에 전라남도 나주로 유배길에 올랐다. 유배에서 풀리고 난 후에도 정도전의 모든 시도는 이인임에 의해 **또** 짓밟혔다. 마치 이인임의 전용 샌드백 꼴이었다. 하지만 나주 유배에서 정도전은 달라져 있었다. 그는 이제 최대한 많은 백성이 잘 먹고 잘사는 세상을 위해 못할 짓이 없었다. 자연스레 의문이 뒤따라온다. 현대 한국인은 민주주의 국가에 살기에 조선의 건국 이념인 민본(民本)을 멋지게 생각한다. 백성을 위한 나라라니, 대단하지 않은가. 하지만 이 이야기의 주인공들은 고려 시대에 혁명을 결심했다. 애초에 백성이 대체 무엇인데 신진사대부는 그들을 위해 그토록 목숨을 걸었는가? 전근대 엘리트에게 '민중의 삶의 질'이 목숨을 걸고 혁명을 저지를 만큼 중요했던 적은 없다. 아무리 고려왕조에 의해 민족이 탄생했다고 해도, 고려 체제는 바깥 세계와 크게 다르지 않았다. 백성이 국가를 위해 존재하지, 국가가 백성의 도구라는 사고방식은 그때껏 출현해본 적이 없다.

어엿한 국가가 탄생한 후 민중은 줄곧 국가의 재산이었다. 세금(곡물이라면 조세)은 날것으로 말하자면 착취였다. 고려는 땅에 속박된 백성이 아니면 비국민 취급했다. 고려 시대에 천민은 양수척(楊水尺)**이라고 불렸다. 버드나무처럼 바람에 휘날리

---

*   경주최씨(慶州崔氏).

**   다른 말로 '무자리'라고도 한다.

고 물처럼 흘러 다닌다는 뜻으로, 일정한 거주지가 없는 자들이었다. 말이 천민이지 이들의 삶은 꽤 자유로웠다. 국가는 양수척에 무관심했다. 땅에 속박되어 세금을 쥐어짜이지 않았으므로 경제적 가치가 없었다. 양수척은 한반도에 서식하는 동식물과 비슷했다. 농사를 짓고 특산품을 바치는 양민(良民)의 말뜻은 '좋은 백성'이다. 고려 시대에 양민의 뜻은 조선과 다르다. 당사자의 인품이 좋거나 성실해서 양민이 아니다. 지배층에 쓸모 있다는 점에서 양질(良質)이라는 의미로, 고기의 육질이 좋다는 것과 비슷하다.

양민은 신진사대부에게도 쓸모있는 대상이었다. 그들은 값비싼 수업료가 아니면 성리학을 공부할 수 없었던 부잣집 자식이었다. 그들 중에는 권문세가의 자제도 있었다. 고려 말에 갑자기 공감 능력이 예민한 사람들이 단체로 태어났을 리는 없다. 그런데 신진사대부는 신기하게도 민중의 고통에 공감했다. 이것이 철학의 위대함이자 이념의 힘이다. 조선은 이념 국가다. 현재까지 역사에 이름을 남긴 국가 중 조선과 가장 비슷한 체제는 단언컨대 소련(소비에트 연방)이다.

이인임은 얼마든지 기회가 있었음에도 정도전을 포함한 신진사대부를 속 시원히 죽여버리지 않았다. 이인임은 매국노가 아니다. 그는 자기 자신을 사랑하는 만큼이나, 자신이 최고의 부와 지위를 누리는 환경인 고려도 사랑했다. 타락했지만 지적이었던 그는 국가의 미래를 위해서는 사명감과 지성을 겸비한 젊은 신진사대부들을 살려두는 편이 좋다고 판단했다. 이인임은 사대부의 패러다임이 완전히 바뀌었다는 사실을 상상도 하지 못했다. 그 대가로 결국 정도전과 그의 동지들에게 응징당하고 몰락했다.

신성(神性)과 인간성

조선 건국 혁명으로 한반도는 **신성의 세계에서 인간성의 세계**로 전환되었다. 군주와 국가는 신성했다. 삼국의 시조들은 탄생과정이 비범하다. 주몽의 혈통은 하늘과 연결되어 있고, 신라의 시조들은 알이나 금궤에서 태어났다. 고려를 세운 태조 왕건의 가문은 해상무역세력이었으므로 바다를 끌어왔는데, 바로 서해 백룡(白龍, 흰 용)의 후손이라는 이야기다. 한국인은 왕건의 묘호(廟號, 임금의 시호)를 '태조'로 알고 있지만, 그는 고려 시대에 오랫동안 '용조(龍祖)'로 불렸다. 고려왕조가 멸망하기까지 왕가의 적통은 겨드랑이 밑에 용의 비늘이 있다는 믿음이 있었다.

신성함이라는 **안개**를 걷어내면 냉혹한 진실이 드러난다. 군주와 나라가 숙명적으로 **주어진 것**이 아니었다는 진실이다. 혁명은 인간의 일이다. 이제 국가체제는 어디까지나 인간적이다. 단지 체제가 존재한다는 이유로 고개를 숙이기가 곤란해진다. '숭고한 국가와 신성한 군주에게 어떻게 충성을 바칠까?' 이 질문은 다음과 같이 바뀐다. '어떻게 더 좋은 체제를 **새로 만들** 것인가?'

유럽 사극을 보면 군주가 신하와 칼싸움 시합을 하고 어깨동무를 하는 모습이 나오곤 하는데, 한국인은 보면서 기겁한다. 한국인의 마음속에 전근대가 조선을 기준으로 설정되어 있어서 그렇다. 사실은 고려도 유럽과 비슷했다. 고려의 임금은 신하들과 씨름대결을 할 수도 있는 존재였다. 유일신이든 백룡이든, 신적인 힘이 왕권을 부여한 이상 왕이 인간과 격의 없이 놀아도 권위가 사라질 리 없다. 그러나 인간이 인간을 왕으로 삼았다면 이야기가 달라진다. 인간끼리의 일이므로, 질서를 유지하기 위해 임금을 임금답게 모시는 **인간적인 노력**을 다해야 한다. 그래서 **유교적인 약속**인 조선왕에 대한 예법은 지나치게 숨 막혀 보인다. 보수적으로 보이지만, 사실은 진보적인 혁명의 결과다. **유교는 실리적인 결과주의이기 때문에** 상상력이 없다는 오해를 산다. 《논어》의 유명한 구절은 질서가 주어진 것이 아니라 인간이 만들고 유지하는 **노동**이라는 사실을 명확히 드러낸다.

君君臣臣 父父子子
군왕은 군왕답고 신하는 신하답고 아비는 아비답고
자식은 자식다워야 한다.

군주는 타고난 품성이 친화적이고 소탈해도 권위적으로 행동해야 하고, 신하는 군주를 군주답게 대하며 신하의 직무를 해야 한다. 아버지는 화가 나지 않아도 엄격하게 굴어야 하며, 자식은 자신이 옳고 아버지가 틀렸다는 사실을 알아도 최대한 순종해야 한다. 물론 스승과 제자 사이도 마찬가지다. 사회는 인간끼리 맺은 약속의 결과이므로, 사회구성원은 약속을 지키고 있다는 증거를 계속해서 **제출**한다. 그 증거란 예법이다. 마음만으로는 아무것도 증명하지 못한다. 이제 복잡하고 반복적인 예의범절은 필수적이다. 유교가 수직적인 서열을 중요시한 이유는 너무나 간단하다. 왕부터 갓 태어난 평민이나 천민, 아기까지 이어지는 수직적 관계가 질서를 유지하기에 **편리**해서다.

　《논어》에는 '괴력난신(怪力亂神)'이라는 말이 있다. 유학자들이 무시하고 피해야 할 것들로 신비한 현상, 초인적인 능력, 해석하기 힘든 사건, 신령한 존재를 말한다. 유교란 말하자면 인간의 이해 범위를 넘어서는 대상에 무관심하기로 작정한 사고방식이다. 신비로움과 숭고함은 통치의 근거가 되지 못한다. 조선의 이념은 지극히 유물론적이다. 한국에는 '곳간에서 인심 난다'는 속담이 있다. 생존에 대한 걱정이 없어야 선량함을 발휘하는 교양인이 될 수 있다는 의미다. 굶주리면서도 인격을 유지할 수 있다면 그는 종교적으로 깨달은 사람이다. 그런 사람은 성인이다. 조선은 성인을 존경할지언정 인정하지는 않는다. 조선은 군자를 인정했다.

성인(聖人)과 군자(君子)는 다르다. 성인은 어떤 상황에서도 지혜와 도덕을 잃지 않는 위인이다. 군자는 주어진 조건에 따라 최대한 품위를 갖출 줄 아는 교양인이다. 조선은 군자의 나라를 꿈꿨다. 상식을 추구한 나라였으므로, 괜찮게 먹고 사는 환경을 보장해줌으로써 군자가 될 기회를 제공하는 것이 국가의 의무다. 그 상태에서 교양인이 되는 것은 개인의 영역이었다. 조선은 유물론적인 동시에 가장 유교적인 나라다. 애초에 유교는 유물론에서 벗어나지 않는다. 상식적인 인간성에 중점을 둔 조선은 질서가 목표인 데서 그치지 않는다. 질서는 되도록 많은 백성이 배불리 먹는다는 목표를 위해 존재하는 도구여야 한다.

조선 사대부란 무엇인가

질서가 도구인 이상 질서를 유지하는 핵심계층인 사대부 역시 도구가 될 수밖에 없다. 나는 여기서 감히 조선 사대부의 특징을 하나의 문구로 정리해보겠다.

'자신을 도구로 인식한 엘리트'

조선 건국의 아버지들은 후배 사대부들에게 백성을 위한 도구로 살라는 의무를 남기고 떠났다. 이것이 혁명부터 저지른 신진사대부가 믿는 구석이었다. 정도전은 많은 저작을 발표했는데, 조선 건국철학에 가장 중요한 글은 〈답전보(答田父)〉*다. 나주에서 유배 생활을 하며 겪었던 일을 적은 한 편의 짧은 수필이다. 정도전은 이날 한 가난한 노인이 농사를 짓는 모습을 구경하다가 그와 대화를 나누었다. 정도전은 정치 현실에 대한 노인의 지식, 세상을 보는 시야가 자신 이상이라는 사실에 놀란다. 그는 노인의 말솜씨에 그만 두 손을 들고 말았다. 마지막으로 정도전은 노인이 대단한 인물인줄 알아보고 예를 갖추며 가르침을 달라 한다. 그러나 노인은 자신은 먹고살기 바쁜 농부일 뿐이라며 일을 방해하지나 말라고 한다. 참 간단한 이야기처럼 **보인다**.

정도전에게 정치적인 목적이 없는 저술은 **없다**. 〈답전보〉를 통해 정도전은 백성은 착하다는 맹자의 소박한 바람을 한 단계 더 넘어선다. 과거시험과 관료제는 대단한 발명품이다. 과거는 그 자체로 대단한 정당성을 확보한다. 공부 잘하는 사람을 선별해서 관료로 삼으니, 유능한 만큼 행정과 민생이 좋아진다는 그럴듯한 논리가 힘을 발휘한다. 그런데 정도전이 겪은 백성은 착한 데서 그치지 않고 지적인 차원에서도 사대부 이상이었다. 그는 지적인 수준을 증명하는 정도로는 엘리트가 될 자격이 없다는 점을 확인했다.

정도전은 처음 나주에 가자마자 백성들을 불러놓고 훈계를 늘어놓는 등 몹시도 철없고 오만했다. 그는 개경에서 정치적 사건을 일으키고, 최고 권력자인 이인임과 싸워봤다. 비록 패배해

---

* 풀이하자면 '나이 지긋한 농부 어르신과 대화를 주고받음'이라는 뜻. 답전부, 가 아님에 주의하자.

서 유배당하는 몸이 됐지만, 그의 머릿속에서 자신과 대등한 정적(政敵)은 부와 권력으로 한반도를 통째로 소유한 거나 마찬가지인 인물이었다. 그런 정도전이 나주에 갔을 때, 나주 백성은 장차 자신이 다스릴 대상쯤으로 내려다보였다. 정작 나주 백성의 눈에는 정도전이 쓸데없이 말만 많은 짐 덩어리였을 뿐이다.

얼마 지나지 않아 정도전은 백성들에게 밥을 빌어먹고 농사짓는 법을 배워야 하는 신세로 전락했다. 본인이 몰랐을 뿐 사실은 처음부터 그런 처지였다. 역시 사람은 몸으로 고생을 해봐야 머리에 든 게 가슴으로 내려오는 모양이다. 나주에서 그는 자신이 주인공이 아니라, 백성을 위한 도구라는 사실을 받아들였다. 나주는 혁명의 탄생지다. 정도전은 평민은 물론 도망자, 사이비 승려 같은 천민들과도 부족한 식사를 나누어 먹으며 대등한 우정을 쌓았다. 그는 사대부란 존재가 부모 잘 만나 배움의 특권을 얻었을 뿐, **인간의 지성과 양심은 원래 거기서 거기**라는 사실을 체득했다.

조선이 아무리 도덕적 이념 위에 세워진 국가라 한들, 사대부층이 백성의 동의를 구하는 절차를 생략했다는 사실은 바뀌지 않는다. 일방적인 엘리트주의다. '혁명이 좋다는 사실을 우리가 알고 있으니 너희는 그저 믿고 따라오면 된다.' 조선의 천재 중 한 명인 다산(茶山) 정약용(丁若鏞)의 대표작은 《목민심서(牧民心書)》다. 여기서 '목'은 목양, 목축, 유목의 목이다. 백성은 가축을 치듯 '이끄는' 대상이다. 사(士, 사대부)와 민(民, 백성)의 서열은 분명하고, 아주 권위적이다. 사대부가 이 정도 권위를 가질 근거가 지식이 아니라면, 남는 것은 오직 **도덕성**이다.

사대부의 도덕성은 백성보다 우월해야 하므로, 선량한 본바탕으로 태어나는 정도로는 부족하다. 선량하기 위해 매일같이

259

노력해야만 한다. 정도전과 그의 동지들이 후대의 사대부들에게 떠넘긴 숙제다. 조선의 사대부는 높은 학문적 식견을 가진 경우에도 예외 없이 뻔하디뻔한 도덕 주문을 자신에게 주입했다. 충, 효, 예, 겸손처럼 **당연히 좋은 말**을 읊조리고 요즘으로 치면 중학교 1학년 교과서에서나 나올법한 '군사부일체'니, '학이시습지'니 하는 문장을 입에 붙이고 살았다. 과거에 독(讀), **읽는다**는 것은 책을 **소리 내어** 읊는 행위를 뜻한다. 송(誦), **왼다**는 것은 암기한 내용을 역시 **소리 내어** 읊는 행위다. 사대부들은 아침부터 하인들 혹은 집 옆을 지나가는 행인들에게 들리도록 유교 경전을 읽고 외웠다. 자신이 **쓸 만한** 존재임을 선전하는 동시에, 감시의 대상이 되고자 하는 행동이었다.

조선의 헌법에 해당하는 《경국대전(經國大典)》은 정도전이 저술한 《조선경국전(朝鮮經國典)》을 보완해 완성된 공식문서다. 조선경국전과 경국대전에는 관리의 녹봉이 제시돼 있다. 정도전과 혁명세력은 관리의 녹봉을 지나치게 인색하게 책정했다. 오류다. 정치에는 정치자금이라는 게 필요하고, 제대로 업무를 보려면 다른 생업에 집중하기도 힘들다. 그런데 **의도적 오류**라고 확신한다. '이토록 급여가 적은데도 관리 노릇을 하겠다'는 선의를 겉으로나마 주장하지 않으면 민중을 통치할 자격을 주장할 수 없다. 플라톤이 이상 국가에서 수호자 계급의 사유재산을 금지한 것과 거의 같은 발상이었다. 다만 플라톤의 이상 국가에서 수호자들은 공동육아를 하게 되는데, 동아시아 유학은 혈연관계를 중시하는지라 그렇게는 할 수 없었다.

관직에 진출한 사대부는 청백리(淸白吏, 청렴결백한 관리)라는 소리를 들어야만 했다. 하지만 비현실적인 급여는 대부분의 관리가 '적당히 해먹는' 부패를 낳았다. 여기서 '적당히'가 중요하다. 부패를 저지르면서도 더 큰 욕심을 부리지 않는 절제력을 발휘할 필요가 있었다. 결국 한반도 주민은 부패에 있어서도 보이지 않는 '적당한 선'을 긋는 감각을 키웠다. '선'을 넘으면 사회적인 지탄의 대상이 되고 언제 탄핵당해 유배길에 오를지 모르는 처지가 된다. 이런 계산법으로는, 결국 백성에게 쓸모가 있는 관리라면 모두 청백리가 된다. 조선 초의 유명한 재상인 황희(黃喜) 정승은 민간에서 내려온 이야기와는 달리 심한 부패를 저지른 덕에 부유하게 살았지만 몹시 유능했기에 청백리 신화의 주인공이 되었다. 청백리는 '없는 것보다 있는 편이 나은 사대부'이다. 즉 **유용한 도구**인 사람이다. 나는 지금 부패를 옹호하는 게 아니다. 통치의 근거를 마련하는 일은 이토록 철학적으로 어렵다는 이야기를 하는 중이다.

수백 년간 관리들 사이에 만연한 '적당한 부패'는 얼핏 조선시대를 몹시 후진적으로 보이게 한다. 조선의 관료체제는 매우 현대적이라서, 현대의 기준으로 과거를 판단하게끔 유도한다. 그러나 사실은 부패가 자주 허용되었을지언정, 그것이 부패로 규정되었다는 사실이 조선의 선진성을 보여준다. 같은 시대 일본과 유럽에서 지배층이 민중을 착취하는 행위는 부패가 아니라 **권리**로 불렸다. 물론 조선에도 부정부패의 화신이나 비열한 간신이 많았다. 하지만 반대편에서는 수많은 사대부가 자신을 도구로 인식했기에 국가체제가 500년 넘게 계속될 수 있었다.

조선의 창업자들은 그토록 국가의 설계도면에 정성을 들였으면서 형법에는 신기할 정도로 무관심했다. 그들은 명나라의 형법 체계인 대명률(大明律)을 그대로 가져올 정도로 무성의했다. 대명률의 형벌규정은 죄인을 산 채로 오랜 시간 칼로 저미는 능지처참, 산 채로 삶아버리는 팽형 등 너무나 잔혹했다. 조선은

261

이름만 그대로 놔둔 채 현실에서는 상식적인 수준으로 순화해서 집행했다. 나는 이것이 고의적인 무관심이라고 확신한다. 맹자의 사상에서는 백성들이 범죄를 저지를 필요가 없을 만큼 편히 살고, 그래서 형벌에 신경을 쓰지 않아도 되는 나라가 이상적인 사회다. 건국의 아버지들이 형법 체계를 설계하는 데 공력을 들이는 모습은 민본의 반대편에 있는 법가사상에나 어울리는 풍경이었다. 그랬다가는 조선 창업의 정신적 원류가 맹자가 아니라 순자*가 되는 꼴이었을 것이다.

실학(實學)이라는 말의 허상

조선의 사대부는 기본적으로 양민(良民), 즉 평민이었다. 양반은 원칙적으로 과거급제를 통해 신분을 얻은 양민이다. 양반의 신분은 평민보다 높다. 그러나 그 신분은 공부와 노력을 통해 얻어야 하고, 4대 내에 급제자를 배출하지 못하면 다시 평민으로 강등된다. 그런 점에서 조선이 신분제 사회냐고 묻는다면, 그렇기도 하고 아니기도 하다. 물론 결과적으로는 신분제가 고착된 사회가 되었다. 본격적으로 관료를 뽑는 시험이 아니라 관료시험 자격을 얻기 위한 생원시(生員試)나 진사시(進士試)라도 합격하려면 꽤 공부해야 했고, 생업에서 자유로운 편이 좋았다. 그러니 부와 지위를 먼저 확보한 기존 양반 가문 출신이 절대적으로 유리했다.

　소과(小科)와 대과(大科)에 합격해 관직을 얻기란 하늘에서 별 따기만큼이나 힘들었다. 양반(兩班)은 문과 급제자인 문반(文

---

* 　보다 정확히 말하자면, 순자 자신이 아니라 그의 제자들에 의한 법가사상이다.

262

班)과 무과 급제자인 무반(武班)을 합친 말이다. 정부를 움직이는 고위관료가 되려면 아무래도 문과에서 급제해야 했다. 하지만 무반 역시 양반인 만큼 힘들기는 마찬가지였다. 한국사 최고의 군 지휘관인 이순신이 28살에 본 첫 번째 무과시험에서 말에서 떨어져 다리가 부러지고 불합격한 사실은 유명하다. 이순신은 스무 살 때 무인 가문의 딸인 방씨 부인과 결혼한 후 무과에 도전하기로 결심하고 22살 때부터 본격적으로 무예를 연마했다. 그는 십 년 동안 노력한 끝에 32세의 나이에 드디어 무과급제에 성공했다. 현재와 당시의 평균수명을 고려하면 40대 중반에 합격한 셈이다. 조선의 무과시험은 요구하는 수준이 너무 높아서 자료를 읽다가 황당해서 웃음이 나올 정도다. 달리는 말 위에서 물구나무를 서는 동작까지 있었으니 이순신이 낙마한 것도 이상한 일은 아니다.

현대 한국에서 시험은 조선 시대 과거시험의 연장선 위에 있다. 합격하기 어려운 시험일수록 과거시험과의 거리가 좁혀진다. 한국에서 오랫동안 과거의 마지막 단계인 대과의 역할을 한 시험은 2017년 폐지된 사법시험이었다. 하지만 서울대학교나 의과대학 입시, 행정고시와 외무고시 등 과거시험의 그림자가 드리운 시험은 많이 남아있다. 한국에서 좋은 학벌은 생원시를 통과한 '생원', 진사시에 붙은 '진사'처럼 꽤 괜찮은 지위를 부여한다. '허생원'이나 '최진사'는 대단한 인물은 아니지만, 동네 주민들 사이에서 지식인 취급을 받기에는 부족함이 없다.

한국에서 공부, 특히 시험공부를 잘하는 조건은 특별한 가치를 지닌다. 공부 잘하는 학생은 특별히 우대받는다. 나는 어릴 때 공부를 잘하면 어른들에게 착하다는 칭찬을 듣는 모습에 무척 의아했다. 저 학생은 기후변화로 고통받는 북극곰이나 기아

263

에 시달리는 아프리카의 어린이를 위해 공부하지는 않았으리라. 그냥 타고나길 공부를 잘하는 아이이거나, 노력했더라도 자기 자신을 위해 공부했을 텐데 말이다. 학습력과 도덕성은 아무런 상관도 없지 않은가? '공부 잘하는 착한 어린이'에 대한 관념은 사대부의 잔상이다.

사대부는 공부하는 사람이면서, 자신이 아닌 다수의 타인을 위해 공부하는 사람이다. 현대판 '생원'과 '진사' 역시 공부한 사람으로서 의무감을 발휘했다. 이승만을 몰아낸 4.19 혁명은 학생들의 시위였다. 1980년대 민주화 투쟁을 주도한 세력은 명문대 학생들이었다. 그들은 누가 강요하지 않아도 엘리트가 불의에 눈을 감아서는 안 된다는 책임감을 강하게 느꼈다. 86세대*가 조선 사대부와 강력한 공통점을 지녔으면서도 마르크스 철학의 영향으로 조선을 전근대 봉건사회로 무시하는 현상은 재밌는 아이러니다.

한국에서 사대부와 조선을 무시하는 게 86세대만의 특징은 아니다. 둘 다 일반적으로 고리타분한 유교적 원리주의에 갇힌 존재로 여겨진다. 실상은 퍽 다르다. 조선 건국 후 정계를 장악한 관료층은 영남의 선비들이었다. 그들은 조선의 기술관료였다. 영남(경상도)은 변화무쌍한 지형이 아기자기 몰려 있는 곳이다. 다양한 지형과 고도, 기후에서 쌀농사가 어디까지 가능한지 시험할 수 있는 실험실이었다. 한반도의 인구부양력을 끌어올리는 기술은 사대부의 경력에 매우 중요했다.

현대인의 오해와 달리 조선 선비들은 인문학자보다는 기술자에 가까웠을까? 꼭 그렇지도 않다. 유학이라는 틀 안에서 인문

---

* 대체로 60년대생이면서 80년대 대학 학번인 세대.

과 기술은 분리되지 않는다. 열 살도 되기 전에 달달 외운 '소학'을 죽을 때까지 읽고 또 읽으며 수양하는 것도, 계단식 논에서 쌀 생산에 성공하는 일도 똑같이 사대부의 업이다. 수양은 백성을 위하는 사대부로 남기 위한 정신적 준비라는 점에서 기술과 똑같이 다수의 삶의 질에 도움이 된다.

20세기 한국 역사학자들은 유학이 서구의 실용적 기술에 패배했다는 콤플렉스 때문에 '실학'이라는 없던 단어를 억지로 만들어냈다.* 그들은 '고리타분한 유학'과 '현실적인 실학'을 인위적으로 분리해냈다. 그다음 '우리에게도 실학자가 있었다'고 주장하고, 유학자들 속에서 주장에 맞아떨어져 보이는 이들을 솎아내 '실학자'라고 이름 붙였다. 마침내 실학과 실학자의 존재를 정설로 만들어내 교과서에 싣기까지 했다. 실학(實學)이라는 말에는 기존의 유학이 뜬구름 잡는 허학(虛學)이라는 가히 폭력적인 전제가 깔려 있다. 하지만 '실학자'들은 어디까지나 그들 스스로는 '유학자'로서 실용을 추구했다. 진실을 말하자면 유학은 한 번도 실학이 아니었던 적이 없다.

현대 물리학의 아버지 아이작 뉴턴이 만유인력의 법칙을 발견할 때, 사과가 그의 머리 위로 떨어졌다는 설화가 있다. 사실은 그의 옆에 떨어졌다(머리에 떨어졌다면 아파하느라 깨달음을 얻을 틈이 없었을 것이다). 뉴턴은 학문적인 원리만 생각했기 때문에 물리학의 아버지가 되었다. 조선의 사대부라면 당장의 현실과 동떨어진 학문의 세계로 도망가는 일을 스스로 허용치 않았을 것이다. 사대부는 두 가지를 생각했을 것이다. 첫째, 떨어

---

* 전통 유교에서도 실학이라는 단어를 사용했다. 그러나 어디까지나 '실제적이고 참된 학문'이라는 뜻이지 지금처럼 사상적 조류를 특정하고 가리키기 위한 단어는 아니었다.

지는 사과가 노인이나 아이를 해치면 어떡할 것인가. 둘째, 이렇게 사과가 떨어져 상하는 일이 반복되면 농민에게도 손해고, 시장에서 과일의 가격이 올라갈 테니 물가관리 차원에서 모두에게 손해가 아닌가. 그는 수확량을 유지한 채 사과나무의 키를 낮추는 방안을 골똘히 생각한다. 만유인력의 법칙을 고민할 여유 따위는 없다. 마찬가지로 1980년대의 서울대학교 물리학과 학생은 물리학을 탐구하는 대신 거리에서 화염병을 던졌다.

조선의 학문은 지나치게 실용적이어서 서구 근대에 '결과적으로' 패배했다. 학문을 유교라 부르든, 성리학이나 주자학이라 부르든 상관없다. 무엇이 됐든 민생을 위한 도구다. 반면 서구에서 학문의 목표는 학문 자체다. 서구인들은 현실과 동떨어져 보이는 학문적 원리를 깊이 파고들었다. 그렇게 발전한 철학, 과학, 수학, 경제학은 올해의 가뭄에 대비하거나 내년의 전쟁을 예측할 수는 없다. 그러나 분업의 효과는 무섭다. 각 분야가 고도로 발전한 후 서로 영향을 끼치기 시작하면 국가나 문명의 힘이 폭발적으로 성장한다. 그렇지만 철제 군함, 신식 화포, 거대자본이 난무하는 현란한 미래를 예측하지 못했다는 이유로 사대부를 타박하기란 영 불공정한 노릇이다.

저승과 현세, 거래의 기술

인간이 만들어낸 윤리는 대부분 거래의 기술이라고 할 수 있다. 종교는 보상을 내세로 떠넘긴다. 기독교는 삶의 점수에 따라 천국이나 지옥을 약속한다. 불교는 조금 더 복잡해서 선업을 쌓으면 윤회의 결과가 좋아지고 깨달음에 이르면 열반한다. 불교는 대중적 차원에서는 극락과 지옥의 개념도 적극적으로 사용한다.

266

반면 유교의 유물론적 세계관은 내세의 보상을 인정하지 않는다. 보상은 현세에서 이루어져야 한다. 부귀영화는 노력의 결과일 순 있어도 도덕성의 결과이긴 힘들다. 사대부가 도덕성을 발휘해 얻는 보상은 명예다.

조선 사대부가 진정 추구해야 할 가치는 부귀영화가 아니라 명예라고 할 수 있다. 조선 백성들은 이 사실을 잘 알고 있었다. 광해군의 착취가 극에 달한 시기 부임지의 백성에게 팔리는 일은 사또에게 큰 기쁨이었다. 돈을 써서라도 붙잡을 만한 훌륭한 사대부임이 입증되었으니까. 이보다 더 확실한 명예가 어디 있을까? 조선 시대의 실록과 야사에는 백성들이 마음에 든 사또에게 대가를 보상한 기록이 즐비하다. 가장 흔한 방식은 임기를 마치고 부임지를 떠나는 사또를 붙잡는 거였다.

'불쌍한 우리를 두고 어디를 가시냐!'
'나으리 같은 청백리 군자께서 우리를 버리시면 앞으로 우리 무지렁이 백성들은 무슨 희망으로 살아간단 말이냐!'

주민들은 하늘이 무너진 것처럼 울부짖는다. 여기서 그치지 않고 다른 부임지나 한양으로 떠나는 길을 퍽 멀리까지 쫓아간다. 떠들썩하게 배웅을 하기도 하고, 가는 길을 멈춰달라고 매달리기도 했다. 조선 백성들은 바보가 아니었다. 사또는 어명을 받고 온 공무원이며, 임기가 끝나면 떠난다는 사실을 모르는 사람은 없다. 모르고 한 짓이었다면 그냥 사또를 둘러쌌거나 마을 입구를 막아버렸을 것이다. 일부러 뉴스가 될 만큼 소란을 피우는 게 진짜 목적이었다. 조정에 보고가 올라갈 만큼은 이목을 집중시켜야 하니 떠나는 사또를 군이 졸졸 쫓아간 것이다. 다른 관료에 의헤 보고되어 개관적 사실로 남으려면 어느 정도는 소란을 일으켜야 한다. 물론 끝까지 따라가지는 않는다. 사또에게 향후 승진에 도움이 될 만한 기록과 명예를 선물하기에 충분하면 그만 이다. 떠나는 마당에 이런 대접을 받는 기분은 대단했을 것 같다.

백성이 좋은 사또만 만나라는 법은 없었다. 세상엔 타락한 사람이 더 많다. '암행어사 출두요' 하며 암행어사 무리가 나타 나 부패하고 무능한 탐관오리를 응징하는 내용은 조선 시대 지 역민들의 로망 중 하나였다.

사대부에게 명예를 선물로 보상하는 현상은 현대에도 계속 된다. 현대에 사대부라는 신분은 없지만, 사대부에 해당하는 인 물은 있다. 한국전쟁 당시 전라남도 구례에서 경찰서장으로 재 직한 안종삼(安鍾三, 1903~1977)의 아호는 호산(湖山)이다. 특이 하게도 지역 주민이 지어준 호다. 안종삼은 유치장에 갇힌 보도 연맹*원 480명을 처형하고 퇴각하라는 명령을 받았다.** 안종삼 은 고심 끝에 그들을 모두 석방했다.

> "이 조치로 내가 반역으로 몰려 죽을지 모르지만 (…) 혹시 죽으면 나
> 의 혼이 480명 각자의 가슴에 들어가 지킬 것이니 새 사람***이 돼주
> 십시오."

구례를 점령한 인민군이 물러간 후, 안종삼은 다시 돌아오

---

*   국민보도연맹. 해방 이후 시기에 좌익에 몸담았다가 전향한 사람들이 가 입한 단체로 친 남한, 반 북한 단체였다.

**   보도연맹 학살사건. 전국적으로 시행된 이 명령에 따라 10만명에서 최대 120만명에 이르는 사람들이 학살된 것으로 추정한다.

*** 북한이 아닌 대한민국에 충성하는 시민.

겠다는 약속을 지키기 위해 영전을 포기하고 구례로 돌아왔다. 3개월 후 그는 총경으로 진급했는데, 떠나기 전 주민들에게 자신의 공덕을 담은 10폭짜리 병풍과 시(詩)를 선물로 받았다.

恩深洞庭湖 은혜는 동정호처럼 깊고
德高方丈山 덕망은 방장산처럼 높네

안종삼은 시구의 끝 글자인 호와 산을 붙여 '호산 선생'이 되었다. 그가 받은 병풍은 '종이로 된 공덕비'라고 할 수 있다. 공덕비(功德碑) 혹은 송덕비(頌德碑)는 조선 백성들이 개발한 정신적 보상 방법이다. 공덕비는 특정 인물의 훌륭함을 찬양하는 기념물이다. 원조는 중국인데, 원래는 지배층끼리 주고받는 문화였다. 가령 신하들이 군주를 위해 세워주는 게 가장 전형적이었다. 측천무후는 자신이 여자라는 이유로 공덕비를 못 받을까 싶어 아예 스스로 공덕비를 세웠다.* 백성이 자신들의 삶에 도움을 준 사대부에게 스스로 만들어 바쳤다는 것이야말로 조선 공덕비의 특징이다.

한국에는 곳곳에 많은 공덕비가 남아있다. 조선 시대 유물이 대부분이지만 현대의 공덕비도 퍽 많다. 전쟁과 좌우대립 속에 주민들을 학살로부터 지킨 이들을 기리는 비석이 대부분이다. 일례로 제주도에는 수많은 도민들이 학살당한 4.3 사건 당시 백여 명의 모슬포 주민들을 살린 문형순 경찰서장의 공덕비가 세워져 있다. 그 덕분에 살아남은 고춘언 씨가 다른 생존자들과 함께 세웠다. 섬유질로 된 공덕비를 받은 이가 안종삼만은 아니

---

* 공과 덕이 너무 많아 글자로 다 담을 수 없다는 뜻으로 텅 빈 무자비(無字碑)를 세웠다.

다. 2022년 카타르 월드컵에서 포르투갈 출신 파울루 벤투 감독이 이끈 한국대표팀은 기적적으로 16강에 올랐다. 벤투 감독은 경기도 고양시의 아파트에 거주했는데, 아파트 주민들이 그의 수고에 감사하는 현수막을 한국어와 포르투갈어로 제작해 단지 곳곳에 걸었다. 포르투갈에서 온 코치진은 현수막을 보고 매우 놀라며 기뻐했다.

한국인은 공직자나 책임자에게 매우 각박하게 굴지만, 어쩌다 감동을 느끼고 칭송할 때에는 확실하게 한다. 파울루 벤투는 한국대표팀 감독으로 부임하던 내내 쉬지 않고 전국의 축구팬에게 욕을 먹었다. 한 나라의 국민에게 그 정도로 욕을 먹은 외국인도 흔치 않을 것이다. 정작 월드컵에서 기대 이상의 경기력을 보여주자 한국 인터넷에는 벤투를 욕한 만큼이나 그에 대한 감사와 반성의 물결이 일었다. 이 자리를 빌어 나 역시 존경하는 벤투 감독님께 몹시 죄송하다는 사실을 고개 숙여 고백한다.

이상적인 사대부라는 모순

사대부는 모순적인 존재다. 조선의 사대부 윤리는 벼슬아치를 백성에 유용한 존재로 만들기 위해 정립되었다. 그런데 정말로 순수한 사대부는 부와 지위는 물론 명예라는 보상에까지 초연한 존재이므로 관직에 진출해서는 안 된다는 함정에 빠진다. 이러한 모순을 떠안은 가족이 있다. 16세기 조선 사대부인 이문건(李文楗)은 가문이 당쟁에서 패배한 후 유배길에 올랐다. 이후 그의 집안은 몰락을 거듭했다. 개인적으로도 불행해서 그는 6명의 아들 중 5명을 어릴 때 잃었다. 마지막 남은 아들은 정신과 건강이 좋지 못했는데, 가까스로 이문건에게 손자를 안겨주었다. 그의

나이 58세 때였다. 손자 이수봉(李守封)은 가문의 유일한 희망이
었다.

이문건은 손자 수봉이 과거에 급제해 무너져가는 명문가를
되살려주기를 바랐다. 하지만 과거급제만으로는 부족했다. 그는
손자를 완벽한 조선 사대부로 키우고자 했다. 그는 좋게 말하면
엄격한 교육, 나쁘게 말하면 지나친 집착으로 손자에게 학문을
비롯해 일거수일투족을 가르치며 16년간 육아일기인《양아록
(養兒錄)》을 썼다. 한국에는 '술은 어른에게 배워야 한다'는 속설
이 있다. 이문건은 이수봉에게 뛰놀며 자랄 자유를 빼앗아놓고
서는 11살 때 술을 가르쳤다. 이수봉은 당연한 듯 알콜 의존증에
시달리는 반항심 가득한 청소년이 되었다.《양아록》은 저자인
이문건이 자신의 육아가 실패했음을 쓸쓸히 인정하는 내용으로
끝난다. 하지만 결과적으로 그의 육아는 성공했다.

이수봉은 할아버지가 돌아가신 후 완벽한 사대부로 성장했
다. 그는 사대부 윤리를 너무나 깊이 체득한 나머지 관료가 되는
일을 거부한 채 자기 수양에만 힘썼다. 그러나 세상은 그를 내버
려두지 않았다. 임진왜란이 발발하자, 이수봉은 '당연하게도' 국
가와 백성을 위해 의병을 일으켰다. 그는 의병장으로 목숨을 걸
고 큰 공을 세웠다. 조정은 그의 전공을 높이 평가해 관직을 내
렸지만, 이수봉은 진정한 사대부답게 거부했다. 할아버지의 교
육 덕에 할아버지의 소망과는 다른 인물이 되어버린 것이다. 그
런데 웬걸, 이수봉은 자식 교육에 있어 할아버지보다 느슨했던
모양이다. 그의 아들은 완벽한 사대부가 아니었는지 관직에 진
출해 가문의 지위를 되살리는 데 성공하고 말았다.

이수봉은 지극히 특수한 사람이다. 하지만 조선이 망할 때
가 되어서는 수많은 이수봉이 배출된다. 조선 말기의 과거 시험

271

장은 입시 비리의 난장판이었다. 세도정치로 썩은 말기의 조선은 행정력도 없었거니와, 그나마 남아있는 한 줌의 행정력도 제대로 사용하지 않았다. 시험장에서는 답안지 유출, 시험지 바꿔치기, 대리시험, 컨닝, 좋은 자리를 맡기 위한 몸싸움이 버젓이 벌어졌다. 감독관은 그 꼴을 보고도 별다른 조치를 취하지 않았다. 가문의 힘이나 돈이 있으면 얼마든지 비리를 저질러 과거급제에 성공할 수 있었다. 돈이 없어도 신체만 건강하다면 가능하다. 새치기는 몸싸움으로 하면 되고, 대리시험 전문가를 고용하기 위해 진 빚은 관리로 임명된 후 부정부패를 저질러 갚으면 그만이었다.

과거제가 더는 떨어질 지경도 없이 타락하자 백성들은 불합격한 채 쓸쓸하게 귀향한 사대부를 존경했다. 비리를 저지르지 않았다는 증거였기 때문이다. 아예 자신의 품위를 지키기 위해 과거에 응시하지 않은 사대부도 존경받았다. 그렇다면 '진정한' 사대부는 어떻게 자신의 가치를 지킬 수 있었는가. 조선 말기는 민란(民亂)의 시대였다. 탐관오리와 지주들의 가혹한 착취, 그리고 정부의 방치로 민중의 삶은 나락으로 떨어졌다. 지역 곳곳에서 죽창과 농기구를 든 농민들이 봉기했다. 민란은 관군에 진압될 수도 있고, 정부와의 타협으로 해산될 수도 있다. 조선 말기에 조정은 잇따라 일어나는 민란을 수습하기 위해 아예 '안핵사(按覈使)'라는 임시 관직을 따로 만들었다.

안핵사는 민중을 착취한 사또와 지주를 혼내주는 모습도 보이고, 분노한 농민들을 달래 집에 돌려보내는 역할도 했다. 하지만 민란도 반란이다. 아무리 이해해줄 만해도 원칙상 정부와 임금에 대한 반역이라는 사실은 바꿀 수 없다. 그러니 최소한 한두 명은 목이 잘려야 했다. 이럴 때 백성들은 근처에 살던 사대부를 찾았다. "한 번 도와주십시오." 재야에서 홀로 품위를 지키며 살던 사대부는 기꺼이 자신의 이름을 빌려주었다. 명목상 민란의 주동자가 되어준 것이다. 배고픈 백성 대신 형장의 이슬이 되는 순간을 위해 그들은 어릴 때부터 사서삼경을 달달 외워왔다. 조정과 세도 가문이 타락했을지언정 사대부의 가치가 변한 적은 없다. 그 가치란 비록 일회용일지라도 다수를 위한 소수로서 사용될 기회가 주어진다면 피하지 않고 사명을 다하는 것이었다.

그의 기품 그리고 그의 쓸모없음

유학에 매달려 살았다는 점에서 사대부는 고리타분하다. 조선은 분명히 여성을 차별한 사회였다. 정확하게 말하자면 조선은 남녀의 성 역할을 분명히 나누었다. 여자는 남편의 사회생활에 일말의 참견도 할 수 없었고, 남자 역시 아내의 집안일에 개입하기 힘들었다. 다시 말해 집안에서는 아내가 우위에 있었다. 부부가 얼굴을 맞대는 장소는 대체로 집안이므로 실생활에서는 여성이 권력자였다. 일본인들은 지금도 '한국 여자는 기가 세다'고 한다. 그런데 중국에서 발생한 유학은 남편이 아내의 윗사람이라고 규정한다. 조선의 사대부는 케케묵은 예법을 지키기 위해 무던히도 노력했다. 구한말 한국을 방문한 캐나다 출신 선교사 제임스 게일은 이렇게 기록했다.*

---

*   이하의 인용문들의 출처는 다음 책이다. 제임스 S. 게일 지음, 최재형 옮김, 《조선, 그 마지막 10년의 기록: 1888~1897》(책비, 2018), 235-250쪽 참조.

"양반은 보통 아내를 거시기라거나 규*라고 부르며 자신의 넓은 집에서 아내가 기거하는 공간이 얼마나 작은지 강조하는 것을 결코 잊지 않았다. 하지만 진실을 밝히자면 안채에 갇혀 사는 그 작은 여인이 결코 이들이 이야기하는 것처럼 하찮은 존재가 아니라는 것이다. 대신 안주인은 온 집안을 이끌어가는 선장이자 항해사였고, 이 양반들을 실제로 움직이는 것 또한 남성 양반이 아니라 바로 아내의 치마폭이었다."

조선의 사대부는 백성과 마찬가지로 아버지보다 어머니를 더 두려워했다. 가정에서 아내의 힘은 동시대 서양보다 훨씬 강했다. 하지만 예법에 갇혀 산 조선 사대부는 억지로라도 자신이 국가의 통치 이념에 부합하는 존재임을 끝없이 어필해야 했다. 급한 일이 있어도 백성들이 보는 앞에서 뛰지 못하고 근엄하게 걸었고, 인간적 욕망의 상징인 돈을 맨손으로 만지지도 못했다. 할 수 있는 게 별로 없던 양반은 많은 상황에서 무기력한 존재였다.

"조선에서 흔히 하는 말 중에서 조선 양반의 특징과 삶을 그 어떤 것보다 더 제대로 나타내는 표현을 하나 선택해야 한다면 아마 Mot hao(못하오) 혹은 Hal su upso(할 수 없소)가 아닐까?"

사대부에게 예법은 언제든 필요하면 사명을 다하기 위한 오랜 준비운동이었다. 그런 사대부가 쓰임 받지 못하는 세상이 오자 조선은 멸망했다.

---

* 아마도 閨(안방 규).

274

"조선 양반이 뿜어내는 침착하고 평온한 기운은 풀리지 않는 동방의 신비였다. 수천 냥의 빚에, 틈만 나면 초가집을 노리는 굶주린 늑대의 위협 속에서도 전혀 흔들림 없이 평온했던 양반의 삶. 다른 모든 특성의 바탕을 이루는 평온함이라는 특질에 있어 양반은 가히 달인이었다."

"그의 담담함, 그의 자기 절제, 그의 중용, 그의 친절, 그의 학문적 성취, 그의 기품 그리고 그의 쓸모없음. 쓸모없음이라기보다는 지금 이 세상을 사는 데 맞지 않다고 하는 것이 더 나은 표현이겠다."

사대부는 망국의 책임에서 완전히 자유로울 수 없다. 그들을 품지 못할 만큼 망가진 세상을 탓하기에는, 애초에 그 세상을 유지하고 보수하기로 약속된 이들이었다. 조선은 결국 그들이 이끄는 나라였다. 그러나 동시에, 현재를 사는 한국인 역시 필요할 때마다 사대부의 도덕성을 사용해가며 살아남은 사람들의 후손이라는 사실에서 자유로울 수 없다.

12장

백성을 위한

안전한 세계, 민생의 조건

1391년 9월, 고려의 수도 개경 한복판에서 불길이 치솟아 올랐다. 불길은 전국의 권문세족들이 소유한 토지 문서를 태웠다. 엄밀히 말하면 토지 문서가 보장한 건 토지의 소유권이 아니라 수조권(收租權, 조세를 걷을 권리)이었지만, 권문세족이 직접 논밭에서 일하지 않는 한 소유권이나 수조권이나 같은 말이다. 정도전은 혁명 동지 조준(趙浚)과 토지개혁에 성공했다. 여기서 정전제(井田制), 계민수전(計民授田), 과전법(科田法)과 같은 농지 제도의 뜻과 차이점을 길게 설명할 생각은 없다.* 이 책의 주제는 한국인이지, 제도 연구가 아니다.

조선왕조는 불길 속에 이뤄진 토지개혁 직후인 1392년에 시작되었다. 새 왕조는 토지개혁의 성과를 백성들에게 보여준 후 비로소 출범할 수 있었다. 토지개혁이라는 말은 지나치게 온건하다. 어떻게 봐도 과격한 혁명의 불길이었다. 땅문서가 불타고 남은 재 위에서, 농민들은 가족의 머릿수에 따라 농지를 나눠 받았다. 모든 땅은 실질적으로는 공공재, 원칙적으로는 왕의 소유**였으므로 엄밀히 말하면 무기한 임대받은 것이지만 현실적으

---

*   과전법으로 토지개혁이 이루어졌다.

**   왕토(王土).

로는 소유였다. 농민 대부분은 자신의 땅을 자신이 경작하고 먹고 사는 자작농이 되었다. 이전까지 고려 농민은 땀 흘려 일해 얻은 소출의 50% 이상, 심하면 80% 이상을 기득권에 착취당했다. 이제 10%만 내면 그만이었다. 10%의 세금은 치안과 국방의 대가로 몹시도 합리적이었다. 조선 태조 이성계는 여러 차례 외적의 침공을 막아낸 장군이었으므로 그의 쓸모를 고려하면 저렴한 비율이었다.

백성들은 오랜만에 마음 놓고 한반도의 진정한 밥인 쌀밥을 먹을 수 있게 됐다. 이 때문에 이밥(쌀밥)이 '이성계 덕에 먹게 된 밥'이라는 뜻의 말이라는 속설이 생겼다. 과거에는 쌀을 입쌀이라고 불렀으므로, '입밥'이 '이팝'이 되고 최종적으로 '이밥'이 되었을 것이다. 그러나 어원에 대한 오해가 생겼을 정도로 혁명이 준 충격은 대단했다. 지배층에도 충격이었다. 관아와 궁궐은 궁핍해졌다. 태종 시절 조선왕궁은 일본에서 선물 받은 코끼리 한 마리의 먹성을 감당하지 못했다. 왕실과 지배층의 삶은 평민보다는 부유하고 사치스러웠지만, 외국과 비교하면 청빈한 수도승 수준이었다.

임금과 사대부는 백성의 욕망을 위해 자신의 욕망을 통제했다. 인구 대부분을 차지한 기층민(基層民)에게 욕망의 첫 번째는 먹는 일이다. 충분한 식사를 방해하지 않으려면 안전한 환경이 보장되어야 했다. 안전을 위협하는 첫 번째는 전쟁이다. 조선은 중국의 위협을 명나라와의 사대(事大)관계로 해결했다. 물밑에서는 다양한 기 싸움을 벌였지만, 공식적으로는 확실히 고개를 숙여줌으로써 안전을 보장받았다. 명나라 역시 조선을 제후국 중 최고등급으로 대우해 세계 두 번째 문명국임을 인정했다. 조선과 명나라는 북방 오랑캐의 위협 역시 공동 대응했는데, 명나라는 초원으로 쫓겨난 몽골제국의 계승자인 북원(北元) 세력을, 조선은 여진족을 맡았다.

훗날 북원이 과거의 힘을 잃자 상황은 약간 달라졌다. 몽골 족이 목동이 되자 이번에는 여진족이 전사가 되었다. 여진족은 전통적으로 초원의 유목 문명과 중국 농경 문명에 동시에 가까 운 서쪽에 거주할수록 문화 수준이 높다고 인정받았다. 물론 동 쪽보다 낮다는 수준의 인정이었지만 말이다. 동쪽은 같은 여진 부족 사이에서도 무시 받았는데, 한반도와 중원 주민들에게 사 람의 모습을 한 짐승 취급을 받았다. 여진족이 팽창하자 중국과 가까운 서쪽의 여진족은 명나라가, 동쪽의 여진족은 조선이 관 리했다. 여기서 '관리'라는 말에는 주의가 필요하다. 부유한 명나 라는 재물을 써가며 당근과 채찍으로 강력한 여진 부족들을 분 열하는 방식을 선호했다. 그에 반해 조선은 틈만 나면 여진족을 탄압하고 학살했다. 조선은 여진족에 대해서만큼은 인정사정없 었다. 나라의 태조인 이성계가 평생 여진족과 친밀한 관계를 유 지했다는 사실을 생각해보면 이상하기도 하다. 그만큼 한반도를 '안전한 세계'로 만드는 일에는 양보가 없었다.

조선 건국세력이 태어나 활동한 고려 말에 왜구는 한반도에 멸망의 그림자를 드리운 중대한 위협이었다. 대마도는 한반도를 노리는 왜구에게 가장 중요한 거점이었다. 조선 건국세력은 이 성계의 쿠데타인 위화도회군에 성공한 다음 해에 대마도를 쳐서 해적선 3백 척을 불태웠다. 대마도 정벌은 조선이 건국된 후 두 번 더 이어졌다. 조선이 대마도를 완전히 제압한 후 왜구는 중국 남부로 방향을 틀어 명나라를 고통의 늪에 빠트렸다. 결과적으 로 왜구를 없앤 게 아니라 동맹국에 축구공을 패스하듯 떠넘긴 거지만, 조선에는 무척 만족스러운 결과였다. 왜구가 아닌 일본의 공식 정부에는 조선통신사를 보내 나쁘지 않은 관계를 유지했다.

이상의 작업으로 중국, 일본, 해적, 북방 오랑캐의 문제가 **해결**되었다. 조선을 세운 사람들은 태평성대가 계속되기 위한 **완벽한 조건**에 집착했지만, 당시에는 신경을 써야 할 더 이상의 외세를 상상할 수 없었다. 청나라가 아편전쟁을 예상할 수 없었던 것과 같다. 안전의 두 번째는 국내의 치안이다. 치안에 대해서는 지극히 상식적인 차원에서 접근했다. 사람들은 먹고사는 문제가 해결되면 굳이 범죄를 저지르는 위험을 감수하지 않을 거라는 관점이었다.* 그러므로 이제 먹는 문제가 남는다. 결과적으로 조선인은 잘 먹었다.

대식국(大食國) 조선

조선의 별명 중 하나는 대식국(大食國), '많이 먹는 나라'였다. 임진왜란 시기 조선과 일본 양쪽의 기록은 모두 조선인의 식사량이 일본인의 3배라고 증언한다. 그래서 전쟁 초기에는 조선군과 일본군 모두 정탐에 실패했다. 식량 소비량을 탐지해 적의 군세를 판단하는 건 동아시아에서 전술의 기본이었다. 외국에서 온 동맹군도 놀랐다. 명나라 장수 이여송(李如松)은 이렇게 많이 먹는데 나라가 운영되는 게 가능한가 진심으로 물었을 정도였다. 다만 이여송은 조선의 임금과 집권층이 얼마나 가난한 살림을 유지하는지는 상상하지 못했다.

조선인의 식사량에는 한가지 재미난 점이 있다. 외국인들은

---

* 민생에 대한 유교의 기본적인 접근법이기도 하다.

한결같이 조선인이 하루 세끼를 꼬박꼬박 먹는다고 기록했다. 정작 조선인들은 두 끼를 먹는다고 생각했다. 외국인의 눈에 점심 식사처럼 보이는 양의 간식은 빼고 계산한 것이다. 영조 시대의 과학자 홍대용(洪大容)은 청나라에 방문해 두 가지 특이점을 발견한다. 첫째 만주족의 관습대로 변발(辮髮)한 중국인들을 보고 중국에 문명은 사라졌으며, 이제 세계의 중심문명국은 조선이라고 확신했다. 참 속 편한 자부심이다. 두 번째는 중국의 밥그릇이 찻잔만 하더라는 것이다. 과장 같지만 사실이다. 조선에서 찻잔이란 곧 막사발로, 찻잔으로도 사용하는 다용도 그릇이었다. 현대 동아시아인들은 서양인이 많이 먹는다고 생각하는 경향이 있다. 하지만 정작 조선을 방문한 서양인들이야말로 조선인의 식사량에 놀랐다.

"다식에 대해서는 대신과 평민의 구별이 없다. (…) 많은 사람들이 2~3인분 이상을 쉽게 먹어치운다. (…) 큰 복숭아를 내놓을 때엔 가장 절제하는 사람도 10개 정도는 먹으며, 종종 30개, 40개, 50개까지 먹는 사람도 있다. (…) 조선의 어머니들은, 아이의 배를 손으로 두들겨보면서 뱃속이 가득해지는 최후까지 밥을 채워 넣는다."
— 안토니오 다블뤼 주교

"조선인들은 대식가라는 점에서 비교할 만한 대상이 없었다. (…) 믿을 수 없을 정도로 많은 양의 밥이, 붉은 고추 한 줌과 함께 순식간에 사라지는 것이었다."
— 에른스트 폰 헤세-바르텍

"조선인들은 보통 한 끼에 3~4인분의 양을 먹어치우며, 3~4명이 앉아 있으면, 그 자리에서 20~25개의 복숭아와 참외가 없어지는 것이 다반사다."

─ 이사벨라 버드 비숍

"저녁이 되자 나를 위한 연회가 열렸다. 상을 채우고 있는 둥글고 작은 접시에는 10명도 먹을 수 있을 만큼 음식이 쌓여 있었다."

─ 조지 클레이턴 포크

"조선 사람들은 명랑한 성격을 지닌 엄청난 대식가들이다."

─ 헨드릭 하멜

"조선인들은 잔치에 가면 믿을 수 없을 정도로 많이 먹는다."

─ 릴리어스 호턴 언더우드

"생선, 고깃국, 달걀, 붉은 고추를 넣은 생선, 수수와 완두로 만든 고기만두, 말린 쇠고기, 설익은 밤, 쌀, 꿀, 다시마, 꽃 모양으로 예쁘게 자른 문어 등 14가지의 갖가지 요리가 담긴 상을 두 개나 받았다."

─ K.N. 다데쉬칼랴니 공후

놀란 채 조선의 식사량을 기록한 서양인들은 주로 잔치나 접대 등 실컷 얻어먹는 자리를 많이 경험했을 것이다. 특히 외교관, 조선식으로는 '사신'으로 온 다데쉬칼랴니가 대접받은 상차림은 화려하고 귀족적이다. 그러나 조선인이 대식에 있어 대단한 실력(?)이 있었음은 확실하다. 평소에 많이 먹지 않으면 특별한 날에도 그만큼 먹을 수 없다. 조선인은 애써 늘려놓은 위장의 크기를 유지하기 위해 노력했다고 할 수 있다.

조신 시대의 유골이나 미라는 하나같이 영양실조를 보여준다. 그러나 현대적 기준에서 영양실조이지 굶주렸다는 뜻은 아니다. 괜찮은 체격과 몸매를 지녔으되 여러 지표에서 결핍이 발견된다. 충분히 먹었지만, 거의 곡물과 섬유질로 영양을 채웠기 때문에 균형 잡힌 영양식은 아니었다. 서양인들은 조선인이 이웃 나라보다 고기를 많이 먹는다고 했지만, 먹을 수 있을 때 먹는 양과 자주 먹을 수 있는 사정은 다르다. 쌀을 포함한 곡물로 가장 중요한 영양성분인 단백질을 보충하려면 해결책은 단순하다. 되도록 많이 먹는 것이다. 쌀 탐식은 조선인들을 쌀밥의 예술가로 만들었다. 청나라 학자 장영(張英)은 깊은 인상을 받았다.

"조선 사람들은 밥 짓기를 잘한다. 밥알에 윤기가 있고 부드러우며 향긋하고 또 솥 속의 밥이 고루 익어 기름지다."

조선인의 신체

한국인은 자신이 전쟁민족임을 간과하는 것과 마찬가지로, 혁명의 후예라는 사실도 잘 인식하지 않는다. 한국인은 조선이 남겨준 게 뭐냐고 따져 묻고, 조선과 현대 한국이 단절되어 있다고 생각하는 경향이 있다. 하지만 정도전의 유산은 물질적으로 바로 확인할 수 있다. 그는 한국인에게 외모와 치아를 선사했다.

전근대 국가에서 지배층이 **절제**하고 남은 결과물은 모두 백성의 영양 상태가 된다. 앞서 나온 표현을 반복하자면 한국인은 '가장 길다란 황인종'이다. 한국인은 유전적으로도 키가 크지만, 영양의 도움 없이 형질이 발달하지는 않는다. 최근의 게놈 분석 연구는 한중일 3국을 포함한 동아시아 사람들의 유전자가 단일

민족이라고 해도 좋을 만큼 동질적이라는 사실을 보여준다.* 한국인은 생물학적으로는 유의미한 차이가 없을 만큼 가까운 중국인, 일본인과 외모에서 큰 차이가 있다. 한국인의 외모는 아시아를 방문한 서양인에게 깊은 인상을 남겼다.

> "신체적인 면에서 이들은 중국인뿐만 아니라, 다른 모든 동아시아의 이웃들을 훨씬 능가한다. 이들의 키와 건장한 체격, 건강한 외모는 유럽의 여행자들에게 커다란 놀라움을 안겨준다. 나는 이 점에서 조선인과 견줄 수 있는 민족을 동아시아에서 본 적이 없다. 이들은 외양적인 면에서 몽골 유형보다는 코카서스족(Caucasian)에 가깝다. 내가 조선의 여러 도시와 마을에서 본 많은 조선인들은 남녀 모두 유럽식 복장과 머리 모습을 해놓으면 유럽인과 거의 구분할 수 없을 것 같았다. 일본인이나 중국인이라면 어림도 없는 일이다."
> — 에른스트 폰 헤세-바르텍, 오스트리아 여행가, 《조선, 1894년 여름》 중

> "조선인은 일본인보다 머리통 하나가 더 있을 정도로 키가 컸다. 또한 신체가 잘 발달되었고 균형이 잡혔다. 태도는 자연스럽고 여유가 있었다. 똑바로 추켜올린 얼굴은 거침없고 당당했다. 걸음걸이는 힘차 보였으며 의식적으로 점잖을 빼는 것 같았다."
> — 아손 그렙스트, 스웨덴 기자, 《스웨덴 기자 아손, 100년 전 한국을 걷다》 중

* Veronika Siska, Eppie Ruth Jones, Sungwon Jeon, Youngjune Bhak, Hak-Min Kim, Yun Sung Cho, Hyunho Kim, Kyusang Lee, Elizaveta Veselovskaya, Tatiana Balueva, Marcos Gallego-Llorente, Michael Hofreiter, Daniel G. Bradley, Anders Eriksson, Ron Pinhasi, Jong Bhak, Andrea Manica, 〈Genome-Wide Data From Two Early Neolithic East Asian Individuals Dating To 7,700 Years Ago〉, 《Science》, 2017

"한구인은 참신한 이상을 주었다. 그들은 중국인과도 일본인과도 닮지 않은 반면에, 그 두 민족보다 훨씬 잘 생겼다. 한국인의 체격은 일본인보다 훨씬 좋으며, 대단히 명민하고 똑똑하다. 한국인은 스코틀랜드식으로 말해 '말귀를 알아듣는 총명함'을 상당히 타고났다. 외국인 교사들은 한결같이 입을 모아 한국인의 능숙하고 기민한 인지능력과 외국어를 빨리 습득하는 탁월한 재능, 나아가 중국인과 일본인보다 한국인들이 훨씬 좋은 억양으로 더 유창하게 말한다는 사실을 증언한다. (…) 한국 사람들은 확실히 잘생긴 종족이다. 체격도 좋은 편이다. 성인 남자의 평균 신장은 163.4cm이다."

— 이사벨라 버드 비숍, 영국 여행가, 《조선과 그 이웃 나라들》중

"한국인은 일본 사람들보다 어깨 위로 머리 하나만큼은 크며 건강하고 잘 생겼다. 또 조국을 위해 일제에 항거하는 등 용기 있는 백성이다."

— 마크 트롤로프, 한국 성공회 3대 교구장, 《The Church in Corea》중

"정확하고 빠른 운동에서는 조선인은 일본인보다 강한 자립심과 자유로운 동작을 보이고, 크기와 강한 점에서 중국인과 비슷하고 일본인보다는 우월하다. 국민의 좋은 특징과 질적 우월성을 비교하면 조선이 중국에 비해 단연 우위다."

— 에른스트 오페르트, 독일 상인, 《금단의 나라 조선》중

"나는 주저하지 않고 조선인이 극동에서 가장 우수한 민족이라고 단정하였다. 키가 크고, 선이 굵으며, 강인하고, 힘이 세며, 항상 균형이 잘 잡혀 있어 뛰어난 운동선수들을 배출하고 있다. 내가 조선에 있을 때 손기정이라는 조선 젊은이가 올림픽에서 금메달을 땄다는

소식을 들었다. 조선 사람들은 대단히 흥분하였으며, 그 뉴스는 어느 곳에서나 화젯거리가 되었다. 그러자 일본인들은 모든 신문사에 압력을 넣어서, 마침내 그 사람이 조선 이름을 가지기는 했지만 사실은 일본사람이라고 하는 날조된 성명서를 내게 하였다.

조선 사람 중에는 아주 잘 생기고 이목구비가 뚜렷한 사람이 수두룩하다. 조선 사람은 영화배우로서 일본과 중국 양국에서 모두 인기가 높다. 그중에는 무성영화 시대의 멋진 곱슬머리 배우 하야카와 유키구니(유일하게 미국 관중의 우상이 된 단 한 명의 조선인 배우)를 연상시키는 사람도 있다. 그러나 지금 헐리우드에 있는 조선인 배우 필립 안(*안창호의 아들)이야말로 가장 전형적인 사람이다. 중국 제일의 인기 영화배우 김찬도 조선인인데, 뉴욕에서도 공연된 바 있는 영화 〈검은 매미〉의 주역이다."

— 님 웨일즈, 미국 언론인, 《아리랑》 중

"코리아 민족은 양반들뿐만 아니라 가장 신분이 낮은 사람들조차도 귀족의 티가 흐른다. 체격과 외모 면에서도 일본인, 중국인들과 비교해 매우 귀족적이다. 특히 여성들은 일본, 중국 여성들보다 훨씬 미모가 뛰어나다."

— 버라토시 벌로그 베네데크, 헝가리 민속학자, 《코리아, 조용한 아침의 나라》 중

"전체적으로 볼 때 조선인은 잘생긴 민족이다. (…) 조선인의 손은 하류층 사람들조차도 길고 유연했고, 끝이 다소 맵시가 있었으며, 손톱도 잘생기고 정결하게 다듬어져 있어 한마디로 아주 예술적이고 아름다웠다. (…) 유럽 여인의 아름다움은 한국 여인의 아름다움에 비견할 바가 못 된다. (…) 내 생각에는 극동 민족의 여성들 가운데에서

보기 드문 세련된 미모를 갖추고 있다."

— 아놀드 새비지 랜더어, 영국 탐험가/화가, 《고요한 아침의 나라 조선》 중

"평균 이상의 신장과 힘든 일에도 견딜 수 있는 튼튼한 체력을 지닌 한국인들은 우수한 종족임에 틀림없다."

— 카를로 로제티, 이탈리아 외교관, 《꼬레아 에 꼬레아니》 중

"조선 사람은 일본인에 비해 체격이 더 크다. 그러나 대부분 5.5피트를 넘지는 못하고 건장한 체구와 균형된 몸매를 가지고 있으며 활기차고 민첩하다. 그들의 용모는 일반적으로 몽골족의 인상을 연상시킨다. 즉 넓고 거친 얼굴, 튀어나온 광대뼈, 튼튼한 턱, 넓적하고 찌그러진 듯한 콧부리와 코, 두터운 입술을 지닌 큰 입, 눈꼬리가 치켜 올라간 눈매, 검고 숱이 짙으며 때로는 적갈색을 띤 머리털, 짙은 눈썹, 가는 수염. (…) 그러나 조선 사람은 용모에서 분명히 두 종족의 특성을 보유하고 있다. 즉 조선 사람들의 콧부리가 치솟아 있는 반면에 코끝은 다소 처져 있어서 그 용모가 코카서스족에 가깝다. 그러나 눈의 생김새는 유럽인에 가까운데, 이런 경우에는 광대뼈가 움푹 들어가고 몽골족에서는 볼 수 없는 얼굴 측면의 뚜렷한 선이 나타난다."

— 필리프 프란츠 폰 지볼트, 독일 생물학자, 《Nippon》, 에른스트 오페르트, 《금단의 나라 조선》에서 재인용

"한국인은 아리안족과 몽골족의 후예이다. 아리안족에게서는 흰 피부와 큰 키, 건장한 체형, 노란 머리칼과 수염을 물려받았다."

— 이폴리트 프랑뎅, 프랑스 외교관, 《En Corée》, 프레데릭 불레스텍스, 《착한 미개인 동양의 현자》에서 재인용

두 가지 불쾌한 점이 있다. 첫째는 근대 서양인들의 시선이다. 그들은 아무런 의심 없이 훌륭한 외모의 기준을 백인종(코카서스 인종)으로 전제하고 있다. 백인종과 닮았다느니, 백인종과 몽골리안의 혼혈일 거라느니 하는 분석은 과연 칭찬인지 자기들 잘난 척인지 알 수가 없다. 두 번째 불쾌함은 바로 나의 서술이다. 한국인의 외모가 이웃 나라보다 낫다는 증언을, 다름 아닌 한국 작가가 서술하기란 몹시 곤란한 일이다. 하지만 결단코 국뽕에 호소하거나 민족적 자부심을 느끼려는 게 아니다. 민망하지만 엄연히 존재하는 기록과 통계를 무시하고서는 조선 시대의 본질을 이야기할 수 없다.

한국인보다 극단적인 예가 있다. 강인한 체격과 힘으로 세계적인 스포츠 스타들을 배출하는 마오리족과 사모아인은 폴리네시아 인종으로, 이들은 중국계 유민이 들어오기 전의 대만에서 유래했으며 훨씬 체구가 작은 대만 원주민과 유전적으로 같다. 그러나 대만을 떠나 정착한 태평양의 섬에서 그들이 멸종시킨 대형 조류와 전복 등으로 오랫동안 고단백 위주의 식사를 했다. 수천 년의 식단이 세계에서 가장 맷집이 좋은 인종집단을 만들어냈다. 그들의 부족 간 전쟁은 승자가 패배자를 잡아먹는 식인행위로 이어졌는데, 자연에서 단백질원이 사라지자 생겨난 현상으로 추정된다. 인육을 거부하고 식단을 바꾸기에는 이미 몸이 너무 커져버렸기 때문일 것이다. 바깥세상에서 들어온 소고기와 양고기, 그리고 스팸(Spam)이 그들의 체격을 지탱하는 현재엔 식인이 필요 없어졌다.

인간도 생물인 이상, 한 민족이 오랫동안 잘 먹으면 커진다는 건 단순하고 확실한 진리다. 한국인과 일본인의 외모 차이에 꼭 등장하는 이야기가 대승불교에 깊은 영향을 받은 덴무(天武)

친황의 '육식금지령'이다. 일본은 서기 675년부터 육식*을 금지했고, 오래도록 깊은 관습이 되었다. 1천 년 넘게 고기를 먹지 않았으니 체형에 도움이 될 리는 없었겠다. 하지만 현대 한국인과 일본인의 차이 전부를 덴무 천황이 만들었다고 한다면 어불성설이다.

덴무 천황은 애초에 삼국시대에 한반도에서 유입된 형태의 불교를 받아들였다. 삼국시대 사람들도 고구려인을 제외하면 육식을 멀리했을 가능성이 크다. 불교국가 고려의 경우는 중국 사료에 정확히 남아있는데, 고려인은 짐승을 도축하고 요리하는 법도 제대로 몰랐다고 기록될 정도로 육식은 인기가 없었다. 조선인은 육식을 탐닉했지만 흔해서 즐겨 먹은 건 아니다. 오히려 고기가 부족한 만큼 아쉬워서 탐닉했다고 봐야 한다. 일본인 역시 계란과 생선을 통해 단백질을 섭취하려고 노력하기는 조선인과 마찬가지였다. 정말 고기를 원할 땐 몸보신이나 병 치료를 위한 약이라는 핑계로 먹기도 했다. 겨우 이 정도 차이로 한국인과 일본인의 신체가 지금처럼 달라졌다고 하면 과장이 지나치다. 무엇보다 조선인의 신체조건이 일본인뿐 아니라 육식에 아무런 금기가 없었던 중국인과 비교해서도 특별했다는 일관된 증언을 보면, 체격 차이는 일본인이 아닌 조선인의 특징이다.

마오리족과 사모아인은 지금처럼 커지는 데 무려 4천 년이 걸렸다. 조선인은 약 500년 정도로, 일본보다 현저히 적은 평야와 생산력으로 눈에 띄는 차이를 얻었다. 비결은 너무나 단순 명백하게도 평균적인 일본인보다 3배를 먹어서다. 물론 생산력이 높은 일본은 인구 대국이 되는 데 성공했다. 인간은 웬만큼 굶주

---

* 흔히 육고기라 부르는 소, 말, 원숭이, 개, 닭의 고기를 금지했다. 생선을 포함한 수산물과 계란은 허용되었다.

려서는 아이를 낳아서 성인으로 키울 때까지 죽지 않는다. 백성의 머릿수를 재산으로 간주하면 지배층이 부유한 국가를 만들기는 쉽다. 조선왕조와 일본 막부의 차이는 백성을 사용하느냐, 백성을 위해 사용되느냐의 차이다. 조선 지배층은 동시대를 사는 조선 백성의 삶의 질에 책임을 져야 했다. 그들은 정도전과 그의 동지들이 놓은 덫에 빠진 채 살았다.

조선인과 한국인이 일본인보다 언제나 컸던 건 아니다. 한국인은 80년 이상 일본인보다 작았다. 일제강점기의 쌀 수탈*에 의해 일본인보다 작아졌고, 해방 이후에는 전쟁과 극심한 가난을 겪었다. 한국인의 평균 신장은 1990년대에 이르러서야 일본을 재역전했다. 이는 조선 시대가 키워놓은 신장을 회복한 결과다. 한국인은 일시적으로 체격을 잃었지만, 조선은 한국인의 키를 유전 정보에 새겨놓았다. 한국의 조건이 유리하지도 않았다. 1980~90년대에 일본은 세계 2위의 부국이었으며, 일본인은 세계에서 가장 돈을 잘 쓰는 민족이었다. 그러므로 21세기 한국인의 외모는, 과거를 살다 간 숱한 조선 사대부가 받치고 밀어올렸다고 할 수 있다. 이것이 역사의 힘이자 연속성이다.

서울과 꼭대기를 향한 질주

먹는 문제는 가장 중요한 욕망일 뿐, 욕망 전부는 아니다. '의식주'라는 기본 문제가 해결되고 나면 인간은 사회적 성공을 꿈꾼다. 인간은 비교의 동물이다. 남들보다 우위에 서고 싶어한다. 이 분야에서 한국인을 뛰어넘는 민족은 없다. 조선의 사대부는

---

* 쌀 수탈의 구조와 기원에 대해서는 《유신 사무라이 박정희: 낭만과 폭력의 한일 유신사》(메디치미디어, 2024)에서 자세히 기술했다.

관료가 되기 위해 노력했다. 양민들은 눈에 불을 켜고 지주나 양반이 될 기회를 노렸다. 천민들은 양민으로 올라설 기회가 주어지면 놓치지 않으려고 했다.

조선 시대는 신분제 사회였지만, 매우 느슨한 신분제였다. 조선에서 신분이란 개인의 성공으로 얻을 수 있는 타이틀이기도 했다. 드물지만 노비 출신 재상이 배출되기도 했고, 가뭄과 자연재해로 먹고살기 힘들어진 농민은 일단 살기 위해 스스로 노비 계약을 하기도 했다.* 노비는 유럽의 노예와는 개념이 달라서 부유한 노비, 노비를 소유한 노비가 생겨나기도 했으며 자유를 사는 경우도 많았다. 노비 생활이 견딜 수 없는데 이도 저도 안 되면 야반도주라는 간단한 방법이 있다. 모르는 곳에서 처음부터 다시 생업을 시작해야 하는 위험이 있지만 말이다. 재미있는 역전 현상도 있다. 천한 직업으로 평가된 백정은 두둑한 수익과 풍부한 먹거리를 누렸다. 사회적 존중을 받기 위해 농민으로 신분 세탁을 하는 백정이 있었던 반면, 풍족한 생활을 위해 백정이 되려는 농민도 있었다.

한국의 미디어 콘텐츠는 조선을 고답적인 신분제 사회로 묘사한다. 이는 현대인의 기준에서 조선의 신분제가 불합리하다고 느끼는 탓이다. 현대 한국의 창작자들과 소비자들은 조선에 화를 내는 셈이다. 한국인은 평등하지 않은 것에 매우 분노한다. 그러나 거꾸로, 평등을 당연하게 여기는 기질 자체가 조선으로부터 왔다는 사실은 간과된다. 조선은 모두가 잘 먹어야 한다는 관념에서는 공산주의적 면모를 지녔으면서도, 성공을 향한 인간의 욕망에 대해서는 무척 자본주의적이었다.

---

* 자매(自賣), 스스로를 판매함.

290

한국에서 평등은 모두가 꼭대기를 향해 질주할 기회를 얻는 평등이다. 꼭대기란 말하자면 권력에서는 정승 판서, 부에서는 대지주, 장소로는 서울이다. 한국인은 결국 모두가 양반이 되는 데 성공했다. 조선 후기 신분제가 문란해진 틈을 타 가문의 족보를 거래하고 세탁했다. 6.25 전쟁의 혼란이 한반도를 휩쓸고 지나가자 신분세탁을 위한 돈도 필요 없어졌다. 양반의 후손임을 우기면 그만이었다. 한국인은 가문 이야기가 나올 때면 농담을 한다. "우린 사실 다 상놈의 자식이야." 피어나는 웃음 속에서 각자 속으로 되된다. '응, 사실은 나만 빼고.' 수백 년간 인정받는 지위가 양반이었다면, 그걸 성취해야만 직성이 풀리는 거였다.

모두가 양반이 된 현상을 두고 비판하는 목소리도 있다. 근대 조선인-한국인이 전근대 신분제를 부정하고 극복하는 대신, 반대로 신분제 안에서 생각하고 행동했다는 논리다. 실상은 매우 단순하다. 좋은 건 손에 쥐고 봐야 하는 게 조선인-한국인의 속성이다. 설사 신분제를 강력히 거부하는 모범적인 현대인이 되더라도, '양반의 후손임에도 불구하고' 거부하는 멋진 사람이 되어 손해볼 것은 없다. 한국인은 바닥에 주저앉은 채 먹고 살게 해주는 은혜를 원하지 않는다. 한국인이 가장 분노하는 것은 '사다리 걷어차기'다. 사다리를 오르다가 떨어져 죽어도 상관없다. 단, 사다리는 있어야만 한다. 한국의 좌파와 진보정당은 이 사실을 습관적으로 망각하기 때문에 불리함을 자초한다. 지극히 현실적인 욕망의 동물인 한국인은 '자신이 동의할 수 있는 정글'을 원한다.

한국에는 '펭수'라는 인형탈 캐릭터가 있다. 펭수는 펭귄인데, 일본인들은 일본의 인형탈 마스코트인 '쿠마몬(くまモン)'을 표절한 것 아니냐고 의심한다. 애초에 귀여운 가분수형 인형탈

291

외 생김새는 어차피 펭수나 쿠마몬이나 다 거기서 거기다. 펭수를 걸고넘어질 거면 세계 거의 모든 인형탈에 표절 의혹을 제기해야 한다. 일본인들이 펭수를 문제 삼는 건 의아한 일이다. 둘은 전혀 다른 걸 넘어, 극단적으로 다르다.

쿠마몬은 일본 큐슈 쿠마모토현의 지자체 홍보 마스코트로 곰을 모델로 한다. 쿠마몬은 예상치 못한 곳에 덩그러니 서있거나, 갑자기 나타나 이해할 수 없는 행동을 하고 사라진다. 민폐를 끼치기도 하는데 사람이었다면 욕을 먹겠지만, 말 못하는 동물이므로 참아넘길 수 있는 가벼운 민폐. 쿠마몬은 인격체라기보다는 자연물에 가깝다. 그러므로 쿠마몬은 쿠마모토현을 떠나지 않을 것이다. 그곳의 일부이기 때문이다.

그에 반해 펭수는 성공하기 위해 목숨을 걸고(!) 바다를 헤엄쳐 한국까지 왔다. 그래놓고 고향인 남극을 가끔 그리워한다. 산업화세대 인물이 성공하기 위해 상경했지만, 고향과 어머니를 그리워하는 내용의 트로트 가사와 동일하다. 한국에서 스타가 되는 것도 펭수에게는 수단일 뿐이다. 펭수가 K-팝 스타가 되려는 이유는 요새 국제적으로 한류가 유행이라 그 바람을 타고 싶기 때문이지, 어떤 철학적 고민이 있어서는 아니다. 펭수의 진정한 목표는 뉴욕 빌보드 탑 차트에 이름을 올리고 떵떵거리고 사는 것이다. 일본인이 배우의 목소리만 들어도 본능적으로 싫어하는 펭수는 욕망 덩어리이자 관심병 환자다.

펭수를 연기하는 배우의 예능 실력은 대단하지만, 그와 별개로 펭수는 춤과 노래 따위를 적당히 잘하는 아마추어이며, 아직 프로 연예인이 되기에는 먼 모습으로 설정되어 있다. 그런데도 주제를 모르고 설치기 때문에 일본인은 싫어하고 한국인은 귀여워한다. 물론 모든 한국인이 펭수를 좋아하는 건 아니다. 한국인 중에서도 타인이 풍기는 욕망의 비린내에 민감한 사람들은 몹시 혐오한다. 어른이 펭수처럼 하고 다니면 몰매 맞기 딱 좋지만, 펭수의 정신연령은 초등학교 저학년 정도로 설정되어 있으므로 괜찮다. 한국에서는 개나 소나 대통령이나 한류스타 따위를 꿈꾼다. 한국인은 어린이의 거창한 꿈을 대견해 한다. 교양이야 어른이 되기 전에만 장착하면 된다고 보기에, 먼저 욕망을 드러내는 게 올바른 순서다. 펭수가 '어른' 음악가인 타이거JK, 비지, 비비와 함께 발표(?)한 노래 〈펭수로 하겠습니다〉의 가사는 아주 가관이다.

> "(비비) 바닷속을 날아 / 빌보드로 가자 / 느낌이 달라 / 기분이 좋아 / 작은 날개로 / 하늘 위를 헤엄 / 내가 제일 최고 / 1위 할 거예요 … (펭수) 남극 펭에 빼어날 수 / 이렇게 빼어날 수가 없수 / 나는 펭귄 황제펭귄 / 펭귄 중의 캡틴 / 빌보드를 향해 행진"

주제를 모르고 설치는 어린이를 어른들이 추켜세워주는 노래다. 자신의 신분과 계급을 바꾸기 위해 위험을 감수하고, 남들 앞에 나서고, 가끔은 무리수를 두다가 자빠져 의기소침해하는 펭수는 한국인의 사회적 욕망을 대변한다. 동아시아, 특히 한국 역사에 무지한 서구 학자들이 제멋대로 어림잡는 '보수적이고 순종적인 동아시아 전통 농경사회'와는 전혀 다른 특질이다. 하긴 역사를 모르는데 현상을 제대로 설명해낼 턱이 없다. 한국에는 말은 제주도로, 사람은 서울로 보내라는 속담이 있다. 과연 펭수는 서울에 왔다. 빌보드 진출에 성공한다면 뉴욕이 펭수의 새로운 서울이 될 것이다.

제과점을 생각해보자. 일본의 경우 성공하면 가게가 있는 동네의 필수요소가 되고, 더 성공하면 지역 명물이 되어 주민과 관광객의 사랑을 받는다. 통상적으로 이게 일본 식당이 가장 성공하는 한계다. 하지만 한국의 욕망은 거기서 그치지 않는다. 2호점, 3호점을 내고 가맹점주를 모집해 프랜차이즈 기업이 되어야 한다. 전국에 점포를 깔고 서울에 본사 건물을 세워야 비로소 성공의 레이스가 멈춘다. 그런 면에서 고향 도시인 대전을 벗어나지 않는 제과점 '성심당'은 한국에서 매우 특이한 사례다. 이는 창업주 가족이 욕망을 절제하는 타입의 인간형이어서다. 그들은 매우 종교적이며(천주교) 고아와 노인들에게 남는 빵을 기부하고 모자라면 새로 만들어서까지 기부하는 사람들이다.

서울에서 승리자가 되어도 남은 역량이 있다면 이제는 세계에 진출해야 한다. 국제적인 성공의 상징은 미국이다. 현재의 한국인에게는 미국이 과거의 중국을 대신하는 세계의 중심제국이기 때문이다. 물론 '세계 수도'는 조금씩 바뀌기도 한다. SPC 그룹의 제과점 브랜드 '빠리바게트'가 다름 아닌 프랑스에 진출한 일은 퍽 상징적이다. 적어도 '빠리바게트'에 있어 제국의 수도는 '빠리'다. K-팝 아이돌의 성공 레이스는 당연히 미국에서 미국인에게 스타가 되어야 끝난다. 그래서 한국인은 방탄소년단을 좋아한다. 이때 한국인에게는 방탄소년단의 춤과 음악이 자신의 취향에 맞는지보다, 레이스를 완주했다는 사실이 더 중요하다. 레이스는 기나긴 고통과 수많은 낙오자를 만들어내는데, 한국의 아이돌 연습생들은 그 사실을 누구보다 잘 알고 스타가 되는 길에 도전한다.

고도경쟁과 상승 욕구는 한국인을 규정하는 중요한 특질이다. 외국인들은 잘 모르는 사실인데, 한국 유수의 대기업은 가난한 나라의 구멍가게 수준이었던 **처음부터** 두 가지가 목표였다.

하나는 일본을 이기는 것이다. 일본은 35년간의 식민 지배로 한국인의 자존심에 치명타를 입힌 데다가 고도로 발전한 경제 대국이기 때문에, 심리적으로나 물질적으로나 캐치업(Catch-up, 따라잡기) 모델로 대단한 동력을 제공했다.

다른 하나의 목표는 세계 제일이 되는 것이다. 한국 대기업은 결코 레이스를 멈추는 법이 없기에 한국 산업의 속도는 선진국 문턱을 밟고 나서도 외국을 놀라게 한다. 한국에서 잘난 인물이 되고 싶은 개인의 자존심과 한국의 것이 세계에서 인정받는 모습을 보고 싶은 국가적 자존심은 한국인이라는 새의 두 날개다. 그러므로 한국인은 몸도 정신도 쉬는 법이 없으며, 매 순간 열등감과 우월감이 넘나드는 난기류를 타 넘는 철새다. 고통은 한국인의 가장 친한 벗이자 헤어질 수 없는 원수다.

백성의 욕망

조선은 모순적이다. 다수의 욕망을 방해해선 안 되는데, 사대부 윤리는 욕망을 통제한다. 유교 국가인 이상 법과 예절은 수직적이고 유교적인 원칙에 의해 세워졌다. 조선과 소련 같은 이념 국가는 가치를 일원화하는 특징이 있다. 그래서 한국인은 모든 조선인이 갑갑한 유교에 갇혀 살았다고 착각하는 경향이 있다. 하지만 갇혀 산 이들은 사회구조의 책임자인 사대부 계층과 왕족이었다. 그들은 자신의 신분에 대한 대가를 치러야 했지만, 백성의 욕망은 노골적인 부분까지도 널리 인정받았다. 조선은 욕망을 위한 요식행위가 만연한 나라였다.

요식행위의 절정은 '과부보쌈'이다. 사전적으로 과부보쌈은 불한당이 과부를 납치해 강제로 몸을 범하고 차지하는 극악무도

한 범죄를 가리킨다. 현대 영화나 소설에서 자극적인 소재로 활용된 탓에 많은 한국인이 심각하게 받아들인다. 하지만 왜 '처녀보쌈'이라는 말은 없는지 생각해봐야 한다. 조선 시대에 '진짜' 과부보쌈을 저지른 강력범죄자가 없지는 않았을 것이다. 그러나 과부보쌈의 전형적인 사례를 정리하면 다음과 같다.

이혼은 쌍방이 합의한 결별이다. 반면 사별(死別, 죽어서 헤어짐)엔 합의가 없다. 남겨진 과부는 연애도 하고 프러포즈도 하다가 마침내 재혼해야겠는데, '원칙적으로는' 정절을 지켜야 하는 게 문제다. 그래서 신랑은 미리 약속한 날짜와 시간에 과부의 집에 '침입'해 과부를 납치한다. 미리 혼수도 오간 상태다. 과부가 고분고분 따라가면 납치가 아닌 게 되니, 어쩔 수 없이 이불에 싸서 들쳐메고 납치한다. 과부가 살려달라고 소리치면 미리 대기하고 있던 마을 장정들이 몽둥이를 들고나와 "저놈 잡아라", "게 섰거라!" 외치며 납치범을 추적한다. 이때 범인을 따라잡지 않도록 속도를 늦춰야 한다. 추격대를 '따돌린' 신랑은 과부를 정해진 장소, 즉 신방으로 데려간다. 마을 방앗간이나 산중턱의 사당쯤 되는 곳이다. 신랑은 첫날밤을 보낸 후 체포되는데, 당연히 그를 놓친 마을 장정들이 '법과 정의에 따라' 신고했기 때문이다.

이제 사또가 연기력을 발휘하는 시간이 왔다. 사또는 화가 아주 많이 났다. 사별한 남편만을 그리워하며 평생 수절을 맹세한 저 가련하고도 훌륭한 여인이 능욕을 당하다니! 사또 앞에 끌려간 신랑은 곤장을 맞는다. 어찌 된 일인지 오늘따라 포졸들은 힘이 없어서, 아주 약하게 몇 대만 때리고 지쳐 나가떨어진다. 사또는 생각 같아서는 저놈을 당장 죽이고 싶다. 하지만 그러면 이미 정절을 잃은 저 과부는 어찌한단 말인가? 분노가 치밀어

견딜 수 없지만 달리 방법이 없다. 사또는 '어쩔 수 없이' 죄인에게 과부의 인생을 끝까지 책임지며 정성을 다하라고 명령한다. 이렇게 정의와 원칙이 지켜진 채로 과부보쌈이 끝난다.

한국에서 '융통성'이라는 것은, 형식적으로는 원칙을 지키는 동시에 밑구멍에서는 안 될 일을 되게, 되어야 할 일을 더 잘 되게 만드는 감각을 뜻한다. 융통성이라는 말의 쓰임이 좋다는 뜻이 아니다. 융통성은 한국 사회 곳곳에서 벌어지는 비리와 유착을 정당화하기 위해 마법처럼 쓰이는 단어다. 융통성이라는 말의 그늘 아래 수많은 편법이 벌어진다. 나는 융통성을 지지하거나 반대하지 않는다. 한국인의 감각을 이야기할 뿐이다. 얼핏 이상하게 여겨질 수 있다. 만약 과부의 재혼을 막는 원칙이 문제라면 원칙을 바꾸면 그만 아니냐는 생각이 든다. 양반이 아닌 백성은 유교적 예법에서 비교적 자유로울 수 있도록 법률을 손보면 되지 않는가? 그런데 그랬다가는 두 가지 대원칙이 훼손된다. 양반도 과거시험에 의한 일시적인 신분일 뿐 본래는 양민이라는 원칙, 그리고 모든 백성이 군자가 되는 나라를 꿈꿔보자는 조선의 설립 이념이다.

조선 혁명 이후 한반도 주민은 논리적이고 숭고한 이상을 **가지고 있는 상태**를 좋아한다. 타고난 성향이 철학적이라는 이야기가 아니다. 다시 말하지만, 한국인은 별로 철학적이지 않다. '존립 근거가 철학적인 국가'를 좋아한다는 뜻이다. 이는 한반도 주민의 삶의 질을 크게 높인 조선 건국이라는 사건이 성리학이라는 철학적 근거를 가진 혁명이기 때문이다. 관념과 경험은 다르다. 그러나 관념은 경험에서 나오며, 경험에 의해 공고해진다.

고려가 조선으로 변하는 과정은 신성함의 자리를 **논리적 일관성**이 대체하는 과정이기도 하다. 신성함에는 숭고한 이상이 없다. 백룡의 후손과 같은 숭고한 존재가 있을 뿐이다. 반대로 조선에서 국가란 이상적인 상태는 아니더라도—그런 국가란 없다—언제나 **민본**이라는 이상을 추구하는 상태, 그것도 아니라면 적어도 민본이 추구해야 할 이상이라는 **사실을 아는 상태**여야 한다. 그런데 백성이 그 이상적인 원칙을 피해서 좀 먹고 살아야겠다면 조금 복잡해진다. 재혼도 해야겠고, 굶어 죽지 않으려면 국가가 공인하지 않은 사설 시장에 푸성귀라도 좀 내다 팔아야겠고, 올해는 부역(賦役, 노동 차출)을 어떻게든 피하지 않으면 안 되게 생겼다. 이렇게 웬만하면 좀 사람답게 살아보겠다는 것 역시도 **민본**이다. 이상적 민본이 현실의 민본을 찍어누르면 더는 민본이 아니다. 민본의 이상과 민본의 현실이 충돌할 때 과부 보쌈처럼 융통성이라는 이름의 생물이 꿈틀이며 눈을 뜬다.

조선은 원칙과 융통성이 동전의 양면처럼 반대편을 향해 한 몸으로 붙어 있는 나라였다. 양반의 이혼은 거의 불가능했으며, 필요하면 정부 기관의 심사를 거쳐 임금의 결재까지 받아야 했다. 하지만 평민의 이혼은 간단했다. 두 사람이 마주 보고 이혼의 이유를 설명하고 서로 동의하면 끝이었다. 대화가 불편하다면 저고리의 앞섶을 잘라 주고받는 것으로 이혼이 성립되었다. 전처나 전남편의 앞섶을 이혼의 증거품으로 제시하면 얼마든지 재혼이 가능했다. 과부가 됐다고 평생 수절하다 죽고 열녀비가 세워지는 건 사대부들에게나 해당하는 일이었다. 조선인의 자유로운 성 윤리는 보수적인 기독교 사회에서 나고 자란 서양인들에게 매우 놀라웠다. 새비지 랜도어의 말이다.

"조선의 여인들은 스무 번째 남편과 사별하면 스물한 번째 결혼에 돌입할 것이다."

298

그런데 만약 부부 중 한쪽이 이혼을 거부하면 일이 조금 복잡해진다. 이때는 국가의 힘에 하소연하는 수밖에 없다. 〈박복한 여인이 사또께 올리는 청원문서〉라는 제목의 19세기 민원문서는 조선 여성이 욕망을 솔직히 드러내는 일에 얼마나 자유로웠는지 보여준다.

"(전략) 밤을 함께 맞이한 것이 이제 육칠 년에 이르렀는데도 한 번도 이불 속의 즐거움을 보지 못하였습니다. 청춘의 마음으로 그 정욕을 이기지 못하여 매번 깊은 밤마다 옷을 풀어 헤치고 침석*으로 데려가 온몸을 어루만지며 합환을 강요하였으나 들어도 들리지 않습니다. (…) 오늘 밤도 내일 밤도 침석에는 눈물로 샘이 흐르니 (…) 금슬의 즐거움을 저는 보지 못하였습니다. (…) 이른바 낭군은 외모로 보면 면목과 몸과 수염이 여느 사람과 흡사하지만 방안의 일에 이르면 중들과 마찬가지입니다. 장군이 무예를 쓰지 못한다면 함곡관(函谷關)** 이 저절로 열리는 것은 만무하다는 이치입니다. (…) 여자가 낭군에게 바라는 것이 과연 무슨 일이겠습니까? 옷을 바라겠습니까? 먹을 것을 바라겠습니까? 옷도 아니고 먹을 것도 아니고 오직 크게 바라는 것은 침석 상의 한 가지 일일 뿐입니다. (…) 이런 삶은 죽느니만 못합니다. (…) 여필종부는 남녀의 정입니다. (…) 여인이 원한을 품으면 날리는 서릿발이 밤에 내리칠 것입니다. (하략)"

조선인답게 협박으로 끝나는 청원서에서 주목할 만한 표현은 '여필종부(女必從夫)'다. 남편이 성관계를 해주지 않아 도저히

* 枕席, 잠자리.
** 진나라의 요새이자 관문으로, 항우와 유방이 함곡관을 먼저 뚫기 위해 경쟁했다. 여기서는 여성의 성기를 은유하고 있다.

견딜 수 없는 이 '박복한 여인'에게 여필종부란, 여인은 반드시 지아비를 따라야 한다는 원래의 뜻이 아니다. 육체적인 차원에서 남자가 적극적이어야 성관계가 이뤄지게 마련이라는 의미다. 이 문서는 사대부와 평민이 똑같은 유교적 언어를 다르게 사용했음을 보여준다.

현대 한국인은 한반도 역사상 가장 성적으로 보수적인 시대를 살고 있다. 모두가 양반이 된 결과 양반 윤리를 따르려 하기 때문일까. 아니면 일제강점기의 영향인가. 그것도 아니면 20세기 군부독재가 강요한 상상력 없는 성 윤리 때문인가. 아마 모두일 것이다. 한국인은 유교라는 말을 보수적인 것의 대명사처럼 사용한다. 그러나 적어도 한반도에서 유교는 사회구성원 대부분의 욕망을 돕기 위한 도구였다.

효(孝), 질서의 토대

백성이 욕망 추구에 자유롭기만 했던 건 아니다. 조선의 백성인 이상, 아무리 공권력에 떼를 쓰는 행위가 허용되어도 봐줄 수 없는 부분이 있었다. 조선은 이념 국가답게 수직적이고 획일화된 사회를 추구했다. 조선의 설계자들은 하나의 원칙으로 전국을 통일하고자 했다. 사대부는 학자로서 고도의 학문적 깊이를 추구할 필요가 없었다. 퇴계 이황과 기대승이 벌인 사칠논변(四七論辯, 사단칠정논쟁)은 고급 철학 투쟁이지만 조선 사대부들은 그 정도로 만족했다. 그 이상 올라갈 필요성도, 다른 우물을 팔 필요성도 느끼지 못했다. 사대부의 교양은 사명감과 품위를 가질 정도면 충분했다. 동시에 일반 백성 역시 어느 정도의 교양을 지녀야 했다.

조선에는 요즘으로 치면 '국민 공통 교과서'가 존재했다. 바로 《소학(小學)》이다. 사대부와 백성은 학문과 교양에서 차이가 날지라도 소학에서 만났다. 원래 10세 이하의 어린이를 위한 교재인 소학은 모든 조선인의 교집합이라 할 수 있다. 소학을 읽거나 외우지 않은 백성이라도 소학이 무엇을 말하는지는 알았다. 조선은 고도의 중앙집권을 성취했는데, 소학은 정신적 중앙집권이었다. 소학이 가장 강조하는 도덕은 효(孝)다. 그런데 핵심적인 문장은 군사부일체(君師父一體), 바로 부모와 스승과 군주의 은혜는 같다는 명제다.

질서를 유지하려면 백성들이 질서에 동의해야 한다. 임금의 통치와 관료의 업무, 선생의 가르침은 그 자체로 나쁘지 않다. 하지만 어째서 조선에서 태어나면 이씨 왕조를 섬겨야만 하는 거며, 자유인이 되자고 결심하면 안 되는가. 모두가 동의할 만한 토대가 있어야 한다. 부모를 섬겨야 부모가 섬기는 임금도 섬길 수 있다. 다시 말하지만, 유교적 질서가 반드시 옳다는 철학적 근거는 없다. 하지만 질서가 있어서 나쁠 것은 더더욱 없다. 조선 질서의 토대는 효(孝)다. 효란 부모가 사랑을 주었기에 갚아야 하는 의무다.

조선은 하나의 거대한 가정이라고 볼 수 있다. 부모에게도 의무는 있다. 임금은 신민을 자식처럼 사랑하고, 사대부는 백성을 동생처럼 아껴야 한다. 임금은 가장이고 백성은 자식이다. 도적은 집 나간 자식이요, 노비는 자식의 자식이다. 인조반정으로 광해군이 폐위되었을 때, 반정의 명분은 광해군의 폐모살제(廢母殺弟, 어머니를 쫓아내고 동생을 죽임)*였다. 반정의 주역들은 민

---

* 인목대비를 대비의 자리에서 폐하고 영창대군을 강화도에 위리안치(圍籬安置, 가택연금)한 일. 영창대군은 위리안치 중에 의문사했다.

301

생을 파탄 낸 일로는 임금을 쫓아낼 수 없었다. 나쁜 가장도 가장이다. 아버지가 집안 살림을 거덜내고 술에 취해 처자식을 때린다 한들, 아버지를 내쫓거나 죽일 수는 없는 게 조선의 윤리였다. 조선의 윤리는 가족윤리다. 가장이 패륜(悖倫)을 저질러 가족의 자격을 잃어야만 그를 쫓아낼 수 있다.

효의 원리를 철학적 차원에서 비정하게 파고 들어가면, 사실 장사의 논리다. 본질이 도덕적 부채이기 때문이다. 부모에게 받은 게 있으니 갚아야 한다는 게 한국적 효다. 소학은 조선인에게 효를 요구하는 일에 혼자서는 부족했는지 종교와 의학의 도움을 받았다. 대승불교 경전인 〈부모은중경(父母恩重經)〉이다. '부모의 은혜가 얼마나 무거운지 가르치는 경전'이라는 의미의 제목이다. 불교는 철저히 개인적인 종교다. 진리로 향하는 길에 부모의 은혜와 같은 인간관계를 거추장스럽게 여긴다. 많은 대승불교 경전이 위경(僞經, 가짜 경전)이라지만,* 부모은중경은 제목부터 대놓고 위경이다.

〈부모은중경〉은 부모가 '독자인 당신 따위는 상상도 못 할 고생을 치르며' 어떻게 자식을 낳고 키웠는지 구구절절 노래한다. 자식에게 마음의 빚을 확실히 지어주기 위해 의학적으로 몹시 정확한 연구가 포함되어 있다. 임신부터 출산, 산후까지 산모의 신체 변화와 각종 후유증이 망라되어 있다. 조선은 공식적으로 불교를 배척한 나라이지만 부모은중경만큼은 소학의 파트너로 권장했다. 그런데 출산과 육아가 힘든 일이긴 하지만 부모가 죽으라면 죽는시늉까지 할 정도로 극단적인 고통은 못 된다. 그랬다면 인류는 이미 멸종했어야 한다. 조선은 임신과 출산을 실

---

* 대승불교에서는 하나의 진리에 다가가고 해석하는 방편(方便)이 다양하다. 위경은 대승불교에서 잘못된 것이 아니며 오히려 중요한 요소다.

제의 고통보다 과장할 수밖에 없었다. 그러므로 출산의 고통이 한국만큼 인정받는 나라는 없다.

조선은 산후조리의 나라이며, 한국은 산후조리원을 최초로 산업화한 나라다. 한국 대중교통은 임산부를 1순위로 배려한다. 한국인은 출산 전후의 여성을 가만 놔두지 않는다. 임산부가 몸을 움직이기라도 하면 너도나도 일은 우리가 할 테니 가만히 앉아있으라고 호들갑을 떤다. 깐깐한 시어머니조차 며느리가 임신하면 아들 따위는 거들떠보지도 않는다. 그런 점에서 한국인의 눈에 가장 강인한 영화 속 여전사는 〈에일리언〉에서 외계생물과 싸우는 리플리나 〈툼 레이더〉의 라라 크로포드가 아니다. 만삭의 몸으로 권총 한 자루 차고 흉악범들을 처단하고 다니는 〈파고〉의 마지 군더슨 경찰서장이야말로 '충격과 공포'다.

산후조리원이 한국의 발명품이라는 점이 한국인에게도 신기하기 때문에 민간 이론이 떠돌아다닌다. 대표적으로 한국 여성은 골반이 좁은 반면, 한국 아기는 머리가 크기 때문에 출산의 신체적 충격이 크다는 속설이다. 그렇게 따지면 한국인보다 골격이 얇은 동남아시아 여성은 아이를 낳는 즉시 응급처치를 받아 죽음의 문턱에서 생환해야 한다. 한국인은 심지어 애완동물이나 가축이 새끼를 낳아도 큰일을 해내서 '수고했다', '기특하다'며 보양식을 차려주고 떠받든다. 산후조리원은 조선 성리학과 현대 자본주의가 만나는 지점에서 탄생한 지극히 한국적인 공간이다.

한국에서 가장 도덕적 권위를 갖는 존재는 국가지도자도 사람들을 구한 영웅도 아니다. 자식을 잃은 부모다. 그 앞에서는 누구라도 숙연한 마음으로 고개를 숙인다. 모성애와 부성애는 절대적 가치다. 한국인은 사회적 부조리에서 기인하는 사건이나 커다란 사회적 사건에서 자식을 잃은 부모 앞에서 사회의 일원이라는 이유만으로 죄책감을 느끼며, 살얼음판을 걷는 기분으로 실수를 하지 않기 위해 노력한다. 희생자 부모의 말에 논리적 오류나 틀린 사실이 있어도 웬만하면 입을 다문다. 세상에서 가장 큰 슬픔을 겪는 이에게 감히 옳은 말만 해야 하는 침착함을 요구할 수는 없는 노릇이다. 그래서 종종 사태 수습이 늦어지기도 하고 사건이 더 시끄러워지기도 하지만, 사회 전체로 보면 타인의 본능적 슬픔에 공감하는 관습은 지극히 인간적이라는 점에서 단점보다는 장점이 많다. 그러나 약이나 치료가 대개 그렇듯 조선의 효에도 부작용은 있다. 한국인 대부분이 자기 부모에게 죄책감을 느낀 채 살아간다는 점이다. 완벽한 사람이 없듯 완벽한 효자 효녀도 없어서, 부모의 거대한 은혜 앞에서는 모두 신용불량자 신세다.

밥과 문자, 한글

조선이 백성의 욕망을 위한 나라였음을 증명하는 가장 선명한 사례는 아마 한글일 것이다. 한글(훈민정음)은 국가지도자가 인위적으로 창제한 세계에 몇 안 되는 문자다. 세종대왕의 특징은 고유 문자 창제를 결정했을 뿐 아니라 직접 만들었다는 데 있고, 그것도 역사상 가장 잘 만들었다는 데 있다. 하지만 여기서 모두가 다 아는 세종대왕의 천재성을 찬양할 생각은 없다. 이 책에서는 세종 본인이 밝힌 한글 창제의 공식적 의도가 더 중요하다. 한문으로 된 훈민정음 〈해례본〉과 〈언해본〉의 서문은 의도를 명확히 밝힌다.

"우리말은 중국과 달라 문자(한자)로는 서로 통하지 않으므로, 지식이 없는 백성은 말하고 싶은 내용이 있어도 뜻대로 되지 않는 사람이 많다. 내 이를 가엾이 여겨 새로 스물여덟 자를 만들었다. 모든 사람이 쉽게 익혀서 일상적으로 편하게 사용하기 바란다."*

세종은 백성을 위해 문자를 창제했다는 사실을 밝히면서, 백성들이 새 문자를 자기 자신을 위한 도구로 적극적으로 사용할 것을 추천한다. 한글은 표기 시스템뿐 아니라 창제 의도에 있어서도 독보적이다. 정치적인 면에서 한글은 모든 문자 중 가장 공산주의적이다. 동시에 자신의 이기적 목적을 위해 마음껏 사용하라는 사용법에서는 가장 자본주의적이다. 그러나 한글의 본질을 간단하게 정리하면, 그것은 밥이다. 백성의 욕망을 지지한다는 점에서 한글은 대식(大食)의 연장선 위에 있다. 한국인의 신체와 문자는 같은 이념의 결과다.

조선 사대부가 한글을 '언문'이라 부르며 무시했다는 속설은 말 그대로 속설일 뿐이다. 사대부는 언문밖에 모르는 사람을 무시하긴 했다. 공부를 안 했다는 뜻이니까. 하지만 언문 자체를 무시한 적은 없다. 언문의 언(諺)은 원래 속담이나 민담을 뜻하는 한자다. 그래서 언문은 민간 문자, 즉 '일상적으로 사용하는 문자'를 뜻한다. 일부 관료들이 세종이 훈민정음을 만드는 과정에서 반대한 적은 있다. 세종은 화가 나서 고위관료를 감방에 처넣어버리기도 했다. 하지만 훈민정음이 공식 반포된 후부터 사대부는 한글의 효용 가치를 무시하지 않았다. 오히려 국문(國文, 나라의 고유 문자)이 있다는 사실에 자랑스러워했다. 사대부야말

*   직접 국역(國譯)함.

로 일반 백성보다 한글을 자주 사용했다. 여성 가족, 특히 아내와 편지를 주고받는 데 한글은 필수적이었다. 덕분에 사대부의 낯 간지러운 연애편지와 아내에게 혼나고 나서 변명하는 문장이 남게 되었다.

나는 조선이 지상낙원이었다고 주장하는 게 아니다. 조선은 어디까지나 현실의 국가였다. 사대부가 임금을 국유화했다고 한들, 연산군처럼 타락한 독재자가 출현하는 사태를 막을 순 없었다. 소련 역시 악명 높은 독재자들로 유명하다. 이상은 필연적으로 현실과 불화를 일으킨다. 두 국가는 진보적인 만큼이나 진보가 멈추고 거꾸러지는 한계 또한 분명했다. 진보성과 한계는 결국 이상과 현실이 충돌하는 현장에서 굴러떨어진 동전의 양면이다. 앞면이 넓은 동전은 뒷면도 똑같이 넓다. 이상이 현실을 극복하는 만큼 진보하고, 현실에 패배하는 만큼 모순이 발생한다. 이제 우리는 조선의 몰락을 이야기해야 한다.

13장

조선의 몰락

임진왜란과 병자호란

조선 말기의 국력은 지나치게 약해서 한국인 사이에서도 농담거리다. 백성과 사대부는 무기력했고 임금과 관료는 멸망해가는 국가를 내버려두었다. 군대는 서류상으로만 존재했지 사실상 없는 거나 마찬가지였다. 여러 공공시설이 방치되었다. 궁궐을 지키는 광화문의 해태* 석상도 마찬가지였다. 아이들은 아무런 제지도 받지 않고 돌멩이로 해태의 눈알을 맞추며 놀았다. 조선은 이미 내적으로 붕괴한 상태였다. 대한제국이라는 이름으로 부활을 꿈꾸었지만** 러일전쟁의 결과 일본의 전리품이 되어 허무하게 쓰러졌다.

아마 현재의 한국인만큼 조선 시대, 특히 조선 말기를 부정적으로 인식하는 사람들은 없을 것이다. 조선은 외세에 의해 멸망했으며 후세에 제국주의 식민통치의 굴욕을 안겼다. 그것도 역사 대부분의 기간에 문명 수준이 한반도만 못했다고 여긴 이

---

* 시비와 선악을 판단할 줄 아는 상상의 동물. 사자와 비슷하나 머리에 뿔이 있다. 해치(獬豸)라고도 한다.
** 대한제국에 관해서는 전작 《유신 그리고 유신: 야수의 연대기》(메디치미디어, 2022)에서 간략히 다루었다.

웃에 병합당했다. 조선은 망했지만, 그를 이어받은 한국은 국제적인 기준으로 몹시 성공적인 국가가 되었다. 한국인이 직관적으로 조선을 무시하는 현상은 자연스럽다.

'결국 망한 나라'라는 말에는 함정이 있다. 망했고, 그러므로 망한 이유를 찾아야 하고, 망해 마땅할 만큼 한심해 보이는 증거를 채집하기란 쉽다. 그러면 확증 편향 효과로 더욱 조선을 혐오하게 된다. 조금만 생각해보면 '결국'이라는 말은, 말일 뿐이다. 대한민국 체제는 수립된 지 한 세기도 지나지 않았으며, 미국의 역사는 250여 년에 불과하다. '결국'이 오기 전까지 수백 년의 나날이 있었다. 조선 건국 150년째나 400년째 되던 해를 살던 어떤 농부에게 조선은 실패한 체제가 아니었다.

한국에는 조선 사회가 한계에 부딪힌 이유를 인문학적 상상력을 발휘해 감성적으로 해석하는 경향이 있다. 대표적인 경우가 임진왜란과 병자호란이 낳은 정신적 후유증을 예상하는 것이다. 이런 이야기다. 양란(兩亂, 두 번의 전쟁)에서 조정은 훌륭하게 백성을 지켜내지 못했다. 한 번은 임금이 자신의 국토 안에서 적국의 군주에게 굴욕적인 항복의식을 치르기까지 했다. 그래서 조선의 남성 지배층은 피지배층 앞에 면목을 잃어버리고 말았다. 마침내 그들은 무조건 자신에게 복종하라는 수직적이고 성차별적인 윤리를 강요하게 되었으며, 조선은 역동성을 잃어버리고 서서히 몰락해갔다는 이야기다. 참신하고 그럴듯하게 들리지만 그뿐이다.

임진왜란은 심각한 물질적 피해를 입혔지만 정신적인 절망을 주지는 않았다. 과정이야 어쨌든 침공군을 나라 밖으로 몰아내면 승전이다. 거꾸로 병자호란은 대단한 충격이었지만, 대체로는 심리적 충격이었다. 조선은 그 충격을 잘난 척으로 메워버렸다. 만주족은 중국을 통째로 집어삼켰지만, 조선을 병합하는 데는 실패했다. 조선인에게 조선과 명나라는 세상에 존재하는 단 두 개의 문명국이었는데, 둘 사이의 생존경쟁에서 승리한 셈이 된다. 더군다나 살아남은 중국인들이 모두 청나라에 복종하고 변발을 한 이상* 그들은 모두 오랑캐나 다름없었다. 중국인을 비하하는 한국어 표현인 '떼놈'의 어원은 '되놈'이다. 되놈은 '도이놈'에서 왔는데 여기서 '도이'는 여진족(만주족)을 뜻했다. 모두 오랑캐로 전락했다는 의미다. 조선인들은 패전의 상처를 치료하기 위해 되놈과 왜놈 사이에 고고하게 존재하는 문명인이 되기로 했다.

병자호란 당시 조선 인구의 대부분은 한반도 남부에 있었다. 남부 백성들은 청군을 구경도 하지 못했다. 북부 백성들도 청군이 침공하고 철수하는 길목에 살지 않는 이들은 전쟁과 상관없었다. 청군은 수많은 포로를 끌고 갔고 그들은 현지에서 매우 고생했지만, 결국 대부분 되돌아왔다. 물론 가족들이 비싼 몸값을 지불했으므로 조선은 일방적인 무역 적자를 감수해야 했다. 조선의 적자는 고스란히 명나라를 공격하는 청나라의 전쟁 비용이 되었다. 큰 손해이지만, 시간이 지나면 복구되는 손해다. 한 번 몸값을 내면 그만이었지 수백 년간 할부로 갚는 건 아니었다.

병자호란은 여러 가지 사회문제도 일으켰다. 청나라에 끌려갔다가 돌아온 양반 가문 여성들은 남편과 시댁에서 이전만큼 존중받지 못했다. 청나라 전사들이 그들을 가만히 내버려두지는 않았으니 옛날식 표현으로는 '정절을 잃었다.' 이 문제는 조선을

---

* 변발을 거부한 한족은 모두 죽임당했다.

한동안 시끄럽게 했다. 스스로 잘못한 게 하나도 없는데 차별받는 현상은 사회정의의 문제다. 그런데 불행한 삶을 살았을 당사자들에게는 미안한 얘기지만, 그들이 나이가 들어 사망하면 사라지는 문제이기도 하다.

패전한 주제에 잘난 척을 하다니 얼핏 어이없어 보이긴 한다. 실제로 조선인들은 매우 오만했지만 아주 근거 없는 오만함은 아니었다. 전쟁에서 승리는 그 무엇보다 중요하다. 하지만 모든 패배가 다 같지는 않다. 패배하더라도 끝까지 싸우다 무너지는 일은 강력한 의미를 지닌다. 베네치아 공화국은 어떤 강대국과 싸우게 되더라도 공화국의 이익을 사수하기 위해 영악하고 집요하게 싸우는 태도로 유명했다. 그러나 아무리 베네치아라도 보나파르트 나폴레옹의 신식 군대가 쳐들어왔을 때는 저항해봐야 무의미하다고 판단했다. 베네치아는 석궁 한 발 쏘지 않고 항복했다. 그 후로 베네치아의 위신과 영향력은 땅에 떨어졌고, 다시는 회복하지 못했다. 혹자는 무역의 중심이 지중해에서 대서양으로 옮겨간 것이 지중해를 주름잡던 베네치아 몰락의 원인이라고 한다. 맞는 말이다. 그러나 베네치아는 원래 몰락할 예정이었던 것보다 더 몰락했다. 지중해는 19세기까지는 물론 지금도 이권이 가득한 바다다. 지중해 동쪽 뒤편에 숨어있는 작은 흑해조차 인접국들이 목숨을 걸고 투쟁하는 생명줄이자 희망 사항이다.

한반도가 외적에 맞선 전쟁 중에 병자호란처럼 모든 게 뜻대로 풀리지 않은 전쟁도 없을 것이다. 남한산성에 갇혀 농성하기까지 청군은 너무 잘했고 조선군은 너무 못했다. 비겁하고 무능한 간신배들이 준 피해도 컸다. 남한산성 공방전은 실패로 끝난 산성 방어다. 그러나 최선을 다해 싸웠기에 청군은 결집을 마친 조선 지방군이 남한산성을 구원하기 위해 오고, 의병이 일어나 게릴라전을 벌이는 사태를 걱정했다. 그래서 임금의 항복만 받고 재빨리 한반도를 빠져나간 것이다. 청군은 인조의 목을 자를 수 없었다. 왕족이 모두 죽지 않는 한 새 임금이 옹립될 것이고, 그때부터 청군은 한반도라는 늪에 빠지게 된다. 청나라는 중원을 정복한 후 명나라처럼 조선에 세계 두 번째 지위를 보장했다. 물론 한반도 왕조를 1순위 제후국으로 대우하는 계약은 중원 통일 제국의 오랜 관습이긴 하다. 그러나 남한산성의 처절한 투쟁 없이 조선이 그만큼 존중받았으리라 장담할 수도 없다. 청군은 조선군의 사격 실력에 깊은 인상을 받았기 때문에 러시아와 벌인 전투인 나선정벌에 조선 조총수들이 함께하기를 원했다. 조선-청나라 연합군에 패배한 러시아군은 조선인을 '총 잘 쏘고 머리 큰 인간들'로 기억했다.

싸울 줄 아는 존재를 존중하는 건 세계 보편의 감각이다. 조선왕조는 전쟁 없이 일본에 병합되었기에 해방 후에도 전혀 국제적인 존중을 받지 못했다. 만약 미군, 중국군과 함께 싸우던 무장독립운동가들이 계획대로 서울을 접수하는 데 앞장섰다면 달랐을 것이다. 독립운동가들은 누구보다 먼저 한국인의 손으로 서울을 수복하기 위해 미군 밑에서 낙하산 강하훈련까지 받았다. 당시 공수부대원 중에는 나중에 대기업인 유한양행의 경영자로 유명해진 유일한 박사도 있었다. 하지만 예고 없이 히로시마와 나가사키에 떨어진 두 발의 핵폭탄과 함께 독립은 쟁취가 아니라 선물이 되고 말았다. 선물로 주어진 나라에는 누구도 고개를 숙여주지 않는다.

한국이 20세기에 최초로 존중받게 된 사건은 베트남전쟁이었다. 이 전쟁에서 정당성은 한미연합군의 적인 북베트남에 있

있지민, 그와 별개로 한국군은 미군보다 용감하게 싸웠다. 미군은 전통적으로 군기와 용맹이 뛰어난 군대지만, 자신들이 정의의 편이라는 확신이 있어야만 그렇다. 도덕적 동기가 없는 미군은 오합지졸이다. 월남전은 베트남전에 도무지 동의할 수 없었던 수많은 미군 참전자를 마약중독자와 노숙자로 전락시켰다. 반면 한국군은 대한민국이라는 나라의 존재가치를 증명하기 위해 악전고투를 받아들였다. 미국은 '싸울 줄 아는' 한국에 최초로 존경심을 가지게 되었다.

현세에 강림한 지옥

양란은 국가체제 몰락의 단초가 되지 않았다. 두 전쟁을 합쳐도 경신대기근이라는 대재앙 앞에서는 명함을 내밀지 못한다. 경신(庚辛)은 경술년과 신해년을 합친 말로, 1670년과 1671년을 가리킨다. 이 시기 세계 주요 문명은 소빙하기의 도래로 굶주림과 질병이 넘쳐났다. 그러나 한반도만큼 끔찍했던 곳은 없다. 척박한 한반도의 자연은 잔혹한 이빨을 드러냈다. 1670년 새해부터 조선에서는 태양 활동의 저하와 공기 중 이산화탄소량이 적어지면서 이상 기상 현상이 나타났다. 태양이 이상하게 보이고 별이 다르게 보였으며, 낮에도 별이 보였다. 유성이 목격되었고 운석이 떨어졌다. 전국에서 강한 지진이 보고되었다. 한반도 역사상 최악의 재난은 이렇게 시작되었다.

우박과 서리가 작물을 짓밟았다. 비가 오지 않아 가뭄이 들었는데, 비는 곡식이 충분히 말라비틀어질 때까지 내리지 않고 기다렸다가 단번에 내려 홍수를 만들었다. 각지에서 집과 사람들이 홍수에 떠내려갔다. 메뚜기떼가 창궐했다가 사라지자 극악한 태풍이 한반도를 휩쓸었다. 여름에 서리와 눈이 내렸다. 먹지 못한 데다가 추위에 시달리니 면역력이 떨어져 역병이 전국을 휩쓸었다. 전염병에 걸리기는 가축도 마찬가지였다. 농사일에 필수적인 소가 집단 폐사했다는 보고가 전국에서 조정으로 올라 왔다. 말라죽은 작물 중에는 솜의 원료인 목화도 있었다. 그러잖 아도 추위에 시달리던 조선인들은 솜을 얻지 못해 더 얼어 죽었 다. 1670년에서 1671년으로 넘어가는 겨울은 기록적으로 추웠 다. 산과 들에 먹을 것을 채집하러 갔다가 돌아오지 못하는 사람 들이 속출했다. 채 돌아오기 전에 얼어 죽어서다.

1671년이 시작되자 온 백성이 전염병, 추위, 굶주림으로 죽 기 시작했다. 잔인하게도 기상이변과 자연재해는 이 해에도 계 속되었다. 조선인들은 가족을 죽이거나 버리고, 심지어 가족끼 리 잡아먹기까지 했다. 주로 어린아이들이 희생양이 되었다. 조 선의 가족윤리는 양란이 아니라 경신대기근에 추락해 바닥을 쳤 다. 조선에서 도굴(盜掘, 무덤 도둑질)은 문화적인 금기였다. 하지 만 이때에는 도굴이 판을 쳤다. 추위를 피하려고 죽은 사람의 수 의를 벗겨 입기 위해서였다. 이때쯤 조선에는 창궐할 수 있는 모 든 해충이 창궐해 쌀은 물론 보리, 기장, 수수, 좁쌀, 조선에서는 희귀한 작물이었던 밀까지 파먹었다. 심지어 한국인의 반찬거리 인 산나물의 잎과 뿌리까지 죄다 말라 죽었다.

일반 백성만 죽은 것은 아니다. 사대부들도 죽어 나가기는 마찬가지였다. 고위관료인 재상(현재의 장관인 판서 이상급 관료) 들도 질병과 굶주림에 사망했다. 임금을 지키는 호위무사도 쓰 러졌다. 임금(조선 18대 임금 현종, 顯宗)의 가족과 친지마저 죽었 다. 여기서 우리는 놀라운 사실을 알 수 있다. 조선의 경제적, 정 치적 지배층은 재물을 축적하지 않았다. 화폐경제가 발달하지 않은 조선 초·중기에 현금이란 곧 곡물이었고, 가장 신뢰성 높은 현금은 쌀이었다. 그들은 '저축'을 하지 않은 채 살았다.

간단한 산수다. 한정된 곡물의 일부를 부유층이 축적하면 전체 시장에서 유통되는 곡물의 양이 준다. 그러면 당연히 곡물 가격이 오르고 굶는 백성이 늘어난다. 경신대기근 이전까지 조선 지배층은 부를 축적하고자 하는 본능적인 이기심을 절제하는 데 성공했다. 그러나 경험만큼 무서운 것은 없다. 대기근 이후에는 만일의 사태에 대비해 가족과 자신을 위한 부를 축적하기 시작했다. 자연스레 가뭄이 들 때마다 부자가 굶주린 백성에게 곡물을 빌려주고 원금에 더해 이자까지 돌려받는 '고리대'가 성행했다. 조선 시대에는 현대적인 곡물 창고처럼 자기 소유의 곡물이 완벽하게 관리되지 않았다. 그럴만한 시설도 예금 시스템도 없었다. 보관된 곡물은 쥐, 벌레, 여름의 습기, 봄과 겨울의 건조함에 끝없이 줄어든다. 고리대 대출 사업을 하면 줄어들지 않는다. 얼만큼의 곡식을 대출해줬다는 사실은 확실한 채권으로 남기 때문이다. 지배층이 곡물을 투자의 대상으로 삼으면 서민층은 곡물을 소비하기 힘들어진다. 장기적으로 보면 굶주리는 이들이 많아지며, 당연히 양극화가 진행된다.

현실에 패배한 이상

경신대기근은 을병대기근(乙丙大飢饉, 을해년과 병자년의 대기근으로 1695-96년에 해당하며, 종식된 것은 기묘년인 1699년이다)의 24년 선배다. 두 대기근 이후 조선에는 이앙법이 유행하기 시작했다. 이앙(移秧)이란 모내기를 말한다. 벼의 묘목을 따로 키운 후 얼마쯤 자랐을 때 논에 꽂아 키우는 방식이다. 반면에 직파

(直播)법은 청동기 시대와 다를 바가 없다. 참 자연스럽게도 논에 볍씨를 뿌리고 자라기를 기다리는 방식이다. 이앙법의 생산성은 직파법과 비교할 수 없이 높았다. 조선 건국의 아버지들은 이앙법의 효과가 얼마나 대단한지 알았기에 이앙법을 금지했다. 적은 인력으로 충분한 먹거리를 생산하게 되면 인력의 가치가 떨어진다. 그 결과 노동자의 삶의 질이 낮아진다. 만약 지배층이 노비를 활용해 농장에서 이앙법으로 쌀을 수확하면, 인구 대부분인 자영농은 곡물 시장에서 농장의 생산품과 경쟁할 수 없어진다.

대기근 이후 전국의 논에 이앙법이 자리 잡았다. 굶어보고 나니 무조건 많은 양의 쌀을 생산하고 볼 일이었다. 노비의 수가 급감했다.* 인구가 갑자기 줄어서 인력이 귀해진 이유도 있지만 이는 일시적이다. 인구는 다시 회복되게 마련이다. 주인은 노비를 먹여 살려야만 한다. 대기근이 다시 닥치면 주인과 노비가 얼마 안 되는 식량을 가지고 싸우는 상황이 올 수 있다. 눈이 뒤집혀서 제 자식도 잡아먹는 판이 되면 주종관계 따위가 별다른 힘을 발휘할 리 없다.

지주들은 대농장을 운영하는 것보다 훨씬 편리한 방식을 선호하게 되었다. 먼저 사정이 안 좋아 고리대를 갚지 못하는 채무

---

* 지역에 따라 대기근의 영향으로 노비의 수가 일시적으로 폭증했으나, 이는 양민들이 군역, 부역, 세금을 피하려 수단과 방법을 가리지 않고 노비가 되었기 때문이며, 또 자신이 노비라고 주장한 양민도 많았을 것이다. 양반들은 노비의 생계까지 감당하지 못하게 되면 기꺼이 그들을 포기했다. 노비가 되려는 양민과 노비를 맡지 않으려는 양반의 대결 구도가 펼쳐질 정도였다. 따라서 대기근은 직접적으로는 노비 숫자의 일시적 증가를 불렀지만, 오히려 기근이 바꾼 경제구조에 의해 노비제는 실질적인 해체 국면에 들어섰다.

자의 땅을 차지한다. 채무자는 한때 자신의 것이었던 논밭에서 일하는 소작농이 된다. 지주는 가만 내버려두어도 자신의 생존을 위해 알아서 땀 흘려 일하는 소작농에게서 소작료를 걷어가면 그만이다. 자연재해가 닥쳐도 가뭄이 와도 그들의 사정일 뿐이다. 흉년이 들면 고리대에 담보로 잡힌 땅을 차지해서 좋고, 풍년이 들면 수입이 늘어서 좋다. 책임질 것 하나 없이 외주를 주고, 위험요소는 하나도 없는 속 편한 방식이다.

조선은 건국 초부터 의도적으로 상업과 무역을 억제했다. '사농공상(士農工商)'이라는 말로 사대부와 농민을 명예롭게 대우하고 기술자와 상인은 무시했다. 사농공상의 끝자리에 있는 상인은 천박한 인간을 가리키는 욕설인 '상놈', '쌍놈'의 어원이 됐다. 최대다수의 삶의 질이 좋아지려면 한반도에서 최대한 많은 쌀과 잡곡을 생산해야 한다. 그다음 쉽게 소비되어야 한다. 상업의 발달은 물가를 상승시킨다. 곡물 가격도 예외는 아니다. 그래서 상업 자본이 발달한 일본의 에도 시대에 일본인의 평균 신장은 줄어들었다. 조선은 에도 시대에 미치지 못했다기보다는, 에도 시대를 거부했다.

공급량을 유지하기 위해서는 곡물이 해외유출 없이 나라 안에서 모두 소비되는 편이 좋다. 이러한 이념이 실행된 대표적인 예가 차(茶)다. 고려 시대의 귀족들은 술보다 차를 즐겼다. 그런데 차는 두 가지 문제점이 있다. 첫째는 다이어트에 도움이 될지언정 사람을 살찌우는 성분은 하나도 없는 주제에 다른 먹거리를 키울 경작지와 노동력을 빼앗는다. 둘째 한반도에서 차를 생산할 순 있지만, 자연환경의 한계로 충분한 양을 생산할 수는 없다. 그래서 차를 마시는 문화에서는 중국에서 찻잎을 수입하게 된다. 전근대 쌀농사 문화권에서 모든 재화는 쌀에서부터 시작된다. 결국 쌀이 유출되는 것이다. 소수의 사치를 위해 다수가 덜 먹게 된다.

조선은 차 대신 술을 권하는 사회였다. 부유한 이들이 마실 청주(淸酒)와 소주(燒酒)를 빚는 과정에서 서민들이 마실 탁주(濁酒, 막걸리)도 함께 만들어진다. 소수만 카페인을 즐기느니 다 같이 알코올을 즐기자는 것이 조선의 관념이었다. 차례(茶禮)는 문자 그대로 원래는 조상님께 차를 올리는 제사였지만, 제사상에서 차의 자리를 술이 빼앗았다. 산더미처럼 많은 음식과 술이 놓인 한국의 차례상은 지금은 며느리를 괴롭히는 주범이 되었지만, 원래는 검소함과 나눔의 증거였다. 차 대신 술을 사용한다는 점에서 검소하고, 핑계 김에 가난한 이웃과 함께 나누려면 음식을 많이 차려야 했다.

한국은 아마도 세계에서 가장 술에 관대한 나라일 테다. 한국의 모든 거리엔 술집과 알콜 의존증 환자가 널려 있다. 술 마시고 저지른 잘못은 법정에서 정상참작을 해줄 정도로 술에 관대하다. 한국의 술 문화가 '입안에 들어가는 것의 평등'에서 기인했다는 사실을 잊으면 안 된다. 한국에선 대통령이나 세계 부자 순위에 이름을 올린 재벌이라도 카메라 앞에서는 값싼 희석식 소주와 인스턴트 라면을 먹는다. 그들은 자기 포도주 창고에서 값비싼 수집품을 들고나오는 실수를 저지르지 않는다. 물론 한국 대중도 바보가 아닌 한, 알 건 다 안다. 사실을 말하자면 특권층이 평소에 뭘 먹고 마시는지는 중요하지도 않다. 한국인이 용서하지 못하는 건 카메라 앞에서 입의 평등을 부정하는 실수를 저지를 정도로 긴장이 풀어진 모습이다.

한국의 술 문화는 조선이 입의 평등을 추구한 결과지만, 조선은 평등함을 유지하는 체제를 끝까지 유지하지 못했다. 대기

317

근이 불러온 양극화는 잉여자산을 소유한 이들을 상품의 판매자이자 소비자로 만들었다. 곧 상업이 활성화되기 시작했다. 조선은 원래의 공산주의적인 면모를 많이 잃게 된 것이다. 자본의 속성을 알아야 자본의 발달을 억제할 수 있다. 조선 건국의 아버지들은 세간의 오해처럼 경제에 무지하기는커녕, 오히려 경제학의 전문가들이었다. 현대 한국에는 조선도 자본주의의 역량이 있었음을 증명하려고 노력하는 이들이 있다. 반대편에는 조선에 화가 나서, 조선에 내재적인 자본주의의 발전이 있었다고 하면 화낼 이들이 많다. 진실은 양쪽의 줄다리기와는 동떨어진 지점에 있다. 조선에도 자본경제가 존재했다. 그런데 그 이유는 조선이 자본의 발달을 막는 데 실패했기 때문이다.

나는 자본주의에 비판적이지 않다. 오히려 자본주의에 아주 감사한다. 하지만 그건 어디까지나 생산력이 무한에 가까운 2차 산업혁명 이후의 자본주의 사회에 살아서다. 해외의 원자재와 소재, 부품, 장비가 끝없이 한국의 공장에 밀려 들어와 가공된다. 그렇게 만들어진 상품이 지치지 않고 해외로 팔려나간다. 2차 산업사회 이전의 농경 경제에서는 재화를 생산하는 데 명확한 한계가 있다. 조선은 열악한 곡물 생산력으로 천만 명 이상의 인구를 부양해야 했다. 자본경제 자체는 문제가 아니다. 조선과 맞지 않았다는 점이 문제다. 조선 말기에는 현재의 재벌에 해당하는 국제적인 거상(巨商)이 등장할 만큼 양극화가 진행되었다. 조선이 멸망하기 얼마 전 이사벨라 버드 비숍 여사는 이렇게 기록했다.

"조선에는 착취하는 사람들과 착취당하는 사람들,
이렇게 두 계층만이 존재한다."

붕당정치가 옳았다

조선을 멸망시킨 다른 주범은 탕평책이다. 조선에는 붕당정치가
있었다. 붕당을 정치세력으로 봐도 되고, 정당이라고 해도 무방
하다. 나는 여기서 붕당의 긴 역사를 이야기할 생각이 없다. 붕
당정치의 특징만으로도 족하다. 성리학에는 통(通)이라는 개념
이 있다. 이치와 통한다는 뜻이다. 조선의 과거시험 답안지가 받
은 가장 높은 등급은 대통(大通, 크게 통함)이었다. 진리와 진리
가 아닌 거짓이 명확히 나뉜 세계관이다. 진리는 하나인데, 붕당
은 둘 이상이라면 어떻게 되는가. "우리와 그쪽은 추구하는 게
다른 모양이오."하고 끝날 수는 없다. 주장이 다르면 한쪽은 통
이요, 다른 쪽은 불통이다. 그러므로 붕당이 다른 붕당을 대하는
방식은 이렇다.

> "우리는 옳고 당신들은 틀리다."
> "우리는 집권해야 하고, 당신들은 실각해야 한다."
> "우리는 조정에 출근해야 하고, 당신들은 유배지에서 책이나 쓰는 편
> 이 좋겠다.* 물론 그 전에 알아서 곱게 사직하고 고향에서 학생들을
> 가르치는 더 좋은 방법이 있긴 하다."

조선의 통치 세력을 둘로 나누면 임금과 신하다. 셋으로 나
누면 임금, 집권 붕당인 여당, 집권을 노리는 붕당인 야당이다.
셋은 서로를 감시하고 이용하며 평생에 걸친 눈치싸움과 말싸움
을 벌인다. 그래도 임금의 권위가 어디 가는 건 아니라서 여야가

*   조선 시대의 많은 명저가 유배지에서 탄생했다.

교체되는 사건은 왕의 결재로 마무리된다. 집권 세력이 바뀌는 사건을 환국(換局)이라고 했다. 환국은 왕의 갑작스러운 분노나 의미심장한 말 한마디, 관료끼리의 탄핵, 때를 맞춰 조정에 동시 다발적으로 올라오는 집단 상소문으로 시작되었다. 보통은 방금 언급한 여러 요소들이 섞여 있었다.

어릴 때부터 유교 경전을 공부하며 자란 사람들답게 철저한 논리 싸움이다. 논리 대결이 항상 그렇듯 점점 세부적인 부분의 시시비비에 목숨을 걸게 된다. 나쁜 말로 치졸해지고 현실과 동떨어진다. 아마도 대표적인 경우가 그 유명한 예송논쟁(禮訟論爭)이다. 이 논쟁은 효종이 승하(昇遐, 임금의 죽음)한 후 계모인 장렬왕후가 어떤 상복을 입어야 하는지로 시작되었다. 이런 주제로 장기간 정권을 건 싸움을 하다니 어떤 면에서는 대단하다. 예송논쟁을 한심하게 보는 사람들이 많은 건 당연하다. 한 편에서는 예송논쟁의 진짜 의미를 이야기하기도 한다. 상복의 종류와 상복을 입는 기간은 왕의 정통성 문제와 연결된다. 철학적인 근간을 따지면 이기이원론(理氣二元論)과 이기일원론(理氣一元論)의 대결이었다. 하지만 이 책은 예송논쟁이 한심한지 심오한지에는 관심 없다.

예송논쟁의 진정한 의미는 논쟁이라는 점에 있다. 붕당 투쟁은 말과 글로 벌이는 내전이다. 전투에 백성들이 동원되지 않는다. 일반적인 내전은 전쟁 비용과 노동력, 병력을 백성으로부터 빨아들인다. 조선의 정치투쟁은 백성의 삶을 방해하지 않는 선에서 진행되었다. 비록 승리자 중에서 백성을 착취하는 인간들이 나오긴 했지만 말이다. 잔인한 폭력이 동원되었을 때에도 마찬가지였다. 정적에게 패배한 정치인들이 잔인한 사화(士禍, 선비들이 화를 입음)를 당할 때도 백성과는 무관했다.

암살과 기습으로 정권을 찬탈한 태종과 세조도 쿠데타가 백성에 해를 끼치는 일만큼은 최대한 피했다. 세조의 계유정난(癸酉靖難)*은 명분이라곤 하나도 없는 야심가들의 작당 모의였다. 세조는 분명 악인이지만 지배층 내부에서만 그렇다. 그는 임금으로 일하면서 세금을 아끼기 위해 누더기를 입고 생활했으며, 매일같이 민생 문제와 씨름하며 야근했다. 세조의 집권이 조선에 어떤 영향을 끼쳤는지의 문제와 별개로,** 그 자신이 백성을 위한 임금이 되고자 했던 마음은 진짜였다. 세조의 자기중심적인 잔인성과 마찬가지로, 그의 검소함과 성실함 역시 역사적 사실이다.

환국, 즉 정권교체의 가능성이 있는 한 정치세력은 여당이나 야당이나 자기 자신을 위해서 일정한 도덕성을 유지해야만 한다. 심각한 부정부패는 패배했을 경우 부메랑처럼 큰 죄가 되어 되돌아온다. 살다 보면 탄핵과 상소로 환국이 시작되지 말라는 법이 없으니 긴장을 유지하지 않으면 안 된다. 정치투쟁의 승자는 정적들이 유배지와 고향에서 조정에 복귀할 때를 대비하는 편이 좋았다. 그래서 조선 시대 전체를 놓고 봤을 때는, 붕당정치의 세세한 내용보다는 붕당정치의 존재 자체가 중요하다.

탕평책과 국가의 붕괴

붕당정치는 조선을 집어삼킨 일제에 폄하당했고, 식민지 신세에서 탈출한 대한민국에서도 무시받았다. 열강들이 야수의 발톱을

---

* 1453년, 세종의 둘째 아들로 당시 수양대군이라 불렸던 세조는 쿠데타를 일으켜 정권을 장악하고, 이후 2년 후 단종을 폐하고 스스로 왕이 되었다.

** 쿠데타 동지들을 너무 아낀 나머지 그들의 악행을 많이 눈감아주었다.

키우며 물질문명을 발달시키던 시대에 철학적인 시시비비라니 나라가 망해도 당연한 것처럼 보인다. 이를 비난할 생각은 없다. 조선의 임금조차 같은 생각을 했으니까. 21대 임금 영조에게 붕당 투쟁은 비현실적인 국력 낭비로 보였다. 그는 관념 투쟁을 멈추고 임금을 중심으로 현실적 국익을 챙기자는 탕평책(蕩平策)을 추진했다. 탕평책은 영조가 시작해 손자인 정조가 완성했다. 두 임금이 통치할 때는 문제가 없었다. 영조의 광기 어린 카리스마와 정조의 천재적 두뇌는 탕평책의 포장지를 빛냈다. 당파 정치의 폐단을 없앤 것은 좋아 보였다. 하지만 정조가 승하하자 더 큰 폐단이 다가왔다.

강력한 임금과 붕당정치가 사라지자 노론(老論)세력의 일당독재가 시작되었다. 당내투쟁에서 안동김씨가 최종 승리를 거두면서 세도정치의 막이 올랐다. 이는 북한의 조선로동당 안에서 김일성파가 연안파, 소련파, 남로당파를 파멸시키고 마지막으로 동지였던 갑산파마저 숙청하며 나라를 차지한 과정과 비슷하다. 현재 북한은 김일성-김정일-김정은의 가계인 '백두혈통'의 나라다. 세도정치 역시 특정 가문의 혈통이 국가를 사유화하는 결말로 끝났다. 동지와 가족은 다르다. 정치집단은 자신들을 위해서라도 국익과 사회정의를 부르짖는다. 가족은 그럴 필요를 느끼지 못한다. 세도정치가 시작된 시점에 이미 조선은 사망 신고를 받았다. 유교 국가 조선은 유교적이지 못해서 멸망한 것이다.

안동김씨의 폐해는 고려 말 이인임이 이끄는 권문세족들보다도 심했다. 적어도 이인임은 자신이 죽은 뒤의 고려를 생각하는 양심은 있었다. 그는 국가의 기본적인 기능마저 망각하진 않았다. 세도 가문은 그만한 수준을 보여준 적이 없다. 그들은 부귀영화를 누리는 일에만 집중했다. 세도정치는 정치가 아니다.

'세도지배'나 '세도기생'이라 해야 마땅하다. 고종의 아버지 홍선대원군이 집권해 세도 가문들을 쓰러트렸지만 이미 때는 늦었다. 붕당과 논쟁의 정치는 사라진 채였다. 홍선대원군은 테러를 저지르는 정치깡패 집단을 부렸다. 왕실이 세도 가문을 대체했을 뿐이었다. 그나마 홍선대원군은 왕실의 일원인 만큼 국가의 미래에 책임감을 느꼈다는 차이가 있지만 말이다. 명성황후 민씨가 정권을 장악했을 때는 여흥 민씨가 세도의 꿀물을 빨았다.

대기근과 탕평책의 결과를 동시에 보여주는 사례가 있다. 바로 조선 후기 목재의 부족 현상이다. 추위에 떨며 죽어간 기억은 조선인들을 뜨거운 방바닥에 집착하게 했다. 누인 몸을 지지듯 데워야 직성이 풀리게 되었으니, 온돌이 전국 곳곳에 보급되었다. 아직도 한국인은 바닥을 데운다. 한국의 모든 아파트와 주택은 바닥 난방 구조로 되어 있다. 침대가 대중화되자 한국인들은 잔꾀를 냈는데, 바로 침대 시트 위에 전기장판을 깔고 그 위에 누워 자는 요령이다. 공기가 아닌 바닥 면의 열로 몸을 지지는 습관은 한국인의 생활감각에 깊이 새겨져 있다.

온돌은 한민족의 고유한 문화였지만 난방 문화 중 하나였지 난방 전부는 아니었다. 대기근 이후에는 '거의 전부'가 되었다. 먼저 온돌 시스템을 적용할 수 없는 2층 이상의 가옥이 사라졌다. 열효율이 몹시 나쁜 온돌은 많은 양의 목재를 낭비한다.* 조선의 산림은 온돌에 잡아먹혀 황폐해졌다. 조선 말기 한반도를 상징하는 색깔은 흰색과 붉은색 두 가지였다. 흰색은 한복이다. 붉은색은 황토가 드러난 민둥산이었다. 나무가 사라진 산은 홍수와 산사태 피해를 증가시켰다. 서식지를 빼앗긴 호랑이는 먹

---

* 조선 시대의 가옥 구조 자체가 열효율이 몹시 떨어진다. 조선인들은 같은 집에서 뜨겁고 습한 여름도 견뎌야 했기 때문에, 집은 시원하게 짓고 바닥은 뜨겁게 깔아야만 했다.

이를 찾아 더 많은 사람을 잡아먹게 되었다.

석탄과 석유 같은 화석연료를 사용하기 전, 인구증가와 에너지 사용량 증가로 인해 목재가 부족해진 건 조선만의 상황이 아니었다. 중국, 프랑스, 영국과 같은 주요 선진국들은 국가적 차원에서 나무를 심는 사업을 시행했다. 조선도 예외는 아니었다. 정조는 1789년부터 1795년까지 6년 동안 전국에 1200만 9712그루의 나무를 심었다. 이 정도의 식목 사업은 현대에도 가능한 국가보다 가능하지 않은 국가가 더 많다. 정조 시기 조선의 행정력은 선진국의 일원이 될 조건을 갖추고 있었다. 하지만 세도정치로 피폐해진 조선 말기가 되면 정조로부터 백 년이 지나기도 전에 식목 사업으로 전국에 심는 나무의 숫자가 불과 수만 그루로 떨어졌다. 고종은 한 차례의 식목 캠페인으로 7만 그루가 조금 넘는 나무를 심었을 뿐이다. 정조 시기 수원 화성 일대에 한 번의 조경사업으로 심긴 나무의 숫자만 45만 그루다. 국력이 어느 수준까지 떨어졌는지 알 수 있다. 조선은 겨우 백 년 만에 열강에 식민 지배를 당할 준비를 완벽히 마쳤다.

추월당한 문명

조선이 몰락해가는 과정을 설명해주는 또 하나의 지표는 노비제도다. 조선의 한계를 이야기하면서 노비제를 피해갈 방법은 없다. 조선 노비제의 역사는 길고, 시대마다 양상이 다르며, 인구 중 노비의 비율도 계속 변했다. 조선 노비의 실상은 현대 한국인이 느끼는 것만큼 끔찍하지는 않다. 조선의 노비는 서구의 노예보다는 '종신 계약한 양민'에 가까웠다. 물론 현대적 기준으로는 굉장히 불합리한 계약이지만 말이다.

국가 소유의 공노비(公奴婢), 개인 소유의 사노비(私奴婢) 모두 소유주와 떨어져 생활하는 외거노비(外居奴婢)가 대부분이었다. 외거노비의 경제생활은 건물에 세를 들고 장사하는 자영업자와 비슷하다. 일정한 세를 바치면 그만이었고, 보통은 가족을 꾸리고 요령껏 재산을 모았다. 노비가 자식에게 재산을 상속한다는 사실을 증명하는 서류도 남아있다. 공노비 중 납공노비(納貢奴婢)는 건물주가 국가인 경우다. 그들 역시 납공(納貢, 나라에 공물을 바침)의 의무에 묶여 있었지만, 거꾸로 말해 납공만 하면 되었다.

사료에는 주인이 노비와의 관계를 악용해 노비의 재산을 강탈하려 한 경우가 자주 발견된다. 하지만 1/3 이상을 빼앗기는 법적으로 거의 불가능했다. 주인의 후손은 원칙상 노비의 후손을 소유한다. 먹고살기 힘들게 된 몰락한 양반가의 자제가 '서류상' 노비를 찾아가 재물을 뜯으려 했다가 얻어맞고 말았다는 기록도 있다. 재물을 뜯겨주는 방법도 있다. 자유를 사는 돈인 속전(贖錢)으로 결재하고 양인으로 올라서면 된다.

노비제의 복잡함을 잘 보여주는 사료 중 하나는 아버지와 아들인 두 무관이 부임지인 국경으로 떠나는 과정과 부임지에서의 생활을 기록한 《부북일기(赴北日記)》다. 일기의 저자는 좋게 말하면 자유롭고, 솔직히 말해 문란한 성생활을 숨기지 않고 적었다. 그는 여성 노비들과 원할 때마다 마음껏 동침하는데, 아무리 좋게 해석해도 노비들은 말 그대로 '성 노리개'로 보인다. 그런데 지방 국가시설을 책임지는 관노(官奴, 관에 소속된 노비)를 만났을 때는 다르다. 무관이 관노와 족보를 따져보니, 친척 관계가 아닌가. 아마도 조상이 자기 소유의 노비를 임신시켜 생겨난 방계(傍系, 곁갈래) 혈통이었을 것이다. 이때 관노는 친척을 만나

기분이 좋다며 무관 일행을 융숭하게 대접했고, 무관은 고마워한다. 어떻게 봐도 공간을 완전히 장악한 주인과 주인이 내주는 대로 먹고 자야 하는 손님의 관계다. 이쯤 되면 이 관노의 노비 신분은 형식에 불과하다. 즉 어떤 노비냐에 따라 실제 삶의 질과 높낮이가 천차만별이었다.

동시대의 중국과 일본에 조선처럼 명확한 노비'제'가 없었던 이유는 '제'도화될 필요가 없어서였다. 노비에게 법은 양민보다 차별적이었고, 법의 사각지대에 놓여 있는 이들도 많았다. 하지만 거꾸로 말하면 법의 보호를 받았기에 법적 차별도 있었던 것이다. 중국에서 절도사는 관할 지역 내의 백성을 마음대로 처분할 수 있었고, 지주 역시 소작농과 종에게 절대권력을 행사했다. 법의 관심 밖이었기에 죽여도 상관없었다. 일본의 게닌(下人, 하인)은 주인의 완전한 소유물이었다. 살리고 죽이는 권리가 전적으로 주인에게 있었다.

명나라~청나라 시대에 중국은 각지에 커다란 규모의 인신매매 시장이 있었다. 한국에서는 조선의 노비제에 분노하기 위해 노비의 가격을 말이나 소의 값과 비교하는 버릇이 있다. 하지만 노비의 몸값에는 무기한 계약에 대한 계약금의 성격도 포함되었던 데다, 그래 봐야 중국이 더 저렴했다. 중국의 인신매매는 지금도 이어져 내려온다. 2022년에 개봉한 중국의 걸작 영화 〈인루천옌(隱入尘烟, 먼지로 돌아가다)〉의 이야기는 남자주인공이 인신매매 결혼 시장에서 장애가 있는 여자주인공을 단돈 200위안(한화 3~4만 원)에 구입하면서 시작된다.*

---

* 농촌의 현실을 적나라하게 보여주는 영화이기 때문인지, 중국 관객들의 호평을 받으며 흥행 조짐을 보이자 공산당의 검열로 중국에서 볼 방법이 사라졌다.

나는 조선의 노비제를 두둔하는 게 아니다. 조선의 노비제에는 섬뜩한 부분이 있다. 주인과 노비 사이의 소유권이 자식 대에까지 그대로 양도된다는 점이다. 노비의 자식은 주인의 재산이 되며, 부모가 죽으면 부모의 노비를 다른 재산과 함께 물려받는다. 일천즉천(一賤則賤)이라는 원칙도 그렇다. 부모 중 한 명만 노비여도 자식은 노비가 되었다. 현대인이 도저히 수긍할 수 없는 야만적 특징은, 아이러니하게도 조선이 유교 국가이자 이념 국가라서 유지된 '문명적 야만'이었다.* 유교 세계관에서 부모와 자식은 분리된 개인이 아니다. 자식은 부모라는 나무에서 자라나온 줄기나 잎과 같다. 먼 조상은 뿌리쯤 된다. 나무를 가문이라 부르건 혈통이라 부르건, 잎이 나무의 일부인 것처럼 자식도 부모의 일부다.

노비와 주인의 관계는 백성과 임금의 관계와 같다. 조선의 질서는 맨 위에서부터 아래까지 충(忠)으로 수직적 질서를 요구하고, 다시 아래에서부터는 효(孝)로 거슬러 올라와 충과 만나는 구조다. 노비도 예외는 없다. 사회가 하나의 일관된 질서로 통일되려면 부모와 군주에게 하듯이 노비도 주인을 충심으로 섬기는 게 올바른 윤리였다. 나는 조선 노비제의 사상적 요소를 높이 평가할 생각도, 분노하며 비난할 생각도 없다. 노비제는 좋다, 혹은 나쁘다 하는 하나의 성격만 갖고 있지 않다. 시대에 따라 다르게 평가받아야 한다. 노비제의 진정한 문제는 변화가 너무 느렸다는 데 있다.

조선 노비의 처우는 유럽의 농노보다도 나았고, 노예와는

* 물론 일천즉천은 부유한 노비 소유주가 재산인 노비의 머릿수를 유지하고 늘리기에 유리한 제도였다. 그러나 기득권의 편의를 위한 제도도 사상적 토대 없이는 법제화될 수 없다.

아예 차원이 달랐다. 하지만 바깥세상이 **빠르게** 발전하면서 조선은 자연스레 뒤처졌다. 조선은 결코 고정된 사회가 아니다. 당연히 조선 내부의 자체적인 발전이 없었을 리 없다. 1745년 조선은 노비가 값을 치르기만 하면 무조건 자유가 보장되는 가격을 공식적으로 정했다.* 노비라는 말 자체를 없애자는 사회적 논의가 진행되었다. 마침내 1801년, 실권자인** 대왕대비 정순왕후(貞純王后)는 노비 문서를 공개적으로 불태우면서 중앙정부 소속의 노비를 해방했다. 노비제는 시대착오적이라는 선언이었다. 이때를 기점으로 공노비와 사노비가 해방되는 현상이 전국적으로 이어졌다. 정순황후는 정치적으로 매우 보수적인 인물이었지만 노비제가 적폐라는 사실까지 부정하진 않았다.

조선은 1894년 갑오개혁에 의해 노비제를 공식적으로 폐지했다. 개화파가 주도한 개혁인 만큼 어차피 서구의 영향을 받은 게 아니냐고 반문할 수도 있겠다. 하지만 조선이 스스로 결단했다는 점이 중요하다. 무엇보다 갑오개혁 이전에 조선은 이미 노비제 폐지의 수순을 밟고 있었다. 현재 한국은 공식적으로 사형제를 폐지하지 않았지만, 실질적인 사형폐지국인 것과 마찬가지다. 그러나 속도가 문제였다. 영국은 1807년에 노예무역을 폐지했다. 정순왕후의 결단보다 늦다. 그런데 노예제 자체를 완전히 폐지한 1833년은 조선보다 빠르다. 다시 수십 년이 흘러 구한말 영국인들이 조선을 방문했을 때, 그들은 노비의 존재에 신기해했다. 서양인들은 조선 노비의 처지에 깊은 동정심을 느꼈다. 인권 발달의 역사에서 순식간에 추월당해버린 것이다. 조선 노비제는 인권의 지각생이다.

*   쌀 13석.
**   어린 순조를 대신해 수렴청정(垂簾聽政) 중이었다.

조선의 형벌 체계도 지각생이기는 마찬가지다. 14세기에 탄생한 조선이 대명률을 가져와 제멋대로 순하게 고쳐 쓰기 시작했을 때 조선의 형벌은 인간적이었다. 그에 비해 중국의 형벌은 잔인하고 현란한 볼거리였다. 일본의 형벌은 집요한 가학성을 지녔다는 점에서 중국과는 조금 다르다. 그런 중국과 일본의 형벌도 동시대 유럽에 비하면 자선사업 수준이었다. 조선 건국의 아버지들이 유럽의 처형을 목격했다면 오랑캐도 저런 오랑캐가 없다고 비명을 질렀을 것이다. 한반도의 순한 형벌은 지배층이 피지배층에게 '선을 넘어서' 지나친 미움을 사면 안 되는 자연적, 지정학적 특성에서 유래했을 것이다. 고려의 형벌은 송나라 사람의 눈에 가학성이 너무 없는 나머지 놀라운 광경으로 다가갔다.

조선 형벌의 문제점은 수백 년간 근본적인 변화가 없었다는 점이다. 갑신정변의 주역인 김옥균(金玉均)이 반역자로 처형당했을 때, 일본의 메이지유신 지사들이 분노했던 건 그가 일본의 근대화를 지지했기 때문만은 아니다. 처형의 결과물이 너무 야만적이었다는 이유도 있다. 유교에서는 사람이 죽으면 요즘 말로는 '영혼과 정신'쯤 되는 혼백(魂魄) 중 가벼운 성질인 혼은 빠르게 흩어지고 백은 시신에 남아 서서히 꺼져간다. 인간의 소멸에 상당한 시간이 걸리기에 죽은 사람의 시신을 관에서 꺼내 처형하는 부관참시(剖棺斬屍)가 있었다. 아직 남아있는 인간성을 인위적으로 죽이는 행위다. 유교 바깥에서는 그냥 시체능욕이지만, 유교 내에서는 처형이 맞다. 김옥균은 청나라에서 홍종우(洪鍾宇)에게 암살당했지만, 시신은 조선에서 능지처사(거열형) 당했다. 참수한 목을 매달고 조각난 몸을 널브러트려 전시한 모습은 일본의 유신 지사들에게 충격적이었다. 조선을 방문한 서양인들 역시 조선 형벌의 '야만성'에 화들짝 놀라 강하게 비판했다. 조선인들은 모르는 사이, 명색이 민본국가인 조선의 인권 수준은 국제적 기준에서 한참 뒤떨어져버렸다.

조선의 건국자들에게는 가장 완벽에 가까운 나라를 세웠다는 나르시시즘의 흔적이 보인다. 조선 사대부는 나라가 망하는 순간까지 자신이 세계 최고의 문명국에 사는 문명인이라는 관념을 가지고 살았다. 조선 초기의 임금인 세종대왕은 훈민정음 해례본과 언해본에서 음양의 이치를 거론하며 가장 완전한 문자를 만들었다는 자부심을 숨기지 않고 드러냈다. 신진사대부들은 조선 건국을 단순히 왕가의 성이 바뀌는 역성혁명이 아니라 시대의 전환으로 인식했다. 그들에게 고려가 조선으로 바뀐 일은 역사발전이었다. 그들은 타락한 고려를 부정했으면서도, 조선도 언젠가 고려처럼 중환자가 될 수 있다는 상상력은 발휘하지 못했다. 헤겔* 식으로 말하자면 스스로가 '역사의 종말' 즉 더는 발전할 여지가 없는 역사발전의 마지막 단계를 완성한 주역이라고 믿었다. 참으로 장대한 포부지만 결과는 오답이었다. 그들의 사명감은 존중하지만 틀린 건 틀린 거다. 결국 조선은 말기로 갈수록 선지자 무함마드를 통해 하나님의 역사가 끝났다고 믿은 이슬람 문명이 오랫동안 인식의 진화 없이 정체기를 겪고 있는 현상을 닮아갔다.

문명이 사는 시간

문명사적으로 조선의 멸망은 예정된 것이었다. 큰 그림에서 보

---

* 독일의 철학자 게오르그 빌헬름 프리드리히 헤겔(Georg Wilhelm Friedrich Hegel, 1770~1831).

면 경신대기근과 탕평책보다 본질적인 문제가 있다. 조선 시대에 이미 한반도의 농업생산력은 더 이상의 인구증가를 감당할 수 없는 벽에 부딪혀 안에서부터 붕괴할 운명이었다.

로마제국을 공부하거나 약간의 관심이 있는 사람이라면 반드시 만나게 되는 표현이 있다. '빵과 서커스'다. 우리는 모든 맥락을 생략한 채 빵과 서커스를 우민화 정책을 상징하는 대표격으로 알고 있다. 그렇게 말하는 편이 설명하는 쪽이나 알아듣는 쪽이나 간편하기 때문이다. 공짜나 싼값에 빵을 제공하고, 콜로세움과 같은 극장에서 자극적인 볼거리를 제공하면 민중은 불만을 가질 줄 모른다는 의미다. 그러나 이 말은, 로마인은 빵이 부족해지면 가만있지 않았다는 뜻이 된다. 로마 시민들은 밀값이 폭등할 때마다 어김없이 폭동을 일으켰다. 전역한 로마의 남성 시민은 군 복무 시절 세계 최강의 보병이었기에 폭동의 위력은 상상을 초월했다. 안정된 밀값은 일반 시민은 물론 정치인들에게도 목숨줄이었다.

로마인들은 결코 어리석지 않았으며, 기득권이 민중을 만만하게 본 적도 없다. 우리가 현재의 교양을 가진 채 고대 로마인이 된다 한들 빵과 서커스에서 자유로울 수 없다. 원로원 의원이든 일반 시민이든 마찬가지다. 이탈리아반도의 주민은 한반도와 마찬가지로 척박한 산악지형에서 농경을 선택했다. 한국을 기준으로 생각하면 안 된다. 이탈리아는 단지 한국보다 훨씬 풍요로울 뿐, 유럽과 지중해 세계의 기준에서는 고만고만한 땅이다. 이탈리아반도의 농업생산량은 한계가 명확했다. 이미 기원전에 이탈리아산 곡식만으로는 로마의 인구를 먹여 살릴 수 없었다. 로마는 식량을 수입에 의존했다. 특히 이집트에서 막대한 양의 밀이 수입되지 않으면 수많은 로마인이 굶어 죽을 판이었다.

로마처럼 힌계에 봉착한 문명은 위험한 도전을 감수해야 한다. 모든 주민이 엄청난 평화주의자인 나머지 다 같이 명상을 하다 굶어 죽어 흙으로 돌아가지 않는 한, 외부세계로 팽창에 팽창을 거듭해야 한다. 성공하면 제국이 될 것이요, 실패하면 역사에 몇 줄짜리 기록만 남기고 사라질 것이다. 모두가 아는 것처럼 로마는 성공했다. 로마는 수입한 밀로 빵을 굽기 위해 지중해를 장악해야 했고 카르타고를 멸망시켜야만 했다. 그러나 로마의 인구는 계속해서 늘어났고, 로마는 계속해서 정복하고 계속해서 변방을 지켜야만 했다. 그러므로 로마가 멸망을 피하기 위해 '군총사령관(임페라토르)이 황제(엠퍼러)인 제국(엠파이어)'이 되는 길은 숙명이었다.

로마의 최고 권력자는 밀 생산지인 이집트를 어떻게든 '처리'해야만 했다. 카이사르처럼 이집트의 여왕 클레오파트라의 애인이 되든지, 옥타비아누스처럼 이집트를 황제의 개인 영지로 만들든지 말이다. 카이사르는 로마를 공화국에서 제국으로 만든 인물로, 그의 이름은 서양에서 카이저, 짜르 등 황제 칭호의 기원이 되었다. 카이사르는 천재적인 인물이었지만 그에 의해 로마제국이 창조되었다고 생각하면 곤란하다. 그 역시 로마가 낳은 피조물이기 때문이다. 구체적으로 말해 카이사르는 이탈리아 반도의 자연환경이 로마인에게 강요한 역사적 모순 속에서 태어난 존재다.

농부의 후예인 로마 시민은 군인으로 장기복무해야 했다. 평생에 걸친 노동 생산시간을 군 복무가 잡아먹는다. 전역 후에 땅뙈기를 구해 직접 농사를 지어 밀과 채소를 어찌어찌 수확한다 한들, 식민지와 대농장에서 쏟아지는 값싼 곡물과 시장에서 경쟁할 수 없다. 그러므로 제국은 한 편으로는 군 복무로 희생한

대가를 보상하고, 한 편으로는 투표권을 가진 유권자를 달래기 위해 빵과 서커스를 제공할 수밖에 없었던 것이다. 일반 시민 역시도 빵과 서커스에 만족하는 것 외에는 다른 수가 없었다.

서구 학자들은 로마가 제국이 됨으로써 멸망을 400년 뒤로 미루었다고 평한다. 한계에 봉착한 문명의 수명을 억지로 연장했을 뿐이라는 비정한 평가도 있다. 그러나 억지라고 하기에 400년은 너무 대단한 시간이다. 그 수백 년의 '생명 연장'이 지금의 유럽 문명을 만들었고 다시 유럽 문명이 인류사에 막대한 영향을 끼쳤다는 사실도 무시할 수 없다. 그러므로 로마의 제국 시대는 엄청난 성공이라고 할 수 있다.

한반도의 자연에서 쌀농사로 인구를 부양하는 한계 역시 명확했다. 한반도 문명은 다른 선택을 해야만 했다. 바로 내부의 혁명이었다. 조선왕조 수립은 한계에 봉착한 문명의 수명을 연장하기 위한 극적인 '좌향좌'였다. 로마 문명과 한반도 문명은 주변 환경이 달랐다. 한반도 옆에는 인구와 생산력, 영토에서 수십 배의 규모를 자랑하는 중국이 있다. 고려에 있어 로마와 같은 팽창은 처음부터 불가능한 선택지였다. 반면 로마가 이탈리아반도를 통일한 후부터 만난 적의 대부분은 문명 수준이 낮은, 로마인의 기준에서 '야만인'이었다. 카르타고라는 위험한 맞수가 있긴 했지만, 카르타고의 군사력은 최고조였을 때도 로마와 비등했다. 로마의 육군은 지중해 세계에서 언제나 최강이었다. 다른 곳도 아닌 이탈리아반도 안에서 카르타고의 명장 한니발에게 크게 한 방 맞고* 위기에 빠지기도 했지만, 로마엔 참으로 다행스럽게도 한니발의 진정한 수제자는 로마인인 스키피오였다. 스키피오가 자마 전투에서 한니발에게 승리를 거둔 후 로마는 지중해의 패

---

* 칸나에 전투.

권자가 되었다.

로마도 생존을 위해 내적 혁명을 시도한 적이 있다. 바로 호민관인 그라쿠스 형제의 개혁이었다. 당시 로마는 양극화에 시달리고 있었다. 경제가 한계에 봉착하면 소수의 극단적인 부유층이 생겨난다. 중산층이 몰락하기 때문인데, 중산층이 흘린 피를 행운아 졸부들이 단물로 빨아들이면서 점점 덩치를 불리게 된다. 부유층이 오랜 군 복무나 가뭄으로 폐허가 된 자영농의 농지를 값싸게 사들여 대농장을 운영했다. 이러한 대농장을 '라티푼디움'이라고 한다. 자영농은 저임금 노동자가 되어 대농장에서 집단노동에 동원된다. 자영농의 농작물은 대농장에서 저렴한 비용으로 생산된 농작물을 시장에서 이길 수 없다. 그들은 점차 헐값에 일하는 노동자가 된다. 노동자는 점점 많아지고 점점 임금이 내려가 혼자 힘으로는 먹고 살기 힘들어진다. 결국엔 시민이 자신을 팔아 노예로 전락하는 지경에 이른다. 노예를 부리는 대농장은 더욱 넓어지는 악순환이 이어진다.

그라쿠스 형제는 양극화를 깨부수고 부의 재분배를 실현하려 했다. 그러나 두 형제의 운명은 기득권의 비열한 폭력에 짓밟혀 비극으로 끝났고, 개혁은 실패했다.* 로마의 제국주의는 내적 혁명에 실패한 후 남은 선택지였다. 반면 한반도에 있어 조선 창업 혁명은 처음부터 유일한 선택지였다. 고려말의 국토 상황도 라티푼디움과 별반 다를 바 없었다. 이인임의 토지는 산맥과 강을 경계로 삼을 정도로 거대했다. 수많은 백성이 자영농에서 소작농으로, 소작농에서 노비로 전락하고 있었다. 오직 혁명뿐이었으므로, 반드시 성공하기 위해 정도전은 아예 처음부터 다시

---

* 형 티베리우스는 원로원 의원들에게 구타를 당하다 사망했고, 동생 가이우스는 집정관의 군대에 쫓기다가 자결했다.

시작하기로 했다. 실패하면 문명의 멸망이었다. 그는 새 왕조를 세우기 위해 이성계를 찾아갔다. 정도전 역시 카이사르와 마찬가지로, 한반도의 자연환경이 고려인에게 강요한 역사적 모순 속에서 태어난 존재인 것이다.

서로마가 멸망할 때, 로마군은 결국 야만족에 패퇴하고 말았다. 그렇다고 마지막 결과를 가지고 로마제국 군단병을 무시한다면 이탈리아 역사가들은 코웃음을 칠 것이다. 로마군 보병 제식무기인 글라디우스 단검은 AK소총과 함께 인류 역사상 가장 많은 인명을 죽인 무기 후보에 올라 있다.

로마의 400년을 인정한다면 문명의 멸망을 막아낸 조선의 500년 역시 같은 방식으로 인정받아야 한다. 구미의 기술과 군사에 패배하고, 특히나 역사 내내 한 등급 낮은 야만인 취급을 한 일본의 식민지가 된 최후의 장면이 조선의 역사 전체를 평가하는 기준이 될 수는 없다.

조선은 죽었다. 대한민국은 조선의 무덤 위에 세워진 집이다. 지금의 대한민국이 그런 것처럼, 조선도 한때는 새로운 세상이자 '좋은 현대'였다. 한국어에는 고리타분한 옛날을 뜻하는 '고리짝'이라는 말이 있다. 이 말의 원래 사용자는 조선인들이다. 고리짝의 어원은 '고려였을 적' 즉 고려 시대다. 현대인이 '전근대', '봉건 시대'라는 표현을 쓰며 후진적인 과거와 현재를 비교할 때처럼 조선인 역시 '고리짝'과 조선 시대를 구분했다. 조선이라는 무덤은 생각보다 단단한 토대다.

한국은 진흙 위에 세워지지 않았다. 조선은 문명의 물질적 한계 속에서 생명 연장을 위해 탄생했지만, 막대한 생산력을 가능케 한 2차 산업사회를 만나는 순간까지 민족성을 유지하는 데 성공했다. 조선은 실패했으나 실패만 하지는 않았다. 조선은 한국인에게 혁명적 기질과 못된 성깔을 물려주었다. 조선인의 시신에서, 마침내 한국인이 태어났다.

한국인의 탄생

쉴 줄 모르는 선진국

원칙적으로 한국인은 1945년 8월 15일 일제가 항복하면서 탄생했다. 실질적으로는 한국전쟁 휴전이 성사된 1953년 7월 27일에 탄생했다고 할 수 있다. 이날을 기점으로 조선인은 대한민국(남한) 국민과 조선민주주의인민공화국(북한) 인민으로 갈라졌다. 세계에서 가장 가난한 나라의 국민이 된 한국인은 전쟁이 남긴 폐허 위에서 일어섰다.

조선 말기와 일제강점기의 한반도는 자연이 제공하는 생산력이 한계에 다다른 단계를 넘어 급속도로 고갈되어가는 상태였다. 독립 후 다른 모든 산업품목에 앞서 인공 비료부터 생산하려고 했던 건 당연하다. 조선인들은 단지 죽지 않기 위해서 엄청난 노동과 인내력을 발휘해야 했다. 그들은 집을 짓기 위해 세계에서 가장 단단한 화강암을 채석해 산비탈을 타고 집터까지 옮겨야 했다. 민둥산에서 목재를 구하고 지붕을 얹을 지푸라기를 구해야 했다. 천년 넘게 반복된 쌀농사로 지력을 소모한 논에서 어떻게든 쌀을 뽑아낸 과정은 문명의 상식을 거부하는 억지였다. 쌀을 수탈당하면 굶어 죽지 않기 위해 봄에 잠깐 수확하는 보리농사를 지었다.

정도전의 혁명 덕에 이미 신체가 커진 후 닥친 가난이었던

337

점도 생각해야 한다. 한국인은 커진 신체를 유지하기 위해 인간이 먹을 수 있는 모든 것을 찾아 먹었다. 어떤 고생을 해도 살아있기만 하면 다행이었다. 현재의 한국인이라면 수없이 들어서 알고 있는 노년층의 고생담은 요즘 세대가 상상할 수 없을 정도로 기구하다. 그들은 쉬지 않고 부지런히 노력해도 굶주렸다. 그러나 살아남는 데에는 성공했다. 한국인에게 삶은 곧 노력의 연속이다. 노력은 한국인의 가장 친한 친구이자 적이며, 한국인 자체다. OECD 국가 중 근로자의 연평균 근로시간이 1위인 건 당연하다.

국토의 자연이 허락한 생산력이 전부인 1차 산업사회*에서 모든 한국인은 웬만한 나라에서는 반드시 부자가 될 정도로 고생했다. 무한에 가까운 생산력이 보장되는 2차 산업사회, 즉 산업화시대를 맞아서도 한국인은 오랜 버릇을 고치지 못했고 쓰러져 죽기 직전까지 노력하고 경쟁한다. 친구와 이웃의 콧대를 눌러줘야 하고, 자식도 남보다 잘 키워야 하고, 부끄럽지 않은 아들딸이 되어 효도도 해야 하고, 도저히 용서할 수 없는 일본을 이겨야 하고, 미국에서 인정받아야 하고, 쓰레기 같은 정부도 바로잡아야 하고, 자신보다 못난 사람에겐 우월감을 느끼고, 잘난 이에겐 열등감을 느낀 후 게으른 자신을 질책하고 더 노력하느라 바쁘다. 한국인에게 쉴 틈이란 존재하지 않는다. 몸이 쉬고 있어도 정신은 쉬지 않는다. 그 결과 한국은 자살률은 가장 높고 행복지수는 가장 낮은 선진국이 되었다.

---

*   농경 혹은 목축이나 유목이 중심이다.

중앙집권의 유전자

한국의 별명 중 하나는 '서울공화국'이다. 한국은 지금은 물론이고 역사적으로 오랫동안 강력한 중앙집권을 유지해왔다. 중심이 주변에 미치는 영향력이 강할수록, 그리고 중심과 주변이 가까울수록 중심은 중요해진다. 그러나 한국이 중앙집권의 발명자는 아니다. 중앙집권, 관료제, 과거제의 최초 발명자는 중국이다.

중앙집권과 일원화된 행정은 진시황을 보필한 이사(李斯)에 의해 최초로 정립되었다. 그 결과가 군현제(郡縣制)다. 군현제는 세상의 중심인 중앙정부 밑에 주요 도시와 군-현-읍-면-리가 차례로 줄지어 있는 일원화된 행정체계다. 각각의 행정단위를 통치하는 사람 역시 정부가 임명한 공무원이다. 나폴레옹에 의해 처음 시도된 서양의 관료제와 중앙집권 역시 원조는 중국이다. 이사는 군현제를 제국 전역에 적용했다. 결과는 참혹했다. 모든 천재적 진보가 당대에 빛을 보는 건 아니다. 진시황의 폭정으로 결과가 안 좋기도 했지만, 근본적인 한계가 있었다.

중국은 넓고 인구도 많다. 고대의 행정력과 인프라로 지방과 개인 구석구석에까지 통치를 일원화하기는 어려웠다. 천하를 한데 묶으려면 구석 단위에서는 가혹한 처벌과 통제로 '공포 마케팅'을 팔아야 했다. 그 결과는 각지에서 일어난 반란이었다. 반란군 수장 중 가장 유명한 두 사람이 항우와 유방이다. 모두가 알다시피 승자는 한나라를 건국한 유방이었다. 진시황의 폭정에 신음하던 중국인들은 진시황의 모든 것을 부정했다. 항우는 책사 범증(范增)과 함께 군현제가 아닌 과거의 봉건제로 천하를 '복원'하려고 했다. 귀족 출신으로 유방의 참모진 중 장량(張良) 다음으로 중요한 역이기(酈食其) 역시 옛 봉건제의 파라다이스를 꿈꿨다.

　장량만은 달랐다. 장량은 항우를 쓰러트리기 전에도 봉건제로 회귀하는 일은 영원히 불가능하다고 보았으며, 역사의 수레바퀴는 이미 중앙집권을 향해 출발했음을 분명히 인지했다. 그는 주군인 유방의 천하통일 후 군현제와 봉건제를 절충한 군국제(郡國制)로 천하를 개편했다. 행정력이 닿는 중앙과 중앙 주변은 일원화된 직접통치로, 나머지는 이전의 봉건제에 따라 왕과 제후에게 맡기는 방식이었다. 여기에는 '행정력이 확장되는 대로' 봉국(封國)과 영지를 몰수하겠다는 전제가 깔려 있다. 유방의 무자비한 숙청*은 사실상 장량의 큰 그림이었다. 진나라의 군현제가 한나라의 군국제로 절충되었다는 사실은 의미심장하다. 중국은 하나의 일원화된 행정력으로 인민을 통치하기에는 너무 넓고 복잡하며 인구밀도가 높았다.

　《삼국지(三國志)》는 황건적의 난으로 한나라가 무너지면서 시작된다. 형식적으로는 중앙에서 임명된 관료였던 삼국지의 주인공들은 사실 현지화, 토착화된 군벌이었다. 《삼국지》를 읽으며 그들이 '한 나라의 동료 공무원'이라고 받아들일 독자는 없을 것이다. 그들은 독립된 세력이었다. 완벽한 중앙집권과 인민 통제는 중국의 오랜 꿈이었다. 지금의 중국은 꿈을 완성하기 위해 여러 무리수를 두고 있다. 그러나 전근대에는 불가능했다. 당나라의 '고위공무원'인 절도사는 지방의 치안과 국방, 권력을 중앙에서 이양받았다. 실질적으로 제후국의 왕이었다. 당나라는 절도사들의 분리독립과 반란으로 망했다. 절도사의 본질은 청나라 말기와 중화민국 시대 군벌들의 그것과 같다.

---

*　유방의 숙청 작업을 상징하는 사자성어가 바로 토사구팽(兎死狗烹)이다.

절도사와 중앙의 불화는 당나라뿐 아니라 이후에 난립한 숱한 왕조에서 반복적으로 발생했다. 오랜 혼란기를 거쳐 출현한 통일왕조인 송나라는 그때까지의 중국사는 물론 세계사적으로도 가장 중앙집권적인 국가로 출범했다. 그러나 강력한 중앙집권의 혜택과 대가를 동시에 치러야 했다. 송나라 시대 중국인들의 삶의 질은 극적으로 올라갔지만 그만큼 국방력도 약해졌다. 중앙군 중심의 편제는 국경과 현장에서 외적에 대처하는 과정을 느리고 갑갑하게 만들었다. 절도사 개인의 권력과 군사력이 대폭 줄었기에 곧바로 화끈한 대응을 할 수 없었다.

송나라는 가장 합리적인 결론을 도출했다. 군사력 동원이 비효율적이고 비싸다면 그보다 싼 값으로 외국에 재물을 바치는 편이 낫다는 결론이다. 송의 선택을 부유하지만 문약(文弱)한 나라의 나약함이라 보는 건 잘못된 관점이다. 전쟁은 한 번도 경제적 차원의 문제가 아니었던 적이 없다. 정치적인 이유도 더해진다. 자기 지역의 지배자는 자신의 부와 권력을 위해서라도 최선을 다해 싸우고 빼앗는다. 반면 철저한 관료제 체제에서 중앙의 임명을 받고 부임한 관리는 '무한책임'을 지기보다는 경력에 해가 될 실수를 줄이려고 노력한다. 승진을 위한 인사고과와 보수적인 보고서 작성이 목숨을 걸고 싸우는 일보다 중요하다. 송나라 이전의 절도사에게 자신이 다스리는 땅은 그의 재산이었다. 송나라의 절도사에게 자신이 부임한 행정구역은 나라의 땅일 뿐이다. 그의 집과 가족은 고향에 있다. 그의 미래는 앞으로 개봉(開封, 송나라의 수도)에서 얼마나 사회생활과 정치투쟁을 잘하느냐에 달려 있다.

중국에는 오랜 속담이 있다. "천하는 넓고 황제는 멀다." 이 속담은 지금 이렇게 바뀌었다. "천하는 넓고 당(공산당)은 멀다."

한국의 중앙은 멀지 않다. 오히려 세계에서 가장 중앙과 현장이 가까운 나라다. 역사적으로도 그렇다. 중앙이 힘을 가지려면 중앙의 행정이 지방 구석까지 미쳐야 한다. 그래야 중앙의 권위가 선다. 한반도의 국토와 인구는 중앙이 신경 쓰고 노력하면 결국 변방의 구석까지 닿는 딱 그 정도의 규모다. 한국에서 강력한 중앙집권의 역사는 고려 4대 임금 광종(光宗)이 호족들을 핏물로 쓸어버리면서 시작되었다. 중국에 비하면 매우 손쉬운 과정이었다. 중국의 경우 절도사 한 명과 대결하는 것에도 왕조의 운명을 걸어야 했다. 반면 국토가 비할 데 없이 좁은 데다 전국의 70% 이상이 산악지형인 한반도에서 지방의 실력자들은 중앙에 맞설 만한 생산력과 인구를 가지기 힘들었다.

광종의 뒤를 이은 성종은 최승로(崔承老)를 발탁해 숭유억불 정책을 폈지만, 그는 불교를 무시한 적이 없다. 성종에게 유교와 불교는 각자 다른 가치를 지닌다. 문화적인 부분은 불교에 맡기면 되었다. 국정 운영과 행정체계는 유교를 따르면 된다. 성종에게 유교는 학문도 믿음도 아니었다. 일원화된 행정이었다. 한국은 중앙정부 조직*은 물론 과거제, 농경에 대한 세금계산법까지 중국의 좋은 것은 모두 도입하려고 했고, 실제로 거의 전부를 도입해 꽤 그럴싸하게 현지화했다. 한국은 성공적인 현대국가의 필수 조건인 중앙집권과 관료제가 가장 잘 자리 잡은 나라 중 하나다. 그 이유에 원래부터도 오랜 경험이 있었다는 사실이 빠질 순 없다.

---

*　3성6부제(三省六部制).

소중화와 K-pop

새로운 문명적 실험은 풍요를 바탕으로 이뤄진다. 메소포타미아, 인더스와 마찬가지로 황하와 양쯔강도 문명의 실험실이 되기에 충분한 환경이다. 척박한 한반도가 취할 수 있는 방식은 성공한 실험을 수입해 현지화하고 고도로 가다듬는 것이었다. 중국 왕조의 침공에 멸망하지 않기 위해서라도 중국의 장점을 맹렬하게 모방해 강해져야 했다. 슬라보예 지젝의 구분법을 빌리자면, 한국인은 중국인 개개인이라는 현실(reality)은 '떼놈', '왕서방'이라 부르며 경멸하면서 중화라는 실재(the real)는 받들었다.

한국인의 생존본능은 두 겹이다. 한 편에서는 내가 잘 되어 잘난 인간이 되어야 한다. 또 한 편으로는 우리가 쉽게 정복당하지 않는 강한 민족이 되어야 안심하고 살 수 있다. 그런데 한국에서 내가 잘 되려면 다른 한국인을 짓밟고 올라서야 한다. 내가 잘나질수록 다른 한국인들은 못나진다. 한국이 외국을 이기려면 모두가 잘나야 할 텐데, 그건 나 혼자 남들의 시기와 질투의 대상이 되고픈 한국인의 꿈과 모순된다. 한국인은 모순의 쳇바퀴를 돌리며 사는 다람쥐다. 한국인은 **개인**으로서 내부경쟁에서 이기기 위해 중심제국의 문물을 게걸스럽게 받아들였다. 동시에 **집단**의 일원으로서 중심제국의 야욕으로부터 국가와 민족을 지키기 위해서라도 제국을 모방하고 따라잡아야 했다.

현재는 세계의 중심제국이 중국에서 미국으로 바뀌었다. 한국인만큼 미국을 사랑하는 동시에 미국을 증오하며, 미국을 이기고픈 민족은 없다고 장담한다. 1990년대, 혹은 2000년대까지 한국의 멋쟁이는 다른 한국인들보다 세련되었다는 사실을 증명하기 위해 미국인을 열렬히 모방했다. 1990년대 말의 압구정동은 말투, 옷차림, 취향까지 유사 미국인 행세를 하는 한국인으로 가득했다. 한국 대중음악은 처절하게 미국 흉내를 내는 정신적 노예나 다름없었다. 그러나 수동적인 모방 속에는 미국을 따라 잡아 미국에서도 인정받고, 결국에는 미국을 넘어서고야 말겠다는 악독한 경쟁심이 불타오르고 있었다.

세계의 중심이 중국일 때나 미국일 때나 세계 제일을 지향하는 한국인의 목표는 바뀌지 않는다. 한국의 아이돌 연습생은 극단적으로 가혹한 훈련을 기꺼이 받아들인다. 자기가 생각해도 세계적인 인정을 받으려면 비상식적인 고통을 감수해야 마땅하니 말이다. K-pop 아이돌의 춤과 노래, 태도가 세계 최고 수준인 건 당연하다. 한국 아이돌 그룹 '빅뱅(Bigbang)'이 정식 데뷔하기 전에 리더 권지용이 강대성을 혼내는 장면이 영상으로 남아있다.

"안무를 까먹는다는 게 말이 되냐? (…) 무릎 하나 깨진다고 생각하고 돌려라. 뭐 그렇게 아깝다고 살살하고 난리야. (…) 하루 남았는데 자고 있는 애들이 어디 있어?"

암기한 내용을 잊는다거나, 잠을 자는 건 정신상태가 틀려먹었다는 증거다. 이때 강대성이 연습하던 안무는 무릎 관절에 영 좋지 않은 동작이었다. 그러나 목숨도 아니고 고작 관절의 수명을 아끼다니 용서받을 수 없다. 작곡가와 뮤직비디오 연출가 등 동종업계 직업인들의 태도도 '선수'들과 크게 다르지 않다. 그들은 세계의 중심을 사랑과 증오의 감정으로 치열하게 모방한 끝에 따라잡은 실력을 질서정연하게 정돈해 펼쳐놓는다. 한국을 대표하는 영화감독 중 하나인 박찬욱은 칸 영화제에서 한국 영화가 성공한 이유를 묻는 질문에 이렇게 대답했다.

"한국 관객들은 웬만한 것에 만족하지 못하는 것 같다."
"우리(영화인들)가 많이 시달리다보니 한국 영화가 발전하게 된 것 같다."

만족하지 못하는 태도는 예술 분야는 물론 모든 산업 전반에 만연해 있다. 외국인들은 한국 문화 유행이 정부의 조직적 지원과 관리에 힘입었다고 믿는 경향이 있다. 별다른 근거가 없는 생각이다. 한류 현상은 한국적인 특질이 만들어낸 결과일 뿐이며, 숟가락을 올리기 바쁜 정치권이 방해나 안 하면 다행인 수준이다.

현재는 미국에서, 과거에는 중국에서 성공한 실험이 한반도에서 완성되는 이 구도는 역사가 깊다. 한국 네티즌은 농담 삼아 미국을 '천조국(天祖國)'이라고 부른다.* 천조란 중국 황제인 천자의 왕조를 뜻한다. 한국에서 미국 45대 대통령인 도널드 트럼프의 별명은 '트황상(皇上, 황제폐하)'이다. 조선 사대부들은 조선을 '소중화(小中華)'라고 불렀다. 비록 원조보다 규모는 작지만, 대신 더 순수하고 철저한 중화라는 뜻이다. 한국인은 오랫동안 '중화' 즉 세계중심을 모방하고 출품작을 내밀고, 나중에는 실력자가 되는 일을 역사적으로 훈련해왔다. 대한민국은 1945년 일제로부터 해방되었을 때부터 세계에서 인정받는 선진국을 목표로 했다. 한국인은 남들보다 못난 상태를 견딜 수 없어 한다. 세

---

* 한 해 국방비로 '천조원'을 쓰는 나라라는 의미도 함께 갖고 있다.

상에서 가장 좋은 결과를 차지하는 것, 그것은 생존전략이자 사회정의다.

사람이 곧 하늘이다, 통(通)과 접(接)

나는 이 작품과 연결되는 차기작에서 동학 농민운동에서부터 시작해 21세기에서 끝나는 한국 현대사를 추적할 것이다.《한국인의 탄생》의 주제가 '생존', '전쟁', '혁명'이라면, 차기작의 주제는 '산업화', '민주화', '고도화'가 될 것이다. 지금은 한국인의 탄생까지만 이야기할 수 있다. 그래도 여기서 동학을 아주 지나칠 수는 없다.

조선 성리학의 통(通)처럼 한 글자로 동학을 설명해야 한다면, 그것은 접(接, 만남)이다. 동학 신도들이 만나는 가장 작은 모임이 접(接)이며, 접의 지도자를 접주(接主)라고 한다. 통(通)의 세계엔 고정된 이치가 있고, 공부하고 수양한 결과 이치와 통하는 인간이 정해져 있다. 물론 그들은 사대부다. 나라가 뿌리까지 썩은 조선 말기, 수탈당하던 민중은 사대부와 하늘의 이치 사이의 통을 인정할 수 없었다. 접의 가치는 통과 반대다. 접은 부당한 착취를 당하는 사람들의 연대, 공감, 협동이다. 통은 수직적이다. 하늘의 가르침이 사대부로, 사대부의 통치가 백성으로 이어진다. 접은 수평적이다. 그렇다면 동학은 하늘의 이치와 닿기 위해 무엇을 해야 했을까.

아무것도 할 필요가 없다. 동학의 핵심 사상은 인내천(人乃天)이다. 사람이 곧 하늘이며 이치다. 인간은 인간인 이유만으로 존귀하며, 태어나는 순간부터 도구가 아닌 목표다.* 인내천 사상

* 당연히 동학에서 신분제는 완전히 부정된다.

은 전통적인 인(人)과 민(民)의 구분을 지웠다는 점에서 혁명적이다. 동아시아에서 인은 다스리는 소수다. 민은 통치받는 다수다. 동아시아의 전통 단어인 국인(國人)은 나라의 정부를 구성하는 의사결정권자들을 뜻했다. 동학사상에서 인간은 평등하며 누구나 통치하는 동시에 통치된다. 현대 민주주의의 참정권과 일맥상통한다. 동학농민운동에서 동학군이 조정의 관군과 싸워 승리를 거두고* 전라도를 접수한 후, 고을마다 관아(官衙)를 대신하는 집강소(執綱所)가 설치되었다. 집강소는 동학군이 봉기하기 전부터도 신도들이 꾸려가던 자치기구였다.

정도전은 인(사대부)이 민(백성)을 위해 존재해야 한다는 명제를 진리로 만들었다. 그는 인과 민의 관계를 뒤집었다. 인이 존재가치를 잃고 민이 인의 탐욕에 희생되는 세상이 오자 동학은 인과 민을 합쳤다. 정도전은 백성 곧 다수를 위한 나라를 꿈꿨고, 동학은 사람 그러니까 모두를 위한 나라를 꿈꿨다. 동학은 혁명 다음의 혁명이다. 동학의 결론은 아름다운 첨탑이다. 그러나 급변하는 세계정세 속에 위태로운 국가와 백성의 운명은 동학에 지나치게 빠른 결론을 강요했다. 동학은 탄탄한 철학적 배경 없이 종교적 믿음으로 과정을 때웠다. 동학을 공부하다 보면 우아하고 장대한 가르침에 놀라고 다시 거기에 논리적 근거가 하나도 없다는 사실에 또 놀라게 된다.

서구의 근대 철학사에는 일정한 흐름이 있다. 마르틴 루터가 기독교에 있어 믿음의 방식을 바꾸고,** 르네 데카르트가 신의 존재를 의심한다.*** 바뤼흐 스피노자는 신의 성격을 바꾼다.

* 전주화약(全州和約).
** 천주교에 대항하는 개신교의 탄생.
*** 의심하기는 하지만 결국 믿음으로 되돌아왔다.

칸트와 헤겔에게 신은 일종의 이론이다. 쇼펜하우어와 니체에 이르러 인간은 독립적 개인이 되고, 개인이 어떻게 자신의 숙명을 다루어야 하는지 고민하는 실존주의(實存主義)가 탄생한다.* 이들 철학자 중 민주공화국이라는 정치체계의 사상적 근거는 스피노자**가 완성했다.

동학은 이론적 공백을 계시, 종교체험, 기복신앙, 주문으로 돌려막았다. 비정하게 말하면 카드 돌려막기와 비슷하다. 전라도에서 봉기한 동학농민군은 충청남도 공주에서 벌어진 우금치 전투에서 1만 명이 일방적으로 학살당하며 힘을 다했다. 농민들은 제국군***의 기관포 앞에 "궁궁을을(弓弓乙乙)" 주문을 외며 몰려갔다. 그들은 궁을 주문이 총탄을 막아낸다고 믿었지만, 총탄은 동학 신도가 아니었던 탓에 그런 기적은 일어나지 않았다. 이후 러일전쟁이 끝나자 대한제국은 일본의 전리품이 되었다.

민본(民本)에서 민주(民主)까지

농산물에 대해서는 다음과 같이 외칠 수 있다. "우리 것은 소중한 것이여."**** 그러나 같은 말이 국가와 민족을 구원하기 위한 관념이 된다면 종교적 주문일 뿐이다. 동국(東國)은 한반도 국가의 오랜 별명이었다. 동학(東學)은 이름 자체가 서양과는 다른

---

* 서양 근대 철학에서 개인이 탄생하는 과정은 전작 《어떻게 휘둘리지 않는 개인이 되는가》(푸른숲, 2019)에서 요점 중심으로 추적했다.

** 바뤼흐 스피노자의 철학과 민주주의 공화국의 사상적 관계는 전작 《개인의 간격》(추수밭, 2020)에서 상세히 밝혔다.

*** 일제와 조선의 관군(官軍) 연합.

**** 판소리 명창 고 박동진 선생의 1991년과 1992년 〈솔표 우황청심원〉 CF 멘트.

'우리 것'을 뜻한다. 동학의 처절한 실패는 같은 목표를 위해서라면 서양사상을 용병으로 고용할 수도 있다는 교훈을 주었다.

외부의 힘에 강제로 정지당한 정신적 에너지는 쉽게 꺼지지 않는다. 식민지 조선인이 서양 민주주의 사상을 근간으로 3.1운동을 일으킨 사건은 동학이 남긴 에너지 없이는 설명되지 않는다. 1919년 3.1운동을 바탕으로 수립된 대한민국 임시정부는 민주공화국을 선포했다. "유구한 역사와 전통에 빛나는 우리들 대한국민은 기미 삼일운동으로 대한민국을 건립"했다는 제헌헌법 전문 첫머리는 결코 과장이 아니다.

3.1운동은 전국의 조선인이 참여함으로써 임시정부와 대한민국, 그리고 민주공화국 체제가 다수의 합의에 의해 도출되었다는 논리적 근거를 확보했다.* 3.1운동이 일제의 무력에 진압당하고 끝났기에 실패한 독립운동이라는 관념은 현대 한국인의 착각이다. 이 운동은 민족국가의 미래 정치체제를 결정했다. 제헌헌법(대한민국 최초의 헌법)의 정당성이 3.1운동 위에 서있는 것은 당연하다.

한국의 진보진영에는 역사에 무지한 관념이 하나 있다. 서양의 완제품인 민주주의가 하늘에서 뚝 떨어졌다는 것이다. 이 논리에 따르면 한국인은 민주주의를 이해하지도 체화하지도 못한 채 민주공화국 헌법을 덜컥 떠안게 되었다. 한국이 헌법상에서만이 아니라 현실에서 민주공화국이 된 이유는 이승만을 몰아낸 4.19혁명과 전두환의 신군부에 대항한 80년대의 민주화 투쟁 덕이다. 단, 이런 이야기를 주로 하는 세대는 86세대이므로 아무래도 80년대가 결정적이다. 대한민국은 1987년 군부독재를 끝

---

* 3.1운동의 역사적 의미에 대해서는 전작 《유신 그리고 유신: 야수의 연대기》(메디치미디어, 2022)에서 본문보다 자세히 설명했다.

장년 6월 혁명을 통해 민주공화국으로 완성되었다. 6월 혁명 진야를 다룬 영화 〈1987〉은 말하자면 86세대의 건국설화다.

산업화세대의 건국설화는 '민주화 설화'와는 다르다. 산업화설화에서 한국을 먹고 살 만한 나라로 만든 개국공신은 바로 산업화세대 자신들이다. 하지만 산업화세대의 자기중심적 사고방식도 만만치는 않다. 그들의 기적도 부모인 자영농 세대의 노고 없이는 불가능했다. 그런데 원래 번데기의 방언이었던 '꼰대'라는 말은 부모를 비하하는 산업화세대의 유행어였다. 자식들 건사하고 공부시키느라 극한의 노동을 감수한 농부들은 근대교육을 받은 젊은 시절의 산업화세대에게 무식하고 초라해 보였다. 남매들을 키우며 고생하신 어머니 생각에 눈물짓게 된 건 제 자식들도 자기만큼 불효자라는 사실을 확인한 후의 일이다. 따지고 보면 3.1운동 세대도 동학 세대를 무시했으니 인간의 자기중심적 사고방식은 고질병인 모양이다.

민주화 설화를 뒷받침하기 위해 자주 애용되는 근거가 한국은 헌법을 직접 작성하지 않았다는 이야기다. 자생적인 정치철학의 발달 없이 독일 바이마르(Weimar) 공화국 헌법을 베끼다시피 했다는 설명인데, 맞는 말이다. 그런데 애초에 왜 베끼면 안 되는지 알 수가 없다. 민주공화국을 수립한 선택에 자체적인 역사의 힘이 작용했다는 사실이 중요하지, 현대식 공장을 '자생적으로' 세우기 위해 대장간에서부터 출발할 이유는 없다.

현재 세계의 공화국 대부분의 헌법은 바이마르 공화국 헌법을 기초로 하고 있다. 헌법 세계지도를 만들면 바이마르 계열의 헌법이 전 세계 대부분을 뒤덮는다. 프랑스와 이탈리아의 헌법도 바이마르 헌법을 베꼈다. 두 나라의 헌법은 한국의 제헌헌법보다 늦게 수립된 데다가 '원본'인 바이마르 헌법과 더 많은 공통점을 가지고 있다. 바이마르 공화국 헌법을 베끼지 않은 헌법은, 좀 과장하자면 중국이나 북한의 것과 같은 대단히 독창적인 헌법을 제외하면 없다고 봐도 무방하다.

대한민국의 헌법은 강대한 위력을 발휘해왔다. 조선 성리학은 한국인을 언어로 정리된 보편적 가치를 추구하는 민족으로 만들었다. 한국에서 무력을 동반한 권력은 문자로 쓰인 제도에 패배했다. 4.19 혁명의 명분은 헌정 가치였다. 이승만을 권좌에서 끌어내린 힘은 헌법에서 나왔다. 헌법은 결코 일부 진보 지식인들의 표현처럼 '장식'이 아니었다. 이승만의 계엄령과 발포 명령을 거부한 군 장성들 역시 군인은 헌정 가치를 수호한다는 사명감으로 목숨을 걸었다. 그들에게 국가는 이승만이 아니라 헌법과 국민이었다.

한국인은 일상에서 다혈질의 기분파지만, 큰일을 위해 결집했을 땐 로고스(Logos, 옳은 말씀)의 민족이다. 6월 혁명은 '대한민국은 민주공화국'이며 '모든 권력은 국민으로부터 나온다'는 제도를 재확인한 사건이다. 반면 제도적 근거가 다른 북한은 일개 가문의 혈통 독재로 귀결되었다. 한국의 역사는 단절된 적이 없다. 단절된 곳이 있다면 남한이 아니라 북한이다.

현재 한국의 성공과 고려, 조선, 일제강점기는 강하게 연결되어 있다. 맹자에서 탄생한 정도전의 민본, 민본을 대체한 인내천, 현재의 서양식 민주주의까지 한국의 정치사상은 끊기지 않은 역사적 흐름을 유지하고 있다. 한국이 아시아 전체에서 가장 성공한 민주주의 국가로 정평이 났다는 사실이 강력한 증거다. 이 정도로 독보적인 성취가 20세기 한국인의 노력만으로 이루어졌다고 믿는다면 현대인의 오만이다. 애초에 한국은 아시아에서 국민의 힘으로 민주주의를 완성하기에 가장 쉬운 조건이 주어져 있었다. 86세대의 정치는 어째서인지 민족주의적이면서도 민족사를 무시한다.

나는 맹자와 민본, 동학, 3.1만세운동이 살아서 20세기 한국의 민주화를 이끌었다고 주장하는 게 아니다. 그들은 차례로 사망했다. 한국인은 국민의 힘으로 민주화에 성공한 나라에 살고 있다는 자부심 때문에 '민주주의는 피를 먹고 자라는 나무'라는 말을 좋아한다. 여기엔 치를 대가를 다 치렀다는 당당한 감정이 숨어있다. 물론 같은 말을 하면서 보수주의자는 6.25 전쟁에서 국군이 흘린 피를 생각할 것이고, 진보주의자는 민주화 투사들의 희생을 떠올리는 차이가 있겠지만 말이다. 한국의 민주주의는 피를 먹고 자랐으되, 조선 성리학과 동학의 무덤에 뿌리를 내리고 자라났다.

수많은 죽음 중에는 새로운 생명이 자라날 양분이 되는 죽음도 있다. 한국인에게 선조들의 죽음은 비옥한 거름이 되었다. 국민적 바람에도 불구하고 민주화에 성공하지 못한 국가들이 많다. 진심으로 미안한 이야기지만 한국과 역사가 다른 이상 한국보다는 힘들 것이다. 한반도의 환경이 한반도 주민에게 강요한 응집력은 생각보다 대단하다. 한국의 역사는 동시대를 사는 이들끼리 응집해온 역사지만, 시간적 차원에서도 선조와 후예가 강하게 응집해 있다. 행운이자 지긋지긋한 징그러움이다. 왜 단군은 이런 데다가 나라를 세워서, 왜 선조들은 이런 나라를 물려줘서 이 고생을 시킨단 말인가. 그러나 한국인은 선조들의 노고 앞에 진심으로 숙연해지는 몇 안 되는 민족이기도 하다. 한국인에게 있어서는 선조와 후예의 관계도 애증으로 묶여 있다. 한국인은 하루아침에 만들어지지 않았다.

나가는 글
한국인은 성격이 너무…

우리의 이야기는 여기까지다. 나는 처음에 이 책의 마지막을 지루하게 장식하는 실수를 저지를 뻔했다. 한국의 독자들이 마음에 새겨주기를 바라면서 이 나라가 잘되기 위해서는 첫째로는 사회 신뢰성이 중요하고, 둘째로는 평등의 원칙이 다시 소환되어야 한다는 식의 문장을 끄적였다. 인식의 오류를 저지른 셈이다. 뻔하고 지루하다고 해서 좋은 말은 아니다. 오히려 그 반대일 확률이 높다. '입에 쓴 약이 몸에 좋다'는 말이 있다. 약이니까 써도 좋을 뿐 쓴맛을 내는 것 대부분은 건강에 치명적이다.

한국이 어떤 사회가 되길 바라는지는 한국 독자들의 몫이다. 나는 거기에 간섭할 권리가 없다. 이 책은 한국인의 기원을 설명하는 이야기이지, 한국인이 나아갈 방향을 지도하려고 하는 건방진 도덕 교과서가 아니다. 그러므로 무엇이 옳거나 그른지 판단하지 않겠다.

나는 한국인이 행복하길 바란다. 그러나 앞으로도 한국인은 화가 많고 고통스러울 것이다. 성격이 그 모양인데 행복할 수가 없다. 반면 한국이 앞으로 어떤 위기에 처할지 알 수 없지만, 결국엔 극복하고 회복할 것이다. 한국의 미래는 희망적이다. 현재 상태에 만족하기엔, 한국인은 성격이 너무 나쁘기 때문이다.

353

마지막으로 감사의 말을 덧붙인다. 행여나 이 책에 조금이라도 참고할 만한 관점이 있다고 해도, 나 혼자의 성취가 될 수는 없다. 양심에 따라 나의 정치적·사상적 동지를 밝혀둔다. 살아오며 많은 이들의 도움으로 나의 둔한 지성이 조금 다듬어졌지만 여기서는 두 사람만 밝힌다. 첫 번째는 한윤형 작가다. 나이는 나보다 어리지만, 칼날처럼 예리한 그의 지성은 내가 범접할 수 없는 영역에 있다. 그의 혜안과 통찰은 지금껏 내가 어리석음에 빠지지 않도록 도와주는 소중한 나침판이 되어왔다. 우리는 한국과 한국인에 관한 각자의 책을 쓰면서 '같은 산의 정상을 다른 방향으로 오르는 사이'임을 확인했다. 독자 여러분이 한윤형의 책《상식의 독재》를 통해 그의 천재성을 확인하기를 바라는 마음이다.

친우이자 동지인 박기태 변호사도 언급하지 않을 수 없다. 그는 윤리적으로는 여느 철학자에, 미학적으로는 여느 예술가에 뒤처지지 않는 지성인이다. 흔들림 없이 균형 잡힌 단단한 교양의 소유자인 그와의 대화는 언제나 지적 희열을 선물한다. 다방면에 걸친 깊고도 정확한 지식, 언제나 진실한 맥락과 사실을 흔들림 없이 지향하는 냉철한 태도는 내가 지금 수준의 교양이나마 유지하는 데에 큰 도움을 주었다. 나는 원고를 쓰는 과정에 있어 그의 냉철한 질문들에 답해야 했으며, 그 결과 본문이 더욱 충실해졌음을 밝힌다.

참고문헌

· 강문식 외, 《고려에서 조선으로: 여말선초, 단절인가 계승인가》, 역사비평사, 2019

· 고구려연구회, 《서희와 고려의 고구려 계승의식》, 학연문화사, 1999

· 공자 지음, 김용옥 역주, 《논어한글역주 1-3》, 통나무, 2008

· 구범진, 《병자호란, 홍타이지의 전쟁》, 까치, 2019

· 국립문화재연구소 편, 《한국고고학전문사전: 성곽·봉수 편》, 국립문화재연구소, 2012

· 국사편찬위원회, 《쌀은 우리에게 무엇이었나》, 두산동아, 2009

· 권근 지음, 한국학자료원 편집부 편역, 《입학도설(入學圖說) 전(全)》, 한국학자료원, 2023

· 권순형 편역, 《고려사열전》, 타임기획, 2005

· 권용호, 《고구려와 수의 전쟁: 『수서(隋書)』를 통해 보는 동북아 최대의 전쟁 이야기》, 지식을만드는지식, 2023

· 권행완, 《왕도와 패도: 정도전의 경세철학 연구》, 한국학술정보, 2012

· 길승수, 《고려거란전쟁》, 들녘, 2023

· 김갑동, 《고려 시대사 개론》, 혜안, 2013

· 김강식, 《문무를 갖춘 양반의 나라》, 한국학중앙연구원, 2015

· 김기흥, 《고구려 건국사: 되찾은 주몽 신화의 시대》, 창비, 2002

· 김당택, 《이성계와 조준·정도전의 조선왕조 개창》, 전남대학교출판문화원, 2012

· 김덕진, 《대기근 조선을 뒤덮다: 우리가 몰랐던 17세기의 또 다른 역사》, 푸른역사, 2008

· 김동실·박유미, 《한국 고대 음식문화사》, 학연문화사, 2020

· 김무진, 〈조선후기 식목활동에 관한 연구〉, 《한국학논집 제43집》, 계명대학교 한국학연구원, 2011

· 김백희, 《부끄러워할 줄 아는 선비: 조선 사대부의 윤리》, 한국학중앙

연구원, 2015

· 김석준,《일곱얼굴 고려사》, 부크크, 2021

· 김성우,《조선시대 경상도의 권력 중심 이동: 영남농법과 한국형 지역 개발》, 태학사, 2012

· 김숙희,《한국의 음식 김치》, 이화여자대학교출판문화원, 2010

· 김영복,《한국음식의 뿌리를 찾아서》, 백산출판사, 2008

· 김용선,《먼 고려사 가까운 이야기》, 일조각, 2022

· 김용옥,《맹자 사람의 길 상-하》, 통나무, 2012

· 김우현,《주자학, 조선, 한국》, 한울, 2011

· 김운회,《몽골은 왜 고려를 멸망시키지 않았나: 교과서에서 배울 수 없는 한몽관계사》, 역사의아침, 2015

· 김위현,《거란동방경략사연구》, 명지대학교출판부, 2004

· 김위현,《거란사회문화사론》, 경인문화사, 2004

· 김위현 외 옮김,《국역 요사 상-하》, 단국대학교출판부, 2012

· 김인호,《고려후기 사대부의 경세론 연구》, 혜안, 1999

· 김인희 편,《움직이는 국가, 거란: 거란의 통치전략 연구》, 동북아역사재단, 2020

· 김자현 지음, 주채영 옮김,《임진전쟁과 민족의 탄생》, 너머북스, 2019

· 김재만,《거란·고려관계사 연구》, 국학자료원, 1999

· 김재호,《대체로 무해한 한국사: 경제학 히치하이커를 위한 한국사 여행안내서》, 생각의힘, 2016

· 김재호,〈조선후기 한국 농업의 특징과 기후생태학적 배경〉,《비교민속학 제41집》, 비교민속학회, 2010

· 김진섭,《정도전의 선택: 백성의 길, 군왕의 길》, 아이필드, 2013

· 김진섭,《정도전의 시대를 읽다: 격변기의 혁명과 개혁 그리고 진보와 보수》, 지성사, 2020

· 김창현,《고려 개경의 편제와 궁궐》, 경인문화사, 2011

· 김창현,《한국 중세의 사상과 문화》, 경인문화사, 2022

· 김현철 편,《3.1운동과 대한민국 임시정부의 재조명 1-2》, 동북아역사

재단, 2019-20

· 김형광,《하룻밤에 읽는 고려야사: 고려 500년 야사를 하룻밤에 읽는
다》, 시아컨텐츠, 2017

· 김호동,《고려사회의 이모저모》, 경인문화사, 2017

· 김호숙·마석한,《단군과 고조선: 삼국유사 제왕운기 삼국사기로 보
는》, 한국학술정보, 2021

· 김호숙·마석한,《고조선과 동이: 사기·한서·삼국지·후한서로 읽어보
는》, 한국학술정보, 2022

· 김희선,《동아시아 도성제와 고구려 장안성》, 지식산업사, 2010

· 다케미쓰 마코토 지음, 김승일 옮김,《고구려 광개토대왕》, 범우, 2009

· 단국대학교 동양학연구원, 고조선사연구회 편,《고조선과 위만조선의
연구쟁점과 대외교류》, 학연문화사, 2015

· 도현철,《고려말 사대부의 정치사상연구》, 일조각, 1999

· 동북아역사재단 편,《고조선·단군·부여》, 동북아역사재단, 2015

· 동북아역사재단 편,《송사 외국전 역주 1-3》, 동북아역사재단, 2011-13

· 동북아역사재단 편,《송서 외국전 역주》, 동북아역사재단, 2010

· 동북아역사재단 편,《요사·금사·원사 외국전 역주》, 동북아역사재단,
2014

· 동북아역사재단 편,《주서·수서 외국전 역주》, 동북아역사재단, 2010

· 동북아역사재단 편,《황해도 지역 고구려 산성》, 동북아역사재단,
2015

· 동북아역사재단 한국고중세사연구소 편,《고구려 초기 국가체제와 대
외관계》, 동북아역사재단, 2022

· 동북아역사재단 한국고중세사연구소 편,《역주 중국 정사 동이전 2:
진서~신오대사 고구려·발해》, 동북아역사재단, 2020

· 루이스 프로이스 지음, 정성화·양윤선 옮김,《임진난의 기록》, 살림,
2008

· 마따정·양빠오룽 등 지음, 서길수 옮김,《중국이 쓴 고구려 역사》, 여유
당, 2007

참고문헌

- 맹자 지음, 김원중 옮김, 《맹자: 민심을 얻는 왕도정치의 고전》, 휴머니스트, 2021
- 문경호, 《바다에서 발굴한 고려사》, 푸른역사, 2023
- 문철영, 《인간 정도전: 순수 이성에서 예언자적 죽음으로의 여정》, 새문사, 2014
- 미야지마 히로시, 《미야지마 히로시, 나의 한국사 공부: 한국사의 새로운 이해를 찾아서》, 너머북스, 2013
- 미야지마 히로시 지음, 박은영 옮김, 《한중일 비교 통사: 역사상의 재정립이 필요한 때》, 너머북스, 2020
- 민덕식, 〈고구려 평양성과 신라왕경의 구역분할제 비교〉, 《백산학보 제75호》, 백산학회, 2006
- 민덕식, 〈고구려 평양성의 도시형태와 설계〉, 《고구려발해연구 제15호》, 고구려발해학회, 2003
- 박경순, 《새로 쓰는 고구려 역사》, 내일을여는책, 2019
- 박남일, 《꿈 너머 꿈을 꾸다: 정도전의 조선 창업 프로젝트》, 서해문집, 2008
- 박대재, 《고대한국 초기국가의 왕과 전쟁》, 경인문화사, 2006
- 박봉규, 《광인 정도전》, 아이콘북스, 2014
- 박성봉, 《고구려의 남진 발전과 사적 의의》, 경인문화사, 2015
- 박영규, 《한권으로 읽는 고구려왕조 실록》, 웅진지식하우스, 2004
- 박영규, 《한권으로 읽는 고려왕조 실록》, 웅진지식하우스, 2004
- 박용운, 《고려사회의 여러 역사상》, 신서원, 2002
- 박유미, 《고구려 음식문화사》, 학연문화사, 2017
- 박정진, 《단군신화에 대한 신연구》, 한국학술정보, 2010
- 박종기, 《고려사의 재발견》, 휴머니스트, 2015
- 박종기, 《새로 쓴 오백년 고려사: 역사학자 박종기의 정통 고려 역사》, 휴머니스트, 2020
- 박종기, 《조선이 본 고려: 승자의 역사를 뒤집는 조선 역사가들의 고려 열전》, 휴머니스트, 2021

- 박치정, 《화령국왕 이성계: 난세의 영웅! 이성계의 리더십!》, 삼화, 2015
- 박홍규·최상용, 《정치가 정도전》, 까치, 2007
- 방기철, 《한국 역사 속의 음식 1-2》, 경진, 2022
- 복기대, 《우리는 고조선을 어떻게 이어왔는가: 문헌 사료로 살펴보는 시대별 고조선 인식》, 덕주, 2023
- 샌더 엘릭스 카츠 지음, 한유선 옮김, 《음식의 영혼, 발효의 모든 것: 지구촌 발효음식의 역사, 개념, 제조법에 관한 기나긴 여행》, 글항아리, 2021
- 서권, 《시골무사 이성계》, 다산책방, 2012
- 서길수, 《고구려 축성법 연구》, 학연문화사, 2009
- 서병국, 《거란제국사연구: 거란제국의 지나인 통치 성공 이유》, 한국학술정보, 2006
- 서병국, 《고구려: 소중한 우리》, 한국학술정보, 2011
- 서영교, 《고구려, 전쟁의 나라: 7백 년의 동업과 경쟁》, 글항아리, 2007
- 설중환, 《다시 읽는 단군신화》, 정신세계사, 2009
- 송은명, 《인물로 보는 고려사》, 글로북스, 2012
- 송현모, 《다시 쓰는 한국사, 병자호란》, 반달뜨는꽃섬, 2023
- 송호정, 《단군, 만들어진 신화》, 산처럼, 2004
- 순자 지음, 김학주 옮김, 《순자》, 을유문화사, 2008
- 심정보, 《백제 산성의 이해》, 주류성, 2009
- 안미애, 《한국인이 꼭 알아야 할 30가지 남한산성 이야기》, 라온북, 2016
- 안정준, 《반전의 한국사: 동아시아를 뒤흔든 냉전과 열전의 순간들》, 웅진지식하우스, 2022
- 안주섭, 《고려 거란 전쟁》, 경인문화사, 2003
- 양시은, 《고구려 성 연구》, 진인진, 2016
- 연세대국학연구원 편, 《고려사색인 인명, 지명편》, 신서원, 1996
- 오구라 기조 지음, 이신철 옮김, 《조선사상사: 단군신화부터 21세기 거리의 철학까지》, 길, 2021

· 오구라 기조 지음, 조성환 옮김, 《한국은 하나의 철학이다: 리(理)와 기(氣)로 해석한 한국 사회》, 모시는사람들, 2017

· 원종선, 《고구려의 핵심 산성을 가다: 수도방어의 전략적 산성 85개》, 통나무, 2020

· 원종선, 《요동 고구려 산성을 가다: 73개 고구려산성 현장답사》, 통나무, 2018

· 월운 스님 옮김, 《부모은중경》, 지영사, 2005

· 유근표, 《인조仁祖 1636: 혼군의 전쟁, 병자호란》, 북루덴스, 2023

· 유승원, 《사대부시대의 사회사: 조선의 계급·의식·정치·경제구조》, 역사비평사, 2020

· 유준호, 《병자호란 김화전투 조선의 자존심을 구하다》, 시간의물레, 2022

· 윤내현, 《고조선 연구 상-하》, 만권당, 2015-16

· 윤덕노, 《음식으로 읽는 한국 생활사》, 깊은나무, 2014

· 윤병모, 《동아시아의 산성과 평지성 1-2》, 한국학술정보, 2013

· 윤병모, 《요동지역의 고구려 산성 1-2》, 한국학술정보, 2013

· 윤병철, 《조선, 말이 통하다: 민중과 사대부, 그들의 이데올로기와 커뮤니케이션 전략》, 커뮤니케이션북스, 2006

· 이기봉, 《하늘의 나라 신화의 나라: 단군, 혁거세, 주몽 등 고대 국가 시조들은 왜 하늘의 아들일까》, 덕주, 2021

· 이동희, 《조선조 주자학의 영광과 그늘》, 문사철, 2023

· 이두순, 《문틈으로 본 조선의 농업과 사회상》, 한국농촌경제연구원, 2018

· 이미지, 《태평한 변방: 고려의 對거란 외교와 그 소산》, 경인문화사, 2018

· 이사벨라 버드 비숍 지음, 신복룡 옮김, 《조선과 그 이웃나라들》, 집문당, 2019

· 이성진, 《정도전의 일대기: 조선개국 일등공신》, 한솜미디어, 2007

· 이승한, 《고려 무인 이야기 1-4》, 푸른역사, 2019

- 이승한, 《고려 왕조의 위기, 혹은 세계화 시대》, 푸른역사, 2015
- 이승한, 《몽골 제국의 쇠퇴와 공민왕 시대》, 푸른역사, 2018
- 이식 지음, 이근용 옮김, 《남한산성 일기》, 보고사, 2022
- 이영아, 〈서양인의 눈에 비친 조선인의 인종적 특질 연구-새비지 랜도어(Arnold H. Savage Landor)의 『고요한 아침의 나라 조선(Corea or Cho-sen: The Landof the Morning Calm)』을 중심으로〉, 《Homo Migrans Vol.3》, 이주사학회, 2010
- 이윤섭, 《다시 읽는 삼국사 2: 고구려와 수·당의 전쟁》, 책으로 보는 세상, 2014
- 이윤섭, 《역동적 고려사》, 필맥, 2004
- 이은봉 편, 《단군신화연구》, 온누리, 2019
- 이정빈, 《고구려-수 전쟁: 변경 요서에서 시작된 동아시아 대전》, 주류성, 2018
- 이정선, 《고려 시대의 삶과 노래》, 보고사, 2016
- 이정신, 《고려 시대의 정치변동과 대외정책》, 경인문화사, 2004
- 이진한, 《고려 시대 대외교류사 연구》, 경인문화사, 2023
- 이창주, 《유라시아대륙한민족통사 고려사람들 까레이스키》, 국제한민족재단, 2017
- 이철승, 《쌀 재난 국가》, 문학과지성사, 2021
- 이철호, 《한국음식의 역사》, 자유아카데미, 2017
- 이태진, 《조선유교사회사론》, 지식산업사, 1990
- 이한우, 《왜 조선은 정도전을 버렸는가?: 조선 역사의 56가지 진실 혹은 거짓》, 21세기북스, 2009
- 임기환, 《고구려와 수·당 70년 전쟁》, 동북아역사재단, 2022
- 임용한, 《전쟁과 역사 2: 거란·여진과의 전쟁》, 혜안, 2004
- 임용한·조현영, 《병자호란: 그냥 지는 전쟁은 없다》, 레드리버, 2022
- 자현, 《자현 스님의 조금 특별한 불교 이야기: 자본과 권력의 관점에서 본 새로운 불교의 역사》, 불광출판사, 2012
- 장동익, 《고려사 연구의 기초》, 경인문화사, 2016

· 장창은,《고구려 남방 진출사》, 경인문화사, 2014
· 전인권·정선태·이승원,《1898, 문명의 전환: 대한민국 기원의 시공간》, 이학사, 2011
· 정도전 지음, 심경호 옮김,《삼봉집: 조선을 설계하다》, 한국고전번역원, 2013
· 정동민,《고대 동아시아 최대의 충돌, 고구려-수 전쟁》, 신서원, 2022
· 정명섭,《왜란과 호란 사이 38년: 한국사에서 비극이 반복되는 이유》, 추수밭, 2019
· 정재수,《고구려 역사의 부활》, 논형, 2018
· 정재훈 외,《16세기, 성리학 유토피아》, 민음사, 2014
· 정호섭,《고구려사와 역사인식》, 새문사, 2016
· 정호완,《우리말로 본 단군신화》, 명문당, 1994
· 정혜경,《발효 음식 인문학: 기다림이 빚은 궁극의 맛, 문화로 풀어내다》, 헬스레터, 2021
· 제임스 S. 게일 지음, 최재형 옮김,《조선, 그 마지막 10년의 기록: 1888~1897》, 책비, 2018
· 조면구,《북한산성》, 대원사, 1998
· 조열태,《정도전과 조선건국사: 고려 멸망과 조선 개국》, 이북이십사, 2014
· 조유식,《정도전을 위한 변명: 혁명가 정도전, 새로운 나라 조선을 설계하다》, 휴머니스트, 2014
· 조현설,《마고할미 신화 연구》, 민속원, 2023
· 주영하,《식탁 위의 한국사: 메뉴로 본 20세기 한국 음식문화사》, 휴머니스트, 2013
· 주영하,《음식 인문학: 음식으로 본 한국의 역사와 문화》, 휴머니스트, 2011
· 주영하,《한국인은 왜 이렇게 먹을까?: 식사 방식으로 본 한국 음식문화사》, 휴머니스트, 2018
· 주희 지음, 성백효 편역,《논어집주》, 전통문화연구회, 2010

· 진용선,《강원도 산성기행》, 집문당, 1996
· 쳉후이 지음, 안병우, 권소연, 이민기 옮김,《거란 잊혀진 유목제국 이야기》, 네오, 2018
· 최용범,《하룻밤에 읽는 고려사》, 페이퍼로드, 2022
· 최종택,《아차산 보루와 고구려 남진경영》, 서경문화사, 2013
· 최준식,《한국 음식은 '밥'으로 통한다: 우리 음식문화 이야기》, 한울, 2014
· 한국문화재보호재단 편,《한국음식대관 1-6》, 1997-2002
· 한국중세사학회,《21세기에 다시 보는 고려 시대의 역사》, 혜안, 2018
· 한국역사교육연구회,《거란의 침입과 귀주 대첩: 우리 땅 넓은 땅 한국사 이야기 11》, 한국가우스, 2014
· 한명기,《병자호란 1-2》, 푸른역사, 2013
· 한명기,《원치 않은 오랑캐와의 만남과 전쟁: 조·청 관계와 병자호란》, 동북아역사재단, 2020
· 한명기,《정묘·병자호란과 동아시아》, 푸른역사, 2009
· 한복려,《음식 고전: 옛 책에서 한국 음식의 뿌리를 찾다》, 현암사, 2016
· 한승훈,《무당과 유생의 대결: 조선의 성상파괴와 종교개혁》, 사우, 2021
· 한영우,《다시 찾는 우리역사 1: 고대·고려》, 경세원, 2017
· 한영우,《정도전: 왕조의 설계자》, 지식산업사, 1999
· 허태구,《병자호란과 예, 그리고 중화》, 소명출판, 2019
· 홍승기,《고려 사회사 연구》, 일조각, 2001
· A.H.새비지 랜도어, W.R.칼스 지음, 신복룡·장우영 옮김,《고요한 아침의 나라 조선 / 조선풍물지》, 집문당, 2019
· E.J.오페르트 지음, 신복룡·장우영 옮김,《금단의 나라 조선》, 집문당, 2000
· KBS 역사저널 그날 제작팀,《역사저널 그날 고려 편 1-4》, 민음사, 2019

- 《고려사》, 《고려사절요》 https://db.history.go.kr/KOREA/
- 《삼국사기》 https://db.history.go.kr/id/sg
- 《삼국유사》 https://db.history.go.kr/id/sy
- 《조선왕조실록》 https://sillok.history.go.kr
- 문화재청 http://cha.go.kr
- 한국민족문화대백과사전 https://encykorea.aks.ac.kr
- 한국고전종합DB http://db.itkc.or.kr

'귀주대첩' 전투에 관한 하나의 주장

이 글은 본문의 귀주대첩 부분을 보강하기 위하여 따로 서술되었으며, 역사 기록이 미비한 전근대 전투를 군사학적 방식으로 분석해 재구성하는 전투 복원 작업을 함께 수행하였다.

시작하며

귀주대첩은 여러 정황상 수일 밤낮으로 지속되었음이 분명하며, 〈고려사〉와 〈고려사절요〉가 귀주대첩을 기술한 1019년 음력 2월 1일(양력 3월 10일, 이후 따로 표시하지 않은 날짜는 모두 음력을 기준으로 한다)은 승리가 결정된 날일 뿐 이날에 전투 개시와 진행, 종료 모두가 이루어졌을 가능성은 없다고 판단된다. 한국사 1차 사료는 특정 사건을 대체로 하루의 기사(記事)로 기록한다. 더욱이 거란군은 음력 1월 23일 연위주(漣渭州, 연주와 위주)에서 고려군에게 타격을 입은 후 가까운 귀주로 직행했는데, 이 과정에 8일이나 걸렸을 가능성은 없다.

나는 귀주대첩의 전투 시간을 2박 3일로 특정한다. 물론 이는 1차 사료에 기록된 시간이 아님을 미리 밝혀둔다. 이 글에서는 전투 시간뿐 아니라 책 본문에 묘사한 전투 국면과 김종현이 지휘한 기병대의 정체성과 기병대 돌격 시점에 관한 판단까지도 함께 서술하고자 한다.

아래 본문에서는 다음과 같은 사항들에 대해 풀어볼 것이다.

① 연위주 전투의 종료 시점인 음력 1월 23일부터 귀주대첩의 종료
시점인 2월 1일까지 총 8일로 한정되는데, 이 사이 이동에 7일이
걸릴 수는 없다는 점
② 2박 3일보다 더 길어지면 귀주에서의 대치에서 고려군이 한계점
에 몰린다는 점
③ 무박 2일이라면 강감찬의 설계에서 20만이 귀주로 들어가야 할
이유가 없고 거란군 기동 역시 너무 늦어진다는 점

1. 전투는 적어도 하루 이상이었다

귀주대첩(반령전투까지를 포함함)으로 종료된 거란의 3차 침공에
서 거란 침공군은 기병 위주로 기동력에 중점을 둔 편제를 마치
고 고려 국내로 진입했다. 3차 침공 당시 거란군의 기동은 성종
이 많은 수의 보병과 함께 친정(親征)한 2차 침공과 비교해 매우
빨랐다. 또한 2차 침공 때와 달리 고려군에게 연속적인 피해를
강요당하면서도 전군이 일체적으로 움직였다.

책의 본문에서는 거란군을 100% 기병으로 간주했다. 거란
군 편제 중 우피실군-천운군-요련장군이 보병일 가능성은 아예
없으며, 그중 약간의 가능성이 있다면 향병인 발해군뿐이다. 그
러나 이는 이론적인 가능성일 뿐으로, 실제로는 가능하지 않다.
수준이 높은 부대 A와 낮은 부대 B가 함께 활동하면 전 부대의
수준은 B에 가깝게 수렴된다. 마찬가지로 기동력이 높은 부대 A
와 낮은 부대 B가 함께 작전을 수행하면 작전 속도는 B에 수렴
된다. 보병의 양적 충격이 주는 이점을 포기하는 동시에, 보병의
단점에 발목이 잡히지 않게 편제한 침공군에 오직 발해군만 보

병으로 편제하거나, 보병을 포함했다는 가정은 군사학적으로 의아하다.

거란군은 12월 10일 흥화진전투에서 고려군의 수공에 패배한 후, 고려군의 유격전에 거듭된 피해를 강요당하면서도 개경에 당도하기까지 20여 일밖에 걸리지 않았다. 그런데 귀주와 매우 가까운 연주와 위주의 전투 후 8일이나 걸려 귀주를 지날 수는 없을 것이다.

2월 6일, 현종은 승전한 강감찬을 영파역에서 맞이하는데, 이날은 귀주대첩일과 불과 5일 차이다. 영파역은 당시 수도인 개경에서 가까운 곳이었으므로 최전방인 귀주 기준에서는 연주와 위주와는 비교할 수 없이 멀다. 여기서 1차 사료의 기사에서 발췌한 내용을 읽을 필요가 있다.

"시체가 들을 덮었고 사로잡은 포로, 노획한 말과 낙타, 갑옷, 병장기를 다 셀 수 없을 지경이었다. 살아서 돌아간 자가 겨우 수천 명이었으니, 거란의 패배가 이토록 심한 적은 없었다."
— 〈고려사〉, 강감찬 열전 중

"삼군(三軍)이 승리하고 돌아와 노획물을 바치니, 왕이 친히 영파역에서 맞이하고 (…) 음악을 준비하여 장수들과 병사들에게 연회를 베풀어주었다."
— 〈고려사절요〉 현종 10년 2월 중

위의 모든 과정은 실제로 이루어졌으며, 그렇지 않을 이유도 전혀 없다. 그러나 5일이라는 시간은 매우 촉박하다. 승리를 확인한 후 곧바로 복귀 행군을 하는 부대는 없다. 아군의 물자와 병장기를 재수습해야 하며, 적의 병장기와 물자를 노획해 분류하고, 적절한 휴식을 취해야 한다. 전사자의 시신과 부상자의 건강을 적절히 다루어야 하는데, 적 전사자는 그냥 내버려 둘 수 있다고 해도(귀주대첩처럼 규모가 큰 전투에서는 이조차 불가능하다) 포로는 살리든 죽이든 결정해서 행동해야 한다. 마지막으로 적 포로를 무장해제하고 제압해야 한다.

고대 동아시아 사료 기사의 특성상 결정적인 사건이 벌어진 확정일이 귀주대첩 5일 후인 2월 6일이었을 것이며, 그 결정적 사건이란 현종과 강감찬의 감동적인 재회다. 두 사람은 이 기쁜 순간을 위해 각각 개경과 귀주에 떨어져 약속된 자신의 역할을 수행했다. 현종은 수도 개경과, 강감찬은 고려군과 운명을 함께 했었다.

여기서 우리는 두 가지 경우를 생각해볼 수 있다.

① 삼군(三軍)이란 전군(全軍, 모든 군대)의 관용적 표현이다. 주력이 보병인 대부대 전체가 "다 셀 수 없을 지경"인 "포로, 노획한 말과 낙타, 갑옷, 병장기"를 가지고 정말로 5일 만에 먼 행군 거리를 주파해 최전방에서 개경 근처까지 남하했다.
② 군주인 현종과 직접 대면해 승리를 전하기 위해 강감찬을 비롯한 소수 혹은 일부만 개경-영파역을 향해 먼저 내려왔으며, 나머지 후속 조치들은 순차적으로 이루어졌다.

우리는 현실적으로 ②의 가능성을 고려하지 않을 수 없다. 강감찬이 현종을 향해 아무리 급하게 내려왔더라도 그것은 승전의 기쁨을 나누기 위한 조급함이지, 귀주대첩으로 승부가 나기 전까지 강요되었던 전쟁 상황의 급박함과는 차원이 다르다. 거란의 3차 침공 후 귀주대첩 이전까지의 양군(兩軍)보다 여유로운 행군을 했을 강감찬 일행이 최전방에서 수도권(혹은 수도권 경계)까지 닿는 시간이 5일이라면, 인근 전방 지역인 연위주와 귀주 사이의 거란군 이동 시간이 8일일 수는 없으며, 반드시 이보다 축소되어야 할 것이다.

3차 침공 당시 거란군의 기동은 압록강을 포함한 최전방에서 개경 사이의 왕복(往復)으로, 개경까지의 왕(往)과 귀주까지의 복(復)으로 단순 명확하게 구성된다. 개경까지는 가급적 피해를 최소화하고 개경이라는 목표를 취하기 위해 기동력을 발휘했으며, 압록강을 향할 때는 역시 피해를 최소화하고 본국으로 철수하기 위해 최대한의 속도를 추구했다. 전자에서는 피해를 무시했고, 후자에서는 피해를 최소화하기를 원했다. 속도라는 점에서는 동일하나 후자의 중대함은 전자 이상이거나, 결코 전자에 뒤질 수 없다.

거란은 2차 침공의 경험에 의거해 3차 침공에서는 산성을 극도로 경계했다. 산성은 그 존재만으로 배후 습격의 가능성을 내포한다. 실패가 확인된 원정에서 철수 도중에 여러 번에 걸쳐 큰 피해를 입었으면서도, 위험을 무릅쓰고 숙영을 해가며 일주일 이상이 걸려 귀주에 도착하는 결정은 불가능하다. 제대로 된 정비 및 최소한의 휴식을 동반한 숙영은 압록강을 넘어서야만 가능했고, 굶주림을 비롯한 전투력 및 생존력 저하에서 벗어나는 방법은 강행군뿐이다.

거란군은 강감찬의 고려군과 조우했을 때 귀주에서 망설이지 않고 대담하게 전투 포메이션을 구축했다. 그러므로 고려군과 거란군 양측의 '조우 - 양측의 대회전 결정-전투 개시 및 진행-전투의 최종 국면인 고려군의 포위 섬멸'이 2월 1일 하루에 일어났을 가능성은 전투의 규모와 단계별 국면의 차원에서도 불가능하며, 거란군의 기동속도에 비춰서도 불가능하다.

2. 왜 2박 3일인가

오직 시간만 고려했을 때 귀주대첩은 이론적으로 5박 6일까지도 가능하다. 그러나 이는 인간, 말, 낙타의 체력상 어렵다고 판단되며 무엇보다 고려군 보병에게 불가능하다. 고도로 개량된 가축의 체력을 전투에 사용하는 방식과 인간의 근력에 전적으로 의존하는 방식은 부대 전체의 체력전에서 유불리가 확실히 나뉜다. 더군다나 고려군 보병은 김종현 기병대의 출현 전까지 말을 갈아 타가며 공격하는 적을 상대했다.

그러나 비록 이론상의 가능 시간인 5박 6일을 2박 3일로 최대한 줄였다고 해도 보병이 어째서 세계 최강의 기병을 상대로 전열을 무너뜨리지 않고 2박 3일을 버틸 수 있는지 의문일 것이다. 고려군 보병을 기준으로 한 명의 병사가 사흘 밤낮을 싸우기란 불가능하다.

인간이 한 번의 전투에서 연속해서 움직일 수 있는 최대치는 대체로 무박 2일로 계산된다. 이는 예컨대 근력을 짧은 시간에 직접적 충격력에 사용해야 하는 지중해 창병이나 로마 중보병에게는 불가능한 시간이다. 중보병과 중보병의 충돌 상황에서는 병사가 정상적 컨디션을 잃는 데 불과 몇 분도 걸리지 않는다. 그러나 양측 모두가 활이 유력한 무기였으며 거란 기병의 스웜(Swarm) 전술과 고려군 보병의 검차(劍車)가 사용된 귀주대첩은 다르다.

① 스웜(Swarm)이란 다른 말로 히트 앤 런(치고 빠지기)으로, 유목민

전사들의 전매특허와 같았다. 유목민의 손에서 훈련된(개량된) 말의 선회력과 마상 궁술을 이용해 적 진영에 화살을 투사하며 접근과 후퇴를 반복하는 전술이다. 스웜은 적의 전투력을 떨어뜨리고 빈틈을 만든다. 적군은 전열이 무너지거나 피해를 입고 추격하다가 전열을 스스로 무너뜨린다. 스웜은 목표가 아니라 수단에 가깝다. 적이 피해와 전열 붕괴로 취약한 상태가 되면 결정적 타격을 위한 돌격이나 포위가 시작되는 구조다. 흔히 기병을 논할 때 '동아시아 유목 전사의 스웜과 유럽 기사의 돌격'이라는 구도가 세간에 횡행한다. 그러나 유럽 기사와 말의 체격, 무장의 차이에 의한 충격력의 차이는 있었을지언정 동아시아 유목 전사에게도 돌격은 당연한 무예의 일부였다. 소규모 국지전이나 약탈이 아닌 회전(會戰)에서 돌격 없이는 전투의 승리를 확정하는 일에 한계가 분명하다.

② 귀주대첩에서 고려군 보병은 활, 노(弩, 쇠뇌), 검차를 사용해 거란군의 스웜과 차지(Charge, 돌격)를 상대했다. 거란군의 돌격이 결정적 돌격이었을 가능성은 낮지만(그랬다면 검차에 의한 피해를 무시했을 것이며, 돌격을 멈추고 돌아서기를 반복하지 않았을 것이다), 검차가 적극적으로 사용되었다는 점에서 돌격은 다수 존재했다. 또 활은 연사력이 우수하고, 노는 연사력이 부족하지만 관통력이 우수하다는 점에서 고려군 보병은 당면한 상황에 맞춰 활과 노를 적절히 사용했을 것이다.

①과 ②와 같은 전투 양상에서 양측은 비교적 체력을 보존할 수 있으며, 단시간에 체력을 폭발적으로 사용하기보다는 약속된 동작과 이동의 정확한 수행이 전투를 유지하는 방법이었을 것이다. 이상의 이유로 김종현의 기병대 출현 전까지 전투는 고

려군 전열을 붕괴시키려는 거란군과 붕괴하지 않고 버티려는 고려군의 씨름 양상이었음을 유추할 수 있다.

전투가 계속되는 중이라고 해서 모든 병사가 동시에 적과 대면하지는 않는다. 귀주대첩의 고려군처럼 20만 대군이 밀집한 경우 전열이 유지될 때 전투—상대편에 대한 인마 살상 및 스스로를 보호해 전사하지 않으려는 행위—에 집중하는 병력은 전열에 속한 인원뿐이다. 전사와 부상의 위험과 체력을 희생한 전위(前衛)병력이 후위(後衛)와 교대하지 않을 것이었다면, 애초에 현종과 강감찬이 좁은 귀주에 20만 명이나 밀집시킬 이유가 없다. 그러나 또한 고려 초기 행정력의 한계와 좁은 지형상 고려군 밀집 보병의 전위와 후위가 한 번 이상 교대하는 경우는 상상하기 힘들다. 더불어, 교대 과정과 매커니즘을 거란군에게 한 번 보여줄 수는 있어도 두 번 보여주기는 부담스러웠을 것으로 추정된다. 두 번째에는 이미 노출된 약점이 될 가능성을 무시할 수 없다. 그러므로 다시 후술할 것이지만, 2박 3일은 처음부터 강감찬이 설계하지 않았을 리 없는 시간으로 보인다.

귀주대첩에서 2박 3일간 취침하는 병사가 존재하지 않았을 리는 없다. 어디까지나 이론상이지만 거란군은 한 명도 자지 않는 게 가능한 반면, 고려군은 전혀 그렇지 않다. 전위와 후위의 보급선은 부상자 운반, 무기 보충 등의 이유로도 반드시 휴식 시간이 필요하다. 그러므로 진영 내부의 보급선을 통해 휴식, 치료, 취침하는 병력이 다수 존재했다고 봐야 하며 무박 3일이 아니라 2박 3일로 표현하는 편이 옳다.

개별 인간은 극한상황에서 2박 3일의 전투를 견딜 수도 있겠지만 집단은 그렇지 못하다. 또한 2박 3일을 버티면서도 김종현의 기병대 돌격 직후 역사적인 포위망을 완성할 정도로 전투력을 유지하는 일은 다른 차원의 문제다. 한 번의 전후위 교대를 거친다고 체력과 정신력이 정상 수준으로 회복한다는 가정도 고려하기 힘들다. 한 명의 보병이 치열한 전열에 두 번의 교대를 거쳐 두 번 투입되면서도 정상적인 전투력을 유지하리라 기대할 수는 없다. 이상과 같은 이유로 나는 귀주대첩의 소요 시간을 2박 3일로 확정하였다.

3. 2박 3일, 사흘 밤낮에 대한 약간의 보론

고려군 약 20만, 거란군 약 10만, 도합 30만 대군이 충돌하는 전장으로 귀주의 두 강 사이 공간은 지나치게 좁다. 무엇보다 귀주대첩의 '인구밀도'에는 거란군 전사들에게 배속된 말과 낙타를 고려해야만 한다. 두 강 사이는 너무 좁아 물러날 곳이 없다. 수면을 참는 일은 개인의 전사(戰死)나 국가의 멸망보다는 낫다. 중간에 잠을 자는 전투의 경우는 다수 있지만, 이때는 아래와 같은 몇 가지 조건이 있다.

① 성 공방전처럼 한쪽이 머무는 곳이 확실하게 고정되어 있을 때. 성내는 도망갈 수 없으므로, 공격자는 비교적 안심하고 잘 수 있다. 고구려군은 이때 성 밖에 나와 야습으로 공성 측을 타격하고 복귀하는 전법의 달인이었는데 이것은 고구려의 특기일 뿐 동서(東西)에 보편적이지는 않다.

② 참호전처럼 성과 같은 조건이 양자 모두에 해당될 때. 전선이 고착되므로 전투 전개의 속도가 느려지고 내부에서 초병(哨兵)과 숙병(宿兵)의 교대가 일어난다.

③ 서로 일정한 거리 이상 물러나 있을 때. 주로 대회전의 경우인데, 둘 사이의 거리와 초병의 존재로 인해 각 숙영지가 비교적 안전

하다(적의 야습 상황에서 대처하는 시간이 보장된다).

귀주대첩과 비슷한 경우를 찾는다면 ③이지만 귀주대첩의 현실은 그렇지 않았다. 먼저 거란군의 속성이 달랐고 지리(지형)적 조건이 달랐다. 거란군은 야습에 능했으며, 적 보병을 상대로 연속전투를 선호했다. 상대가 야간전투의 달인인데 아군이 야간전투에 응하지 않기란 불가능하다. 또 지형적으로 귀주는 30만 대군이 피아를 바라보며 중간 휴식, 즉 숙영을 취하기에는 너무나 좁다. 더 극적으로 표현하면, 귀주는 감옥이다. 피아가 지나치게 근거리에 있는 상태에서 강 사이에 막혀있으므로, 전투를 중간에 포기하고 먼저 철수하는 쪽은 그때껏 버틴 적에게 강을 건너는 중 뒤를 공격받을 가능성이 100%다. 이는 철수 측이 가장 약해지는 상황으로, 국운을 건 전투에서 강감찬이든 소배압이든 상대가 가장 취약한 순간인 '뒤를 보이고 강을 넘을 때' 이를 봐줄 가능성은 0에 수렴한다.

한편 전선의 충돌을 실시간으로 계속 유지하는 상황에서 전후방 사이의 거리가 짧다는 것은 고려군과 거란군 모두 후위에서 시작해 전위에 다다르는 보급이 유리함을 의미한다. 그러므로 낮밤의 연계가 가능하며, 가능하다면 실행하지 않을 이유가 없다. 사람들은 밤에 싸우지 않는 이유를 어둠 속에 눈앞이 보이지 않는 것을 상상하지만, 이것은 여러 의미에서 오류다. 일단 전쟁사에서 야습과 야간작전은 흔하디흔했다. 또 '(나는) 죽지 않고 (상대를) 죽인다'는 절박한 전술적 목표를 달성하는 데 있어 어둠은 불편한 장애물일 뿐, 넘기 불가능한 장애물이 아니다. 전투는 그 본질상 극한까지 최선을 다해야 하게 마련이다.

이상과 같은 이유로 해가 짧은 겨울의 특성상 최대 10~12시간 가량의 차이가 있을 수는 있지만 전투 시간을 '사흘 밤낮'으로 추정한다.

덧붙여 말하면, 거란의 2차 침공 당시 벌어진 통주전투(강조의 죽음으로 고려가 괴멸 직전까지 몰렸던)의 진행 시간도 역사에 기록된 11월 24일 하루일 수 없으며, 최소 1박 2일에서 2박 3일로 추정된다. 전근대 전투의 시간은 현대인이 미디어를 통해 재현된 전투에서 직관적으로 느끼는 시간보다 길다. 4~8시간의 전투가 흔했다는 점에서, 통주전투처럼 압도적인 규모의 대회전은 시간대를 보다 넓게 잡고 볼 필요가 있다.

거란군은 초원과 사막, 중원에서 상승군(常勝軍)이었다. 거란군은 비교적 오랜 시간의 스윕으로 적에게 피해와 빈틈, 전열 붕괴를 강요한 후 비교적 짧은 시간의 돌격으로 상대방을 격파하곤 했다. 즉 거란군에게 한 번의 전투란 한 번의 돌격으로 끝나는 것이 통상적이면서도 이상적인 결과였다. 고려군의 검차는 유목민 군대의 돌격을 막는 무기였는데, 기록에 따르면 통주전투에서 강조가 지휘하는 고려군은 검차를 사용해 "여러 차례" 거란군의 돌격을 막았다.

> "강조가 검차를 일렬로 배치하여 두고 거란군이 쳐들어오면 곧 검차로 함께 공격하니, 모조리 물리치지 않음이 없었다. 거란군이 여러 차례 물러나니, 강조는 마침내 적을 얕보는 마음이 생겨 사람들과 바둑을 두었다."
> ─ 〈고려사〉, 강조 열전 중

> "강조가 검거를 배치하여 거란의 병사들이 침입하면 검거가 함께 공격하였으니, 쓰러지지 않는 자들이 없었다. 거란 병사들이 누차 패퇴

하자 강조는 마침내 적을 경시하는 마음을 가지고 사람들과 바둑을
두었는데(…)"
— 〈고려사절요〉, 현종 1년 11월 중

거란군에게 한 번의 돌격이 통상적이면서도 이상적인 승전
방식이며 이에 최소 수 시간이 소요된다는 점에서 "여러 차례"
의 전투가 합쳐진 통주전투의 시간은 불과 하루일 수 없다. 동시
에 강조는 요 성종이 상대한 적 지휘관 중 능력 면에서 최상급의
인물이었을 가능성이 높다. 강조는 비록 패배해 포로가 되었지
만 요 성종에게 전향을 제안받았을 정도로 능력을 인정받았다.
이는 거란군을 여러 번 좌절시킬 만큼 전투 시간이 길었음을 암
시한다. 그러나 이 글에서는 통주전투까지 분석하지는 않겠으
며, 이 글의 주제는 어디까지나 귀주대첩이므로 통주전투는 이
정도로만 언급하도록 한다.

4. 김종현 기병대의 정체성과 출현: 돌격시점 및 작전수행
김종현의 1만여 기병대는 적 기병이 충분히 지치는 시간대와 아
군 보병이 탈진해 전열이 무너지지 않는 한계 시간대(아마도 강
감찬은 그것을 전투 3일째로 계산했을 것이다)가 겹치는 지점을 정
확히 노리고 전장에 나타났다. 적 기병의 피로가 최대한에 이르
렀을 때 직선적으로 공격해들어감으로써 짧은 시간에 거란군을
포위 섬멸할 수 있었다. 또한 김종현 기병대는 본인들의 8-9배,
최대 8-9만에 해당하는 적 기병을 상대했는데, 무장의 차이를
고려하지 않는다면 순식간에 대규모의 적 기병대를 짧은 시간에
도륙한 일을 설명할 수 없다.
　기병은 중기병과 경기병으로 나뉘는데, 돌격을 수행하는 중

기병과 스윕에 최적화된 경기병은 운용법이 다르다. 김종현 부대의 직선적 공격에는 돌격 이외의 가능성은 없다. 스윕으로는 짧은 시간에 결정적 충격을 전달해 적 전열을 무너뜨리지 못하며, 동시에 보병대가 포위 섬멸망을 구축할 만큼의 순간적 기회를 제공하지도 못한다. 귀주대첩 전 강감찬은 김종현을 개경에 급하게 내려보냈고, 김종현은 이를 마치고 복귀했다. 이 정도의 기동력을 요구받았다면 경기병이 아니었을까 생각할 수도 있겠다. 하지만 무장은 단벌에 국한되는 장비가 아니며, 보급은 공연히 존재하는 게 아니라는 점에서 이러한 의심은 귀주대첩의 본질과는 동떨어져 있다. 김종현의 기병대는 중장갑 철기대였어야만 후술할 내용의 조건을 충족할 수 있다.

흔히 '거란군의 뒤를 쳤다'고 표현되는 고려군의 기병 돌격에서 우리는 '뒤'라는 말에 주의할 필요가 있다. 뒤를 친다는 말은 추상적인 데다가 다양한 상황에 너무 흔하게 쓰이며, 군사적이라기보다는 일상적인 언어다.

양군은 각자 강을 등진 채 충돌했다. 이때 흔히 뭉뚱그려지는 표현 그대로 정말로 '뒤'를 쳤다면 고려군 기병돌격대는 강물에 걸려 돌격의 속도도 충격력이 크게 반감되는데, 그런 선택을 할 이유가 없다. 거란군 작전참모 야율팔가와 총사령관 소배압은 고려군이 먼저 친 배수진을 우려해 자신들도 배수진을 쳤는데, 사람이 빠지면 죽거나 위험할 정도, 최소한 전투 수행이 매우 힘들어 적에게 도륙당하기 쉬울 정도의 물을 등지지 않으면 배수진으로 간주하지 않는다. 그런 상태에서 기껏 돌격해 돌격 기병의 장점을 모두 잃어버리는 방향을 선택할 리는 없다.

고려군 기병대는 강물이 흐르지 않거나, 흘러도 유속이 낮고 얕은 지점을 선택했음이 분명하다. 그렇다면 돌격에 이은 충

377

돌지점은 거란군의 후면보다는 측면에 가까우며, 후측면은 될 수 있어도 후면이 될 순 없다. 또한 거란 기병의 특정 지점에 충격력을 전달하는 일은 그 자체로 의미가 있지만, 김종현 기병대가 출현한 국면에서는 피해야 할 선택이다. 단순히 '뒤'에 충격력을 전달하면 특정한 지점에 돌격군과 적군의 교전 상황이 고착된다. 김종현 부대의 기동은 이후 급격하게 변화하는 전투 양상의 결과인 고려군의 거란군 포위 섬멸보다 빨라야 하며, 또한 포위 섬멸 자체를 인도해야 했다. 이를 위해서는 최대한 빨리 작전 목표를 달성할 만큼의 활동공간이 보장되어야 한다. 유럽 중세 전투식의 '기병 돌격 후 충격력 전달 및 밀집 육박전'으로는 작전 목표를 달성할 수 없다.

아군 보병이 순식간에 포위 섬멸망에 가둘 만큼 적군 전체의 전투 수행능력을 가장 빠르게 분쇄하는 방법은 낙타와 말로 보급을 지속하는 거란군 전위와 후위 사이 공간을 타격하는 것이며, 먼저 보급선을 끊어 적 전후위를 각각 고립시킨 후 경기병으로 전투를 수행 중이었던 거란군 엘리트 기병단을 도륙하는 것이다. 그러기 위해서는 거란군 전체의 전투 수행능력을 동시에 떨어뜨리고, 거란군의 전열 역시 전체를 붕괴시키며, 각 거란군 부대 및 전사, 말, 낙타의 시선과 걸음의 방향이 중구난방이 되도록 최대한 다양한 지점에서 급격한 피해를 강요해야 한다.

실시간 보급선을 파괴하며 거란군 내부로 침투해 체력이 보존된 중기병(고려군)이 말과 사람이 모두 지친 적 경기병(거란군)을 일방적으로 살상하지 않았다면 두 가지 조건, 바로 고려군 보병대의 재빠른 포위 섬멸망 구축과 거란군의 급격한 붕괴 모두를 설명할 수 없다.

만약 이러한 분석에 동의하지 않는다면, 포위망에서 탈출한 거란군 추격 및 반령전투를 주도한 강민첨의 추격대—이 부대는 경기병 부대였을 것이다—가 따로 존재할 이유가 없다. 단순히 '뒤를 쳤다'면 오히려 충격력을 가중하기 위해 지휘권이 누구에게 있는지와 상관없이 김종현의 돌격기병대와 합류한 상태였어야 했다. 동시에 강민첨의 경기병대는 전투의 시간과 전개를 처음부터 알고 있었으며, 그것은 김종현도 마찬가지다. 두 기병단의 순차적 등장은 모두 강감찬의 정밀한 설계에 따른 결과라는 분석 외에 다른 경우는 가정할 수 없고, 가정해도 유의미하지 않다.

이상과 같은 이유로《한국인의 탄생》본문에서는 김종현의 돌격에 대해 일반적으로 사용되는 '뒤를 쳤다'는 표현 대신 '허리를 끊었다'는 보다 구체적 표현으로 기술하였다.

5. 각 전투 국면과 강감찬의 설계

귀주의 두 강 사이 공간은 앞서 말했듯 분명히 감옥이지만, 느슨한 감옥이다. 양측 군대가 강을 넘어 포진했다는 사실은 강을 넘은 후퇴도 가능하다는 의미가 된다. 즉 전세가 기울었을 때 승기를 잡은 측의 포위 섬멸망은 자동적으로 구축되지 않는다. 계획된 움직임이 일사불란하게 실행되어야만 가능하다.

20만 명에 가까운 고려군 보병대가 예상하지 못한 우연한 아군 기병의 돌격에 맞춰 우연히 제시간에 완벽에 가까운 포위 섬멸망을 구축한 후, 이어서 수천 명의 적 탈출 병력과 포로만 남길 때까지 수만 명을 살상하며 섬멸하는 일은 군사학적 상식에서 불가능하다(여기서 '완벽에 가까운'이라는 말은 순전히 수학적인 표현으로, 수천 명의 거란군이 살아서 돌아갔으므로 완벽하다는 표현을 사용하지 않았을 뿐이다).

전근대 보병은 개인이 자체적으로 전황을 파악하기 힘들다. 밀집 보병은 기병에 비해 눈높이가 현저히 낮고 눈앞에 배치된 아군 보병의 머리와 어깨에도 시야가 가려진다. 대규모 전투에서는 각 부대의 지휘관들 역시 전체 전황을 파악하기 힘들다. 중하급 현장 지휘관들은 자기 능력과 상관없이 전투가 완전히 끝나고 정리될 때까지 피아의 승패를 착오하곤 했다. 이와 같은 혼란은 심지어 총포를 적극적으로 활용하기 시작한 후의 유럽 근대 전투 참여자들의 증언에서도 흔히 발견된다.

전근대 대규모 전투에서 전통 보병은 어디까지나 간접적으로 전달되는 지휘체계의 명령에 의존했다. 그러나 전투의 소음 때문에 소리 정보에 장애가 생겨 소리가 매우 특징적인 악기가 명령을 담당했다. 북(戰鼓, 전쟁 북)과 울림이 큰 관악기가 주로 사용됐다. 한반도는 대라(큰 소라껍질)를 이용한 나각(소라 나팔), 동아시아 북방 유목민의 경우는 초식동물(주로 야크)의 뿔을 가공한 나팔을 애용했으며, 전쟁에 쓰인 금속제 관악기는 이와 같은 자연 소재 나팔의 소리를 계승한 것이다.

소리 전달 체계가 있었음에도 전투의 혼란과 소음, 체력적 문제와 정신적 공황상태는 매우 심각한 장애였기에 보병은 주로 군기(깃발)가 주는 시각정보에 의존했다. 전근대의 전쟁에서 군기는 중요한 상징이었으며, 군기병은 언제나 엘리트가 선발되었다. 적의 군기를 탈취하는 일은 중요한 전공(戰功)이었다.

전근대 대규모 전투 보병의 한계와 특성을 고려했을 때 당시 세계에서 가장 막강한 수준이던 거란의 정예 기병대를 상대로 귀주대첩에서 보여준 고려군 보병의 활약은 정말 놀라운 수준이다. 그들과 같은 조건을 만들어내기 위해서는 훈련과 실전 경험, 전투 의지의 세 요소가 충족되어야만 한다. 아마도 귀주대첩에 참전한 고려군 보병은 아래의 조건들을 모두 갖추었을 것이다.

① 승리의 의지와 당면한 대전투에 대한 목표의식이 분명했으며, 목표의식을 집단적으로 공유했다.
② 통주전투를 비롯, 거란의 2차 침공 당시 전투의 경험자들이 다수 참전했을 것이다.
③ 횟수와 강도에서 높은 수준의 훈련을 했으며, 무엇보다 집합적으로 훈련했다. 훈련 내용에는 전투 국면의 변화에 따른 즉각적 대응이 포함된다.
④ 김종현 기병단의 돌격 시점은 정해진 것이었으며, 적어도 상원수 강감찬에서 시작되는 고려군 지휘단은 약속된 시점과 그에 따른 움직임을 공유했다.

　귀주대첩의 장소, 시기, 각 전투 국면은 처음부터 현종과 강감찬이 설계한 결과다. 3차 침공에서 각지에서 활동 중인 고려군이 귀주에 집결했다는—즉 정황상 처음 결집한 것 같다는—세간의 예측은 군사학적 상식을 정면으로 위배한다. 예상치 못한 행운에 발맞춰 그 즉시 이상적인 제식과 이동을 발휘할 수 있는 전근대 대군(大軍)은 존재하지 않는다.
　김종현 기병단의 돌격은 예정된 것이었으며, 돌격 시각과 전투 국면의 급변은 물론 전투 전체, 더 나아가 거란군을 귀주에 끌어들이기 위한 사전 설계와 승리 후 후속 조치(강민첨의 반령 전투)까지 모두 강감찬의 설계였을 것이다.

마치며

사료는 김종현 기병대의 출현과 돌격에 맞춰 바람의 방향이 고려군에 유리하게 바뀌었다고 기록한다. 개인적으로 강감찬이 일기(日氣)의 변화까지 계산했다고 믿는다. 강감찬은 아마도 장원급제 후 중앙정계에 진출하기까지 오랫동안 각지의 고을 수령을 전전했을 것으로 여겨진다. 전국 각지에 남아있는 강감찬 설화가 흐릿하게나마 정황이 되어준다고 할 수 있다. 강감찬이 전국 각지의 날씨에 달통했을 가능성은 얼마든지 있다.

귀주대첩과 같은 치밀한 설계에 날씨가 개입했다면, 그 역시 계산대로였으리라는 심정적 확신이 있다. 그러나 역사적 기록의 행간을 통해 추적할 수 없는 현상에 대해 독자들까지 작가의 확신에 끌어들일 수는 없으며, 인력을 벗어난 자연현상을 군사학적인 견지의 전투복원에 끌어들이는 일은 지나치게 급진적이다. 따라서 책의 본문과 본 부록글에서 김종현 기병대의 출현과 돌격 직후의 풍향 변화를 따로 거론하지 않았다.

귀주대첩은 고려라는 나라의 국운 전부를 건 백척간두의 싸움으로, 강감찬이 처음이자 마지막으로 지휘한 생애 유일의 전투이자 천재적 걸작이다. 장원급제자였음에도 오래도록 정계에서 소외되었던 인물이 70대의 노구를 이끌고 보여준 애국심과 집중력, 천재성은 한국사에 유래를 찾기 힘들 정도로 비범하다. 귀주대첩을 굳이 비판한다면 설계대로 되지 않았을 경우를 가정하지 않은 것으로 보인다는 점이다. 귀주대첩에 이르기까지의 과정과 전투 국면을 보면 유사시에 가동할 '플랜 B'가 발견되지 않는다. 하지만 이는 당시의 고려가 그만큼 절박했으며, 하나의 전투 설계에 국가와 민족의 생존을 걸 수밖에 없었음을 의미하기도 한다. 그러므로 비판은 불가능하지는 않되, 무의미하다.

강감찬의 업적은 전쟁 전체의 설계에 있어 현종의 참여와 지원 없이는 불가능했으며, 여러 장수들과 병사들의 헌신적 참전 없이도 이루어질 수 없었다. 이는 거시적으로 고려사회 전체의 결집력이 이루어낸 성과다.

한국인의 탄생
한국사를 넘어선 한국인의 역사

초판 1쇄 2023년 11월 15일 발행
개정증보판 1쇄 2024년 10월 15일 발행
개정증보판 3쇄 2025년 1월 15일 발행

지은이 홍대선
펴낸이 김현종
출판본부장 배소라 책임편집 진용주 디자인 조주희, 김기현
마케팅 안형태, 김예리 경영지원 신혜선, 문상철, 신잉걸

펴낸곳 (주)메디치미디어
출판등록 2008년 8월 20일 제300-2008-76호
주소 서울특별시 중구 중림로7길 4
전화 02-735-3308 팩스 02-735-3309
이메일 medici@medicimedia.co.kr 홈페이지 medicimedia.co.kr
페이스북 medicimedia 인스타그램 medicimedia

ISBN 979-11-5706-373-4 (03910)